WANDERGLÜCK
DEUTSCHLAND

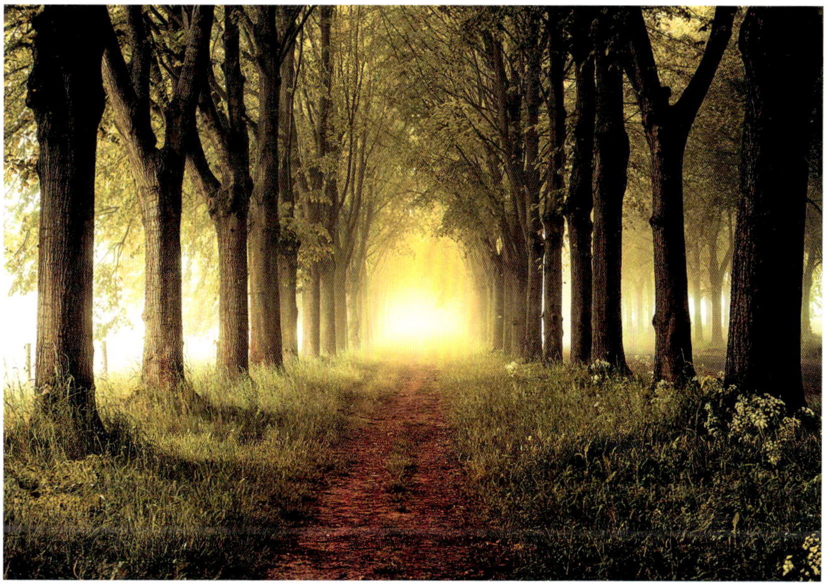

»Ich laufe mir jeden Tag das tägliche Wohlbefinden an. Ich habe mir meine besten Gedanken angelaufen, und ich kenne keinen Gedanken, der so schwer wäre, dass man ihn nicht beim Gehen los würde.«

Sören Kierkegaard

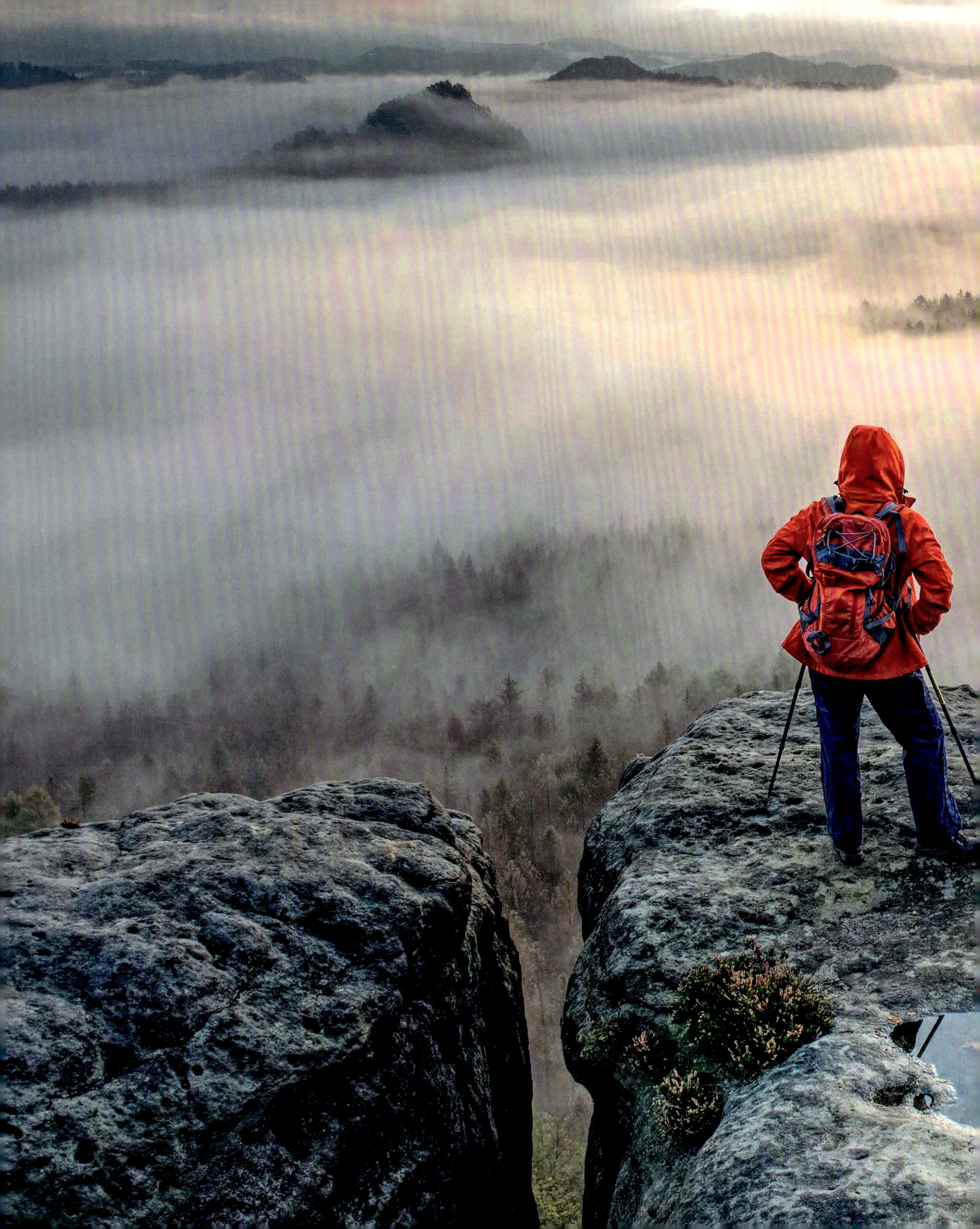

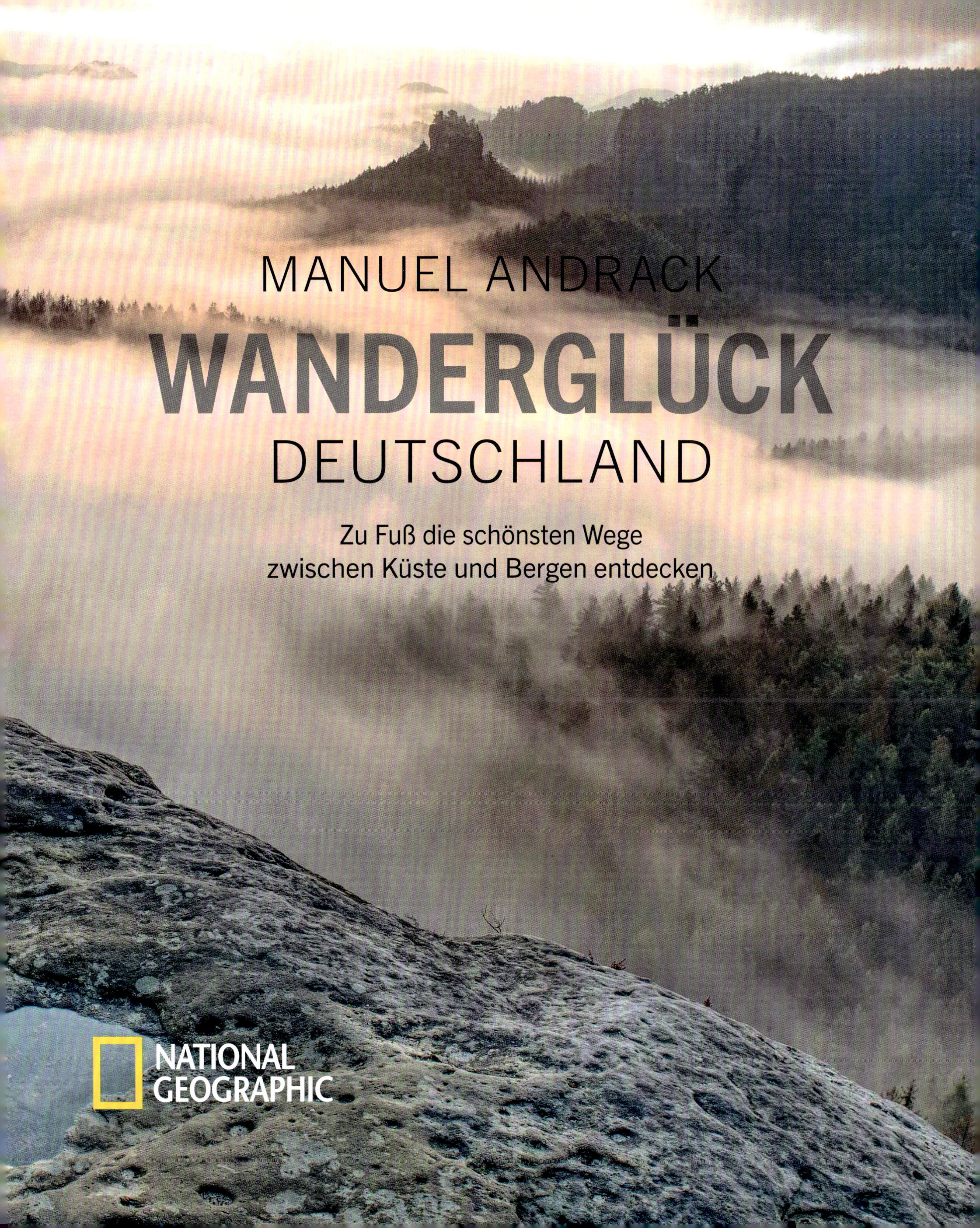

MANUEL ANDRACK

WANDERGLÜCK

DEUTSCHLAND

Zu Fuß die schönsten Wege
zwischen Küste und Bergen entdecken

NATIONAL GEOGRAPHIC

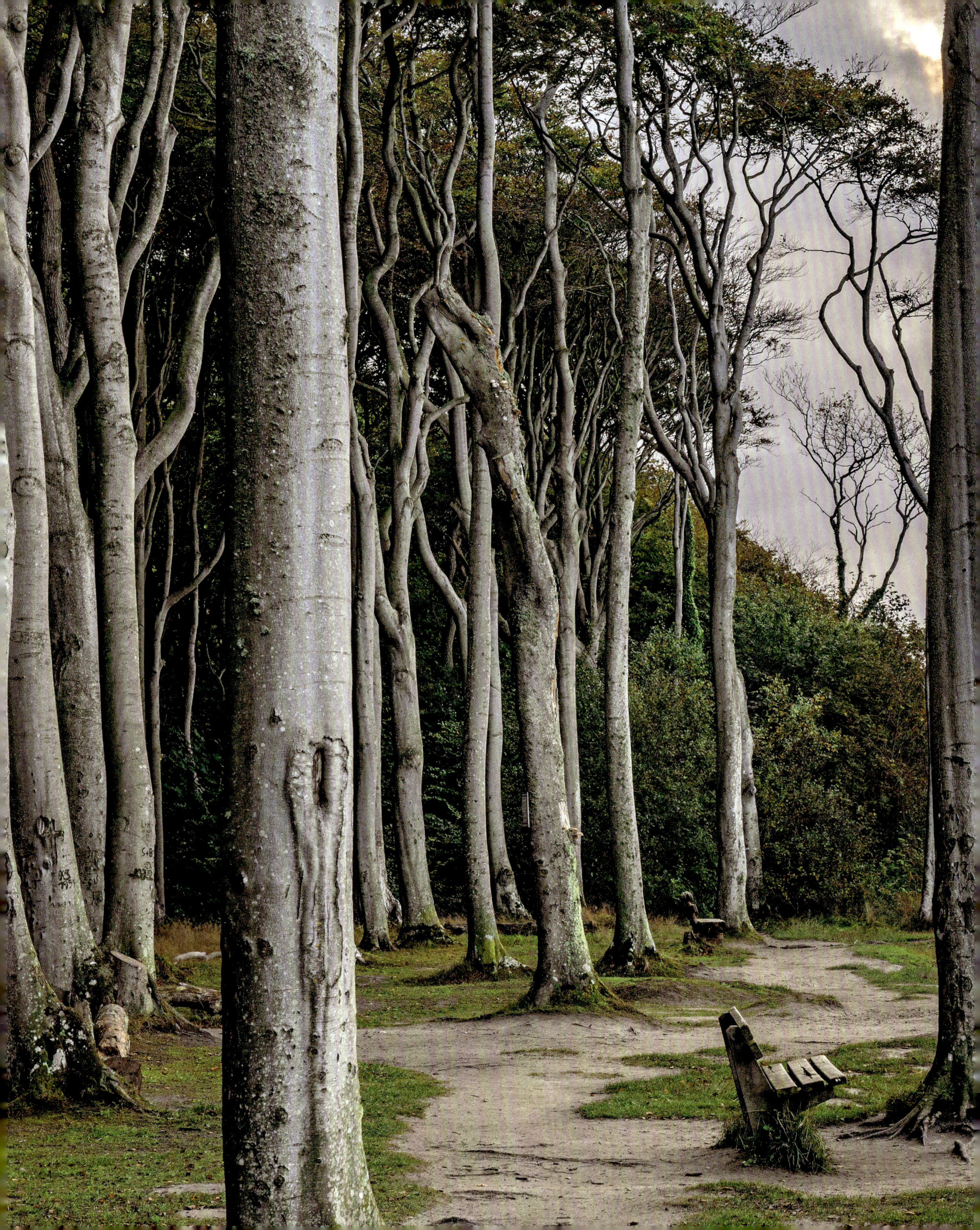

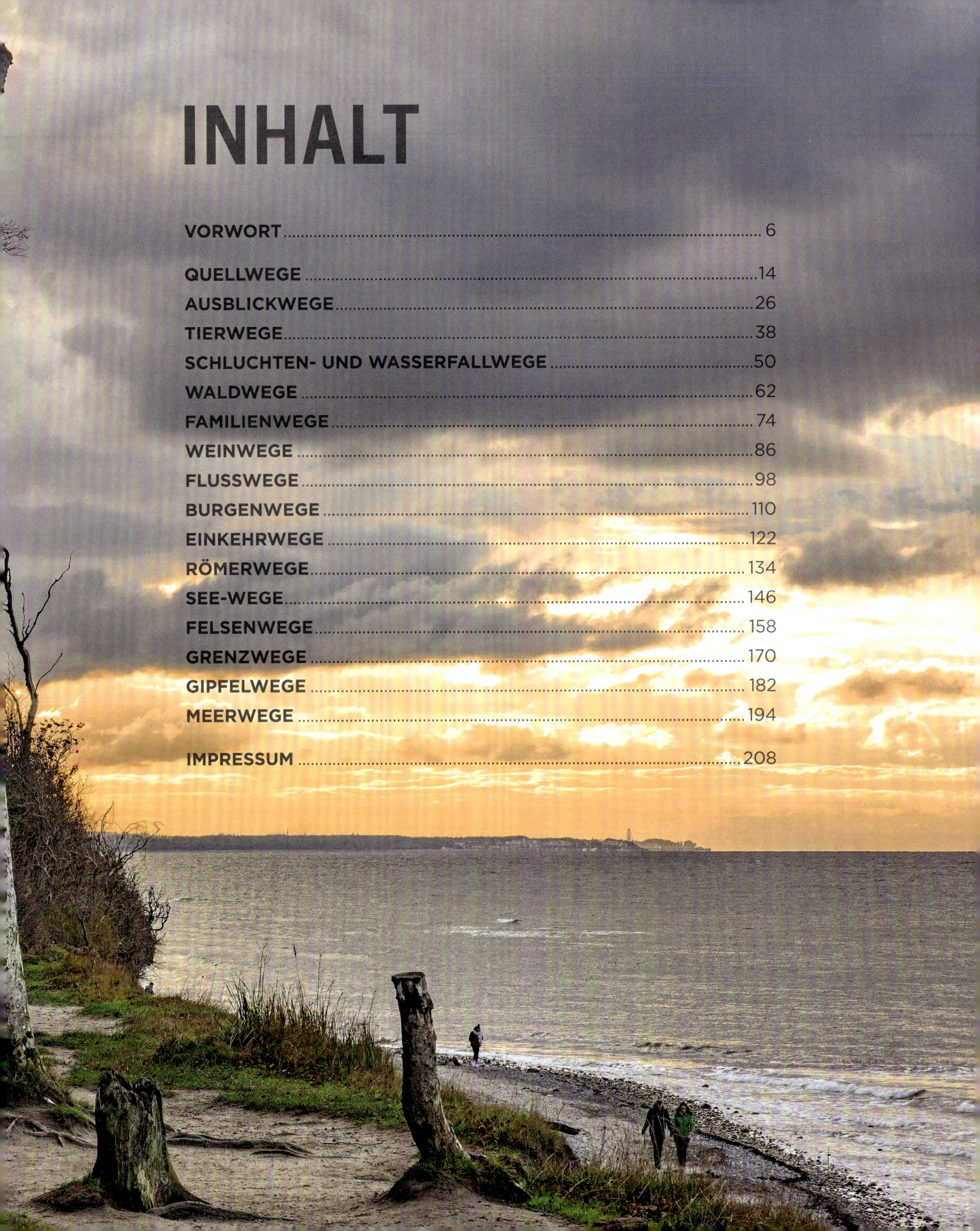

INHALT

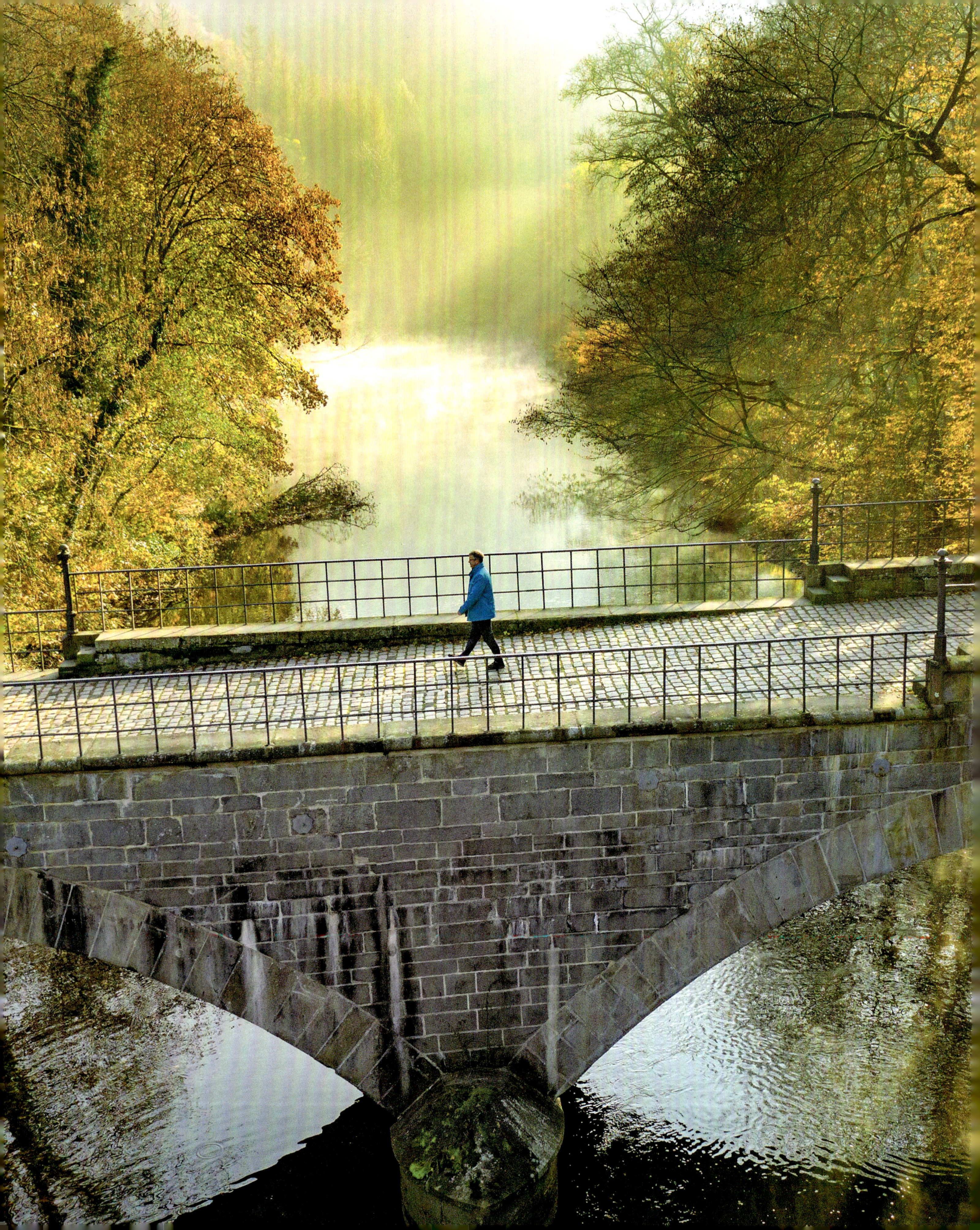

VORWORT

»Warum in die Ferne schweifen, wenn die Glückswege in der Nachbarschaft zu finden sind?«

Was ist Wanderglück? Woher kommt es und wie kann ich es erhaschen? Was sind die Faktoren für Wanderglück? Welche Wege bieten eine Glücks-Garantie? Auf solche Fragen möchte ich in diesem Buch Antworten geben. Und die schönen Fotos nehmen Sie schon beim Lesen und Blättern mit auf eine Reise ins Wanderglück.

Was für eine Art von Glück ist hier eigentlich gemeint? Nicht in erster Linie der günstige Schicksalswink im Sinne von: »Da hat sie noch einmal Glück gehabt«. Oder: »Er hat mit seinem Losgewinn Glück gehabt – so ein Glückspilz!« Natürlich kann einem solch ein Lotto-Glücksfall auch während einer Wanderung passieren. Wenn man zum Beispiel in einer eigentlich überfüllten Almhütte ohne Reservierung noch einen Tisch bekommt.

Ich möchte aber über die glückliche Zeit erzählen, die wir beim Wandern und vor allem hinterher erleben. »Nach einer Wanderung fühlten sich die Studienteilnehmer mental wohler, glücklicher und zufriedener«, schreibt der Neurowissenschaftler Shane O'Mara in seinem Buch *Das Glück des Gehens*. Er hat dafür auch eine neurologisch fundierte Erklärung: »Gehen verstärkt die Produktion körpereigener Hormone und Botenstoffe wie Serotonin und Dopamin, die Gefühle des Wohlbefindens und Glücks hervorrufen.«

Die Glücksforschung hat herausgefunden, dass »in psychologischer Hinsicht Glück etwas mit einer Erlebnisqualität zu tun hat. Wer sich richtig freuen kann, ist auf einem guten Weg zum Glück.« Erlebnisse sind auch beim Wandern entscheidend. Breite, schnurgerade Forstwege in einem monotonen Fichtenwald sind ätzend. Ich werde auf den folgenden Seiten dagegen die Faktoren in den Fokus nehmen, die uns Wanderglück erleben lassen: Wasserfälle, Burgen, Tiere am Wegrand und natürlich die Einkehr.

Über die Wupper gehen – in der Nähe der Müngstener Brücke

Das Deutsche Wanderinstitut ist seit Jahrzehnten der penible Hüter der Erlebnisqualität auf unseren Wanderwegen. Glückselemente wie Aussichten, Wegbreite (schmale Wege bevorzugt), Wegbelag (naturnahe Beschaffenheit wie Gras oder Waldboden bevorzugt) werden gemessen und in Erlebnispunkte umgerechnet. Die Wege mit hervorragenden Werten bekommen das Zertifikat »Premiumweg«. Mehr als 700 dieser Wege garantieren in Deutschland das Wanderglück. Mittlerweile gibt es auch Ableger der Premiumwege: Premiumspazierwanderwege (kurze Rundtouren), Stadtpremiumwege (eine attraktive Mischung aus Natur und städtischem Flair) und Winterpremiumwege. Voraussetzung für sie alle (das gilt auch für die »Deutschen Qualitätswege«, das ist das Zertifikat des Deutschen Wanderverbands) ist die ausreichende und lückenlose Markierung eines Wanderwegs. Auch ohne Wanderführer können Sie sich also nicht verlaufen, das würde nur Wanderfrust bringen.

Ein Wandertraum am Oderteich im Harz – nichts wie hin!

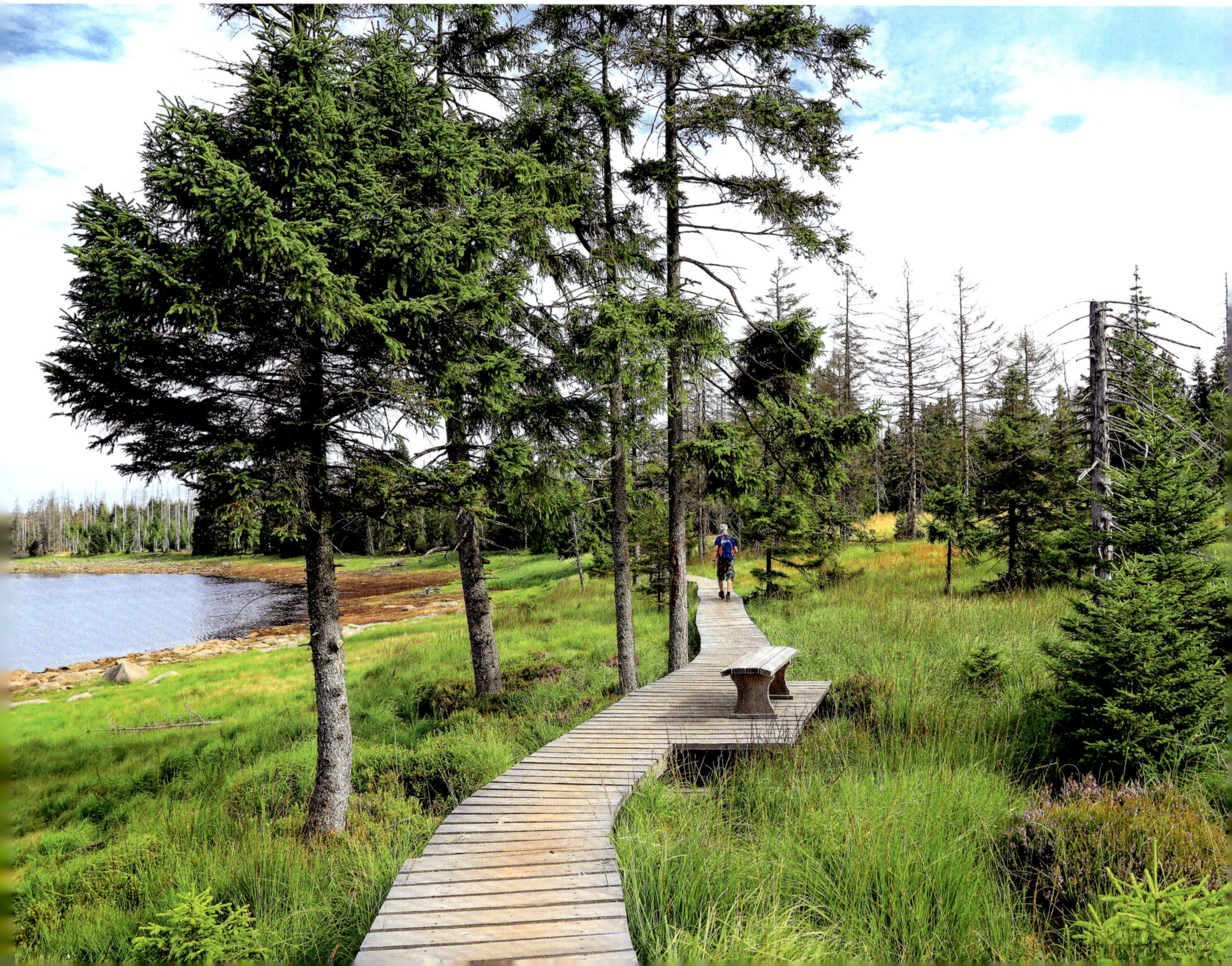

Wenn man sich überfordert, führt das ebenfalls zu Wanderfrust. Regelrechte Killer für das Wanderglück sind zu lange Touren, zu steile Anstiege, zu anstrengende Wege. Ich habe dennoch bewusst darauf verzichtet, die Wege nach sportlichem Anspruch zu ordnen. Welcher Weg zu welchem Wandertyp passt, ist relativ leicht zu ermitteln. Im Infokasten jedes Kapitels habe ich die Länge der Wege sowie die Höhenmeter angegeben. Aus diesen beiden Werten errechnen sich die Leistungskilometer jedes Wanderwegs. Beispiel: Eine Tour ist 13 Kilometer lang und hat 400 Höhenmeter. Pro 100 Höhenmeter wird ein Leistungskilometer gerechnet, das wären dann insgesamt 17 Kilometer. Wanderanfänger sollten erst einmal weniger als 10 Leistungskilometer am Tag laufen. Geübte schaffen zwischen 10 und 20 Kilometer. Wanderprofis können schließlich auf den Wegen über 20 Kilometer ihr Glück suchen.

Ich bin fast alle Wege in diesem Buch selbst gewandert. An viele von ihnen knüpfe ich besondere Erinnerungen oder kleine Geschichten, die ich Ihnen erzählen möchte. Weil ich aus Köln komme und seit 15 Jahren im Saarland lebe, ergibt das ein leichtes Übergewicht der Glückswege in Nordrhein-Westfalen und im Südwesten der Republik. Ich finde eben nach wie vor: Warum in die Ferne schweifen, wenn die Glückswege in der Nachbarschaft zu finden sind?

Da wir grade bei Sinnsprüchen sind: Das einfältigste Wandermotto ist meiner Meinung nach der Satz: »Es gibt kein schlechtes Wetter, nur schlechte Kleidung.« Na, dann viel Spaß bei der Suche

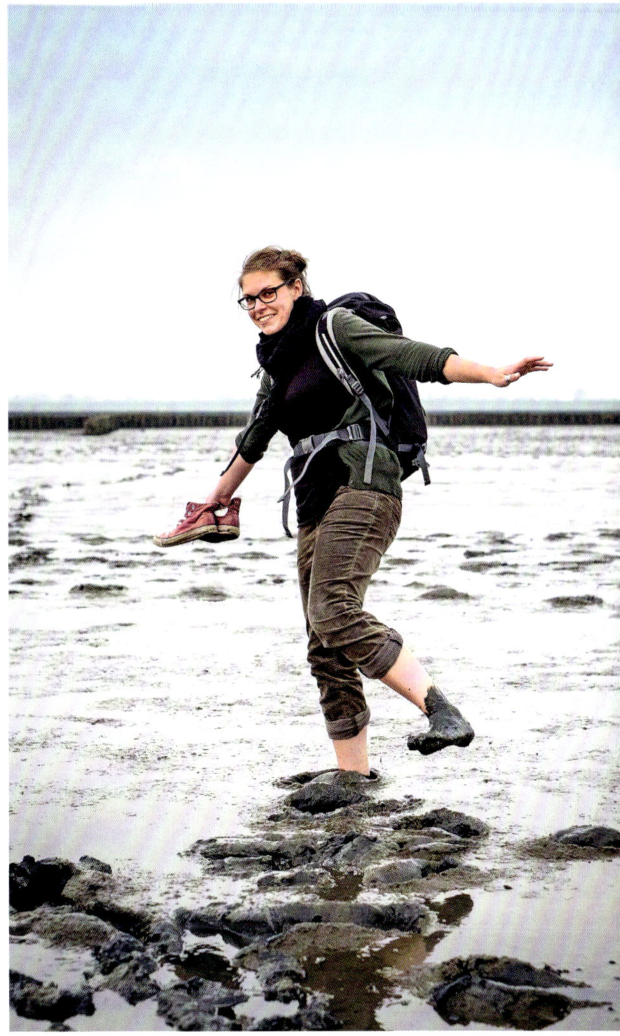

nach dem Wanderglück bei Dauerregen und Sturmböen! Ich bin bekennender Schönwetterwanderer – Sonne macht glücklich.

Jetzt wünsche ich Ihnen viel Freude und Anregung beim Blättern, Schmökern, Lesen. Mir hat die Arbeit an diesem Buch, das Schreiben, die Auswahl der Bilder, sehr großen Spaß gemacht. Man könnte sagen, das Nachdenken über das Wanderglück hat mich glücklich gemacht.

Weiterkommen unmöglich, die junge Dame steckt im Schlick fest.

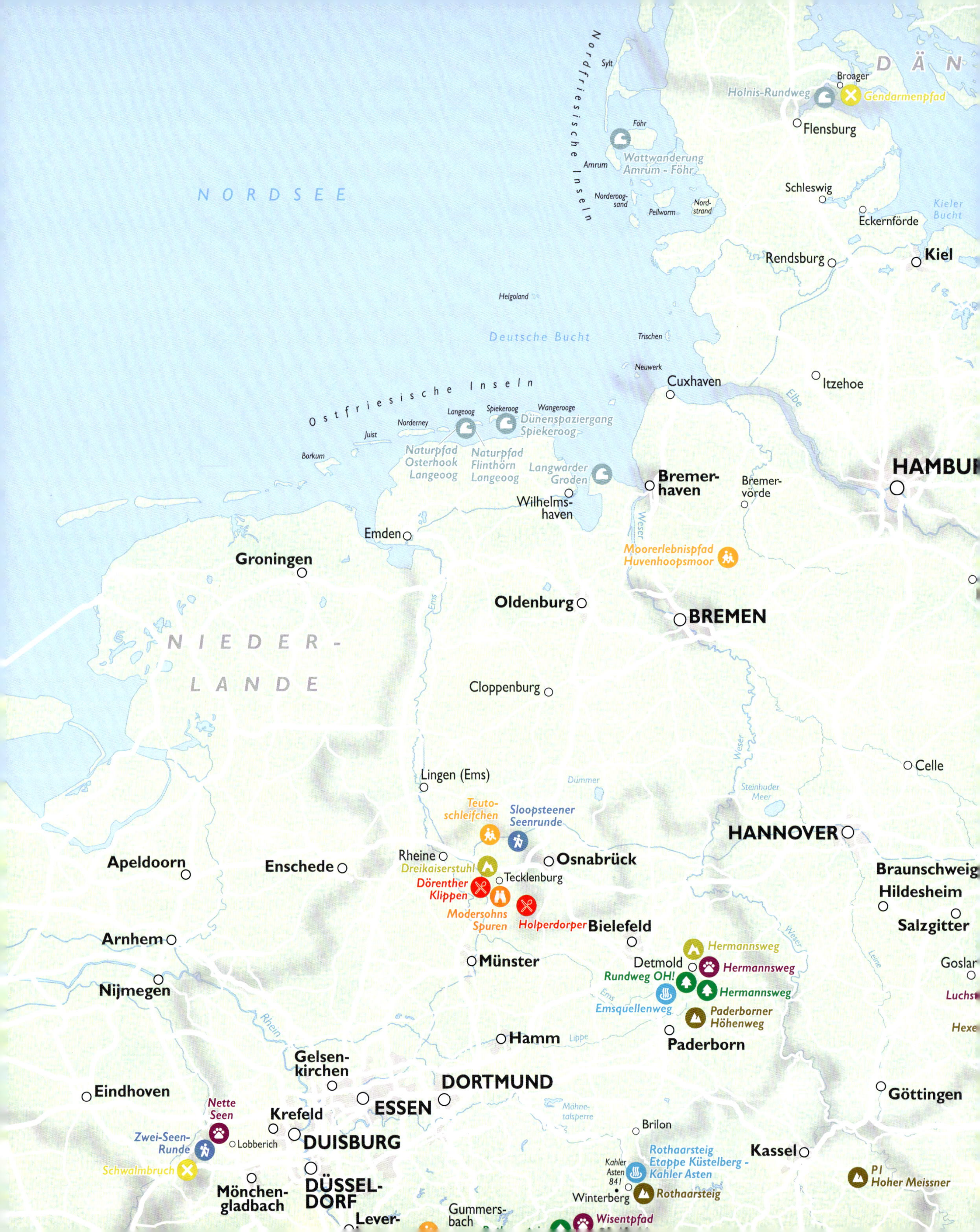
NORDSEE
Nordfriesische Inseln
Sylt
Föhr
Amrum
Wattwanderung Amrum - Föhr
Norderoog-sand
Pellworm
Nord-strand
DÄN
Broager
Holnis-Rundweg
Gendarmenpfad
Flensburg
Schleswig
Eckernförde
Kieler Bucht
Rendsburg
Kiel
Helgoland
Deutsche Bucht
Trischen
Neuwerk
Cuxhaven
Itzehoe
Elbe
Ostfriesische Inseln
Borkum
Juist
Norderney
Langeoog
Spiekeroog
Wangerooge
Dünenspaziergang Spiekeroog
Naturpfad Osterhook Langeoog
Naturpfad Flinthörn Langeoog
Langwarder Groden
Wilhelms-haven
Bremer-haven
Bremer-vörde
HAMBU
Weser
Emden
Groningen
Moorerlebnispfad Huvenhoopsmoor
Ems
Oldenburg
BREMEN
NIEDER-LANDE
Cloppenburg
Lingen (Ems)
Dümmer
Steinhuder Meer
Celle
Teuto-schleifchen
Sloopsteener Seenrunde
HANNOVER
Rheine
Osnabrück
Dreikaiserstuhl
Tecklenburg
Apeldoorn
Enschede
Dörenther Klippen
Modersohns Spuren
Holperdorper
Bielefeld
Braunschweig
Hildesheim
Salzgitter
Arnhem
Münster
Hermannsweg
Detmold
Rundweg OH!
Emsquellenweg
Paderborner Höhenweg
Paderborn
Goslar
Leine
Luchs
Hexe
Nijmegen
Rhein
Hamm
Lippe
Gelsen-kirchen
DORTMUND
Eindhoven
Nette Seen
Krefeld
ESSEN
Möhne-talsperre
Göttingen
Brilon
Zwei-Seen-Runde
Lobberich
DUISBURG
Rothaarsteig Etappe Küstelberg - Kahler Asten
Kahler Asten 841
Kassel
Schwalmbruch
DÜSSEL-DORF
Mönchen-gladbach
Winterberg
Rothaarsteig
Hoher Meissner
Lever-
Gummers-bach
Wisentpfad

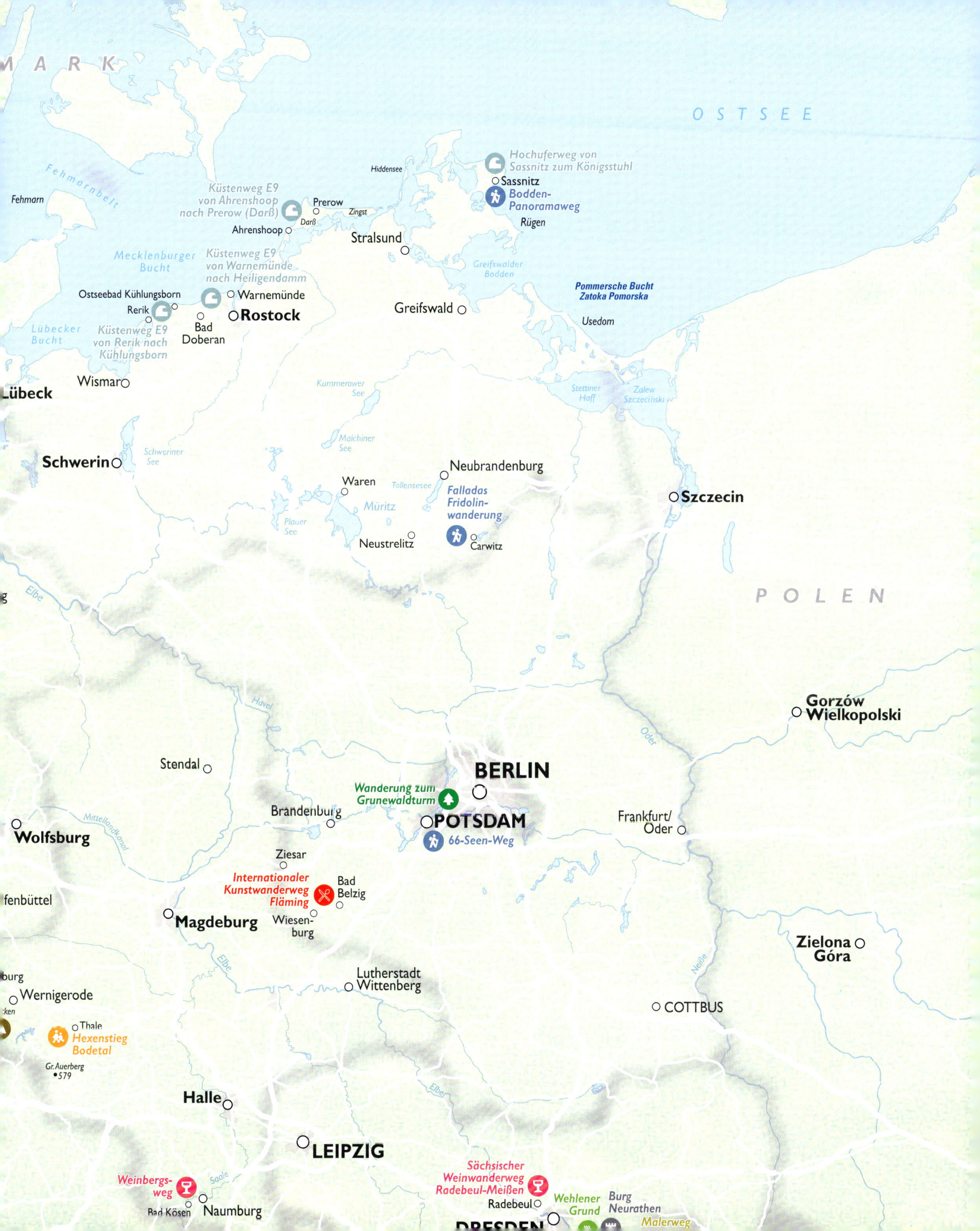

OSTSEE
Fehmarnbelt
Fehmarn
Küstenweg E9 von Ahrenshoop nach Prerow (Darß)
Prerow
Zingst
Darß
Hiddensee
Ahrenshoop
Hochuferweg von Sassnitz zum Königsstuhl
Sassnitz
Bodden-Panoramaweg
Rügen
Stralsund
Mecklenburger Bucht
Küstenweg E9 von Warnemünde nach Heiligendamm
Greifswalder Bodden
Pommersche Bucht
Zatoka Pomorska
Ostseebad Kühlungsborn
Warnemünde
Rerik
Rostock
Greifswald
Bad Doberan
Usedom
Lübecker Bucht
Küstenweg E9 von Rerik nach Kühlungsborn
Wismar
Lübeck
Kummerower See
Stettiner Haff
Zalew Szczeciński
Malchiner See
Schweriner See
Schwerin
Neubrandenburg
Waren
Tollensesee
Szczecin
Müritz
Falladas Fridolin-wanderung
Plauer See
Neustrelitz
Carwitz
Elbe
POLEN
Havel
Oder
Gorzów Wielkopolski
Stendal
BERLIN
Wanderung zum Grunewaldturm
Brandenburg
Mittellandkanal
POTSDAM
Frankfurt/Oder
Wolfsburg
66-Seen-Weg
Ziesar
Internationaler Kunstwanderweg Fläming
Bad Belzig
Magdeburg
Wiesenburg
Zielona Góra
Elbe
Neiße
Lutherstadt Wittenberg
Wernigerode
COTTBUS
Thale
Hexenstieg Bodetal
Gr. Auerberg
579
Halle
Elbe
LEIPZIG
Sächsischer Weinwanderweg Radebeul-Meißen
Weinbergsweg
Saale
Wehlener Grund
Burg Neurathen
Radebeul
Bad Kösen
Naumburg
Malerweg

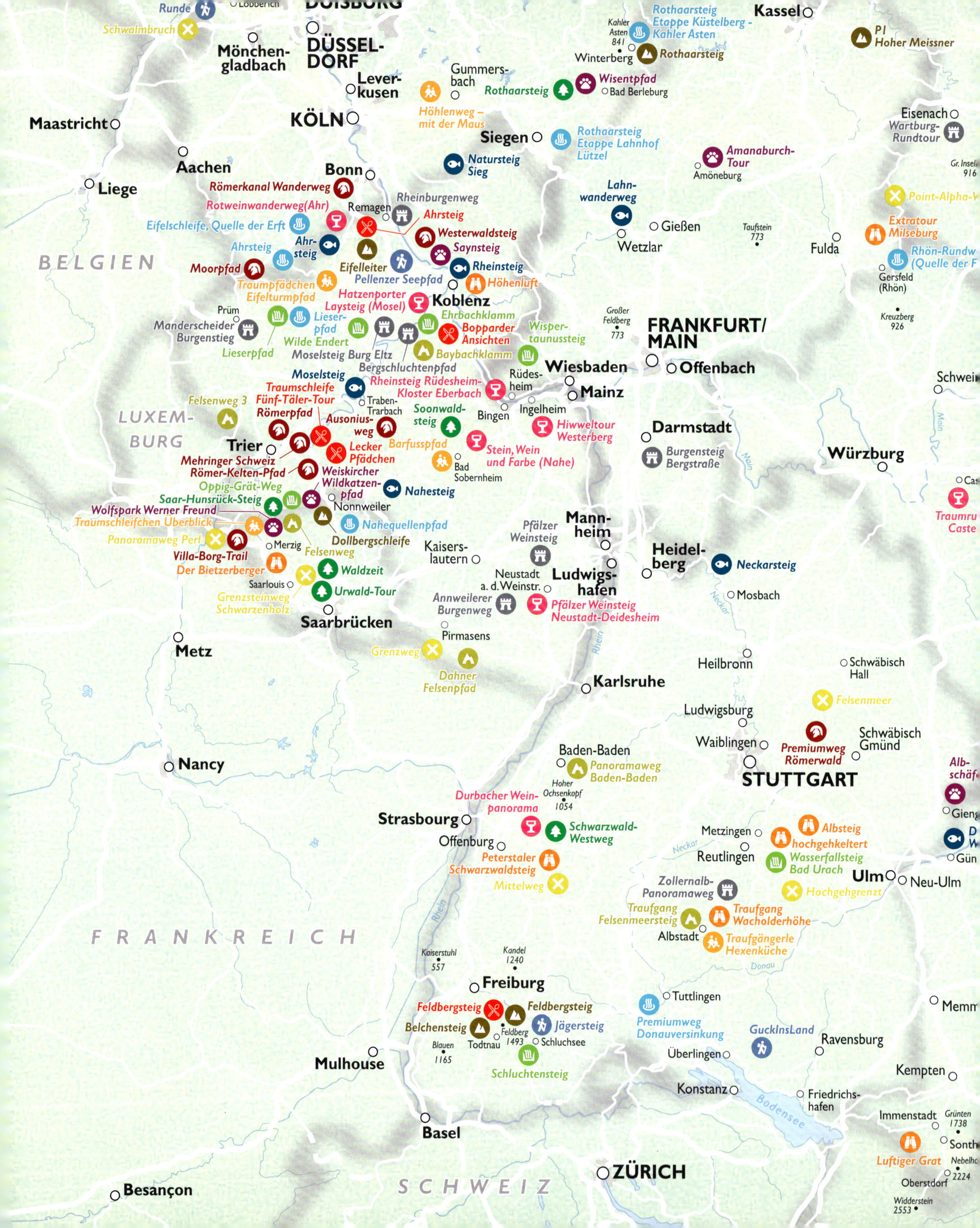

Runde
Schwalmbruch
DUISBURG
Mönchen-
gladbach
DÜSSEL-
DORF
Lever-
kusen
KÖLN
Maastricht
Gummers-
bach
Höhlenweg –
mit der Maus
Rothaarsteig
Etappe Küstelberg -
Kahler Asten
Kahler
Asten
841
Winterberg
Rothaarsteig
Kassel
Pl
Hoher Meissner
Rothaarsteig
Wisentpfad
Bad Berleburg
Siegen
Rothaarsteig
Etappe Lahnhof
Lützel
Eisenach
Wartburg-
Rundtour
Amanaburch-
Tour
Amöneburg
Aachen
Liege
Bonn
Natursteig
Sieg
Römerkanal Wanderweg
Rotweinwanderweg(Ahr)
Rheinburgenweg
Remagen
Ahrsteig
Eifelschleife, Quelle der Erft
Lahn-
wanderweg
Gießen
Wetzlar
Taufstein
773
Fulda
Extratour
Milseburg
Gersfeld
(Rhön)
BELGIEN
Ahrsteig
Ahr-
steig
Westerwaldsteig
Saynsteig
Moorpfad
Eifelleiter
Rheinsteig
Pellenzer Seepfad
Traumpfädchen
Eifelturmpfad
Höhenluft
Hatzenporter
Laysteig (Mosel)
Koblenz
Prüm
Lieser-
pfad
Ehrbachklamm
Großer
Feldberg
773
Manderscheider
Burgenstieg
Bopparder
Ansichten
Wisper-
taunussteig
FRANKFURT/
MAIN
Kreuzberg
926
Wilde Endert
Lieserpfad
Moselsteig Burg Eltz
Baybachklamm
Bergschluchtenpfad
Rüdes-
heim
Wiesbaden
Offenbach
Moselsteig
Rheinsteig Rüdesheim-
Kloster Eberbach
Mainz
Felsenweg 3
Traumschleife
Fünf-Täler-Tour
Traben-
Trarbach
Soonwald-
steig
Ingelheim
LUXEM-
BURG
Römerpfad
Ausonius-
weg
Bingen
Hiwweltour
Westerberg
Darmstadt
Trier
Lecker
Pfädchen
Barfusspfad
Stein, Wein
und Farbe (Nahe)
Burgensteig
Bergstraße
Würzburg
Mehringer Schweiz
Römer-Kelten-Pfad
Weiskircher
Wildkatzen-
pfad
Bad
Sobernheim
Main
Oppig-Grät-Weg
Nahesteig
Saar-Hunsrück-Steig
Nonnweiler
Wolfspark Werner Freund
Traumschleifchen Überblick
Nahequellenpfad
Pfälzer
Weinsteig
Mann-
heim
Dollbergschleife
Panoramaweg Perl
Merzig
Felsenweg
Kaisers-
lautern
Heidel-
berg
Neckarsteig
Villa-Borg-Trail
Der Bietzerberger
Waldzeit
Neustadt
a. d. Weinstr.
Ludwigs-
hafen
Saarlouis
Urwald-Tour
Annweilerer
Burgenweg
Pfälzer Weinsteig
Neustadt-Deidesheim
Mosbach
Grenzsteinweg
Schwarzenholz
Saarbrücken
Neckar
Pirmasens
Metz
Grenzweg
Heilbronn
Schwäbisch
Hall
Dahner
Felsenpfad
Karlsruhe
Rhein
Felsenmeer
Ludwigsburg
Waiblingen
Premiumweg
Römerwald
Schwäbisch
Gmünd
Nancy
Baden-Baden
Panoramaweg
Baden-Baden
STUTTGART
Hoher
Ochsenkopf
1054
Durbacher Wein-
panorama
Strasbourg
Schwarzwald-
Westweg
Metzingen
Albsteig
hochgehkeltert
Offenburg
Reutlingen
Wasserfallsteig
Bad Urach
Peterstaler
Schwarzwaldsteig
Ulm
Neu-Ulm
Zollernalb-
Panoramaweg
Mittelweg
Hochgehgrenzt
Traufgang
Felsenmeersteig
Traufgang
Wacholderhöhe
FRANKREICH
Albstadt
Traufgängerle
Hexenküche
Donau
Kaiserstuhl
557
Kandel
1240
Freiburg
Tuttlingen
Feldbergsteig
Feldbergsteig
Jägersteig
Premiumweg
Donauversinkung
GuckInsLand
Belchensteig
Feldberg
1493
Todtnau
Schluchsee
Ravensburg
Blauen
1165
Schluchtensteig
Überlingen
Mulhouse
Kempten
Konstanz
Friedrichs-
hafen
Bodensee
Immenstadt
Grünten
1738
Basel
Luftiger Grat
Oberstdorf
ZÜRICH
SCHWEIZ
Widderstein
2553
Besançon

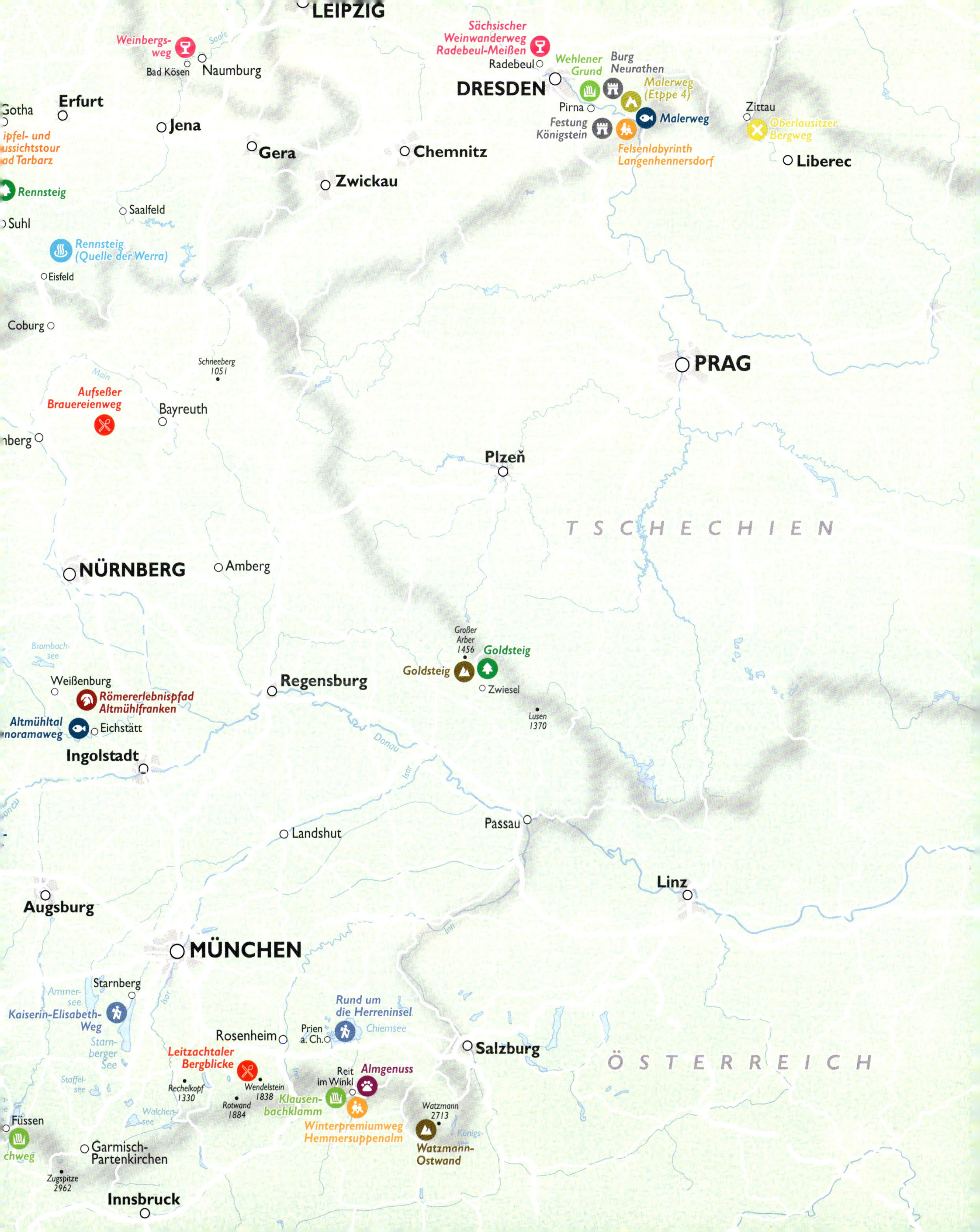

LEIPZIG
Sächsischer Weinwanderweg Radebeul-Meißen
Weinbergs-weg
Saale
Bad Kösen
Naumburg
Radebeul
Wehlener Grund
Burg Neurathen
DRESDEN
Malerweg (Etppe 4)
Gotha
Erfurt
Jena
Pirna
Festung Königstein
Malerweg
Zittau
Oberlausitzer Bergweg
ipfel- und ussichtstour ad Tarbarz
Gera
Chemnitz
Felsenlabyrinth Langenhennersdorf
Liberec
Zwickau
Rennsteig
Saalfeld
Suhl
Rennsteig (Quelle der Werra)
Eisfeld
Coburg
PRAG
Schneeberg 1051
Main
Aufseßer Brauereienweg
Bayreuth
nberg
Plzeň
T S C H E C H I E N
NÜRNBERG
Amberg
Großer Arber 1456
Goldsteig
Brombach-see
Goldsteig
Weißenburg
Regensburg
Zwiesel
Römererlebnispfad Altmühlfranken
Lusen 1370
Altmühltal noramaweg
Eichstätt
Donau
Ingolstadt
Isar
Passau
Landshut
Linz
Augsburg
Inn
MÜNCHEN
Rund um die Herreninsel
Starnberg
Ammer-see
Kaiserin-Elisabeth-Weg
Isar
Chiemsee
Rosenheim
Prien a. Ch.
Salzburg
Ö S T E R R E I C H
Starn-berger See
Leitzachtaler Bergblicke
Reit im Winkl
Almgenuss
Staffel-see
Rechelkopf 1330
Wendelstein 1838
Klausen-bachklamm
Rotwand 1884
Walchen-see
Watzmann 2713
Füssen
Winterpremiumweg Hemmersuppenalm
Königs-see
Watzmann-Ostwand
Garmisch-Partenkirchen
chweg
Zugspitze 2962
Innsbruck

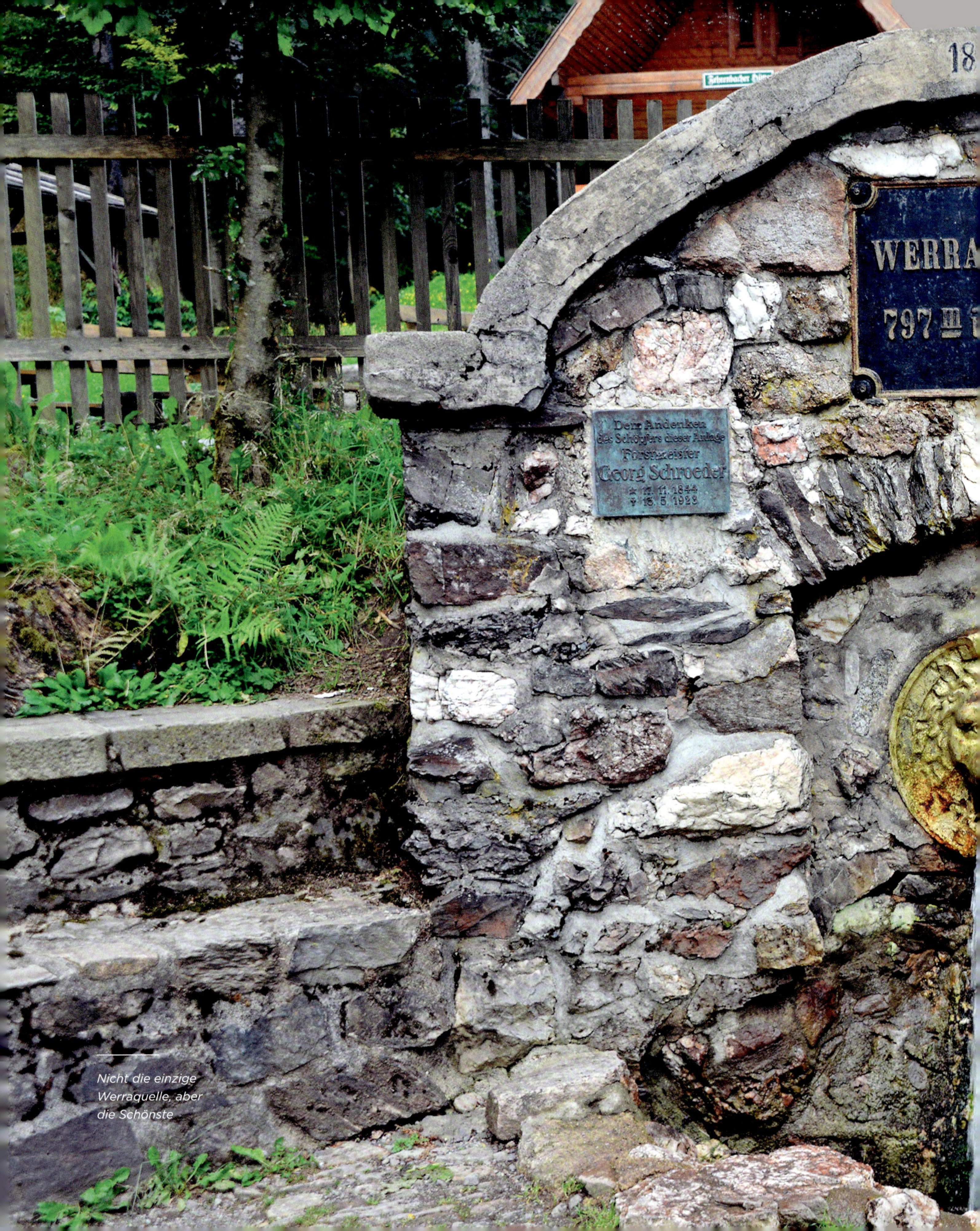

Nicht die einzige Werraquelle, aber die Schönste

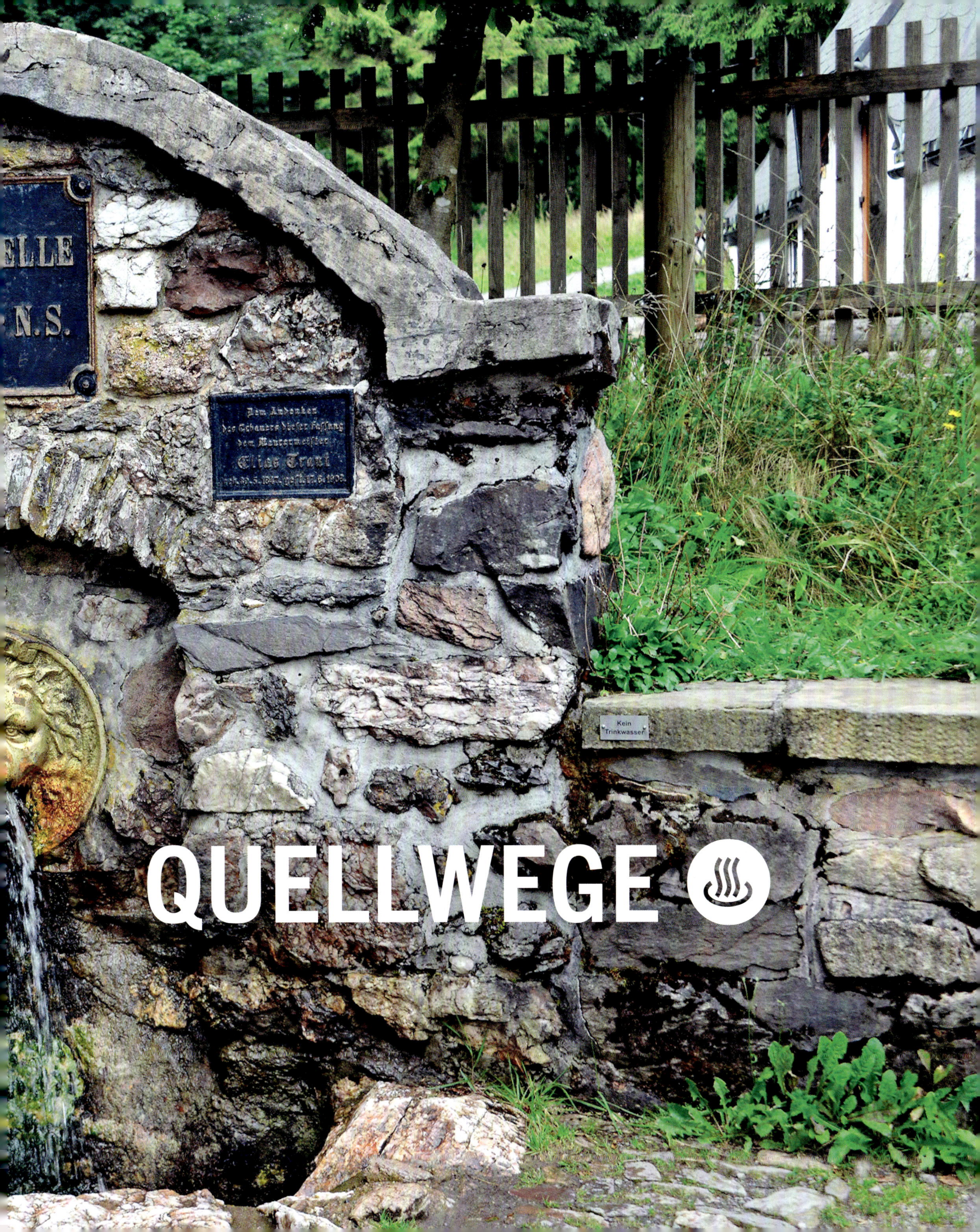

QUELLWEGE

Zehn Quellwege

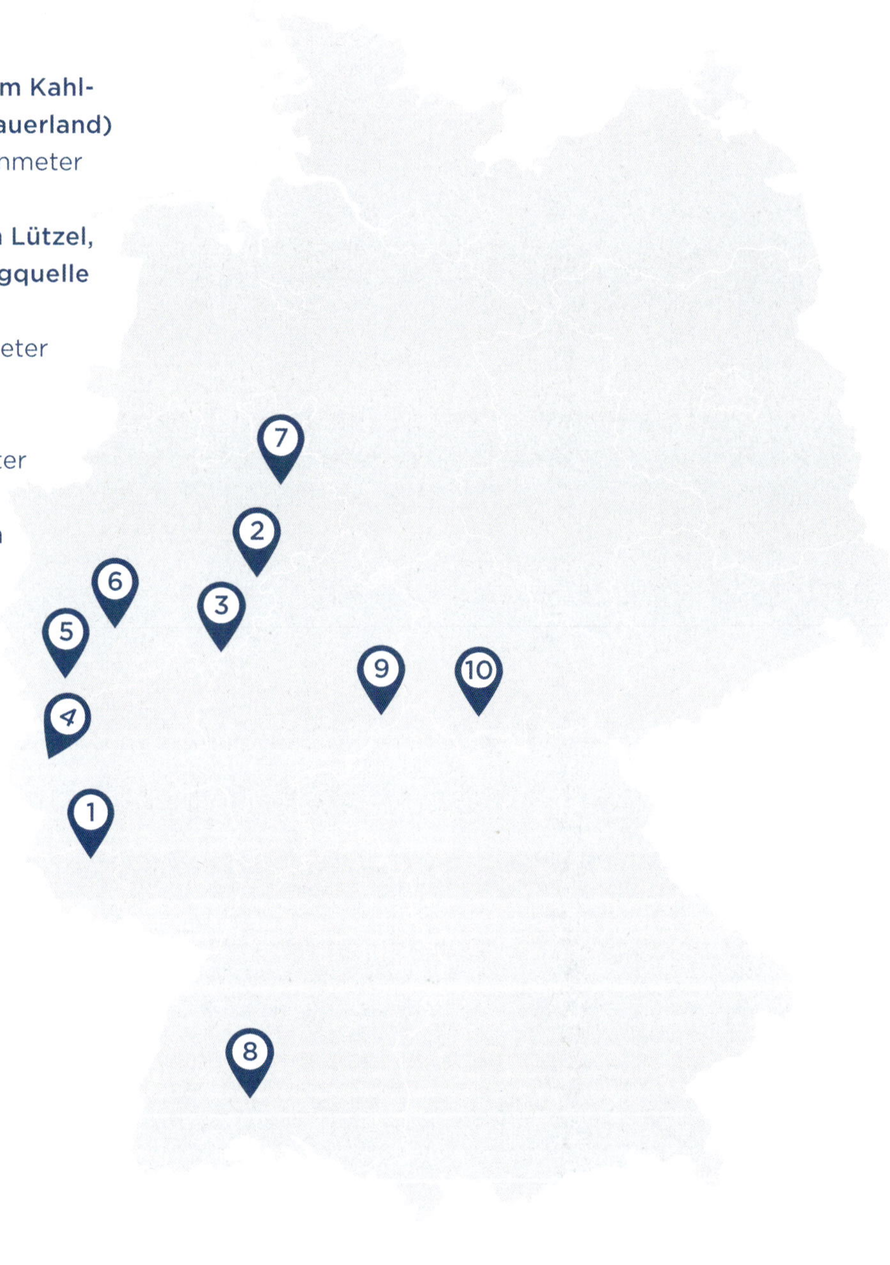

1 Nahequellepfad (Saarland)
Start: Selbach.
5,5 Kilometer, 183 Höhenmeter

2 Rothaarsteig, Etappe von Küstelberg zum Kahlen Asten, am Weg liegt die Ruhrquelle (Sauerland)
Start: Küstelberg. 14,5 Kilometer, 467 Höhenmeter

3 Rothaarsteig, Etappe vom Lahnhof nach Lützel, am Weg liegen Lahnquelle, Ilsequelle, Siegquelle und Ederquelle (Siegerland)
Start: Lahnhof. 14,2 Kilometer, 285 Höhenmeter

4 Lieserpfad, erste Etappe (Eifel)
Start: Boxberg. 15 Kilometer, 210 Höhenmeter

5 Ahrsteig, erste Etappe von Blankenheim nach Freilingen (Eifel)
Start: Blankenheim.
11,3 Kilometer, 217 Höhenmeter

6 Eifelschleife Quelle der Erft (Eifel)
Start: Nettersheim.
20,4 Kilometer, 357 Höhenmeter

7 Emsquellenwanderweg (Paderborner Land)
Start: Hövelhof.
14 Kilometer, 27 Höhenmeter

8 Premiumweg Donauversickerung (Schwäbische Alb)
Start: Immendingen.
12,9 Kilometer, 225 Höhenmeter

9 Rhön-Rundweg 3, Fuldaquelle
Start: Fuldaquelle. 4,1 Kilometer, 95 Höhenmeter

10 Rennsteig, Etappe von Masserberg nach Neustadt am Rennweg (Thüringen)
Start: Masserberg. 17,2 Kilometer, 282 Höhenmeter

»Ein besonderer Charme geht von Quellen und Quellgebieten aus. Es ist immer faszinierend, wenn etwas Neues entsteht.«

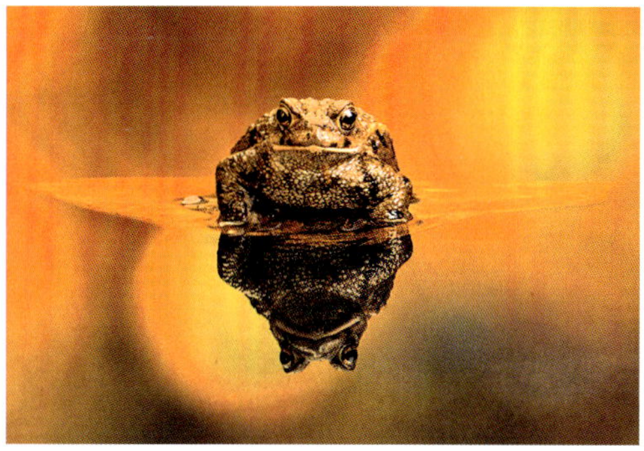

Erdkröten lieben stille Gewässer in Waldgebieten.

Wasser macht Wanderer glücklich. Das ist in der Glücksforschung seit Jahrzehnten unstrittig. Über die Gründe wird spekuliert. Sind die fröhlichen Gefühle in unseren Genen angelegt, weil alles Leben nun mal im Wasser seinen Ursprung hat? Andere glauben daran, dass uns Wasser glücklich mache, weil wir selbst zu 70 Prozent aus Wasser bestehen. Na ja, steile These. Bei allen Wanderstudien äußern sich alle Teilnehmer ähnlich wie dieser Proband: »Ich finde das Wasser toll. Vor allem, dass man auch sieht, wie lebendig es ist.« Ich denke, Herr Wohlleben sollte noch ein Buch über das geheime Leben der Wassertropfen schreiben.

Ein besonderer Charme geht von Quellen und Quellgebieten aus. Es ist immer faszinierend, wenn etwas Neues entsteht. Ein Kind wird geboren, ein Setzling treibt das erste Mal aus. Und auch große Gewässer fangen stets klein an. Mit ein paar Tropfen in einer Wiese, mit einem dünnen Rinnsal, später einem quirligen Bach, der in einen Fluss mündet, der sich in einen Strom ergießt, und am Ende stehen die Meere und Ozeane. Das Wasserwanderglück wird in diesem Buch eine große Rolle spielen, denn die einzelnen Wasserlandschaften – Quellgebiete, Bachtäler, Seen, Flüsse und Meere – haben ihren eigenen Charakter, ihren speziellen Reiz. Ich möchte, immer schön der Reihe nach, mit dem Ursprung des Wassers beginnen.

Der *Nahequellepfad* verrät schon in seinem Namen, was Sache ist. Es geht um einen linken Nebenfluss des Rheins, die Nahe. Ihr Name leitet sich von dem keltischen Begriff für »wilder Fluss« ab. Wild geht es an der Quelle in der Nähe des saarländischen Dorfes Selbach nicht zu. Zwischen geschichteten Steinen plätschert und tröpfelt das Wasser und sammelt sich zunächst in einer Pfütze. Als gebürtiger Kölner stelle ich mir vor, was mit jedem Tropfen geschieht, der dieser Quelle entspringt. Zunächst ver-

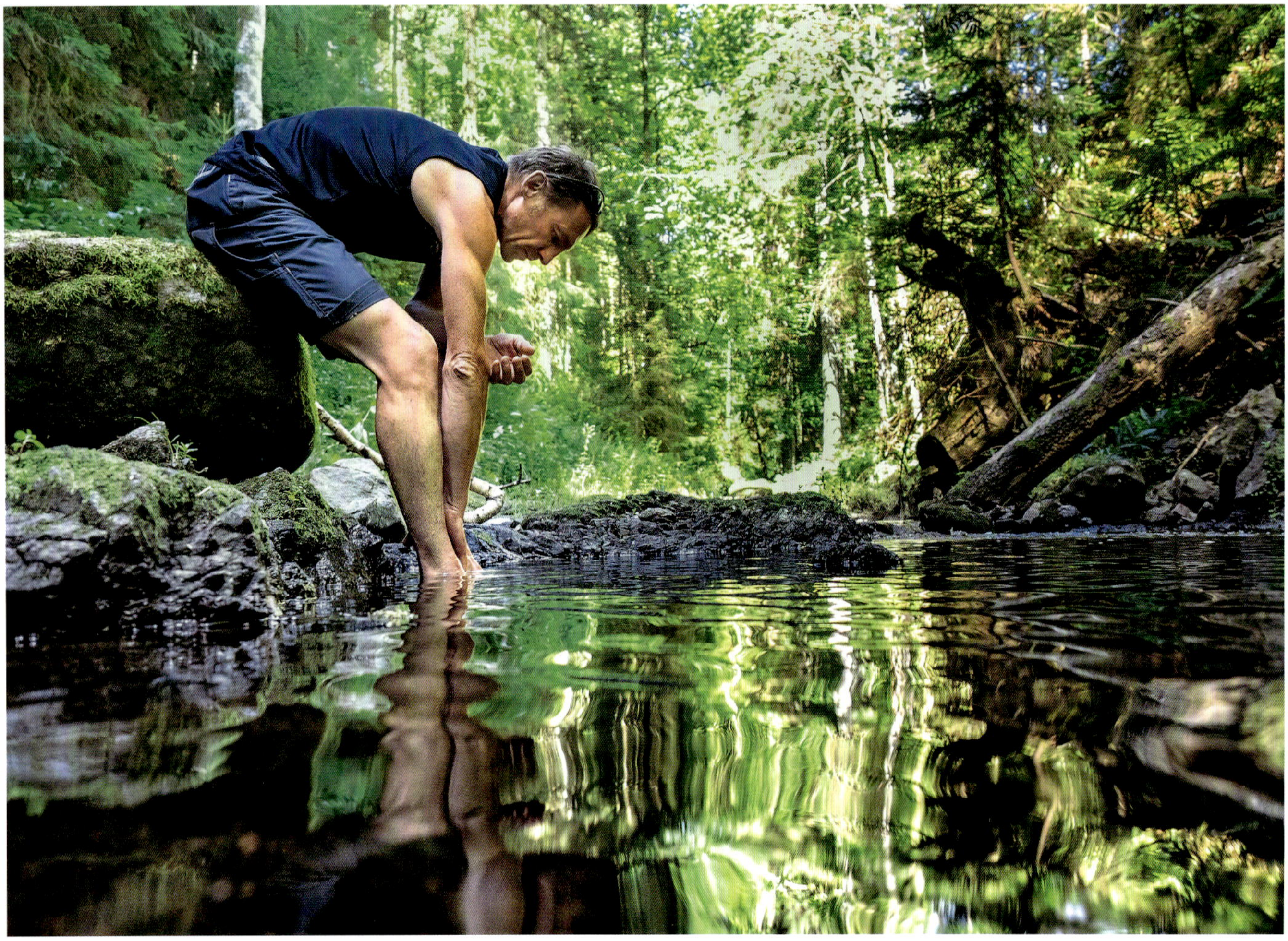

bündet er sich mit jeder Menge anderer Tropfen aus den Seitentälern, damit die Nahe ein richtiger Fluss wird. Mit seinen Tropfenkollegen fließt der Quelltropfen 125 Kilometer lang, bis er in Bingen am Mäuseturm in den Rhein mündet. Dann geht es durch das enge Mittelrheintal, bevor schließlich unser Nahequelltropfen den Höhepunkt seines Daseins feiert: Er sieht den Kölner Dom. Ein erhabenes Gefühl ist mit dieser Vorstellung verbunden.

In Selbach hat man rund um die Nahequelle eine komplette Freizeitanlage errichtet. Wildpark, Kletterspielplatz, Picknickmöglichkeit, Wasserspielplatz, Toilettenhäuschen. Der Nahequellepfad beginnt und endet in der Nähe der Quelle. Zum Konzept dieses kurzen Premiumwegs gehört, dass es Wanderkindern nicht langweilig wird. Am Wegrand stehen Holzhäuser, Holztipis, Pfahlhäuser. Und während die Großen auf einer Bank die Aussicht genießen, können die Kleinen direkt daneben schaukeln. Und auch die Aussicht genießen. Zurück an der Nahequelle werden dann Blätter und kleine Zweige in die rostbraune Pfütze geworfen. Mal sehen, ob es ein Blatt oder ein Ästchen bis in den Rhein schafft.

In Quellnähe ist ein Fußbad nur im Hochsommer zu empfehlen, ansonsten drohen Eisfüße.

Die schönste Erfrischung der Welt: kaltes Quellwasser (Seite gegenüber).

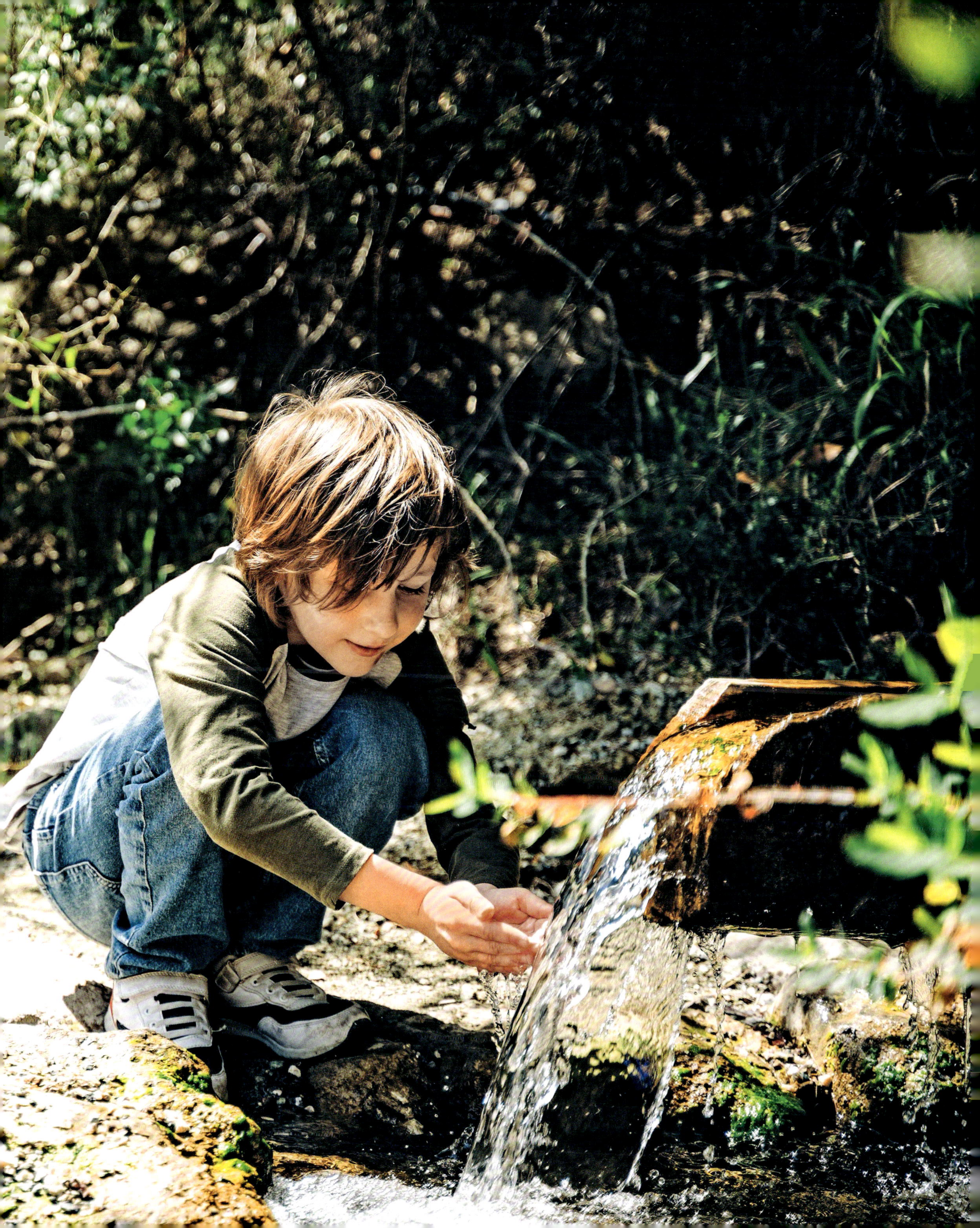

Es ist gar nicht so einfach zu sagen, welche Quelle den Namen eines Flusses bestimmt. Normalerweise nimmt man den längsten beziehungsweise den wasserreichsten Bach. Denjenigen Zufluss also, der die höhere Quelllast – so der Fachausdruck – trägt. Vor einigen Jahren bin ich mit dem ehemaligen Verkehrsminister Hendrik Wüst auf dem *Rothaarsteig* gewandert. Start unserer kurzen Tour war in Winterberg, auf 674 Meter über Normalnull erreichten wir mit einer kleinen Wandergruppe die *Ruhrquelle*. Wenn man mit Verkehrsministern wandert, wird man von Wanderführern begleitet, das ist ein Naturgesetz. Wanderführer zeichnen sich nicht nur dadurch aus, dass sie den Weg kennen, sondern auch interessante Geschichten erzählen. Unser Wanderführer Horst beichtete uns an dem steinernen Rondell, einige Meter weiter den Berg hinauf würde tatsächlich ein Bach mit dem Namen Ruhr entspringen. Dass aber der bekannte Fluss bis zu seiner Mündung in Duisburg diesen Namen trage, sei ein Fehler. Denn der Zufluss der Ruhr ist nur 6,7 Kilometer lang, während der Hillebach 7,7 Kilometer misst. Müsste die Ruhr also eigentlich Hille heißen und das Ruhrgebiet Hillegebiet? Nein – und jetzt wird es kurios –, der zweifelsfrei längste Zufluss der »Ruhr« ist eindeutig mit 17,7 Kilometern die Neger. Oha! Ist das ein früher Fall

Auf dem Rothaarsteig – die nächste Quelle ist ganz bestimmt in der Nähe!

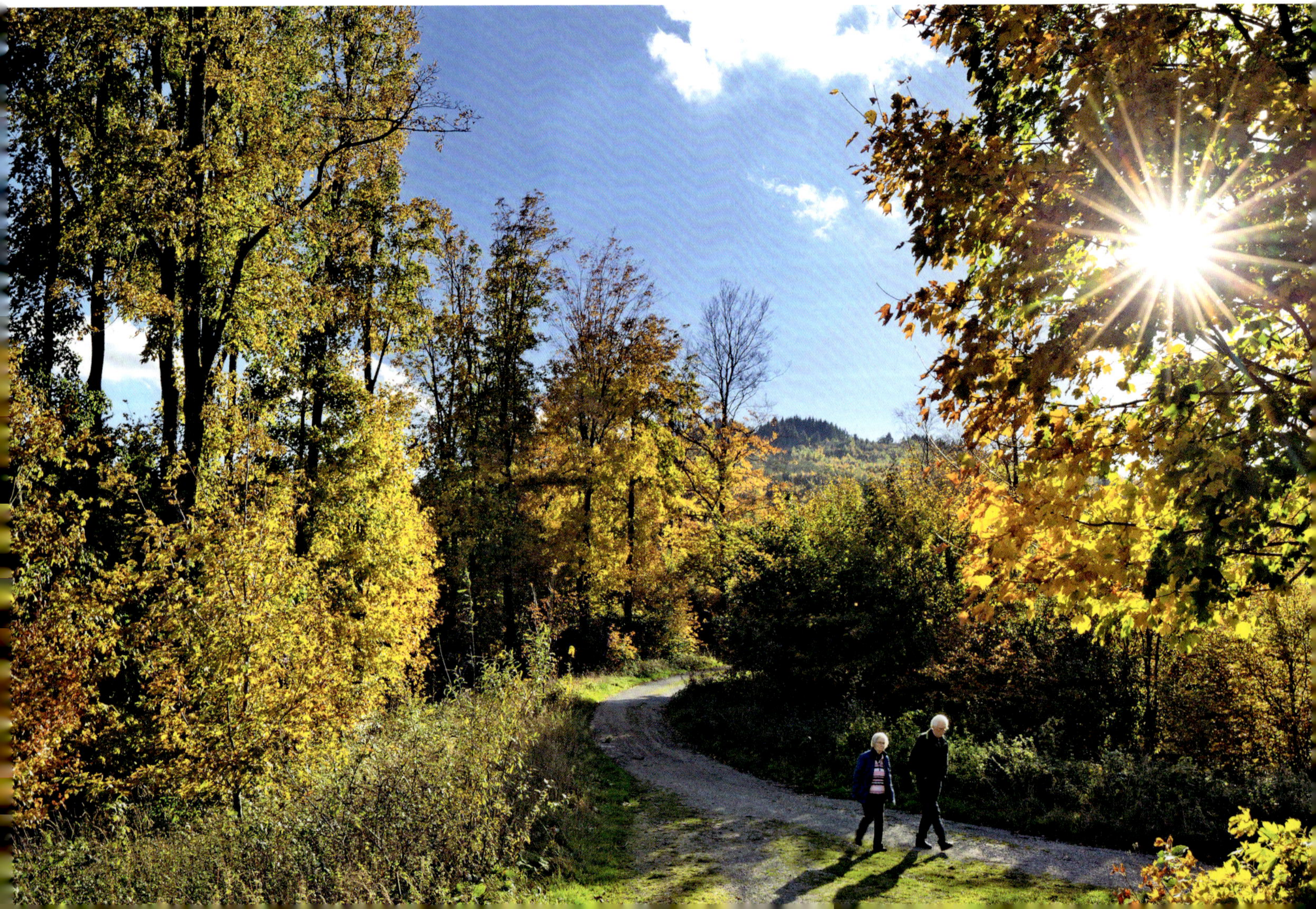

von Cancel Culture? Warum durfte das Ruhrgebiet nicht Negergebiet heißen? Ich bleibe dran an diesem Quellen-Fall.

Der *Rothaarsteig* ist ein sogenannter Kammweg. Das heißt, dass der überwiegende Teil dieses Fernweges oben auf einem langgestreckten Bergrücken ausgewiesen ist. Auf diesen Höhen verliefen früher Handelswege oder Grenzen. Speziell der Kamm des Rothaargebirges, der sich in Nord-Süd-Richtung erstreckt, ist auch eine Wasserscheide. Grob gesagt fließt auf der einen Seite das Wasser Richtung Rhein, auf der anderen Seite Richtung Weser. Sehr eindrucksvoll lässt sich das auf dem Abschnitt des Rothaarsteigs zwischen *Lahnquelle* und *Ederquelle* beobachten. Ursprung der Lahn ist angeblich in einem Tümpel neben dem Restaurant und Hotel »Forsthaus Lahnquelle«. Das ist aber Quatsch, denn der kleine Teich wird aus den Quellsickerungen der Wiese oberhalb vom »Forsthaus« gespeist.

Unweit der Lahnquelle können wir am Wegrand des Rothaarsteigs die *Ilsequelle* (die wiederum ein Zufluss der Lahn ist) entdecken. Es handelt sich um eine klassische, gefasste Quelle. Im 19. und 20. Jahrhundert wurden die ersten Rinnsale in den jeweiligen Quellgebieten kanalisiert und ummauert, sodass es wie aus einem Wasserhahn sprudelte.

An der *Siegquelle*, die man auch über den Rothaarsteig erreicht, scheiden sich die Geister. Denn Quellenglück bedeutet nicht für jeden Menschen das gleiche. Die über 100 Jahre lang ummauerte Quelle wurde vor einigen Jahren durch eine naturnahe Installation mit auffälligen Holzrinnen ersetzt. Ein Rothaarsteig-Ranger erzählte mir, dass er

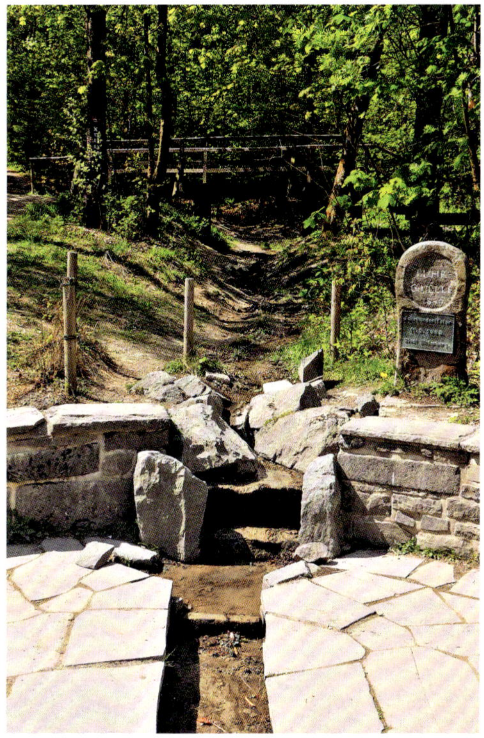

Die Quelle der Ruhr am Rothaarsteig, 219 Kilometer vor der Mündung in Duisburg.

stolz die neu gestaltete Siegquelle der Witwe eines bekannten Natur-Enthusiasten dieser Region gezeigt hätte. Die hätte nur mit Verachtung gesagt: »Gut, dass das mein Mann nicht mehr erleben muss.«

Unweit der Siegquelle wandern wir schließlich am Quellgebiet der *Eder* vorbei. Dort ist Natur pur, die gefasste Quellmauer wurde entfernt. Auf einer Aussichtsplattform können wir ungefähr nachvollziehen, wie aus unzähligen Spalten und Erdlöchern Wasser austritt und sich zögernd zum ersten Bächlein vereinigt, das später zur Eder wird. Eine Tageswanderung auf dem Rothaarsteig, vier ganz unterschiedliche Quellen. Für Quellenfans ein Muss.

Ähnlich naturbelassen ist das Quellgebiet der Lieser in der Eifel, Startpunkt

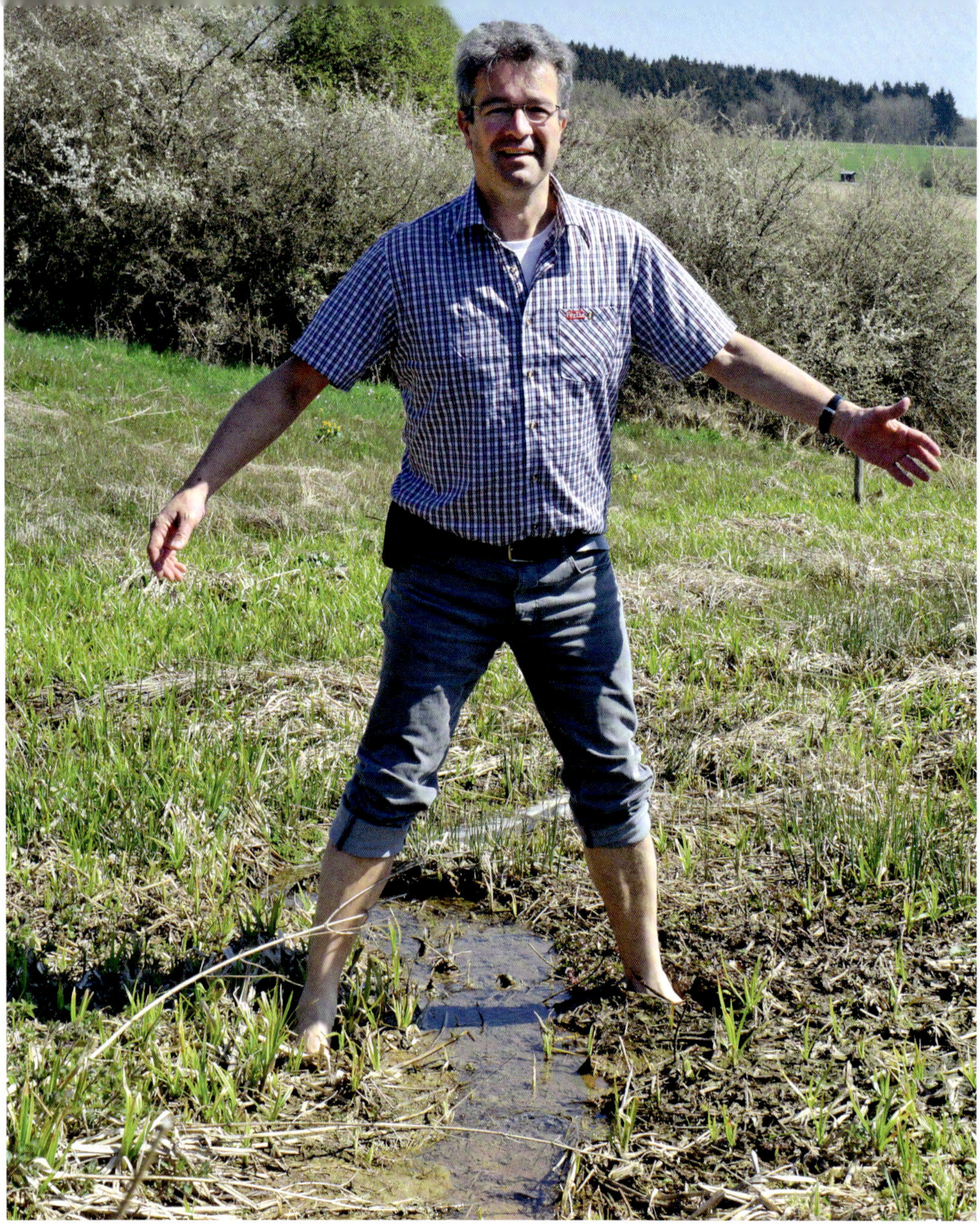

des *Lieserpfads.* Für einen Fototermin sollte ich an der *Lieserquelle* posieren. Da keine Wanderung anstand, hatte ich Straßenschuhe an, war ja nur ein Fototermin. Gequält in die Kamera lächelnd, merkte ich schnell, wie ich langsam immer mehr Teil der Quelle wurde. Meine Schuhe füllten sich auf der feuchten Wiese schnell mit den ersten Tropfen dieses Nebenflusses der Mosel. Klarer Amateurfehler. Gehe nie unpräpariert in ein Quellgebiet, das bleibt nicht ohne Folgen.

Trockene Füße (und Köpfe) kann ich garantieren, wenn wir auf dem *Ahrsteig* zur *Ahrquelle* wandern. Im Eifel-Städtchen Blankenheim zwängt sich ein geducktes Häuschen von 1726 in die Gassen. In diesem kleinen Gebäude wohnt die Quelle der Ahr und fließt zunächst total harmlos in offenen Kanälen durch Blankenheim. Dass dieser Nebenfluss auch anders kann, mussten wir leider im Sommer 2021 erfahren.

Die Quelle eines anderen Rhein-Nebenflusses, der auch große Flutschäden

Im Quellgebiet der Lieser, die an mehreren Stellen aus einer großen Wiese hervorsprudelt

2021 hinterließ, ist ebenfalls überbaut: Oberhalb der *Erftquelle*, erreichbar über die *Eifelschleife Quelle der Erft*, nahe Nettersheim, befindet sich eine alte Schmiede. Einer der letzten Eigentümer dort war der Schmied Andreas Rademacher, mein Urgroßvater. Ich bin also ein Erftquellen-Urenkel.

Auch in fast flachen Regionen können große Flüsse starten. Die Ems ist immerhin mit einer Länge von 371 Kilometern (nach der Weser) der zweitlängste Fluss Deutschlands, welcher dort auch entspringt und ins Meer mündet. Der Rhein kommt aus der Schweiz, die Donau mündet im Schwarzen Meer, die Elbe ist eigentlich eine Tschechin. Vor einigen Jahren bin ich auf dem *Emsquellenweg* gegangen. Am Start der Wanderung in Hövelhof staunten wir über eine Bachgabelung, Fachbegriff Biforkation (Lateinisch bi = zwei, forca = Gabel). Der eine Bach fließt über die Lippe in den Rhein, der andere in die Ems. Bei Schloß Holte-Stukenbrock (das ist tatsächlich eine Stadt, kein einzelnes Schloss) sind wir auf besagte Quelle gestoßen. Sehr ansprechend gestaltet, wie bei der Ederquelle, mit Aussichtsterrasse aus Holz. Irritiert haben mich die beiden Fußabdrücke aus Metall am Boden. Eine Tafel am Holzgeländer informiert, da solle man sich draufstellen, das sei ein Instagram-Fotopunkt. Sehr skurril, fürs Emsquelle-Selfie gibt es also festgelegte Positionen.

Auf dem Premiumweg *Donauversickerung* können wir versuchen, eine geologische Kuriosität der Donau zu verstehen. Sie ist mit einer Gesamtlänge

Die Erftquelle, mitten im Eifel-Ort Holzmülheim. Die Schmiede meines Urgroßvaters hat nicht mehr aufs Foto gepasst (unten links).

Ohne Klingelschild – aber hier ist die Ahrquelle zu Hause. Auch schon vor 1726 (unten rechts).

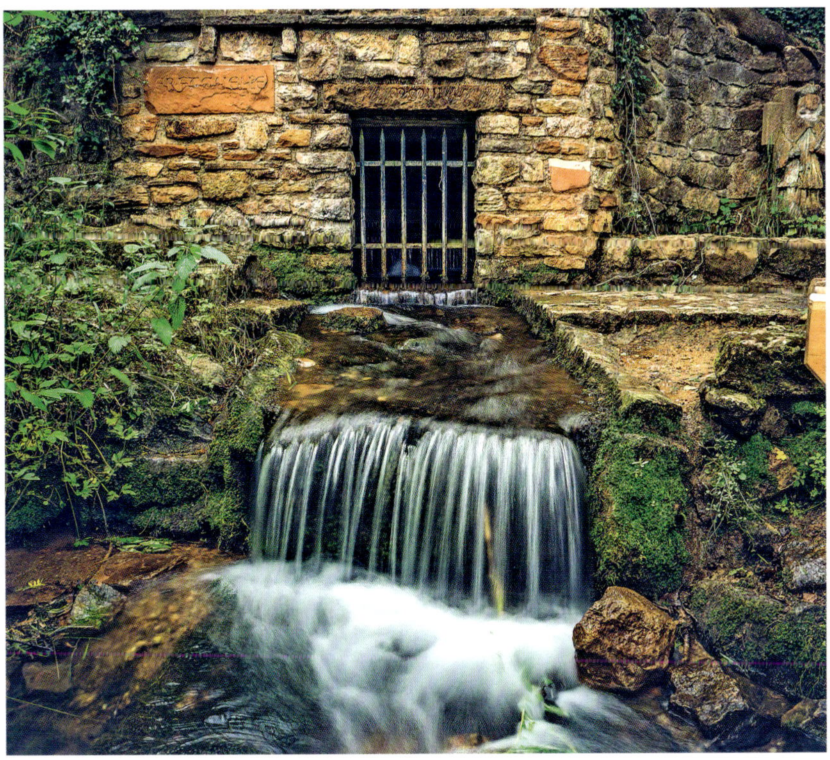

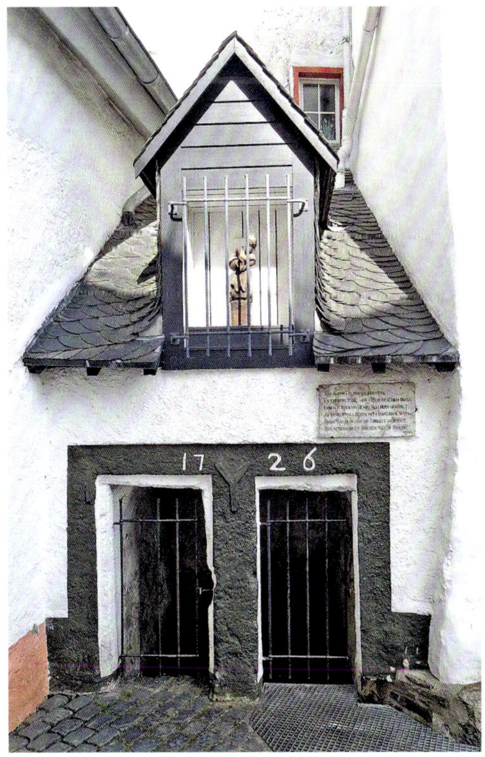

von 2857 Kilometern (nach der Wolga) der zweitlängste Fluss Europas. Sie hält auch einen Weltrekord: Kein anderer Fluss auf dem Planeten kontaktiert gleich zehn Länder: Deutschland, Österreich, Slowakei, Ungarn, Kroatien, Serbien, Bulgarien, Rumänien, Republik Moldau und die Ukraine. Dieser Strom trägt seinen Namen ab dem Zusammenfluss von zwei Quellbächen. Und dann ist die junge Donau plötzlich verschwunden. Sie versickert zwischen Immendingen und Möhringen im Boden, zwängt sich durch unterirdische Höhlensysteme und kommt in einem kleinen See wieder zum Vorschein. Die Donau ist - bevor sie ihre lange Reise bis zum Schwarzen Meer antritt - eine Zauberkünstlerin, die die Illusion des Verschwindens beherrscht.

Auf dem *Rhön-Rundweg 3* können wir die *Fuldaquelle* entdecken. Am Hang der Wasserkuppe, des höchsten Bergs Hessens, entspringt der längste Fluss dieses Bundeslands. An der gefassten Quelle ist auf einer Tafel zu lesen:

»Hier halte Rast! Dich labt die Quelle der Fulda, die mit klarer Welle den Berggruß rauschend trägt einher. Sie wächst zur Werra hingezogen.«

Werra und Fulda sind untrennbar verbunden, verheiratet ohne Scheidungsrecht, denn der Volksmund weiß: »Wo Werra und Fulda sich küssen, sie ihren Namen büßen müssen.« Frau Werra und Frau Fulda heißen - bis die Nordsee an der Mündung euch scheidet: Frau Weser.

Suchen wir also glückswandernd die Quelle der Werra. Wenn wir auf dem *Rennsteig* durch den Thüringer Wald

Die Quelle der Fulda in der Rhön - irgendwann fließt dieses Wasser in die Nordsee (unten links).

Die Donau macht die Biege, versickert zwischen Immendingen und Möhringen - ich bin dann mal weg (unten rechts).

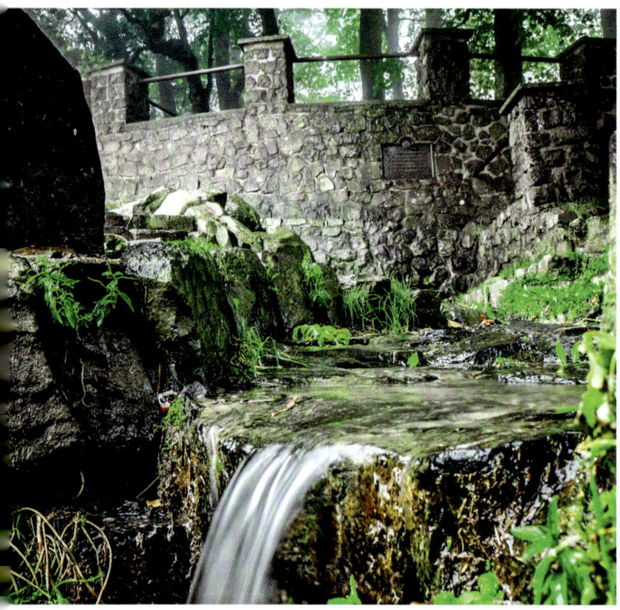

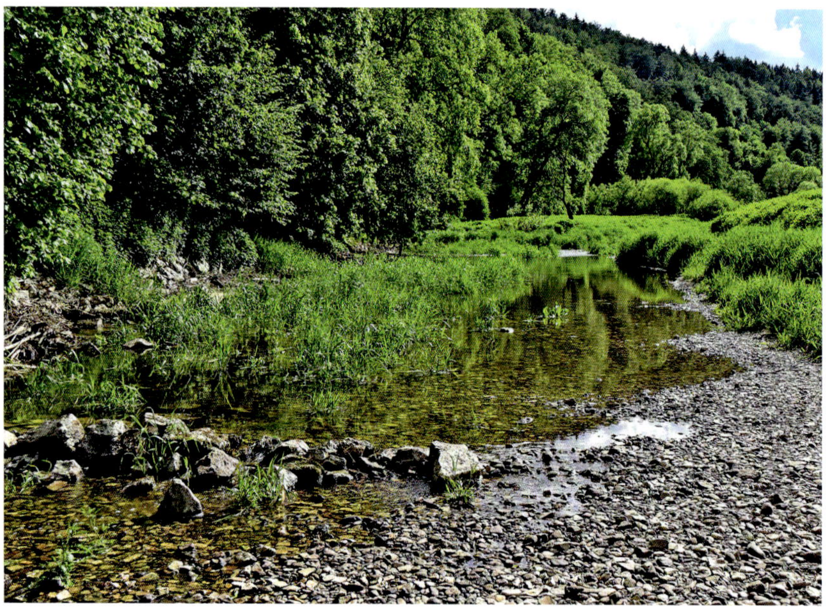

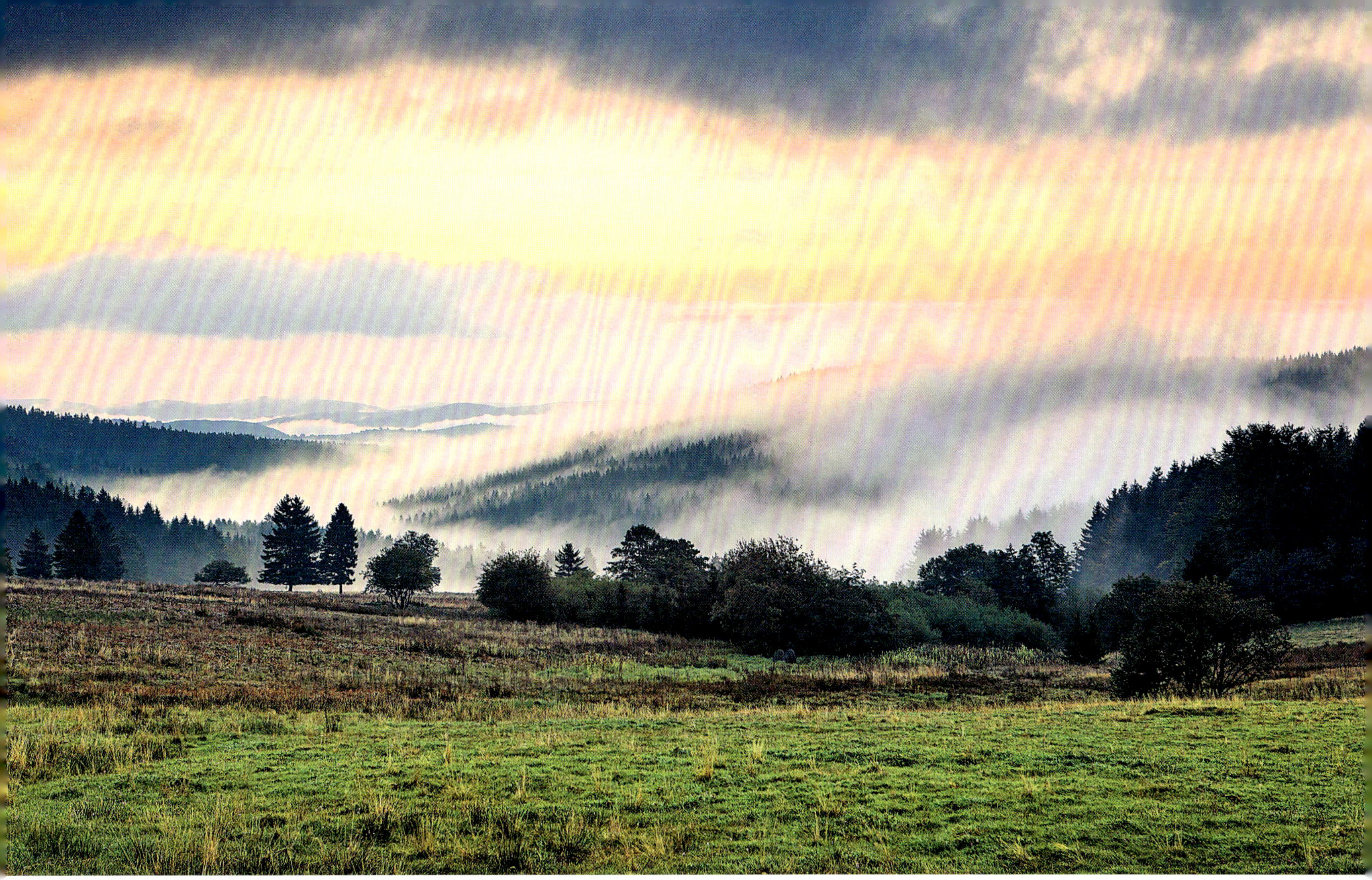

Rennstelglandschaft – irgendwo im Nebel verstecken sich Dreiherrenstein und Dreistromstein.

wandern, stoßen wir südlich von Masserberg auf den Dreiherrenstein. An dieser Stelle trafen das Königreich Preußen (von dem hat man schon mal gehört), das Fürstentum Schwarzburg-Sondershausen sowie das Großherzogtum Sachsen-Weimar-Eisenach aufeinander. Nur mäßig aufregend. Von diesem Stein geht man einen kurzen Abstecher zur *Werraquelle*. Wir bewundern den Startpunkt des fast 300 Kilometer langen Flusses und wandern weiter auf dem Rennsteig zum Dreistromstein. Unter uns gesagt, Dreiherrensteine gibt es in Deutschland wie Sand am Meer. Aber der Dreistromstein ist in unserer Republik einmalig. Dieser geografische Punkt ist eine Triple-Wasserscheide: Die Bäche im Wald rund um den Dreistromstein entwässern Richtung Rhein, Elbe und Weser. Weser? So, so, das interessiert uns. Also wandern wir wiederum auf einem kurzen Abstecher zur nächsten Quelle. Große Überraschung, denn das ist die Saarquelle. Komisch, ist das vom alten Saarländer Erich Honecker manipuliert worden? Die »richtige« Saar entspringt doch in Frankreich, nicht in Thüringen. Tatsächlich heißt dieser Bach, der zur Werra führt: Saar. Wir treten näher und lesen auf einer Tafel: Werraquelle. Kurios, genauso wie bei Ruhr und Neger streiten sich die Gelehrten, welcher Quellbach denn nun die richtige Werra ist. Die zwei Werraquellen sind das doppelte Lottchen der deutschen Quellgebiete. Und das verdoppelt auch unser Wanderglück.

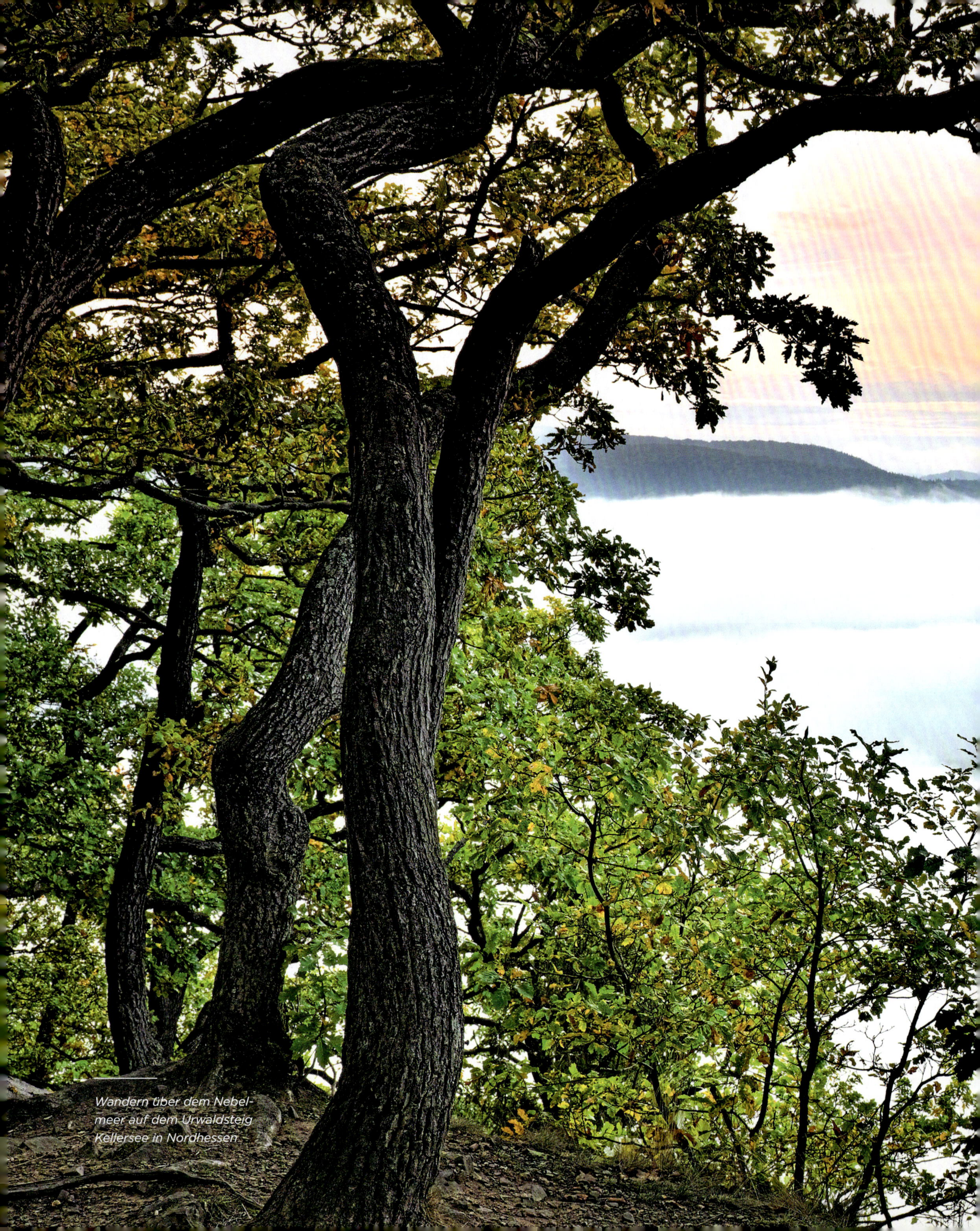

Wandern über dem Nebelmeer auf dem Urwaldsteig Kellersee in Nordhessen

AUSBLICKWEGE

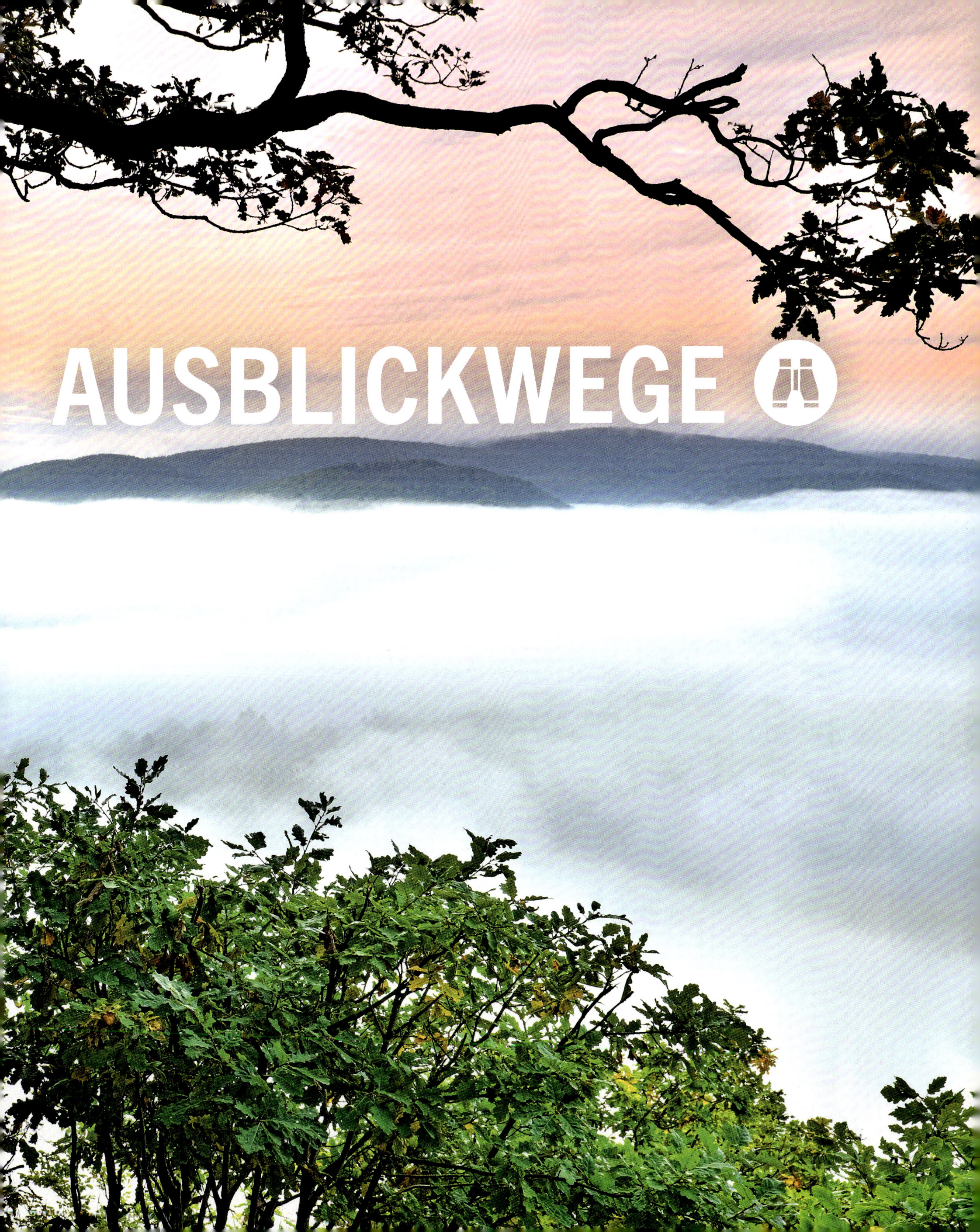

Zehn Ausblickwege

1 Albsteig HW1, Etappe von Hepsisau nach

Owen
(Schwäbische Alb)
Start: Hepsisau. 13,7 Kilometer, 586 Höhenmeter.

2 hochgehkeltert (Schwäbische Alb)
Start: Neuffen. 7,2 Kilometer, 354 Höhenmeter

3 Traufgang Wacholderheide (Schwäbische Alb)
Start: Albstadt-Tailfingen.
9,3 Kilometer, 296 Höhenmeter

4 Extratour Milseburg (Rhön)
Start: Milseburg.
11,1 Kilometer, 488 Höhenmeter

5 Luftiger Grat (Allgäu)
Start: Oberstdorf.
13,2 Kilometer, 585 Höhenmeter

6 Der Bietzerberger (Saarland)
Start: Bahnhof Fremersdorf.
18,6 Kilometer, 379 Höhenmeter

7 Peterstaler Schwarzwaldsteig
Start: Bad Peterstal.
10,9 Kilometer, 785 Höhenmeter

8 Höhenluft Bad Ems (Lahn)
Start: Bad Ems.
10,6 Kilometer, 577 Höhenmeter

9 Modersohns Spuren (Münsterland)
Start: Tecklenburg. 4,4 Kilometer, 123 Höhenmeter

10 Gipfel- und Aussichtstour Bad Tabarz
(Thüringer Wald)
Start: Bad Tabarz. 11,3 Kilometer, 437 Höhenmeter

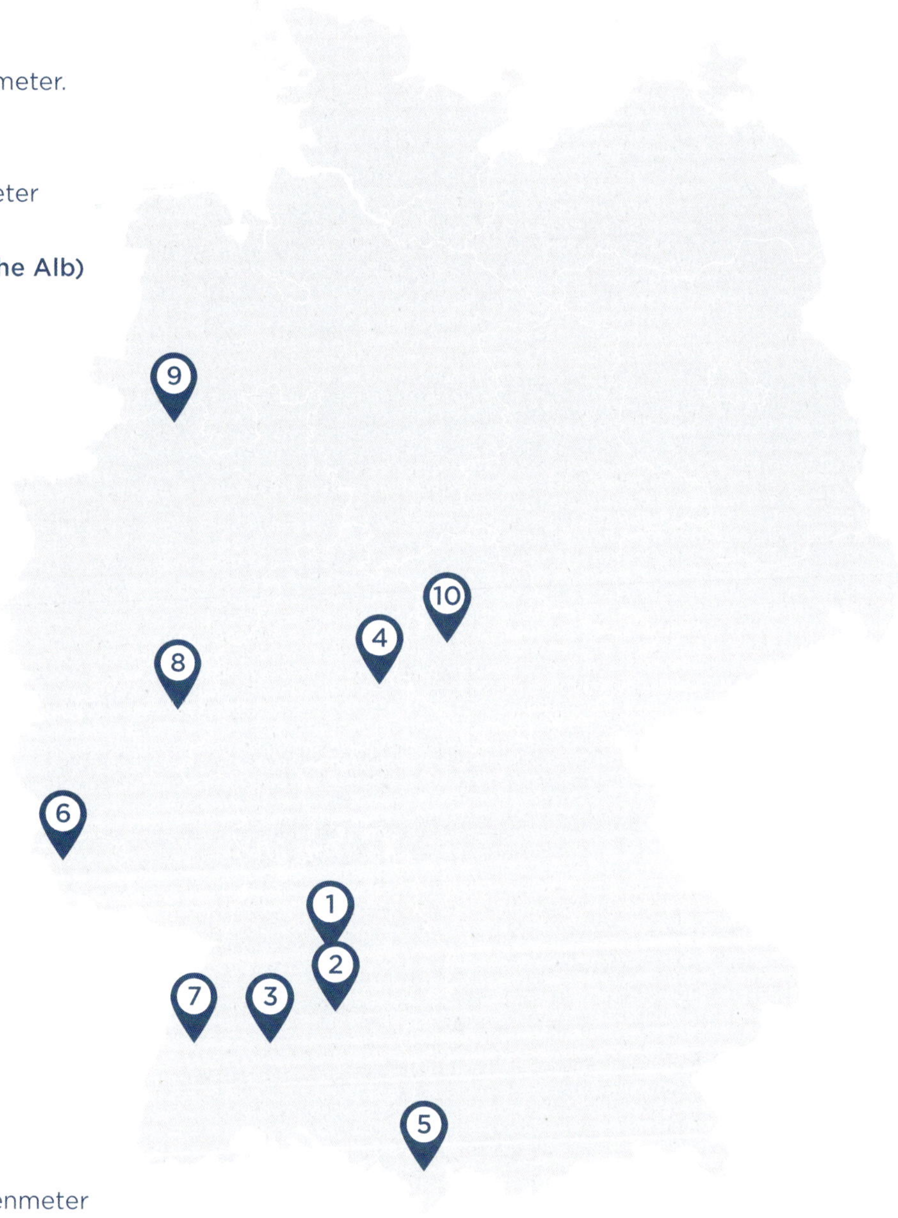

»Ein Ausblick beim Wandern kann nicht nur entzücken, wenn wir in die Natur blicken. Auch Städte können so schön sein, dass die Aussichten glücklich machen.«

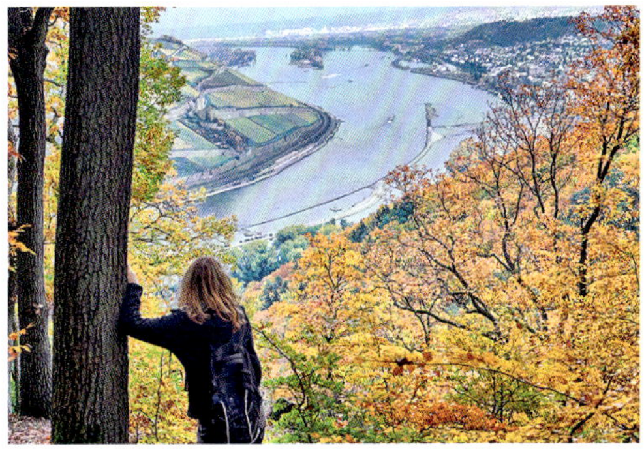

Ein weiter Blick auf den breiten Strom öffnet sich oben bei Schloss Rheinstein.

Amerikanische Natursoziologen waren die ersten, die mithilfe von Landschaftsfotos Probanden nach ihren Eindrücken befragten. Die Fragestellung: Welche Landschaftsformen findet ihr schön? Neben Wasser in allen Facetten waren es vor allem die Aussichten, die die Testpersonen reizten. Im Wald, da fühle man sich eingesperrt, aber wenn die Blicke in die Ferne schweifen, so mache das Wanderer glücklich.

»Diese Ausblicke, dass man den Wald im Rücken hat, also dieses Geschützte, und dann den Blick in die weite Ebene.« Das sagt einer der Test-Wanderer, die der Landschaftsarchitekt Daniel Münderlein für seine Dissertation *Macht Landschaft glücklich?* befragt hat. Dabei ist naturgemäß nicht unwichtig, was wir da sehen. Ausblicke auf ein Atomkraftwerk oder eine Industrielandschaft, womöglich noch mit einer Hochspannungsleitung im Vordergrund? Nein, danke!

Vor 50 Jahren wollte es der Landschaftsplaner Hans Kiemstedt ganz genau wissen. Er hat die »Eignung einer Landschaft für Erholungszwecke« mit dem sogenannten »Vielfältigkeitswert« berechnet. »Günstig für einen hohen ›V-Wert‹ einer Landschaft war beispielsweise, wenn sie viele klar erkennbare Übergänge zwischen Wäldern und Feldern oder Wiesen und Gewässern aufwies, wenn sie also über viele sogenannte Randeffekte verfügte.« Dabei spielen zwei Faktoren eine Rolle. Erstens steckt quasi evolutionär in unseren steinzeitlichen Genen, dass wir gerne den Wald im Rücken und eine freie Landschaft vor uns haben. Sollte Gefahr (von Tier oder Mensch) aus der Ebene drohen, konnte man sich in den Wald verkrümeln. Hörte man dagegen unheimliche Geräusche aus dem Wald, hatte man die freie Flur zur Flucht. Der zweite Faktor, warum wir »Randeffekte« – also strukturierte Landschaften – lieben, ist eine gewisse Neigung zur »aufgeräumten« Landschaft. Streuobstwiesen mit alleinstehenden Bäumen begeistern uns mehr als dichte Wälder. Ein Mix aus Feldern, Wäldern, Flüssen, kleinen Ortschaften finden wir schöner als ein monotones Landschaftsbild. Der Gründer des Deutschen Wanderinstituts, Rainer Brämer, hat das einmal gut zusammengefasst: »Offenbar gilt nicht die wilde, sondern die gezähmte Natur als schön.«

Wer abwechslungsreiche Aussichten garantiert haben möchte, sollte an der Traufkante der Schwäbischen Alb entlangwandern. Ein in Deutschland unvergleichliches Erlebnis, auf einer Länge von ungefähr 350 Kilometern an einer steil abfallenden Gebirgskante die Landschaften zu genießen. Der Fernwanderweg *Albsteig HW1* (Hauptwanderweg 1) des Schwäbischen Albvereins ist entlang dieser Traufkante geführt.

Pars pro toto möchte ich erzählen, was man auf dem Teilstück von Hepsisau nach Owen erleben kann. Zunächst wandern wir an einem traumhaften Bach hinauf, am Mörikestein haben wir die Traufkante erreicht. Unsere Blicke gehen in östlicher Richtung hinunter auf die Streuobstwiesen von Hepsisau, dahinter Felder, einzelne Höfe. Selbst eine sich schlängelnde Straße wird in zehn Kilometer Entfernung schön. Wir sehen das kreisrunde Randecker Trockenmaar, das sich in die Biegung der Albtrauf hineinschmiegt. Im Hintergrund als Do-

Sensationelle Sicht von der Burg Hohenneuffen an der Traufkante entlang (Seite gegenüber)

Von der Albtrauf aus wirken sogar größere Orte richtig niedlich.

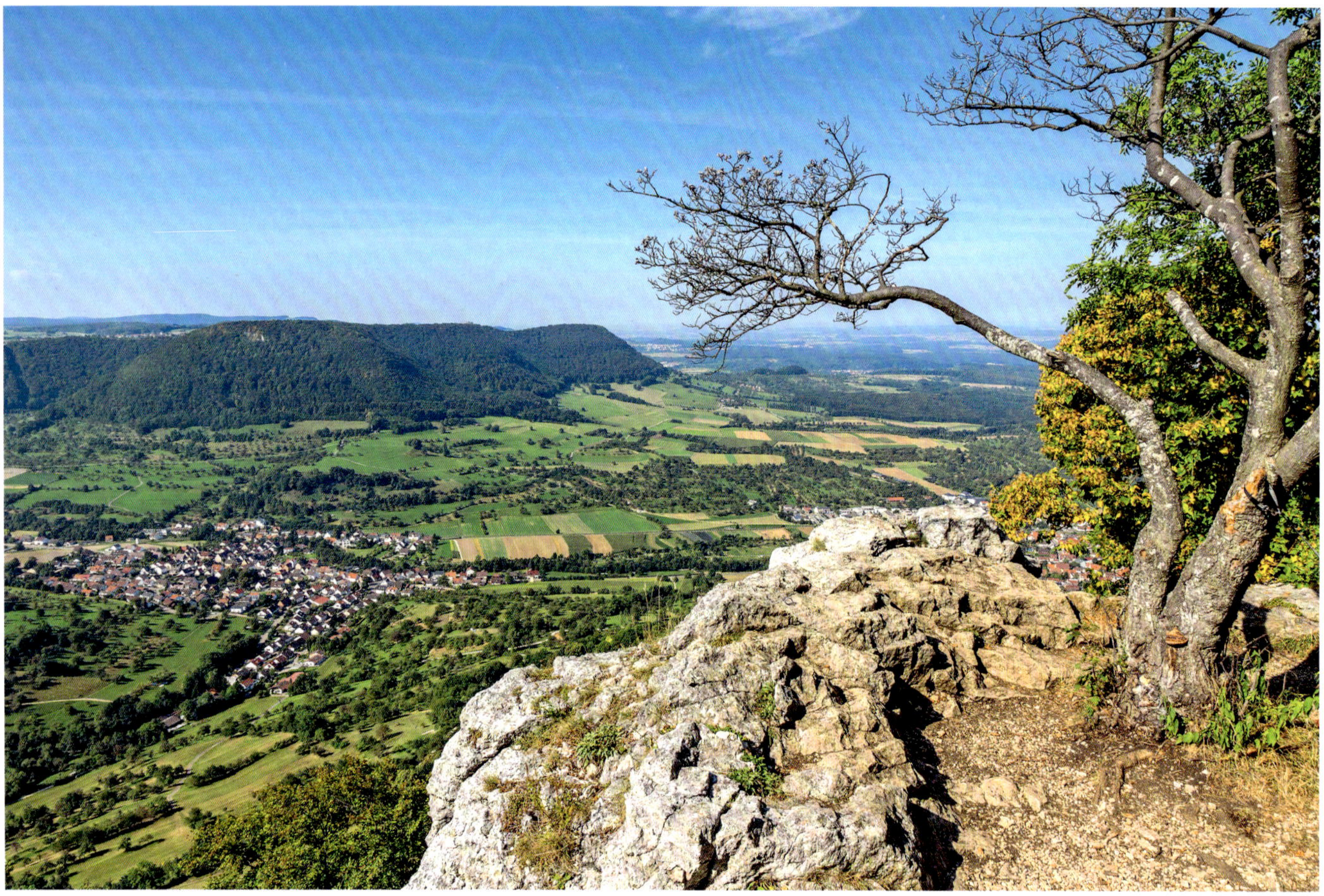

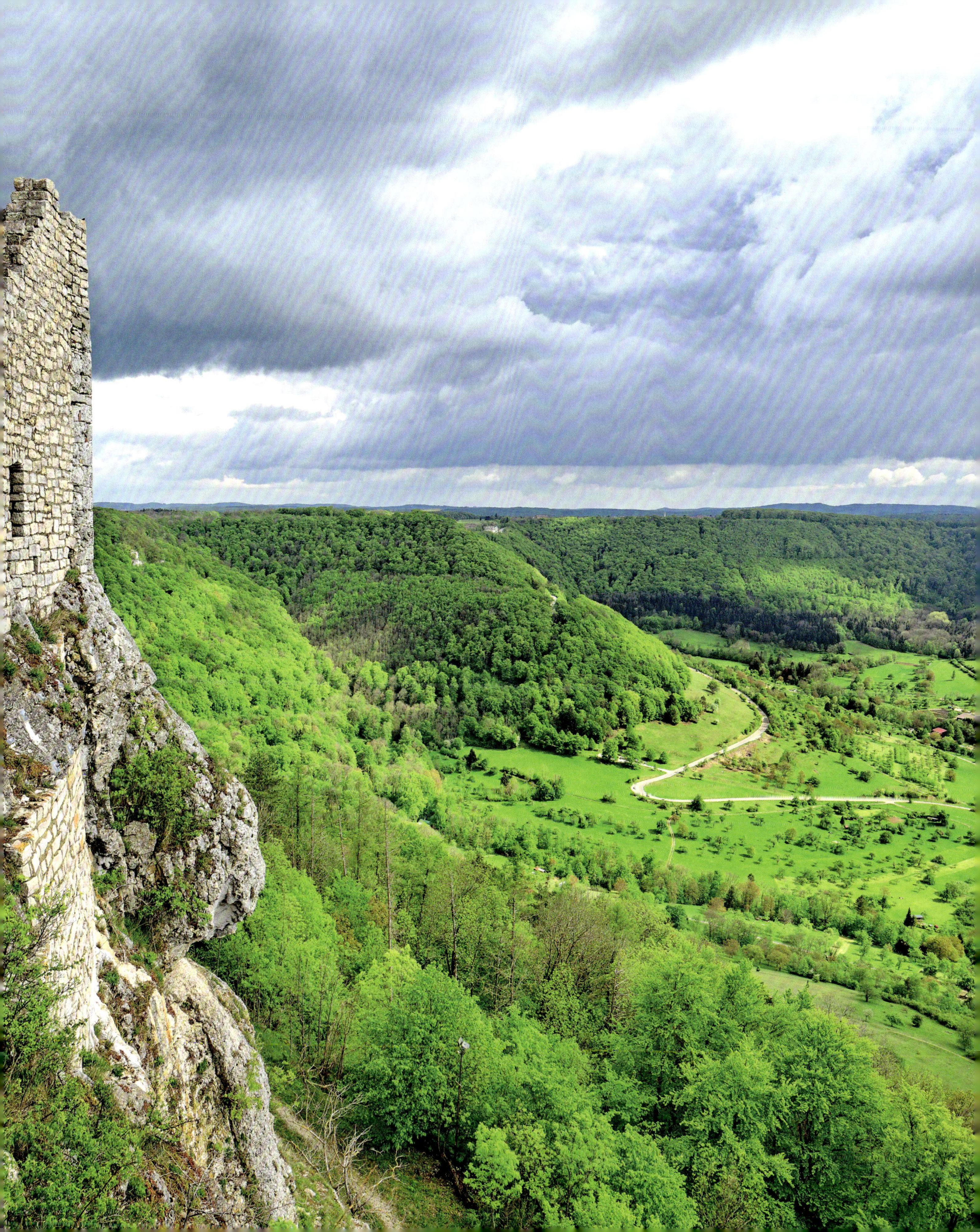

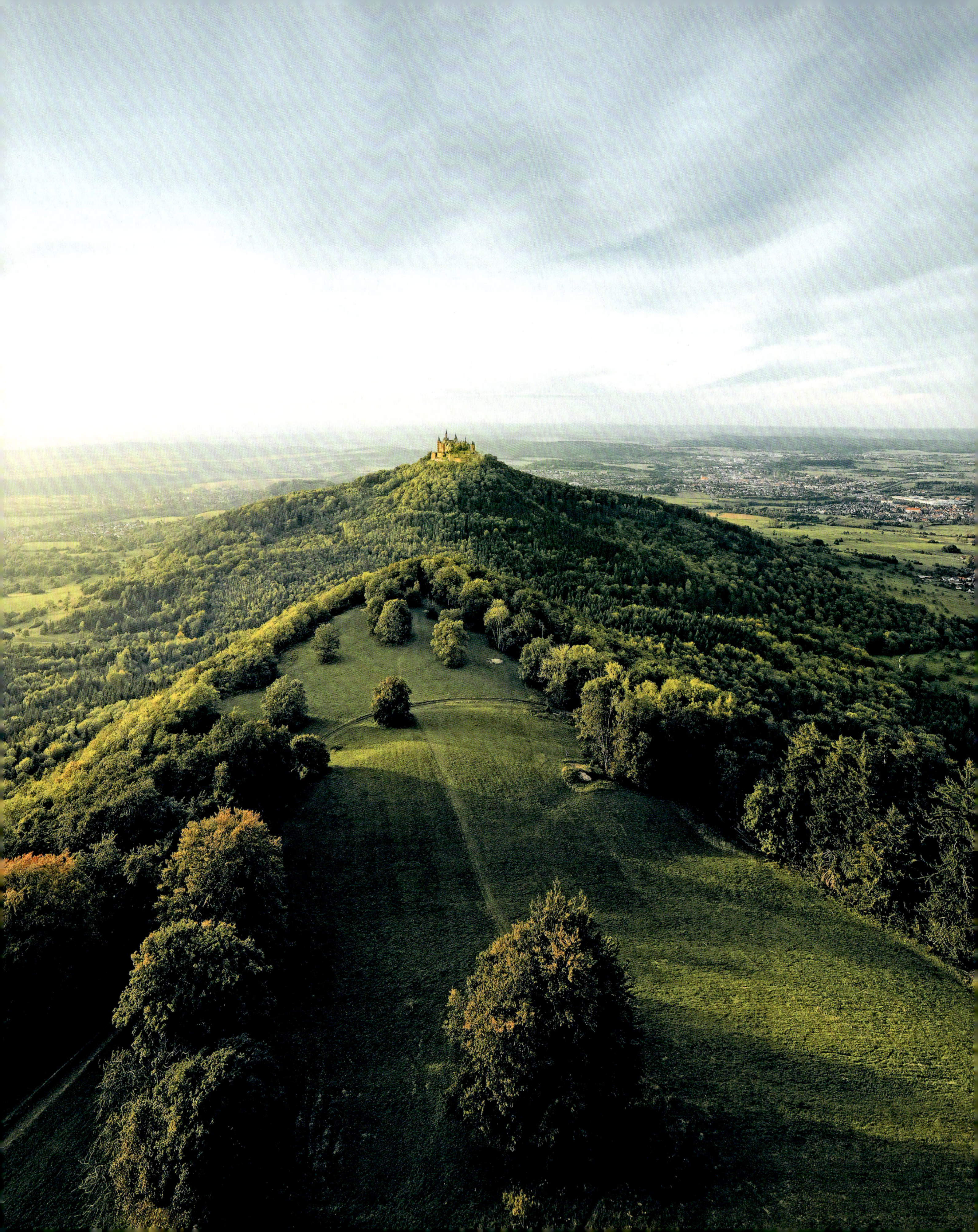

minanzlinie die weit entfernte Albtrauf Richtung Göppingen. Eine Aussicht zum Niederknien.

Wenige Wanderkilometer weiter können wir am Breitenstein weit in nördliche Richtung blicken. Es ist gar nicht ohne, auf den Felsen zu stehen und über die Ebene des Filstals bei guter Sicht bis nach Stuttgart zu schauen. Dieser Ausblick hat einen sehr hohen »Vielfältigkeitswert«, man sollte vor lauter Begeisterung über die Aussicht aber nicht vergessen, dass es (ohne Sicherung durch einen Zaun) am Felsen steil bergab geht. Zu einer Rast kann man später auf der Burg Teck weitere Blicke genießen. Fast am schönsten ist dann der Abstieg von der Albtrauf hinunter nach Owen durch eine freie, ordentlich schwäbisch »aufgeräumte« Landschaft. Besonders malerisch die Baumreihe, die aus der Ferne wie eine Harfe aussieht. Die Bäume wurden als natürliche Umzäunung eines Schweinepferchs gepflanzt.

An der so überaus blickreichen Albtrauf gibt es auch viele Rundwanderwege. An dieser Stelle möchte ich den Premiumweg *hochgehkeltert* (ich finde den Namen immer noch äußerst gewöhnungsbedürftig) mit Burg Hohenneuffen empfehlen, weil er viele Wanderglücksfaktoren vereinigt. Er ist Burgenweg, Weinweg, Einkehrweg, Familienweg und natürlich Ausblickweg.

In und um Albstadt herum wurden in den letzten Jahren die Premiumwege Traufgänge entwickelt. Fast alle sind herausragende Ausblickwege, den Traufgang Zollernburg-Panorama erwähne ich weiter unten als Burgenweg (siehe S. 121). Auf dem *Traufgang Wacholderheide* dagegen dominieren die Ausblicke auf die »aufgeräumten« Heidelandschaften mit angrenzenden Waldsäumen. Heidelandschaften sind Weidelandschaften, sie entstanden durch die jahrhundertelange Beweidung durch Schafe und Ziegen. Alles, was diesen Tieren mundete, unter anderem auch junge Bäume, wurde kahl gefressen. Zu den stacheligen Ginster- oder Wacholderbüschen nahmen die Vierbeiner dagegen Abstand, sodass die sich prächtig entwickeln konnten. Ein wunderbarer An- und Ausblick, vor allem wenn man bedenkt, dass man aus den Wacholderbeeren herrlichen Gin oder Genever destillieren kann.

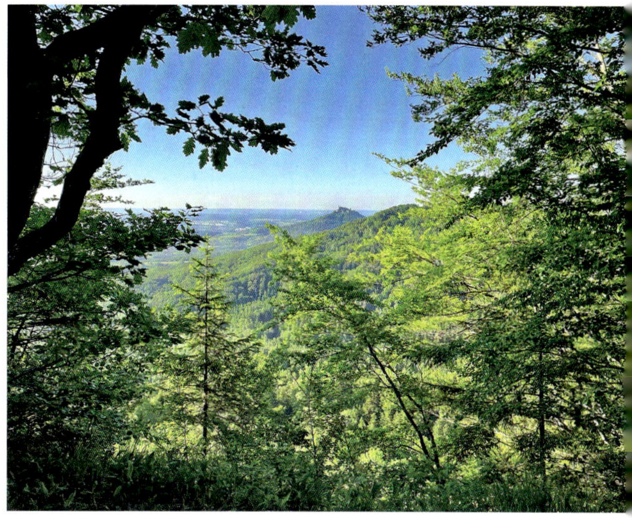

Diesen Blick auf die Hohenzollernburg konnte ich auf dem Traufgang »Wiesenrunde« erhaschen.

Burg Hohenzollern, ein schillernder Diamant der Schwäbischen Alb (Seite gegenüber)

Wofür stehen die einzelnen deutschen Mittelgebirge? Der Schwarzwald für Wald, die Sächsische Schweiz für Felsen, die Schwäbische Alb für die Traufkante, die Eifel für Vielfalt, von allem hat sie etwas. Die Rhön dagegen ist das deutsche Mittelgebirge, das für Weite, für schier unendliche Ausblicke steht.

Wer auf dem Fernwanderweg *Hochröhner* geht, kann diese offene Landschaft auf jeder Etappe genießen. Als Tagesausflug empfehle ich die *Extratour Milseburg*. Eine schöne, abwechslungsreiche Wanderung mit vielen Aussichten und dem – im Wortsinne – Höhepunkt auf dem Gipfel des Berges mit dem Namen Milseburg (der sich von einer alten keltischen Siedlung ableitet). Wir gehen durch sogenannte Blockhalden, große Steinbrocken, und haben dann eine fantastische 360-Grad-Rundumsicht. Diese Weite! Der Blick umfasst eine sanft-hügelige, offene Landschaft (viele Wacholderheiden!) und verliert sich fast im Unendlichen. Stark.

Dies ist ein Buch über das Wanderglück im deutschen Mittelgebirge, aber natürlich kann man nicht über tolle Ausblicke erzählen, ohne alpine Landschaften zu erwähnen. Auf den Premiumweg *Luftiger Grat* oberhalb von Oberstdorf bringt uns eine Seilbahn. Das ist auch gut so, denn wir haben noch einige Höhenmeter auf den schmalen, felsigen Pfaden vor uns. Richtung Norden schauen wir auf Weideflächen mit einzelnen Gehöften, dahinter erstreckt sich der flachere Teil des Allgäus. Richtung Süden sehen wir auf steil aufragende Berghänge. Und dann wird es kalt. Denn während die Pfade auf der Nordseite unseres Wanderwegs von der Sonne beschienen werden, liegen die Wege auf der Südseite im Schatten. Hört sich falsch herum an, ist aber richtig. Nach einigen Kilometern der Gratwanderung weiten sich die Blicke dann auch noch in östlicher Richtung, und das ist dann ganz großes Theater. Unter uns breitet sich wie ein silberner Teppich der Bodensee aus, die Aussichten auf den Säntis und die Schweizer Alpen sind phänomenal. Es reicht oft, die Gipfel zu sehen, man muss sie nicht zwingend bezwingen, um Wanderglück zu erleben. Der japanische Naturforscher Kaibara Ekiken sagt: »Auf die grünen Berge zu schauen und

Vom Berg Milseburg kann man in unendliche Weiten schauen (unten links).

Das ist eine wahrhaftige Gratwanderung: weite Aussichten im Allgäu auf der Nagelfluhkette (unten rechts).

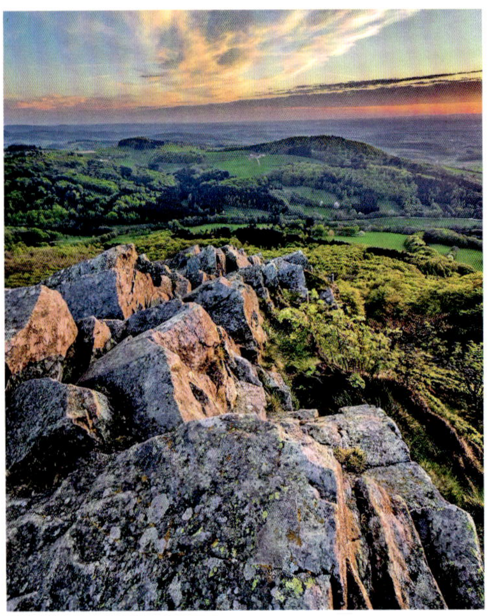

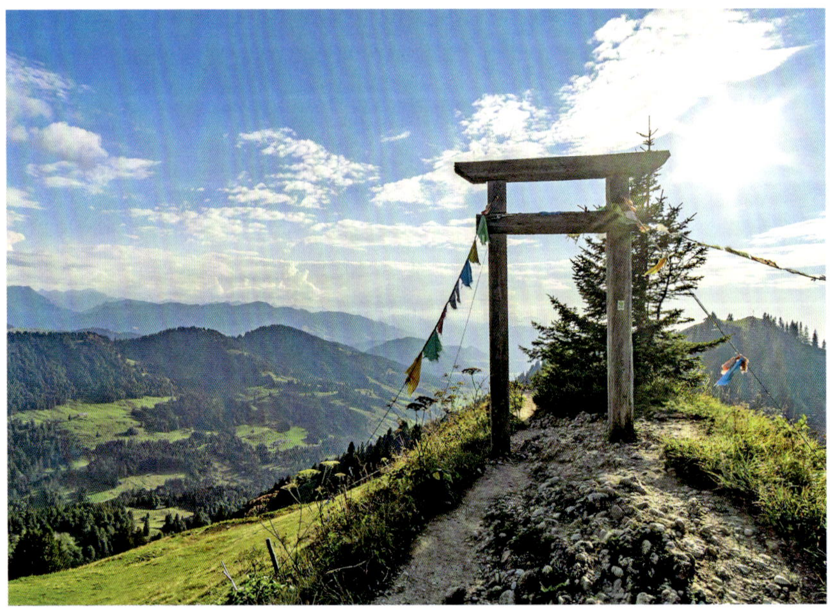

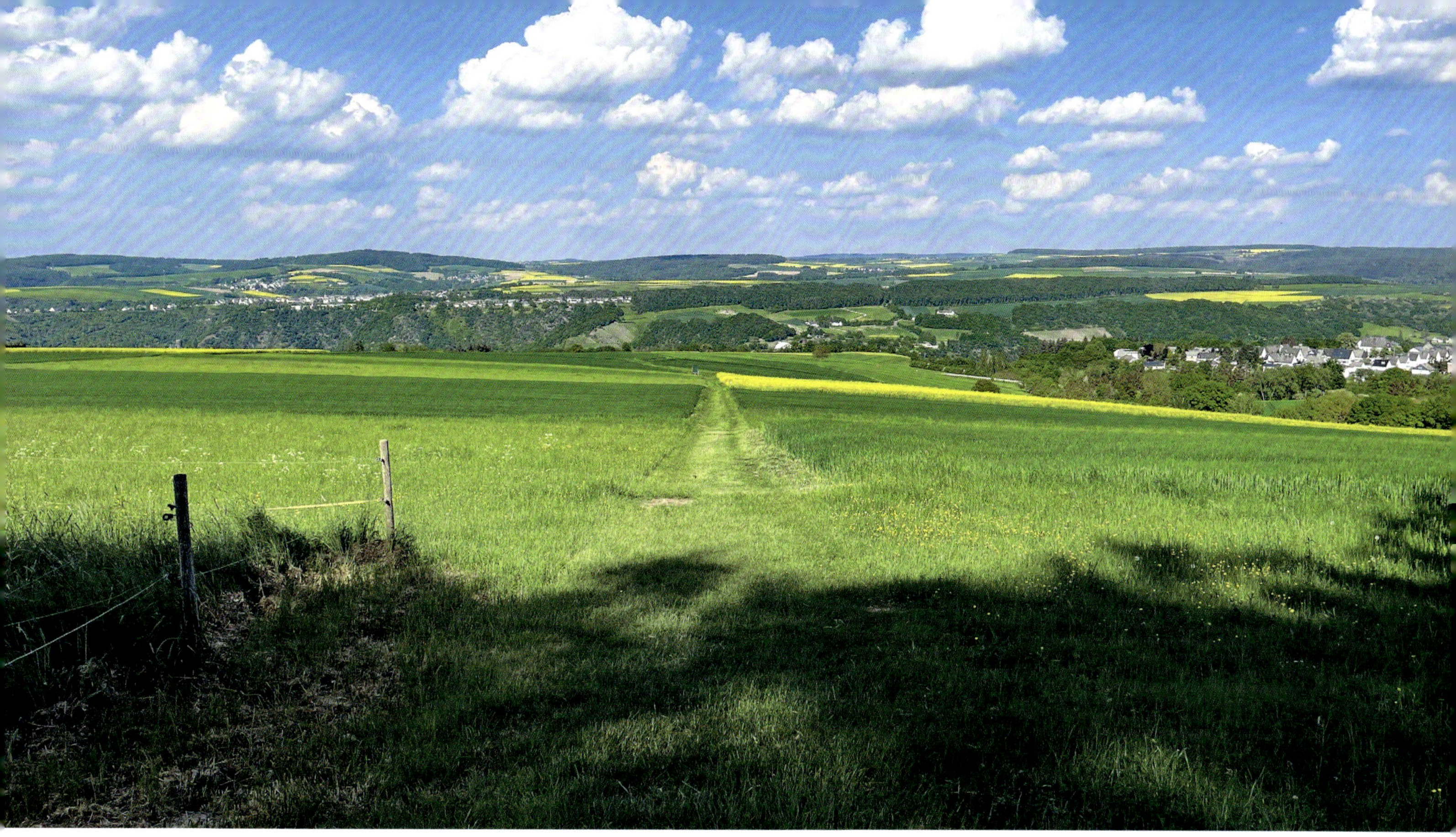

Ich wandere auf dem Traumschleifchen »Spitzer Stein« mit weiten Blicken über das Rheintal Richtung Taunus.

auf die Gipfel, die ihre Köpfe in den Himmel strecken, ist eine Quelle unendlicher Freude.«

Es gibt Bundesländer, die sind so klein, dass man sie von einem Wanderweg (fast) komplett überschauen kann. Auf dem *Bietzerberger* bei Merzig gelingt das mit dem (fast) kompletten Saarland. Na ja, könnte man nun einwenden, das Saarland ist ja auch mini-klein. Sooo klein auch wieder nicht, sonst würde das kleinste Flächenland nicht so oft als Vergleichsgröße für Ölteppiche sowie die Rodung von Regenwäldern herhalten müssen. Im Saartal wandern wir los, erreichen schnell die Höhe und gehen durch Reihen von Obstbäumen. Bitte nichts klauen, Merzig ist *die* Obstgegend des Saarlands, die Äpfel werden für den leckeren Apfelsaft oder den noch leckereren Viezwein benötigt. Außerdem geht Apfelklau gar nicht, wir sind doch nicht im Paradies!

Zwischen den Bäumen kann man Richtung Norden die Vertiefung der Saarschleife ausmachen, die Hügelkette am Horizont ist der Hochwald, dort verläuft schon die Grenze zu Rheinland-Pfalz. Auch nach Westen kann man schauen, über die Saar hinweg in den Saargau, die französische Grenze ist nicht weit. Einige Kilometer hinter den Obstbäumen wandern wir auf der südlichen Hangseite des Bietzerbergs. Nun können wir weit in östliche Richtung blicken (nicht ganz bis Homburg und die Saarpfalz). Richtung Süden wiederum sind deutlich die Berge rund um Saarbrücken zu erkennen, auch dort ist das kleine Bundesland von Frankreich umzingelt. Ein Wanderweg, viele kostenlose Ausblicke in alle Himmelsrichtungen auf das Saarland.

Manchmal werde ich zu feierlichen Weg-Eröffnungen eingeladen. Andere C-Promis eröffnen Möbelhäuser, ich eröffne Wanderwege. Vor einigen Jahren war ich also zur Eröffnung des *Peterstaler Schwarzwaldsteigs* in Bad Peterstal-Griesbach geladen. Am meisten hat mich an diesem Tag eine Schnapsprobe begeistert, geleitet von einer jungen Brennmeisterin. Sie hatte – schwarzwaldtypisch – Fichtenholz destilliert. Ein sehr faszinierendes Getränk, selbst bei einem sehr kleinen Schluck schmeckt das, als hätte man gerade in einen Baumstamm gebissen. Aber es soll ja in diesem Kapitel um Ausblicke gehen. Und die gab es nicht, obwohl der Peterstaler Schwarzwaldsteig wahrscheinlich einer der aussichtsreichsten Premiumwege Deutschlands ist. Die Eröffnung fand an einem Wochenende Ende Mai statt, aber unglücklicherweise hatte sich der Wettergott für ein gruseliges Mistwetter entschieden. Regen, dichter Nebel. Dort, wo man normalerweise weit in die Rheinebene und klar das Straßburger Münster sehen kann, konnte man kaum bis zur übernächsten Fichte schauen. Da half nur viel Schnaps. Daher ein heißer Tipp: Ausblickwege bitte nur bei gutem Wetter wandern.

Viele Wege in anderen Kapiteln dieses Buchs sind naturgemäß ebenfalls Ausblickwege. Die Gipfelwege, die Meerwege, aber auch die Flusswege. Denn den Windungen von Rhein, Mosel, Elbe mit den Augen zu folgen, das ist pure Freude. Auf dem Premiumweg *Höhenluft* in Bad Ems an der Lahn ermöglicht die ge-

In Bad Peterstal-Griesbach gibt es auch Tage mit tollem Wetter – und jede Menge Fichten für den Schnaps.

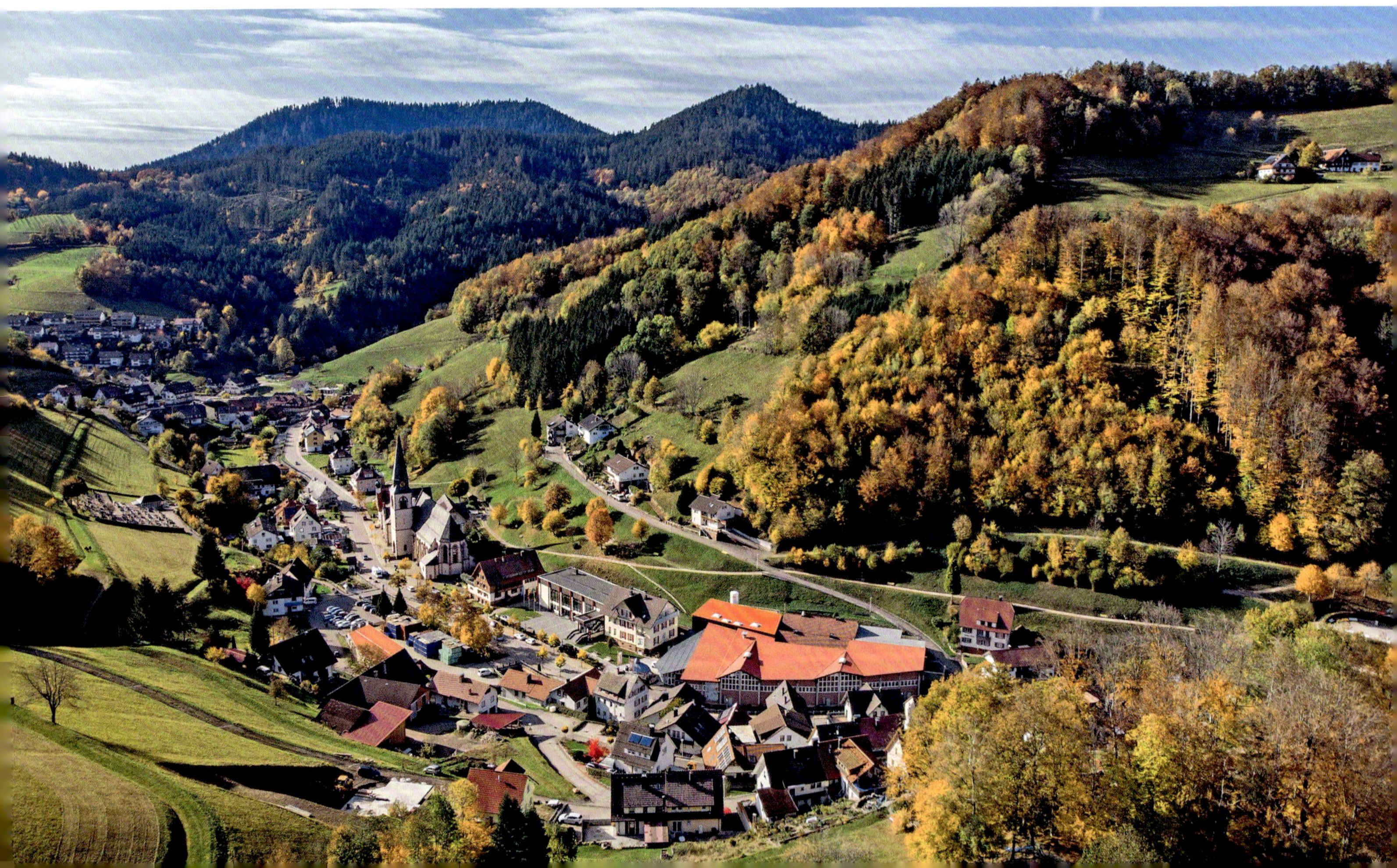

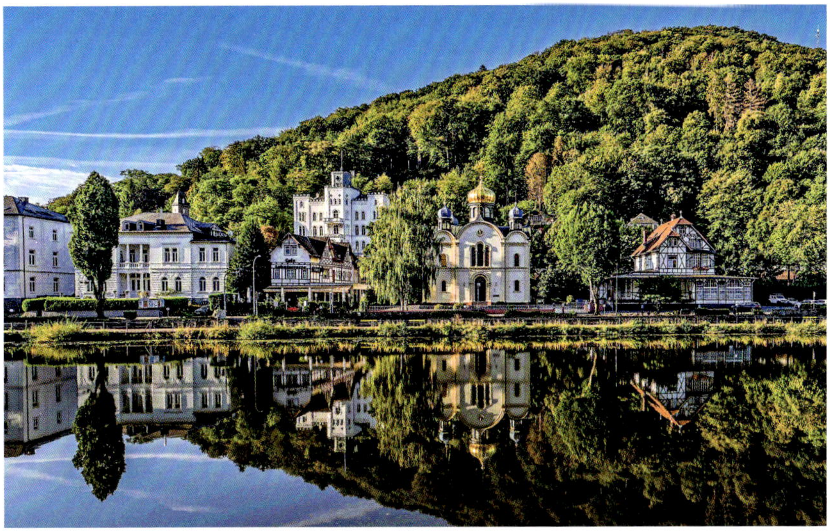

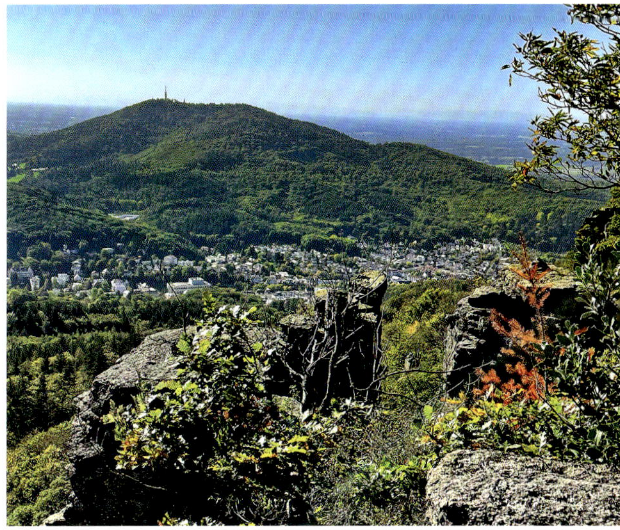

schickte Wegführung sowohl zu Beginn als auch zum Ende der Tour tolle Blicke auf Fluss und Kurstadt. Gerade auf diesem Wanderweg erschließt sich, dass Bad Ems im 19. Jahrhundert ein berühmtes Ziel für Erholungsuchende weltweit war. Und die goldglänzenden Kuppeln der russisch-orthodoxen Kirche künden von berühmten Russen in Bad Ems – allen voran Zar Alexander II. und Fjodor Dostojewski. Letzterer hat es geliebt, auf »Baedeckers Felsenweg« die Aussichten auf den Kurort zu genießen.

Ein Ausblick beim Wandern kann nicht nur entzücken, wenn wir in die Natur blicken. Auch Städte können so schön sein, dass die Aussichten glücklich machen. Auf dem kurzen Premiumweg *Modersohns Spuren* in Tecklenburg begeben wir uns auf – überraschenderweise – Modersohns Spuren. Der Maler Otto Modersohn, im Jahr 1898 Mitbegründer der Künstlerkolonie Worpswede, erhielt weniger Nachruhm als seine Frau Paula Modersohn-Becker, das passiert ja auch nicht so oft. Herr Modersohn auf jeden Fall hat in den 1880er-Jahren lange in Tecklenburg gewohnt und Aussichten auf diesen hübschen Ort gemalt. Als Wanderer auf seinen Spuren nehmen wir die Perspektive seiner Staffelei ein. Am Wegrand zeigen Infotafeln das gemalte Motiv, wir dagegen erleben die gleiche Aussicht live.

2022 wurde die *Gipfel- und Aussichtstour Bad Tabarz* in Thüringen zum schönsten Wanderweg Deutschlands in der Kategorie Touren gewählt. Das hat mich besonders gefreut, weil das Wandern in Thüringen zumeist mit dem so überaus beliebten Rennsteig verbunden wird. Auf diesem Fernweg sieht man allerdings zumeist den Wald vor lauter Bäumen nicht – Ausblicke haben Seltenheitswert. Anders auf der Gipfel- und Aussichtstour unterhalb des Rennsteigs. Auf vielen felsigen Gipfeln und an Waldhängen eröffnen sich immer wieder reizvolle Weitblicke. Noch einmal von meiner Seite die herzlichsten Glückwünsche nach Bad Tabarz zu dieser ausgezeichneten Tour.

Die russische Kirche in Bad Ems wurde zu Zeiten erbaut, als Reisen und Kuren in Deutschland für reiche Russen zum guten Ton gehörten (oben links).

Eine der vielen Aussichten auf der Gipfel- und Aussichtstour in Bad Tabarz, im Hintergrund erhebt sich der Inselsberg (oben rechts).

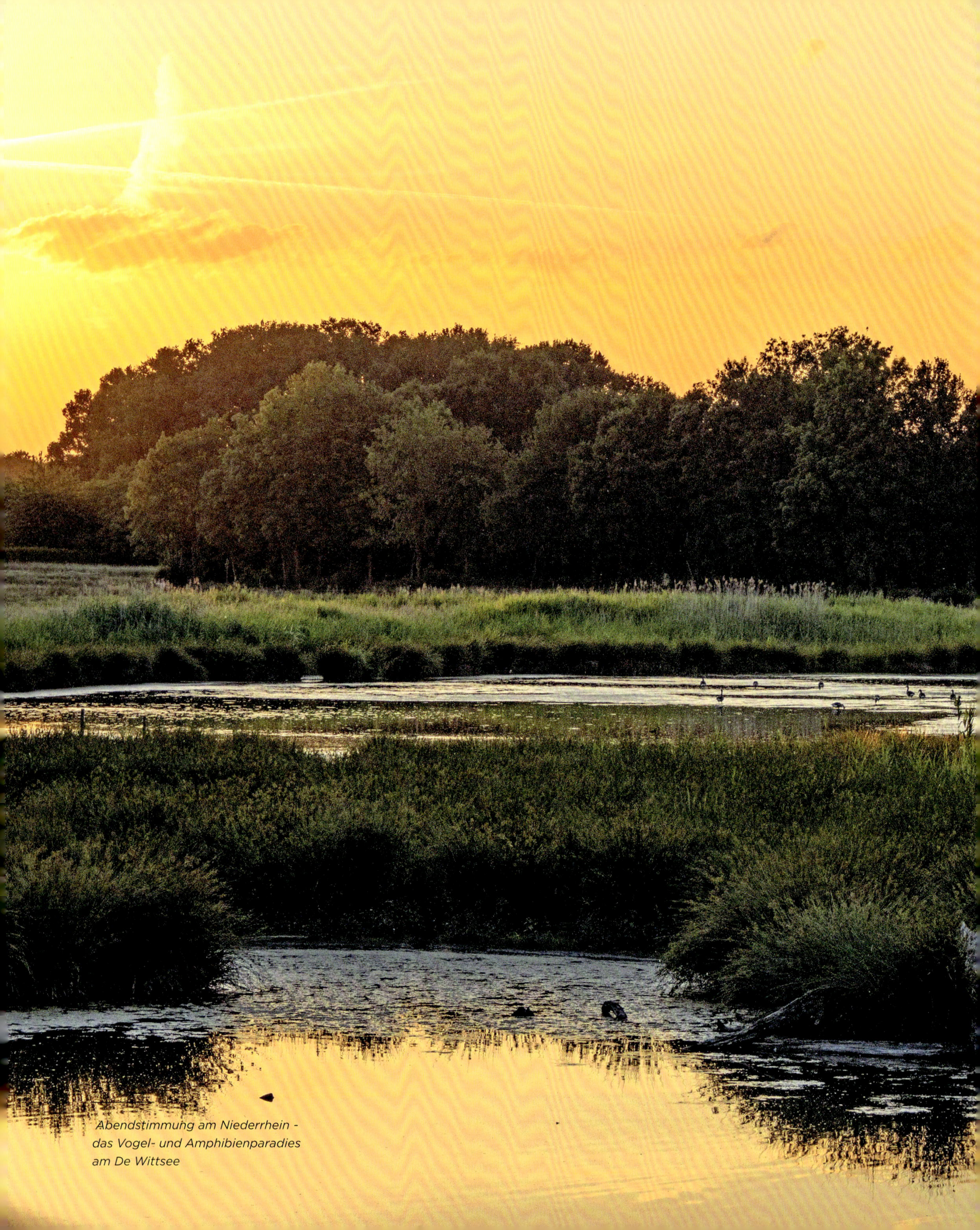

Abendstimmung am Niederrhein - das Vogel- und Amphibienparadies am De Wittsee

TIERWEGE

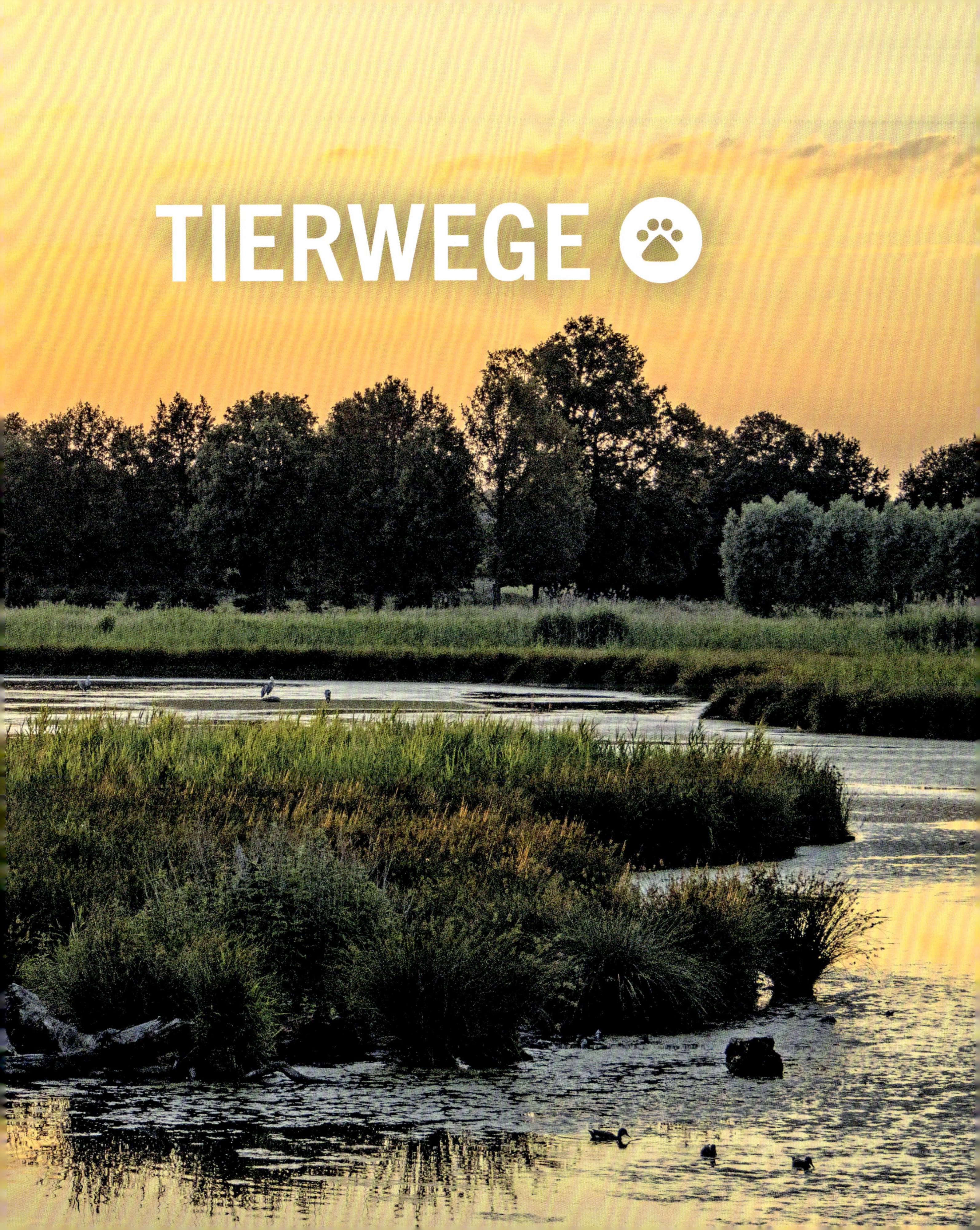

Zehn Tierwege

1 Wolfsweg (Saarland)
Start: Wolfspark Merzig.
10,7 Kilometer, 205 Höhenmeter
Bitte informieren Sie sich vor der Wanderung, ob der Weg komplett begehbar ist. 2022 gab es eine Sperrung wegen Trockenschäden an Bäumen.

2 Weiskircher Wildkatzenpfad (Saarland)
Start: Wildpark Weiskirchen.
4,7 Kilometer, 117 Höhenmeter

3 Luchstour (Harz)
Start: Bad Harzburg.
16,7 Kilometer, 882 Höhenmeter

4 Albschäferweg (Schwäbische Alb)
Start: Bahnhof Giengen.
157,3 Kilometer, 2126 Höhenmeter

5 Wisentpfad (Rothaargebirge)
Start: Aue-Wingeshausen.
13,5 Kilometer, 350 Höhenmeter

6 Almgenuss (Chiemgau)
Start: Reit im Winkl.
9,2 Kilometer, 533 Höhenmeter

7 Amanaburch-Tour (Mittelhessen)
Start: Amöneburg.
11,8 Kilometer, 320 Höhenmeter

8 Hermannsweg, Etappe vom Hermannsdenkmal zum Leopoldstal (Ostwestfalen-Lippe)
Start: Detmold, Hermannsdenkmal.
17,3 Kilometer, 189 Höhenmeter

9 Nette Seen (Niederrhein)
Start: Lobberich. 10,7 Kilometer, 25 Höhenmeter

10 Saynsteig (Westerwald)
Start: Schloss Sayn. 6 Kilometer, 235 Höhenmeter

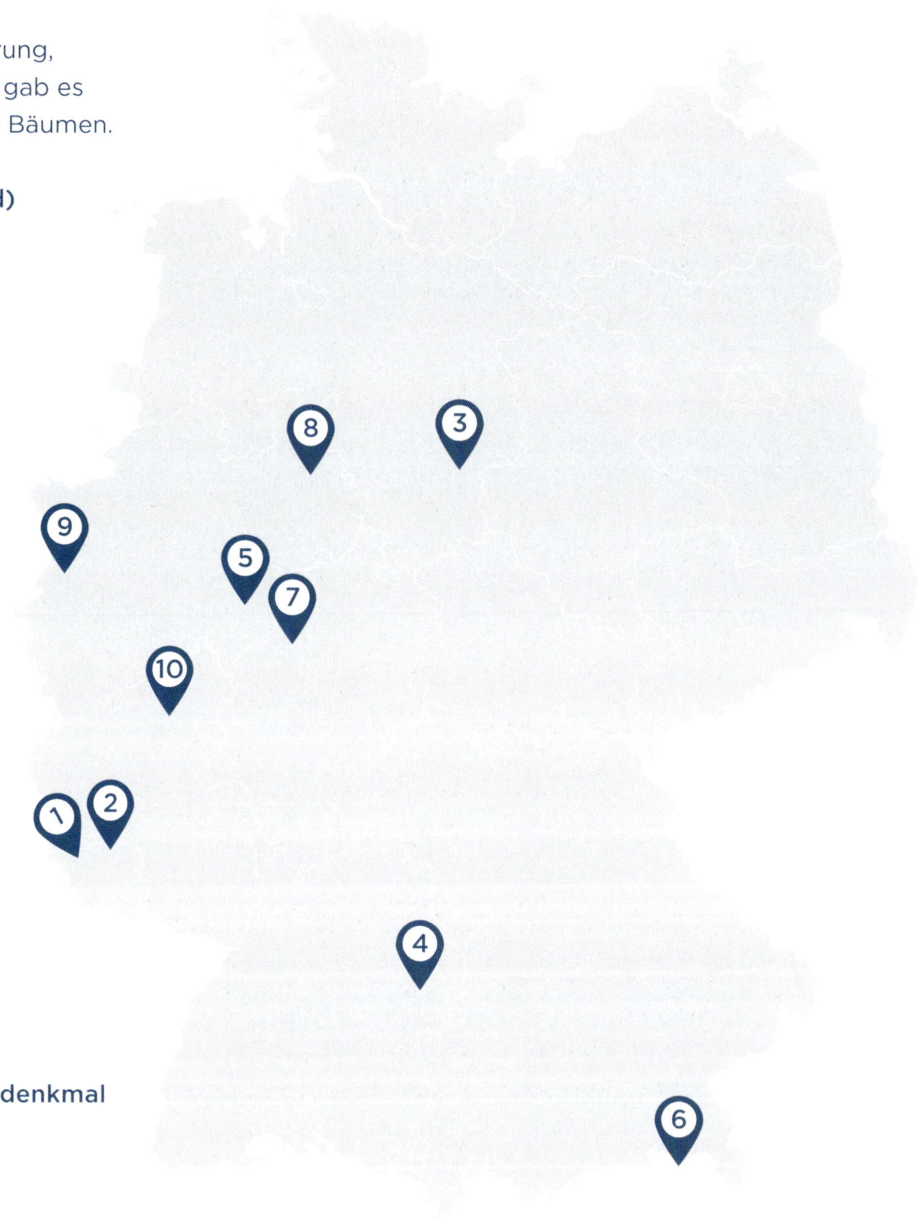

»Wanderer sind glücklich, wenn sie Tiere sehen, aber Tiere sind nicht unbedingt glücklich, wenn sie Menschen sehen.«

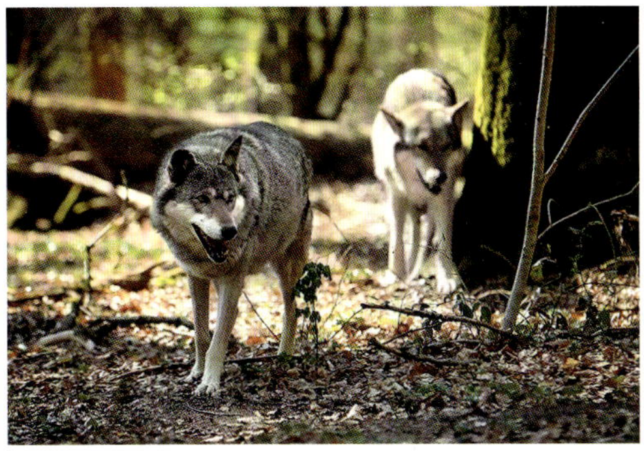

Bei meiner Recherche zum Thema Wanderglück stieß ich auf Aussagen von Wanderern, die Anwesenheit von Tieren am Weg würde sie glücklich machen. Machen Tiere glücklich? Die Wissenschaftler der Ruhr-Uni in Bochum sagen: Ja. Und subjektiv kann ich das für mich und vor allem für meine Kinder von unzähligen Wanderungen bestätigen. Die Esel, die sich streicheln lassen. Die Hühner, die aufgeregt gackernd über den Weg laufen. Die Kühe und Pferde auf den Wiesen und Weiden. Schon allein akustisch das fröhliche Zwitschern der Vogelwelt, wenn nach einem kurzen Schauer die Sonnenstrahlen in Streifen wieder durch den Wald scheinen. Auch das Gewusel auf einem Ameisenhaufen am Wegrand macht glücklich.

Glücklich ist man auf jeden Fall, dass die grauen und weißen Wölfe am saarländischen *Wolfsweg* hinter hohen Zäunen leben. Der Wolfsweg beginnt im Wolfspark Merzig und wir wandern an vielen grauen, teilweise aber auch schneeweißen (das sind die arktischen) Wölfen vorbei. Die Beziehung zwischen Menschen und Wölfen war immer ein wenig belastet, was sich auch in märchenhaften Geschichten wie der über das Mädchen mit der roten Kappe widerspiegelt. Auch aktuell gibt es (hört auf die Wissenschaft!) zwei gegensätzliche Meinungen unter Wolfsexperten. Die einen sehen die grauen Tiere als Opfer und heulen auf, wenn ein Exemplar geschossen wird. Die anderen warnen vor der Gefährlichkeit des Raubtiers für andere Tiere und Menschen. Nun, auf dem Wolfsweg begegnen uns die Tiere, wie gesagt, in ihren gesicherten, riesigen Freilaufgehegen und im weiteren Wegverlauf nur als Holzfiguren.

Der *Weiskircher Wildkatzenpfad* steht pars pro toto für unzählige Wanderwege und Spazierwege in ganz Deutschland, die an einem Wildpark starten. Es ist für Kinder das allergrößte Vergnügen,

Noch immer von Mythen umgeben: Wölfe in Deutschland

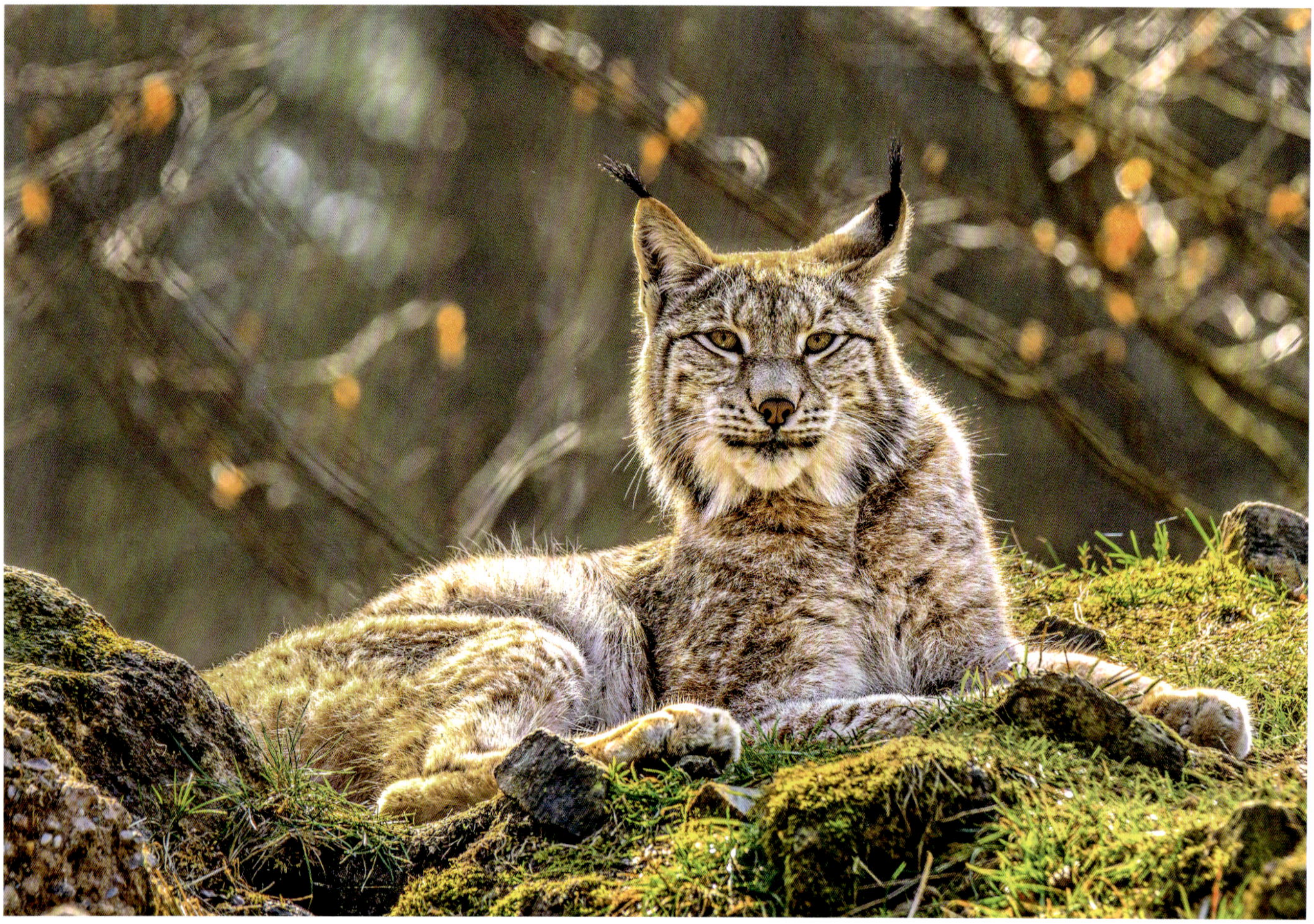

Rehe zu füttern. Natürlich bitte nicht mit dem trockenen Körnerbrötchen, das vor sechs Tagen beim Frühstück übriggeblieben ist, sondern mit dem Inhalt der unverwüstlichen (seit meiner Kindheit hat sich daran nichts geändert) Wildfutter-Papiertüte, die man an grünen Wildfutter-Automaten erstehen kann. Rotwild, Damwild, Auerochsen, Ziegen, Wisente (über diese Tiere wird gleich noch zu sprechen sein) leben im Weiskircher Wildpark. Nur keine Wildkatzen. Warum heißt dann der Premiumspazierwanderweg Weiskircher Wildkatzenpfad Wildkatzenpfad? Keine Ahnung. Das ist ein Mysterium in Deutschland (wie zum Beispiel beim Wildnis-Trail in der Nordeifel), dass eine Wildkatze als Markenname oder Markierungslogo herhalten muss. Dabei sind das extrem scheue Tiere. Es soll Wildkatzen-Experten geben, die noch nie eine Wildkatze gesehen haben, aber an der Losung (dem Kot) nachvollziehen können, wo es Wildkatzen-Populationen gibt.

Ähnlich beliebt auf Fotos von deutschen Naturparks (Hainich! Bayerischer Wald!) ist die Wildkatzenart Luchs, die natürlich auch so gut wie nie in freier Wildbahn anzutreffen ist. Ich stelle mir kleine Kinder vor, die das possierliche

So bekommt man Luchse in deutschen Wäldern in freier Wildbahn vermutlich nie zu sehen …

Wild und Wandern in Weiskirchen – aber keine Wildkatzen (Seite gegenüber)!

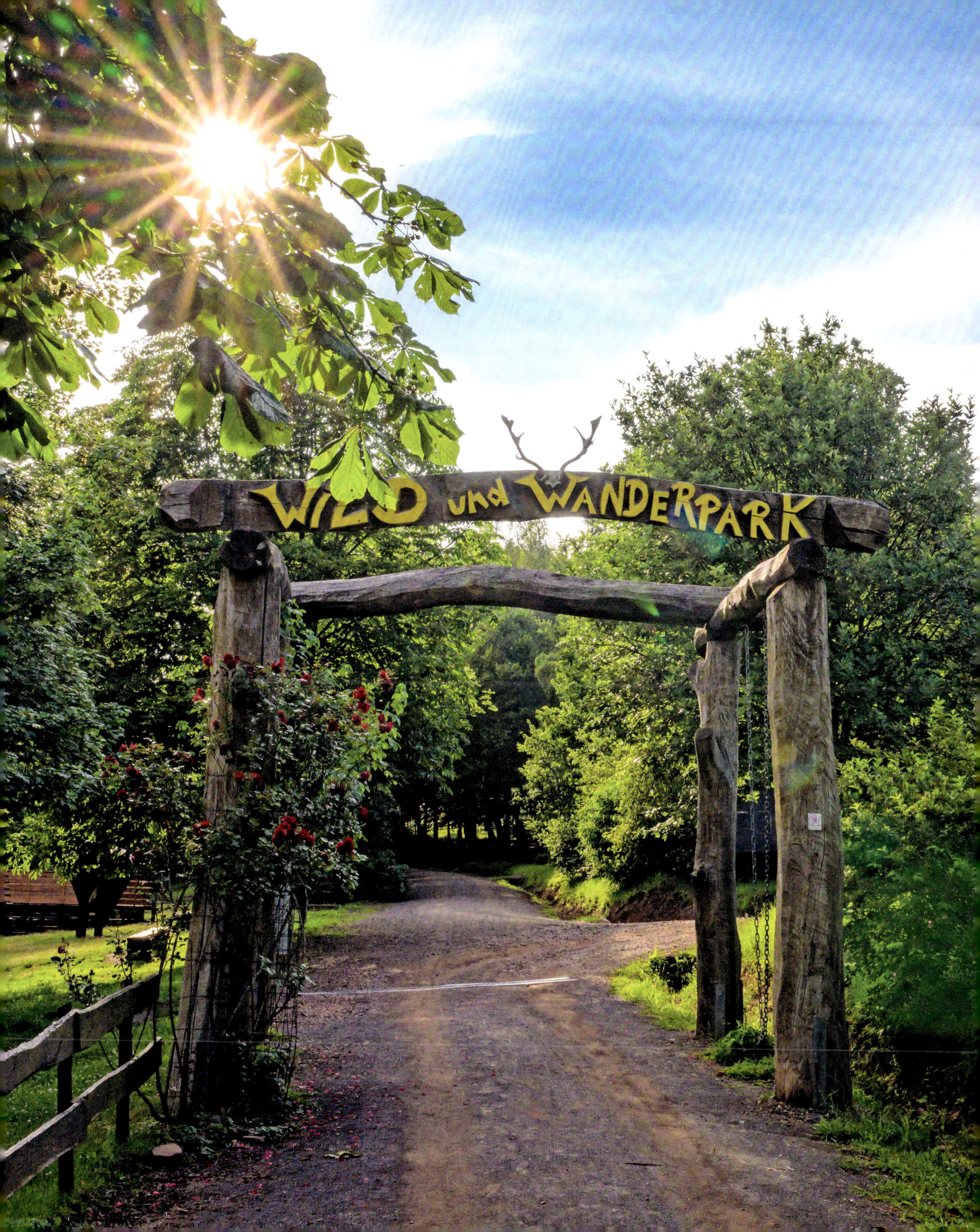
WILD und WANDERPARK

Raubtierchen auf einem Plakat gesehen haben und bei stundenlangen Wanderungen mit den Eltern fragend quengeln: »Wann kommt denn endlich der Luchs?« Bei der *Luchstour* in Bad Harzburg dagegen hat man eine sehr hohe Wahrscheinlichkeit, der kleinen Wildkatze zu begegnen. Wir wandern auf diesem Premiumweg im Harz an einem Luchs-Freigehege vorbei. Aus dem Veranstaltungskalender im Internet (www.bad-harzburg.de) ist zu entnehmen, wann die kleinen Biester gefüttert werden. Dann kann man die Luchse garantiert sehen, diese Tiere, die sich so gerne verstecken.

Eine hundertprozentige Garantie, sehr, sehr viele (böse Zungen behaupten: dumme) Tiere zu sehen, bietet der *Albschäferweg* auf der Ostalb bei Heidenheim. Auf jeder Etappe dieses Weitwanderwegs – der 2022 zum schönsten Wanderweg Deutschlands gewählt wurde – kann man Schafherden mit ihren Albschäfern begegnen. In der charakteristischen Alblandschaft (man nennt diese Region auch Schwäbisch Sibirien) dominieren einzelne Muschelkalkfelsen und dazwischen Wacholderheiden, auf denen die wolligen Tiere weiden. Eine »aufgeräumte«, übersichtliche Landschaft, eine Glückslandschaft für alle

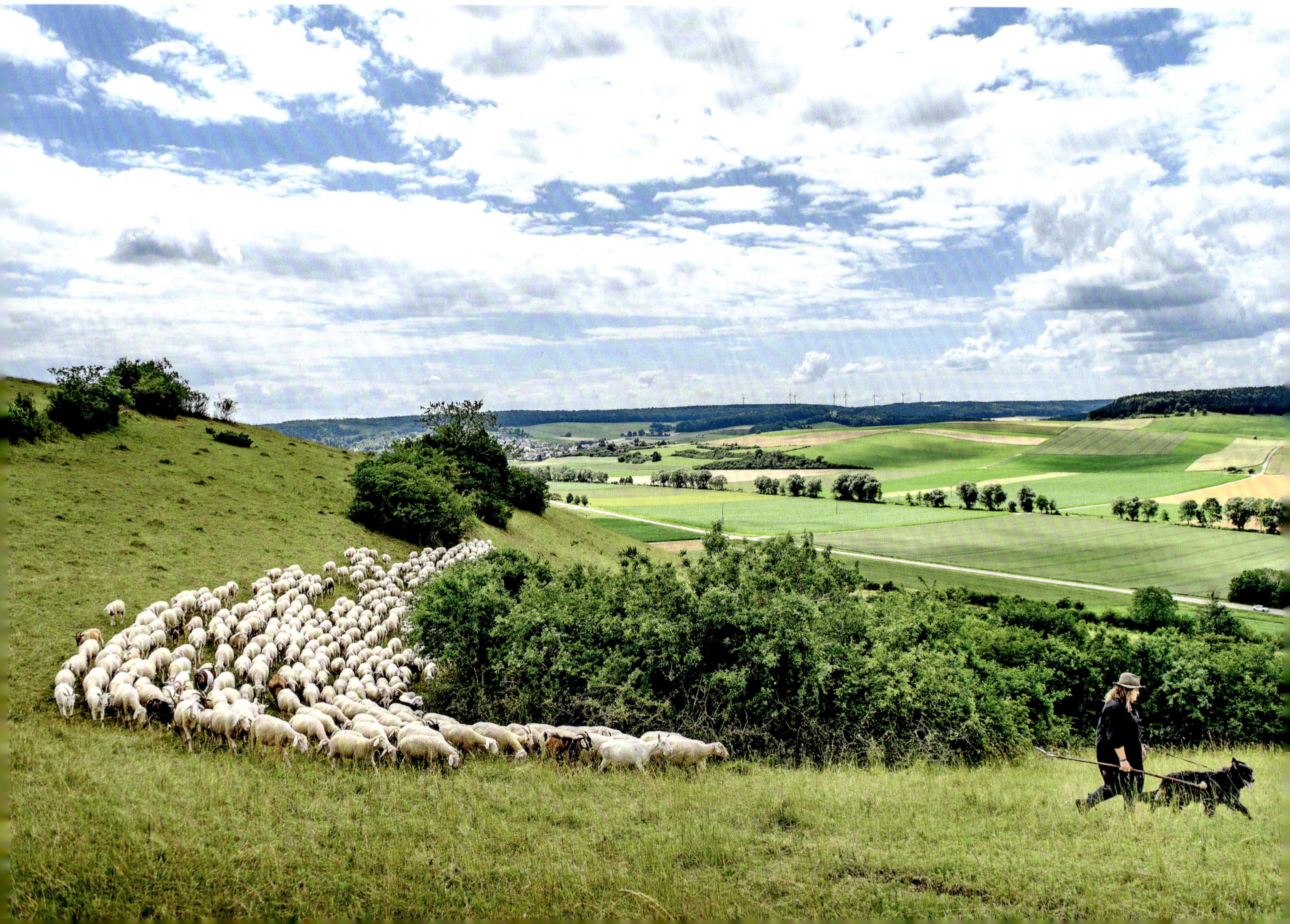

Albschäferin, Schafherde und Schäferhund sorgen für eine offene Landschaft am Albschäferweg.

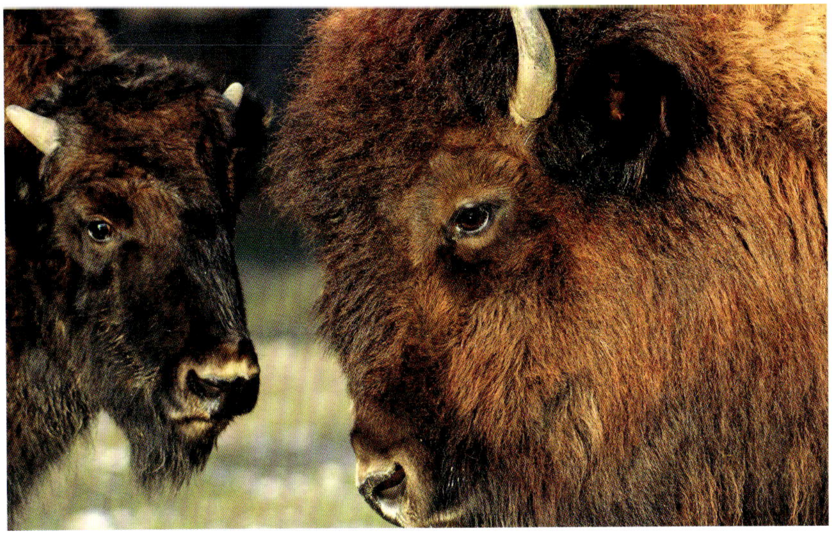

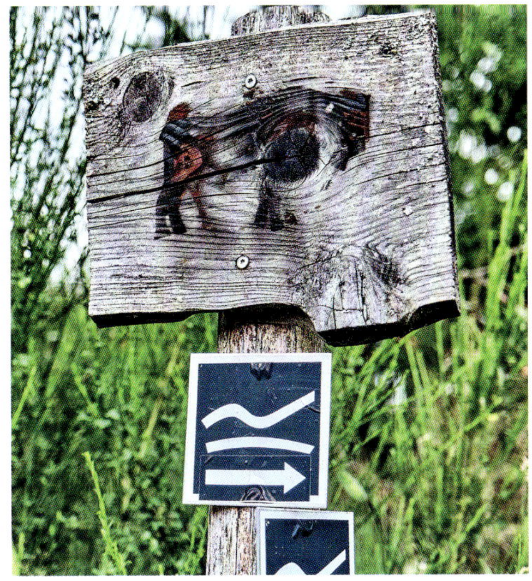

Keine Angst, das ist kein Brandzeichen für Wisente, sondern nur ein Wegzeichen.

Wanderer. Damit diese Grasflächen nicht zuwuchern, verbuschen, verstrauchen, werden die Albschäfer (und auch immer mehr Albschäferinnen) vom Land Baden-Württemberg finanziell gefördert. Großen Wert legen die Schafhüter auf ihr traditionelles Outfit. Filzhut und -gewand schützen vor Nässe und Kälte, und der lange Stab ist nicht ausschließlich dafür da, sich malerisch darauf zu stützen und den Schafen beim Grasen zuzuschauen. An dem Stab ist eine kleine Schaufel befestigt, damit können die Schäfer Giftpflanzen ausstechen. Albschäfer ist also ein verantwortungsvoller Beruf und ihre Herden sind ein Augenschmaus für die Wanderer.

Es gibt zwei Möglichkeiten, Wisenten im Rothaargebirge zu begegnen. Erste Möglichkeit: Wir wandern auf dem *Wisentpfad* oder dem Rothaarsteig und haben das Glück (oder das Pech, das kommt auf die individuelle Grundeinstellung zu dieser Bisonart an), der ausgewilderten Herde zu begegnen. Das ist aber nicht sehr wahrscheinlich, weil die Wisente sich scheinbar eine Art Unsichtbarkeits-Wettbewerb mit den Luchsen liefern. Selbst die Ranger im Rothaargebirge wissen oft monatelang nicht, wo sich die freilebende Herde aufhält.

Zweite Möglichkeit: Wir besuchen die sogenannte *»Wisent-Welt am Rothaarsteig«*, ein riesiges, sehr schön inszeniertes Freilaufgehege für Wisente mit einem Rundweg für die interessierten Besucher. Ich empfehle allerdings, ein Fernglas mitzunehmen, denn das Gelände ist wirklich sehr weitläufig. Und die Wisente mit den schönen Namen Quaida, Quandra, Quara, Quino und Quirly scheinen sich einen Spaß daraus zu machen, den größtmöglichen Abstand zu den tierliebenden Besuchern zu halten. Vielleicht ist es ja so: Wanderer sind glücklich, wenn sie Tiere sehen, aber Tiere sind nicht unbedingt glücklich, wenn sie Menschen sehen. Dabei können die Viecher ganz unbesorgt sein. In der rustikal-gemütlichen Wisent-Hütte auf dem Gelände gibt es kein Wisent-Fleisch auf dem Teller.

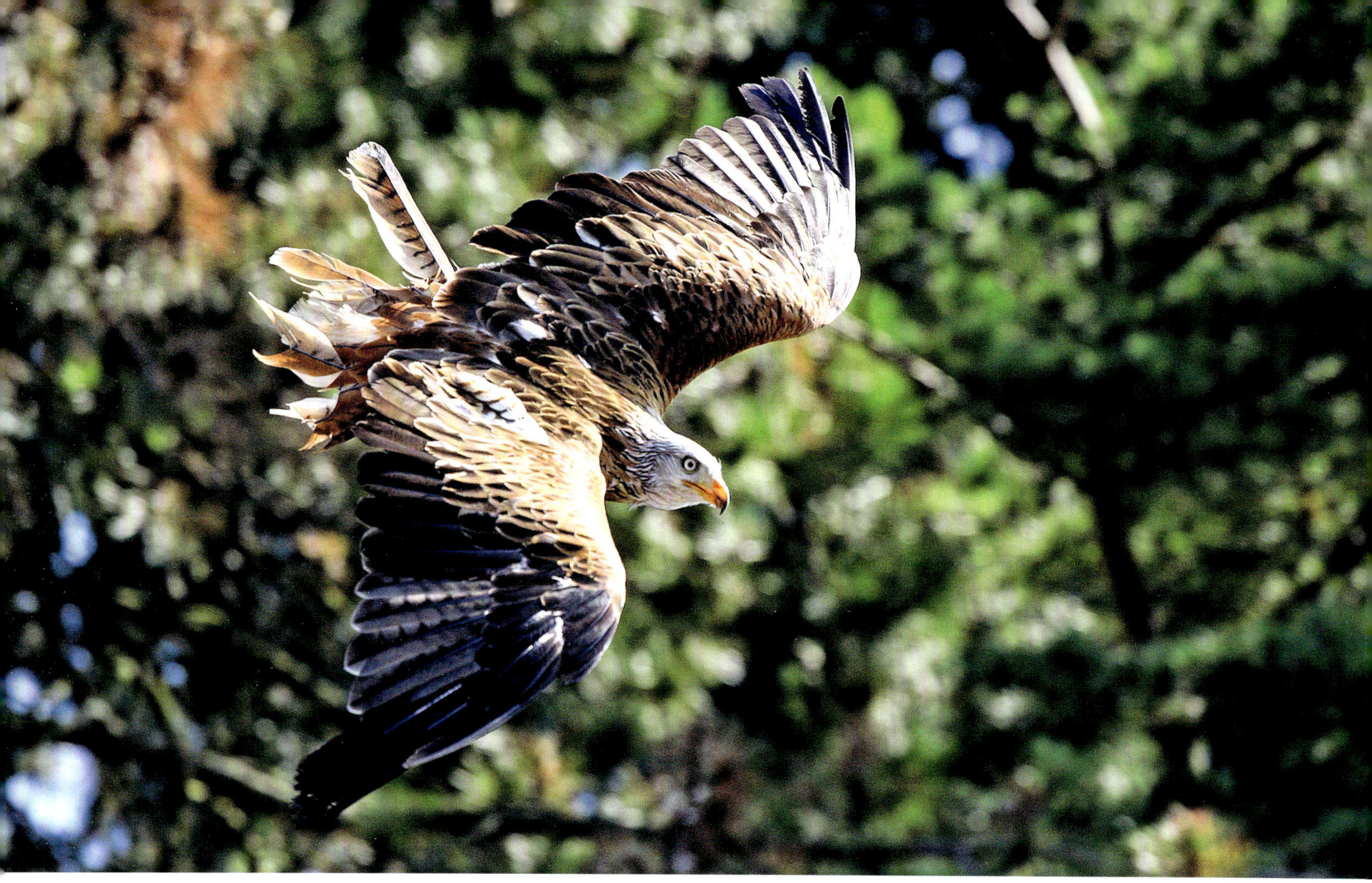

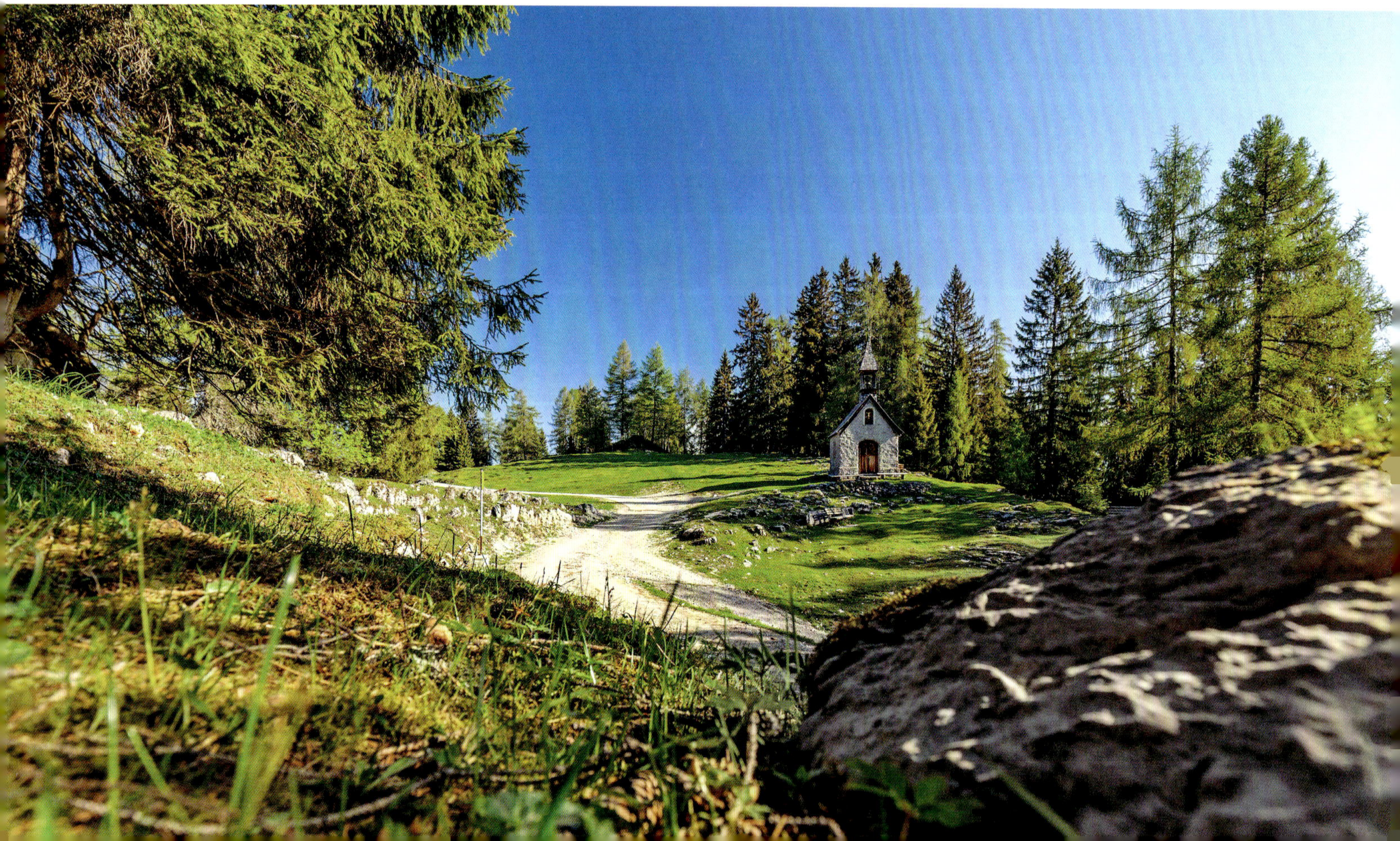

Viele Wanderungen in Deutschland, nicht nur in voralpinen und alpinen Regionen, bescheren uns die große Freude, an einer Alm vorbeiwandern zu dürfen. Selbst im nicht alpinen Saarland kann man diese Freude auf dem Premiumweg Almglück genießen. Aber so richtig heidimäßig wird es zum Beispiel auf dem Premiumweg *Almgenuss* oberhalb von Reit im Winkl. Dieser Weg hat alles zu bieten, was ein Glücksweg braucht. Eine »aufgeräumte« Landschaft, viele Wiesen und einzelne Baumgruppen. Aussichten bis zum Chiemsee und zum Watzmann. Geschwungene Wege, viele Tiere und eine Top-Einkehrmöglichkeit, die Hindenburghütte. Bei der Hütte kann man sich auf ein weiteres Tier freuen, den riesigen schwarzen Hofhund. Aber keine Angst, der liegt nicht an der Kette und kläfft und knurrt. Nein, der ist furchtbar lieb. So vertraueneinflößend, dass meine Tochter, als sie ein Jahr alt war, sich in den liegenden Hund hineingekuschelt hat. Das ist vielleicht zur Nachahmung nur bedingt und nach Rücksprache mit dem Hundebesitzer zu empfehlen, aber in unserem Fall: Hund und Tochter fanden das prima. Tierglück pur!

Ein wunderschöner Premiumweg ist die *Amanaburch-Tour* in Hessen, nahe der Universitätsstadt Marburg. Amanaburch ist der hessische Begriff für Amöneburg, eine uralte Stadt, auf einer Bergkuppe gelegen. Auf diesem Berg kann man Ausblickglück, Burgenglück, aber auch Tierglück erleben. Am Fuße des Burgbergs sieht man jede Menge glückliche Ziegen, die dort in einem Beweidungsprojekt artgerecht leben und grasen dürfen. Ich bin in der glücklichen Lage, mit dem Besitzer dieser Ziegen schon mal auf diesem Weg gewandert zu sein. Der Geißenpeter, so nenne ich diesen Menschen der Einfachheit halber – um sein Inkognito zu wahren –, verriet mir, er könne mir ja einmal eine Ziegenwurst aus eigener Herstellung zukommen zu lassen. Denn natürlich gehört es zu einer nachhaltigen Beweidung, nach einem langen, erfüllten Leben die Tiere zu verwursten. Seit diesem Wandertag vor acht Jahren bin ich Amöneburger-Ziegen-Junkie. Diese Würste sind fantastisch! Alle Vegetarier mögen es mir verzeihen, aber manchmal geht Tierliebe eben auch durch den Magen.

Wenn man den *Hermannsweg* im Landkreis Lippe vom Hermannsdenkmal her in Richtung Westen erwandert, kommt man an dem kleinen Ort Berlebeck vorbei. Dort sollte man unbedingt die Adlerwarte, Europas größte und älteste Greifvogelwarte besuchen. Die Greifvogelshows sind wirklich sehr faszinierend. Ich habe es allerdings mal erlebt, dass ein vorwitziger Adler dem Falkner die Brille von der Nase stibitzte. Der arme Mensch blutete nach dieser Aktion aus einer klaffenden Nasenwunde und trägt zukünftig wahrscheinlich

Adler im Landeanflug auf das Land des Hermann (Seite gegenüber oben)

Wanderweg auf der Hemmersuppenalm, der Hofhund der Hindenburghütte schläft noch (Seite gegenüber unten).

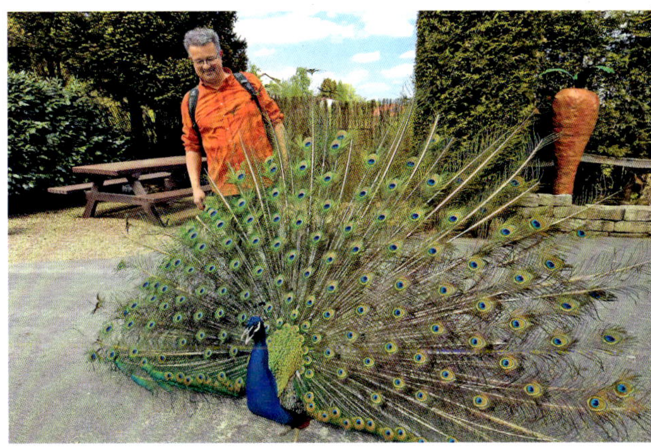

Zwei Pfaue im Vogelpark Heiligenkirchen

Kontaktlinsen. Ich durfte – das ist nicht die Regel – einen solchen Raubvogel auch schon mal auf dem Arm halten. Wohl habe ich mich dabei nicht gefühlt.

Entspannteren Mitmachspaß kann man erleben, wenn man wenige Kilometer auf dem Hermannsweg weiterwandert, dann erreicht man den Vogelpark Heiligenkirchen. Berühmt sind die Papageien, aber es sind auch Pfaue, Störche, Pelikane und das kleinste Huhn der Welt zu sehen. Auf der Streichelwiese setzten die Mitarbeiter des Vogelparks vorsichtig die zahmen Papageien auf unsere Schultern. Das ist doch ein ganz anderes Gefühl, als so einem grimmigen Adler in die Augen zu schauen.

Der De Wittsee am Niederrhein, unweit der niederländischen Grenze, ist der Nördliche der Seen, die man auf dem Premiumweg *Nette Seen* erwandern kann. Am nördlichen Uferrand des De Wittsees können wir die Wassertierwelt nicht nur visuell, sondern vor allem akustisch genießen. Für das optische Erlebnis am sogenannten Rohrdommel-Projekt wurde in diesem Naturschutzgebiet eine Vogelbeobachtungshütte auf Stelzen aufgebaut. Dort kann man durch ein Panoramafenster die Vogelwelt beobachten, am besten mit einem Fernglas. Immer wenn ich vor Ort war, gingen auch die Profi-Ornithologen auf »die Pirsch«. Mit Kameras, bestückt mit

Gut, dass es diesen Bildband gibt – so weiß ich jetzt, wie eine Rohrdommel aussieht.

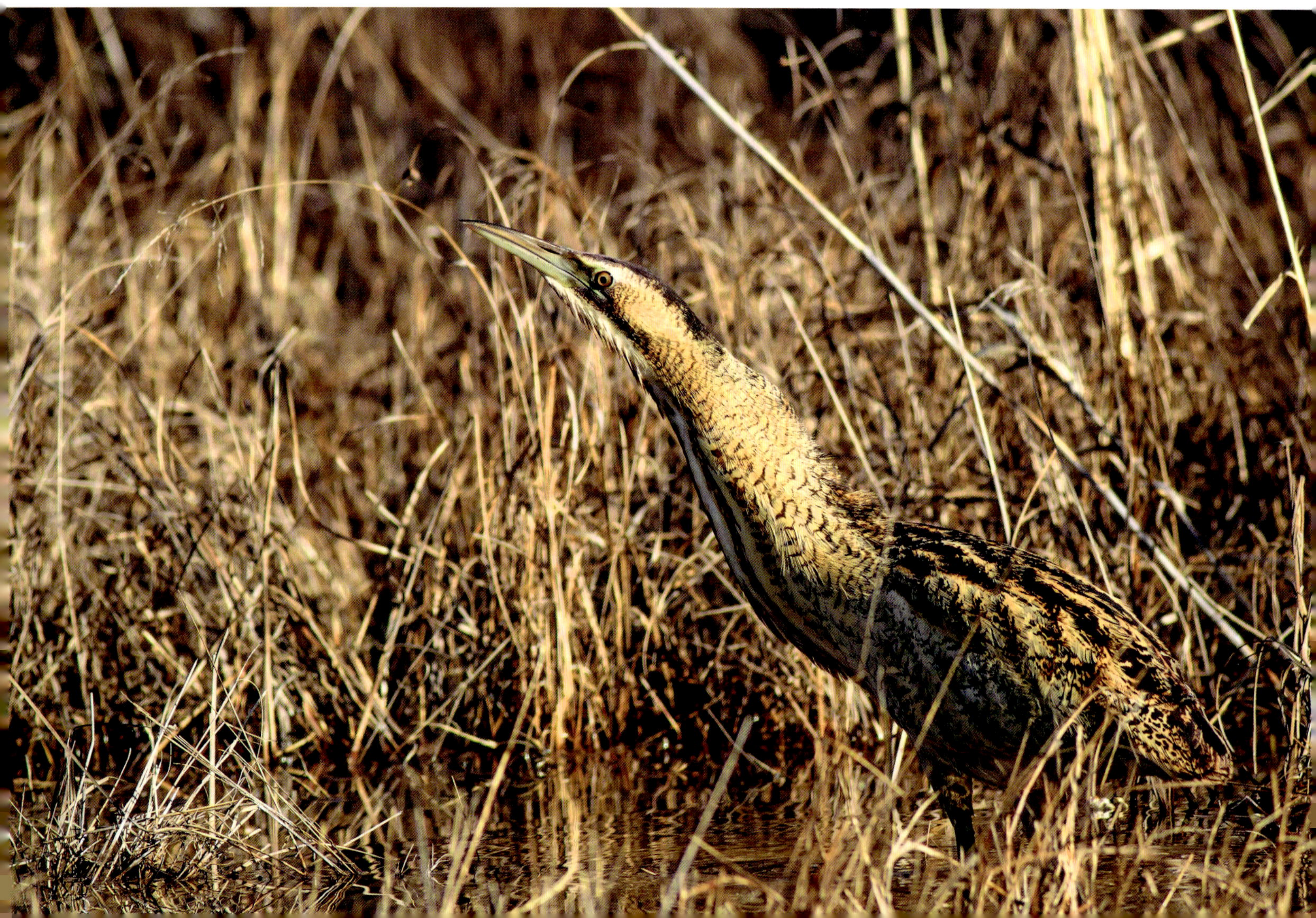

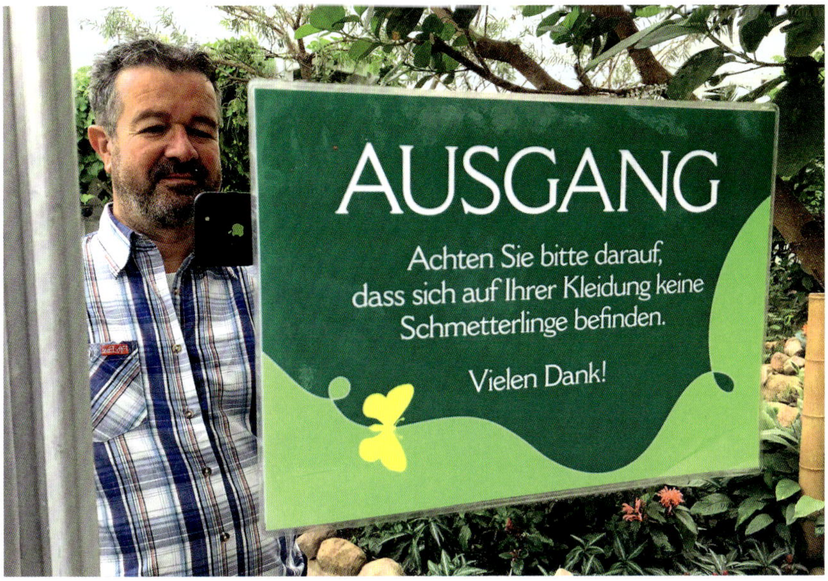

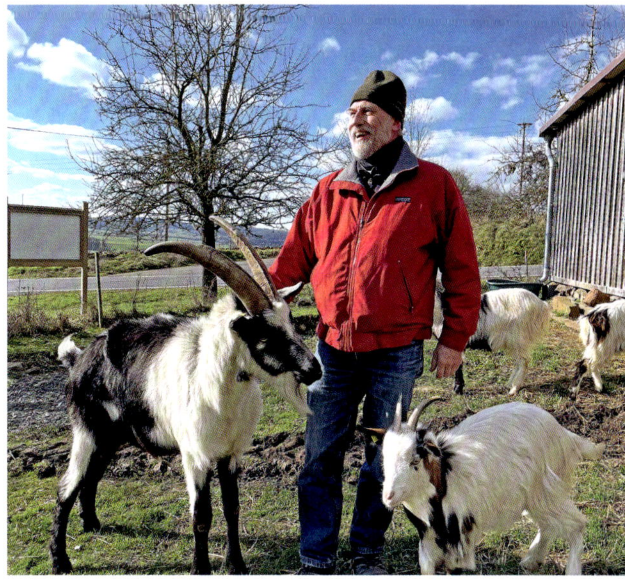

Achtung! *In einem Schmetterlingshaus gelten besondere Regeln (oben links).*

Ein geniales Beweidungsprojekt in Amöneburg – direkt am Wanderweg (oben rechts)

gewaltigen Riesen-Objektiven, um keine Fütterung der Rohrdommel-Jungen zu verpassen. Diese Vogelnarren sind immer ein wenig genervt, wenn auch Amateure die Vögel beobachten wollen. Nun ja, da müssen sie durch. Vor allem das akustische Erlebnis ist phänomenal. Die Vögel und Amphibien quieken, quaken, schnattern, zwitschern, fiepsen und kreischen, dass es eine Wonne ist. An dieser Stelle möchte ich ausdrücklich mein Unverständnis über Menschen äußern, die mit Kopfhörer-Stöpseln wandern. Wahres Wanderglück erschließt sich auch über die Ohren. Tierlaute, Blätterrauschen, Regengeräusche machen mehr Freude auf der Hörmuschel als Rihanna.

Insekten sind normalerweise keine Glücksspender. Auch nicht für Wanderer, denn Mücken und Fliegen sind keine angenehmen Wegbegleiter. Und wenn eine Wespe ständig am Glasrand des Belohnungsbiers herumturnt, nervt das einfach nur. Wenn aber an Frühlingstagen quietschgelbe Zitronenfalter für kurze Wegabschnitte unsere Wanderfreunde werden, ist das wunderschön. Wer Schmetterlinge mag, sollte unbedingt den Traumpfad *Saynsteig* oder die kurze Variante *Sayner Aussichten* erwandern. Start und Ziel dieser Premiumwege ist jeweils das Schloss Sayn zwischen Koblenz und Neuwied. Die Chefin der fürstlichen Familie zu Sayn, Fürstin Gabriela, hat sich mit dem Garten der Schmetterlinge einen Lebenstraum erfüllt. Den Besucher umschwirren in diesem gläsernen Tropenhaus unzählige Falter. Die sind wirklich sehr zutraulich. Berührend schön ist es, Zeuge einer Schmetterlings-Werdung zu sein. An einer Art Wandbrett hängen Dutzende verpuppte Raupen. Man muss nur ein wenig Geduld haben, und schon sieht man, wie sich ein herrlicher Schmetterling aus der Puppe entfaltet, seine Flügel vorsichtig ausbreitet – und seinen ersten Flug mit einer punktgenauen Landung auf meinem blauen Pullover startet. Jetzt denkt dieses Insekt, ich wäre sein Vater. Gibt Schlimmeres.

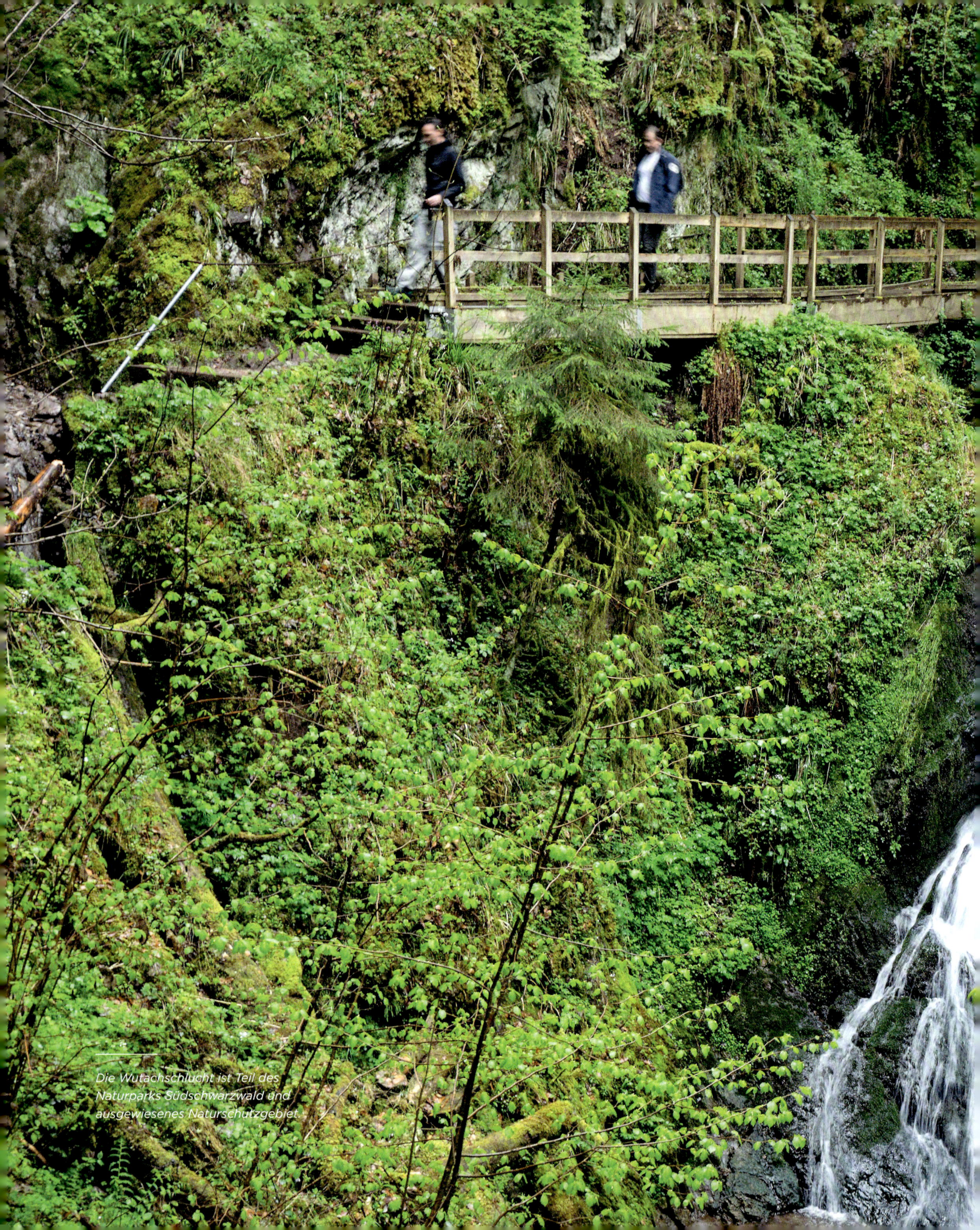

Die Wutachschlucht ist Teil des Naturparks Südschwarzwald und ausgewiesenes Naturschutzgebiet.

SCHLUCHTEN- UND WASSERFALLWEGE

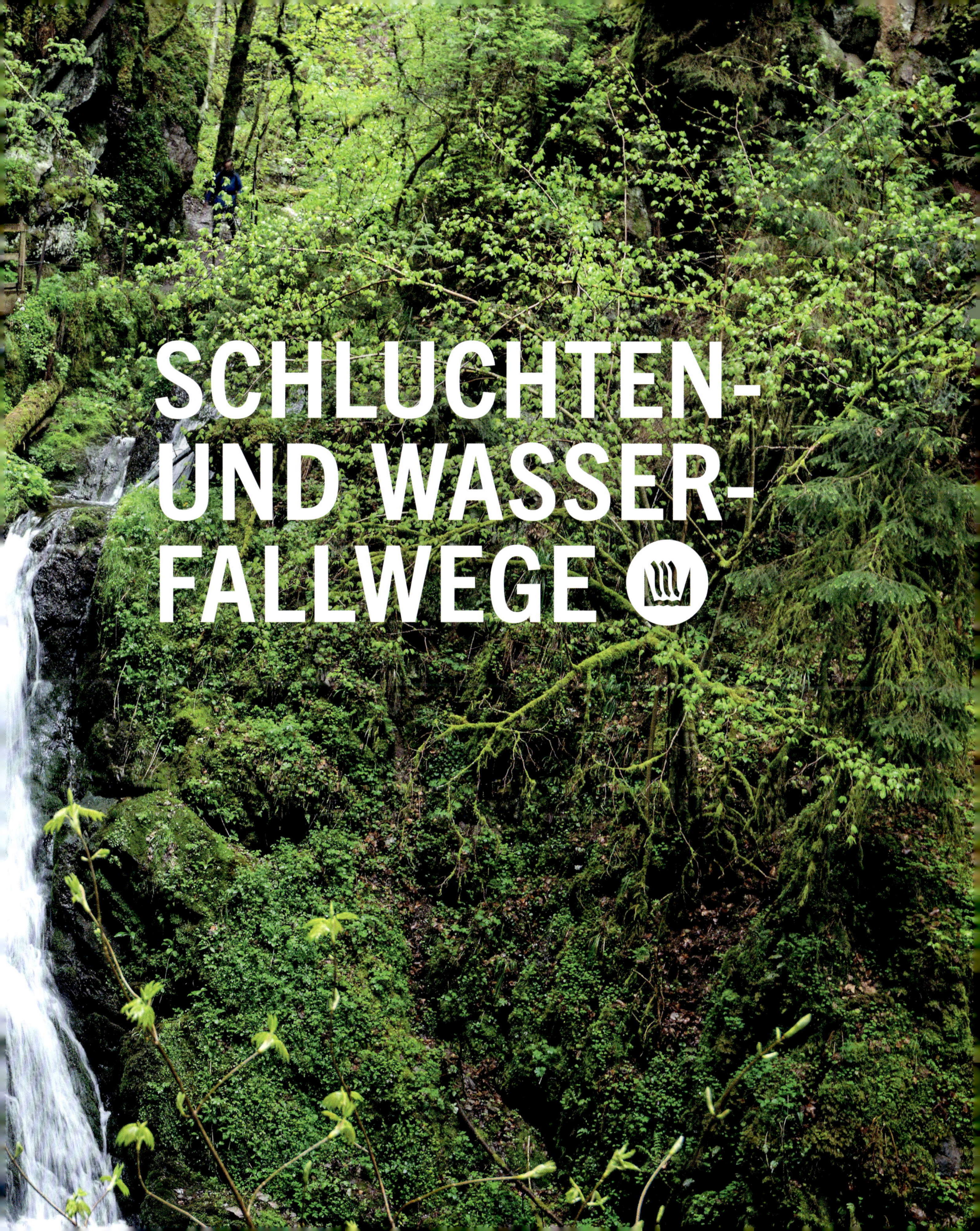

Zehn Schluchten- und Wasserfallwege

1 Lieserpfad, zweite und dritte Etappe, von Daun nach Manderscheid und weiter nach Wittlich (Eifel)
Start: Daun. 41,5 Kilometer, 863 Höhenmeter

2 Ehrbachklamm (Hunsrück)
Start: Boppard-Oppenhausen.
8,9 Kilometer, 390 Höhenmeter

3 Die Wilde Endert (Eifel)
Start: Ulmen. 21 Kilometer, 78 Höhenmeter

4 Wispertaunussteig (Taunus)
Start: Kemel. 44 Kilometer, 1230 Höhenmeter

5 Vom Malerweg durch den Wehlener Grund zum Teufelsgrund und den Teufelsschlüchten (Elbsandsteingebirge)
Start: Wehlen.
3,9 Kilometer, 119 Höhenmeter

6 Oppig-Grät-Weg (Saarland)
Start: Rimlingen.
13,6 Kilometer, 432 Höhenmeter

7 Schluchtensteig, fünf oder sechs Etappen (Schwarzwald)
Start: Stühlingen.
119 Kilometer, 3180 Höhenmeter

8 Klausenbachklamm (Chiemgau)
Start: Reit im Winkl.
9,8 Kilometer, 295 Höhenmeter

9 Lechweg, achte Etappe von Pflach nach Füssen (Allgäu)
Start: Pflach (Österreich). 15 Kilometer,
752 Höhenmeter

10 Wasserfallsteig Bad Urach (Schwäbische Alb)
Start: Bahnhof Bad Urach.
Wasserfall 9,9 Kilometer, 545 Höhenmeter

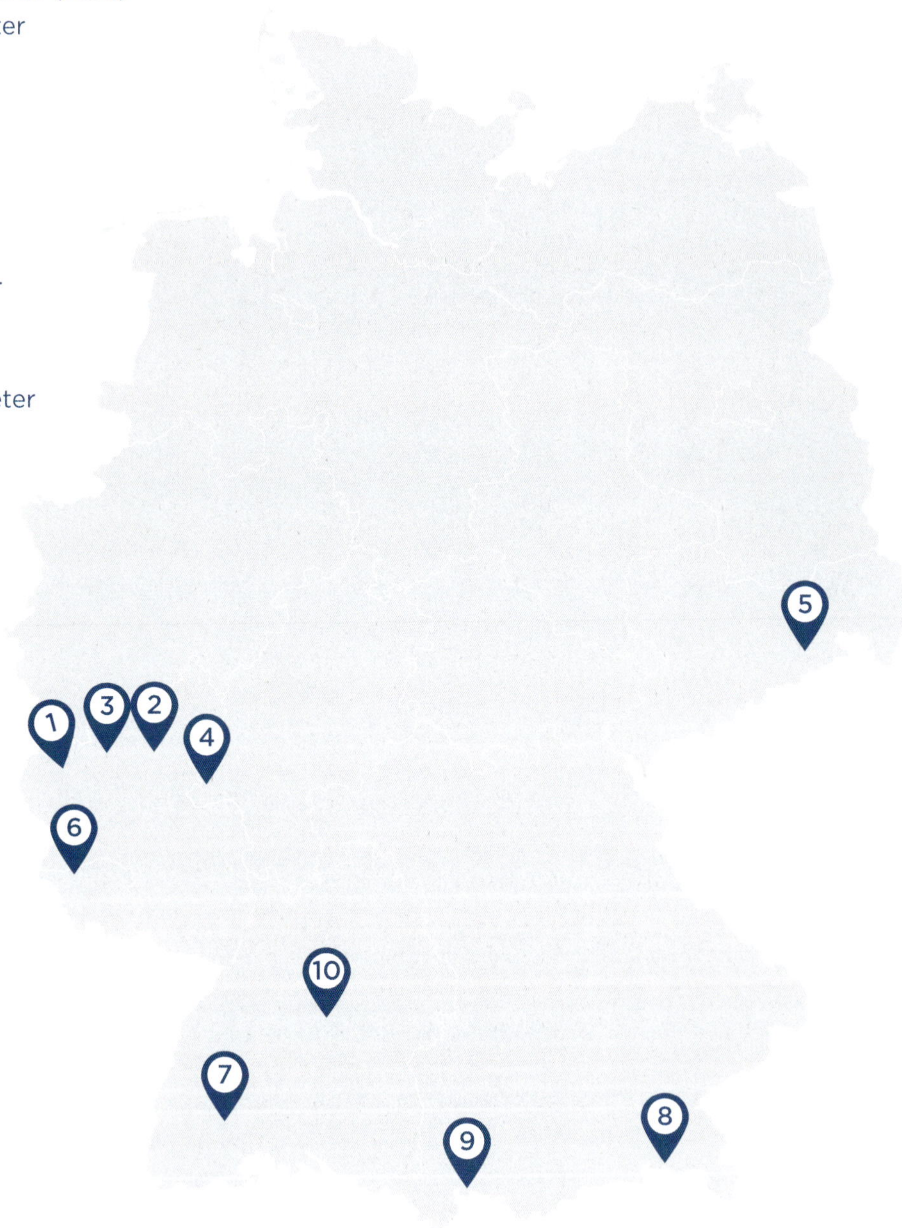

»Der Anblick und Sound eines Bachs, besonders wenn er nicht nur plätschert, sondern an Findlingen im Bachbett vorbeistrudelt, über Kaskaden springt ... das ist Wander-Yoga pur.«

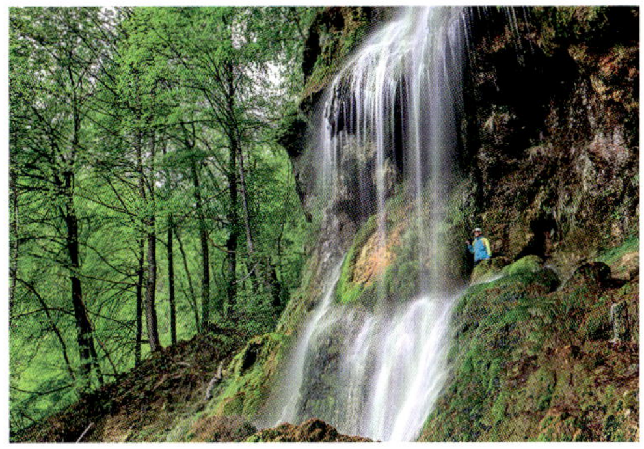

Dusche inbegriffen – beim Uracher Wasserfall in der Schwäbischen Alb

Wasser bedeutet Wanderglück. Zwischen Quelle und Fluss kommen die quicklebendigen Bäche, die das Wasser von der Quelle in die größeren Flüsse geleiten. Bäche fließen durch Täler, durch Schluchten. Wenn die Schlucht besonders schmal, eng ist, nennt man sie Klamm. Ich finde es wunderschön, in einer Klamm oder einer Schlucht zu wandern. Im Gegensatz zur Weite einer Feld- und Wiesenwanderung fühle ich mich in diesen Tälern geborgen und geschützt. Der Bach hat sich in Jahrmillionen seinen Weg gebahnt, mein sich schlängelnder Wanderweg folgt ihm. Dabei ist die akustische Komponente einer Bachwanderung nicht zu unterschätzen: »Naturklänge wie Vogelgezwitscher und Wasserplätschern führen nach einem Stresserlebnis deutlicher und schneller zur Entspannung als andere Geräusche, selbst wenn diese leiser sind.« Das habe ich in einer wissenschaftlichen Zeitschrift über Naturpsychologie gelesen. Der Anblick und Sound eines Bachs, besonders wenn er nicht nur plätschert, sondern an Findlingen im Bachbett vorbeistrudelt, über Kaskaden springt, womöglich noch einen Wasserfall bildet: Das bedeutet einen sehr hohen Wohlfühlfaktor und ist Wander-Yoga pur.

»Der *Lieserpfad* ist der schönste Wanderweg der Eifel. Die Eifel ist das schönste Mittelgebirge Deutschlands. Deutschland ist das beste Wanderland der Welt. Also ist der Lieserpfad der schönste Wanderweg der Welt.« Diese Sätze schrieb ich 2005 in meinem ersten Wanderbuch *Du musst wandern*. Streng wissenschaftlich ist die Beweiskette nicht haltbar. Aber dieser Weg in der südlichen Eifel hat einen ganz besonderen Charme. Man muss aber aufpassen, denn es existieren zwei Lieserpfade. Der »neue« Weg beginnt an der Quelle der Lieser (siehe Quellwege S. 22) und endet an der Mündung in die Mosel. Die erste und die letzte Etappe dieses

Weitwanderwegs sind – unter uns gesagt – hübsch, aber nicht sehr aufregend. Spannend ist der »klassische« Lieserpfad zwischen Daun und Wittlich auf einer Länge von gut 40 Kilometern. Großspurig habe ich in meinem ersten Wanderbuch behauptet, das könne man locker an einem Tag wegwandern. Unsinn, bei einer solchen körperlichen Herausforderung kommt nur Wanderstress heraus. Also schön auf der ersten Etappe bis Manderscheid laufen, die beiden Burgen (siehe Burgenwege S. 115) genießen und sich mental auf den zweiten Abschnitt des »klassischen« Lieserpfads vorbereiten.

Direkt hinter Manderscheid geht nämlich die Post ab. Wir wandern über schmale Pfade, die in den Felsen gehauen wurden. Skurrile Holzhütten laden zur Rast ein, verwegene Stege, Brücken und Geländer bewahren uns vor einem Sturz in die Tiefe. Der Weg ist von Krüppeleichen gesäumt, hinter jeder Biegung lauert eine neue Überraschung. Am Lieserpfad sind nicht der Wald oder die Ausblicke die Hauptakteure, sondern Star ist der Weg selbst, der so toll ist, dass man dort ewig wandern möchte. Der Bach – die Lieser – ist meistens fern im Tal zu hören, zweimal werden wir ihn überqueren. Aber wie

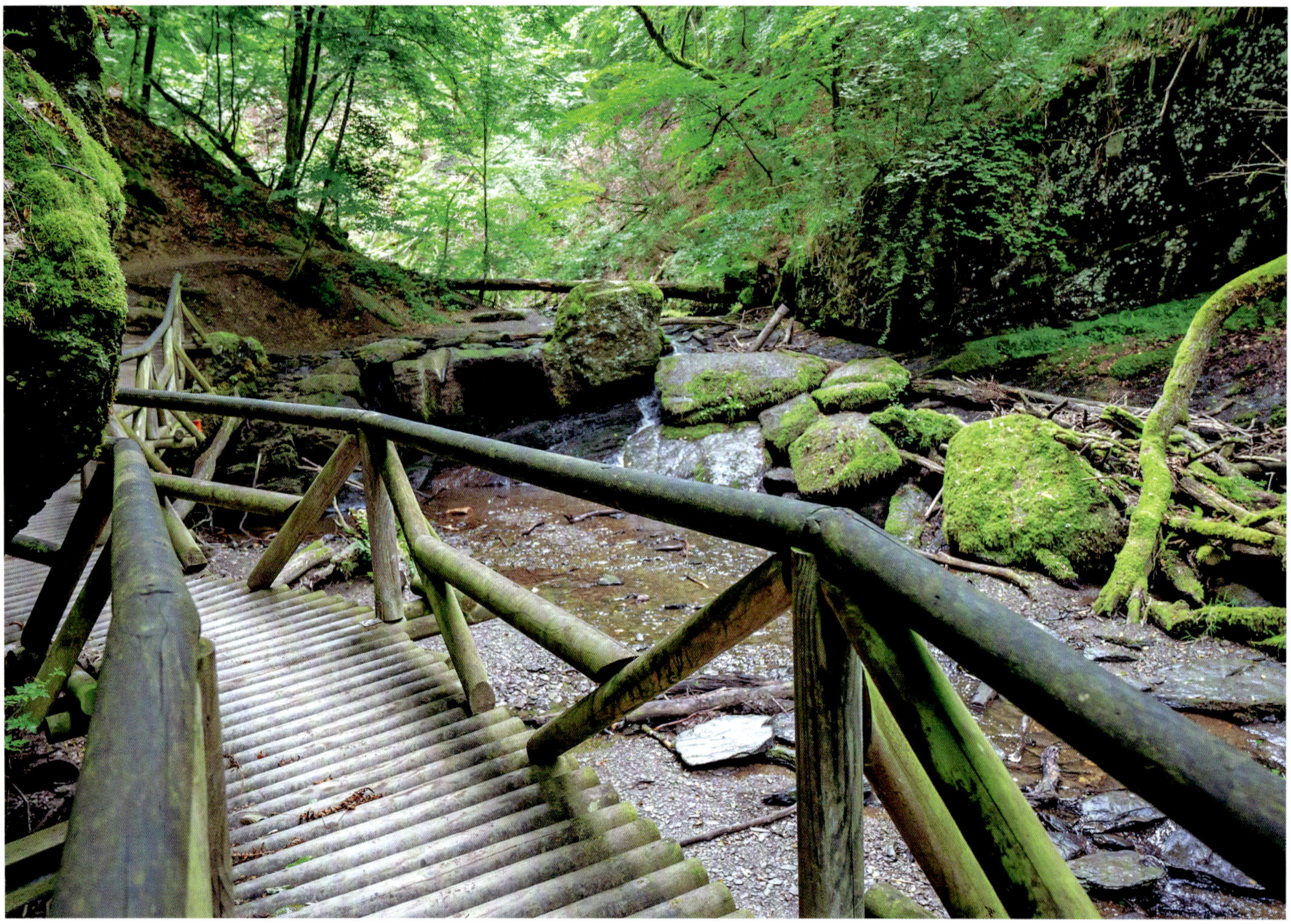

Die Ehrbachklamm im Hunsrück: An Christi Himmelfahrt habe ich dort schon im Stau gestanden. Besser bei schlechtem Wetter dort wandern.

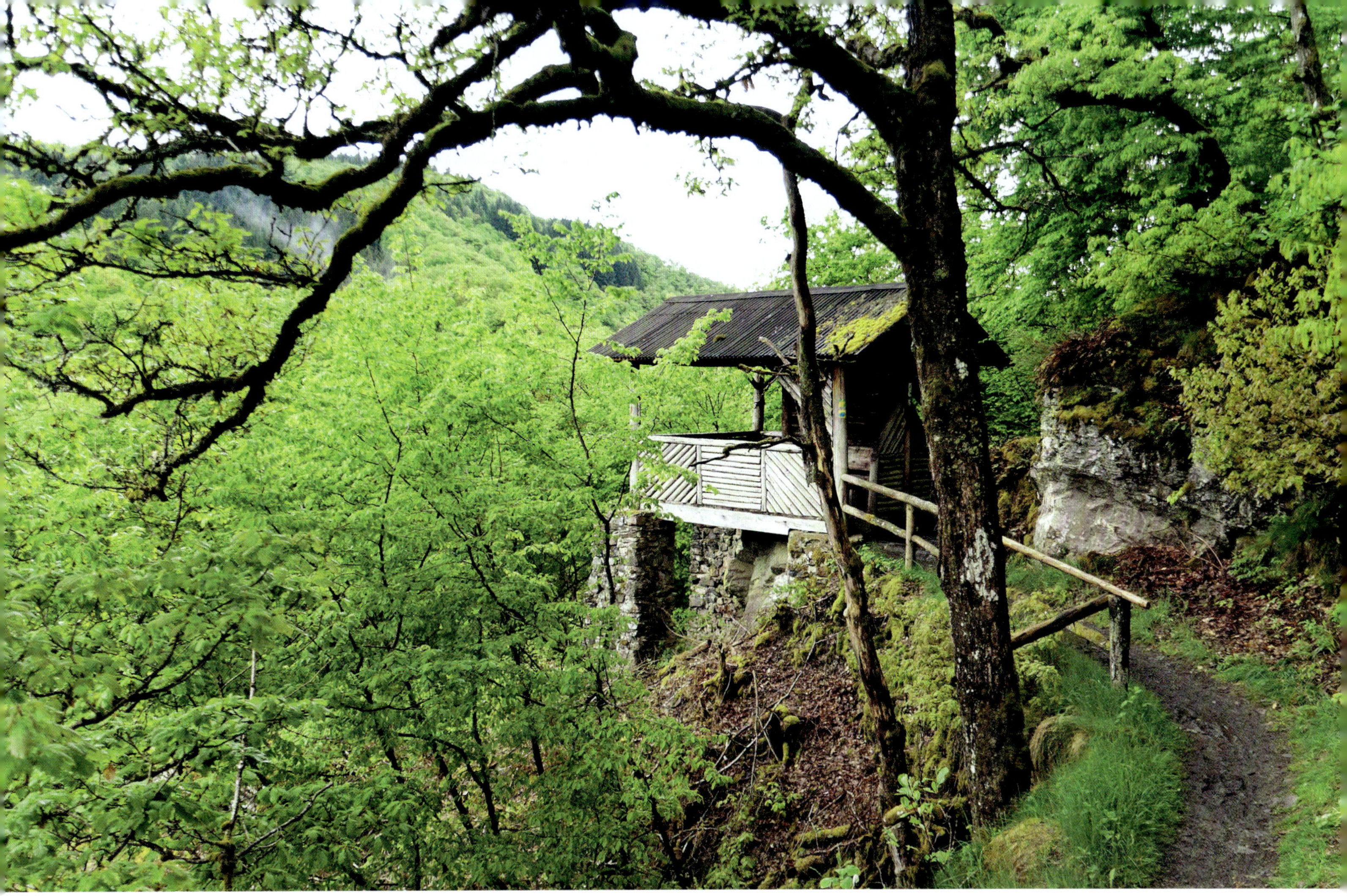

Unterwegs auf dem Lieserpfad. Wenn ich das Bild sehe, möchte ich sofort loswandern – wer kommt mit?

beim Synchronschwimmen imitieren wir die Windungen des Bachs auf unserem Pfad am Hang, das ist ein großer Wanderspaß. Und was auffällt: Die Mittelgebirge Deutschlands sind dicht besiedelt, aber am Lieserpfad zwischen Manderscheid und dem Gasthaus Alte Pleiner Mühle – immerhin 18 Kilometer lang – sehen wir keine Ortschaft, keinen Bauernhof, kein Wochenendhäuschen, keine Zäune. Bis auf eine wenig befahrene Kreisstraße, die wir queren, erleben wir Natur pur.

Sehr zu empfehlen ist auch die *Ehrbachklamm* im nördlichen Hunsrück. Der Ehrbach verstärkt kurz vor Koblenz die Mosel und entspringt auf den Hunsrückhöhen in Boppard-Buchholz. Wenn wir in Buchholz loswandern, gehen wir zunächst auf breiteren Wegen, der plätschernde Ehrbach begleitet uns. An der Daubisberger Mühle wird das Tal dann dramatisch eng. Unser Pfad verlauft unmittelbar am Bach, auf Holzbrücken wechseln wir häufig die Seite, links und rechts ragen steile Felswände auf. An bemoosten Felsen beeilen sich Rinnsale, zum Ehrbach zu stoßen. Merkwürdigerweise hat man in dieser Klamm nie ein Gefühl der Beklemmung, des Eingesperrtseins. Egal mit wem ich diesen Weg gegangen bin – mit meiner Familie, Freunden, den Eltern – alle waren begeistert und glücklich. Ein aufregender Weg, ein spannender Pfad.

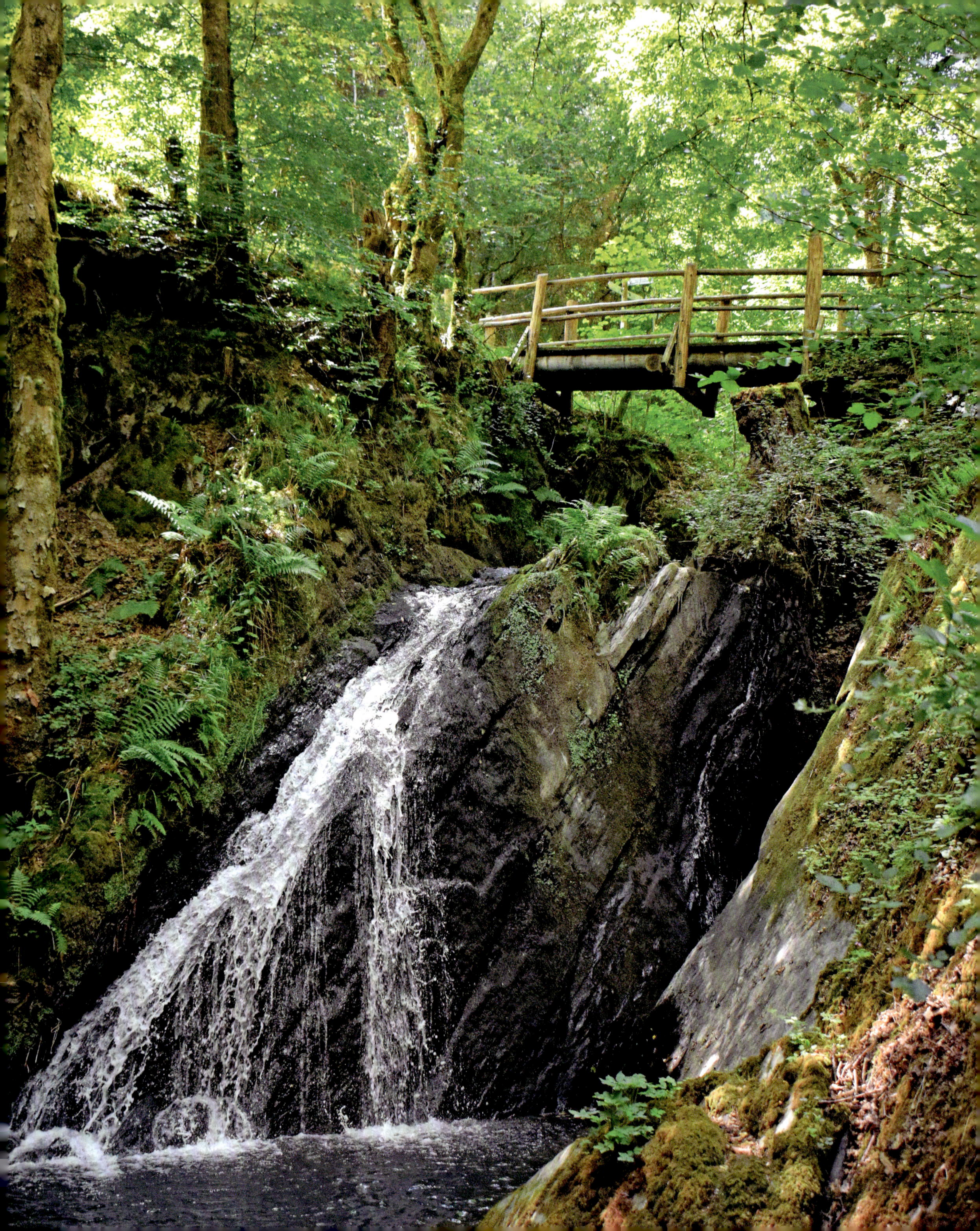

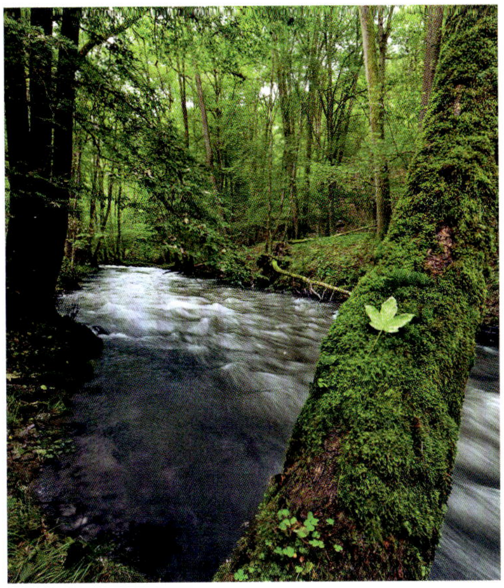

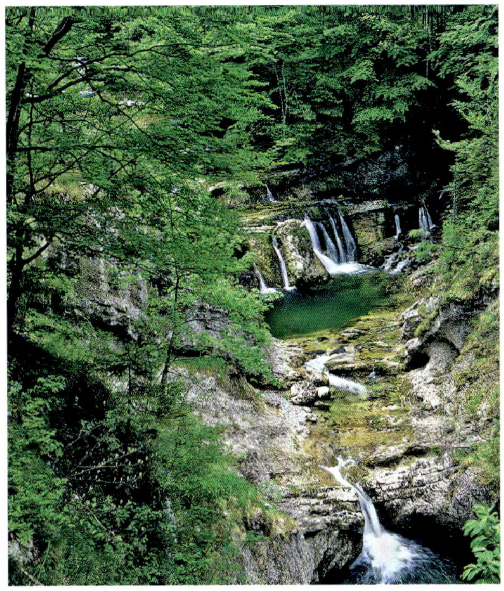

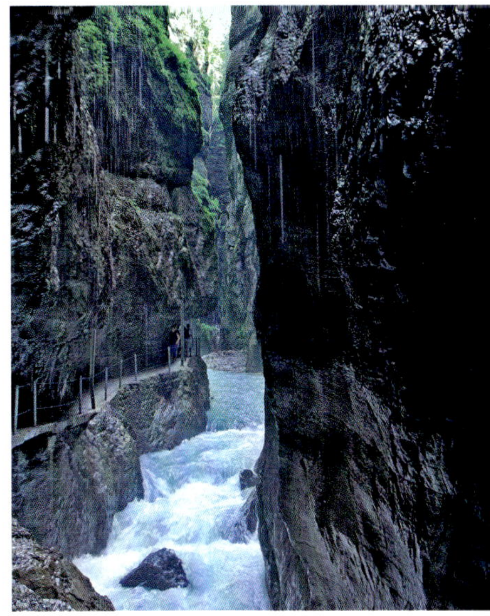

Pssst! Das Wispertal möchte gerade nicht gestört werden. Viel Spaß beim Rhein-münden (oben links)!

Fischbachklamm im Chiemgau (oben mitte)

Partnachklamm bei Partenkirchen (oben rechts)

Am Wasserfall der Wilden Endert stürzen sich Kanuten hinunter. Wanderer bleiben brav auf der Holzbrücke und genießen von hier aus das Wasserglück (Seite gegenüber).

Ich möchte mit der *Wilden Endert* die Trilogie der Moselzuflüsse komplettieren. Wenn man nicht von Ulmen loswandern möchte (eher langweilige Wege), empfiehlt sich der Einstieg ins Enderttal an der Wallfahrtskirche Maria Martental. Nur wenige Schritte am Kreuzweg entlang, über eine schmale Brücke, dann haben wir die Endert erreicht. Und die ist an dieser Stelle sehr wild. In einem Wasserfall stürzt sie sich sieben Meter in die Tiefe. Die Aussichtsplätze auf der Brücke sind sehr begehrt, denn man sollte sich in dieses Naturschauspiel vertiefen. Interessanterweise heißt der Wasserfall am Kreuzweg »Rausch«. Und wenn man lange genug diesem rauschenden Naturspektakel zuschaut und zuhört, gerät man in der Tat in einen Rausch. Drei Glücksaspekte möchte ich zum weiteren Verlauf der Wilden Endert erwähnen. Zum ersten: Der Wanderweg ist kinderleicht, anstrengungslos zu gehen. Das ermöglicht ein beschwingtes Wandern, wir können uns vollkommen auf die Natur und den Bach konzentrieren. Zweitens: Kaum ein Bachweg verläuft so nahe am Wasser. Drittens: Die meisten der 30 Mühlen an der Endert sind noch erhalten, einige wurden zu Einkehrmöglichkeiten ausgebaut, andere sind Wohnhäuser. Auch wenn es abgedroschen ist, hat man an der Wilden Endert Lust zu singen: »Das Wandern ist des Müllers Lust!«

Bitte nicht flüstern, sondern einfach weitersagen: An der hessischen Wisper können Sie auf dem *Wispertaunussteig* von der Quelle bis zur Mündung in Lorch am Rhein eine verwunschene Landschaft entdecken. Das Wispertal bietet die Möglichkeit, das Faszinosum Wasser auf kleinem Raum in vielen Facetten zu erleben. Von der Quelle bis zu zahlreichen Kerbtälern mit kleinen Bächen, die das Wasser für die Wisper sammeln, die schließlich in den Rhein mündet. Das Schönste am Wispertaunussteig sind eben jene putzmunteren Bäche der Seitentäler. Im unteren Verlauf an der Wisper findet man aber

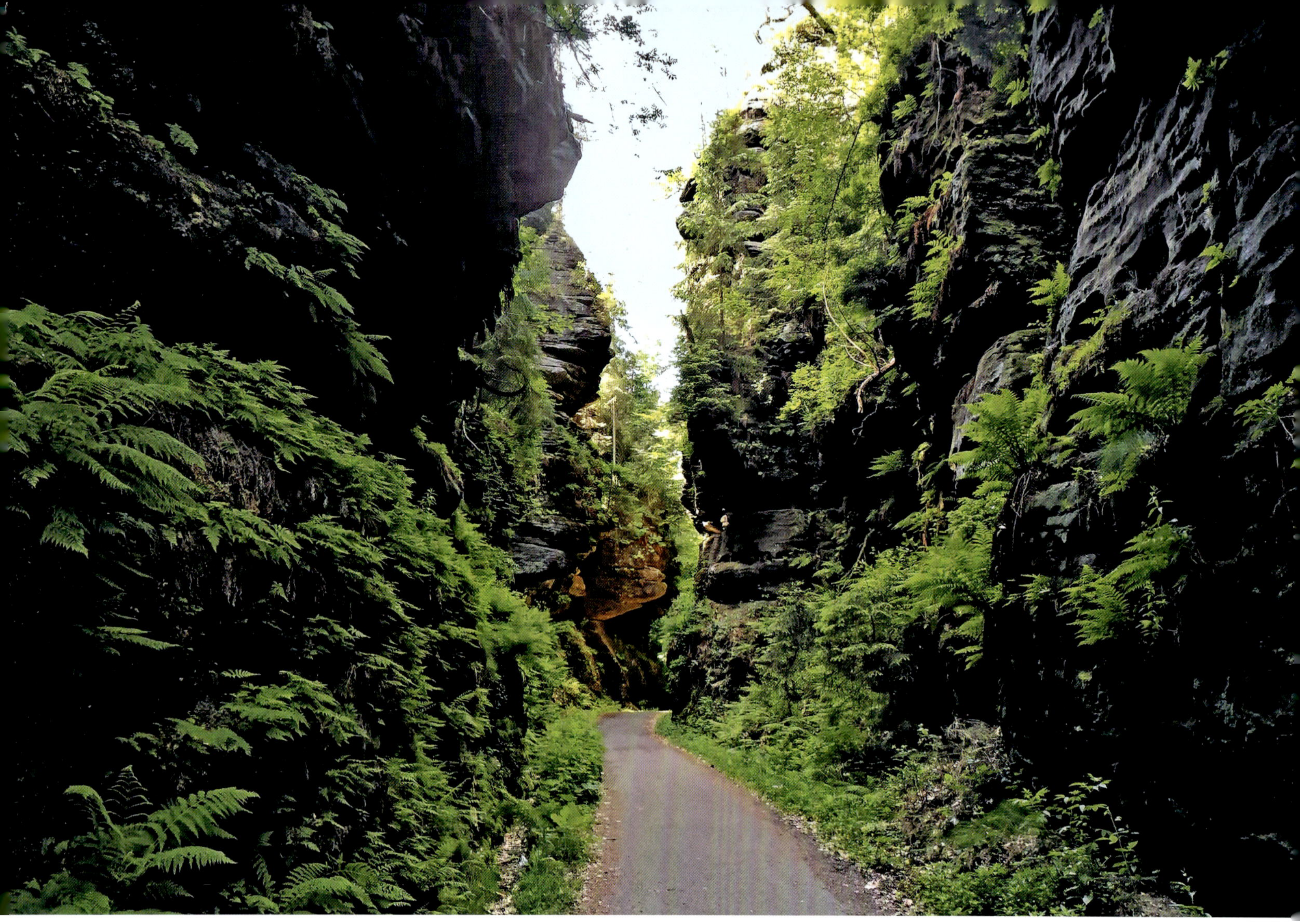

leider eine Kreisstraße, die gerade im Sommer von putzmunteren Motorradfahrern genutzt wird.

Ich ging in Wehlen an der Elbe los, auf einem breiten Weg am *Wehlener Grund* an einem munteren Bach bergan. In Sachsen wird eine Klamm, eine enge Schlucht, Grund genannt. Es wird schon seinen Grund haben. Entscheidend für den Wanderspaß ist es, kurz den Malerweg zu verlassen und linker Hand eine kleine Zusatzschleife durch den *Teufelsgrund*, die *Teufelsschlüchte* und die *Teufelskammer* zu wandern. Teufel noch mal, da gibt es abenteuerliche Felsendurchgänge und Höhlen! Der satanische Beelzebub hat dort versucht, mir meine wenigen grauen Haare auszureißen. Nicht mit mir, Freundchen, ich bin gebückt unter den Felsen her gekrabbelt. Auf dem Rückweg wanderte ich fröhlich pfeifend auf einem schmalen Pfad auf der anderen Seite des Bächleins den Wehlener Grund wieder Richtung Elbe zurück.

Was dem Sachsen sein Grund ist, ist dem Saarländer seine Grät. Eine enge Schlucht, denn wie die Gräten eines Fisches schmiegen sich die feuchten Seitentäler an den Bergrücken. Eine

Schluchtenglück plus Felsenglück findet man in der Sächsischen Schweiz – wie hier im Wehlener Grund.

spektakuläre Grät können wir auf dem Premiumweg *Oppig-Grät-Weg* entdecken. Ein schmaler Pfad am Bächlein, es ist auch ohne die Holzstege kinderleicht, mit einem Hüpfer die Bachseite zu wechseln. Im Frühling Bärlauchwiesen in der Talsohle. Ein wunderschönes, natürliches Kleinod. Verständlich, dass diese Grät als Naturschutzgebiet ausgewiesen war und lange Jahre nicht betreten werden durfte. Auch die Premiumweg-Leute erhielten eine Absage, in der Oppig-Grät einen Wanderweg zu bauen. Die saarländischen Wegebauer verabredeten mit dem Verantwortlichen eine Ortsbegehung. Und sahen: Das komplette Tal war zugemüllt. Autoreifen, Kühlschränke, Teppiche, Auspuffrohre. Weil das Tal unzugänglich war (Naturschutzgebiet!) und oberhalb der Grät ein Feldweg verlief, benutzten die Ortskundigen das Tälchen als illegale Müllkippe. Die Premiumweg-Menschen schlugen dem Naturschutz-Mann einen Deal vor: Sie machen die Müllentsorgung (etliche Container wurden voll!), dafür durften sie einen Wanderpfad am Oppigbach anlegen. Und so gehen wir aktuell durch dieses wunderschöne Tal, ohne von dessen schmutziger Vergangenheit etwas zu ahnen.

Der *Schluchtensteig* im südlichen Schwarzwald, von der deutsch-schweizerischen Grenze bei Schaffhausen bis zum südbadischen Wehr, zelebriert das Wanderglück in Verbindung mit Wasser. Reißende Bäche, zum Beispiel in der Wutachschlucht, viele spektakuläre Wasserfälle, der Schluchsee. Der Schluchtensteig ist ein Qualitätsweg des Deutschen Wanderverbands, daher wandern wir hauptsächlich auf naturnahen Wegen. Und keine Angst, der Weg

Ausnahmsweise geht es in der Wutachklamm ganz gemütlich zu.

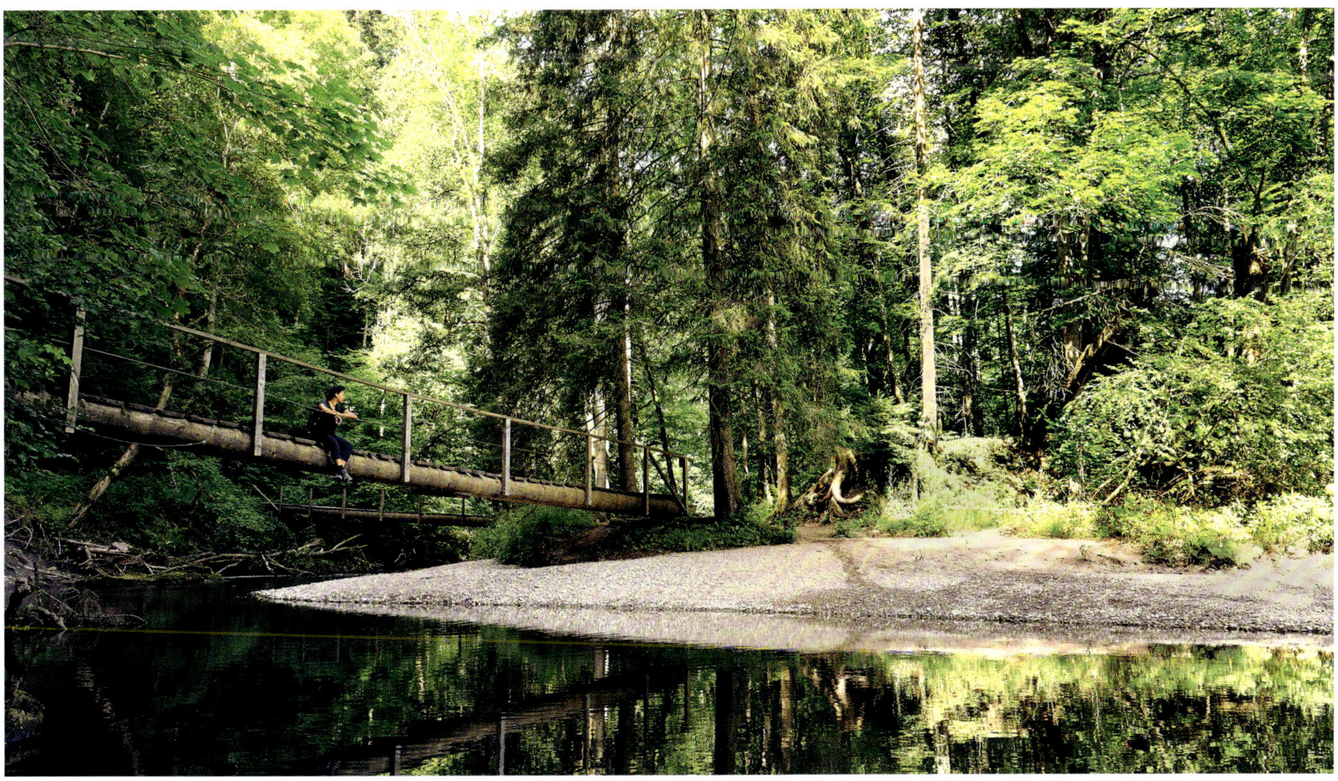

besteht nicht zu 100 Prozent aus engen Schluchten mit anstrengenden Felspartien. Zwischen den Schluchtpassagen können wir uns oberhalb der Täler auf bequemen Wegen erholen.

»Ernste Fichten, riesig und ebenmäßig von Wuchs, standen einzeln und in Gruppen auf dem Boden der Schlucht sowie die Höhen hinan, und eine davon, zur Seite des Wildbachs schräg im Gehänge wurzelnd, ragte schief und bizarr in das Bild hinein. Rauschende Abgeschiedenheit waltete über dem schönen, einsamen Ort. Jenseits des Baches bemerkte Hans Castorp eine Ruhebank. Er überschritt den Steg und setzte sich, um sich vom Anblick des Wassersturzes des treibenden Schaums unterhalten zu lassen, dem idyllisch gesprächigen, einförmigen und doch innerlich abwechslungsvollen Geräusche zu lauschen.« Nie wurde in deutscher Sprache die Atmosphäre an einem Wildbach mit Wasserfall atmosphärisch dichter eingefangen als von Thomas Mann im *Zauberberg*. Die *Klausenbachklamm* und der gleichnamige Premiumweg bei Reit im Winkl scheinen auch einer Art Zauberberg entsprungen. Zu Beginn des Weges über ein Hochmoor kann man noch nichts von der Dramatik des reißenden Gebirgsbachs und den tosenden Wasserfällen ahnen. Auf Holzplankenwegen, abgesichert durch Seile, wird die Wanderung später zu einer Art Indiana-Jones-Expedition, erfrischende Gischt im Gesicht inklusive.

Wäre dieser Bildband ein Hörbuch, könnte man jetzt das gigantische Tosen des Lechfalls von Füssen hören.

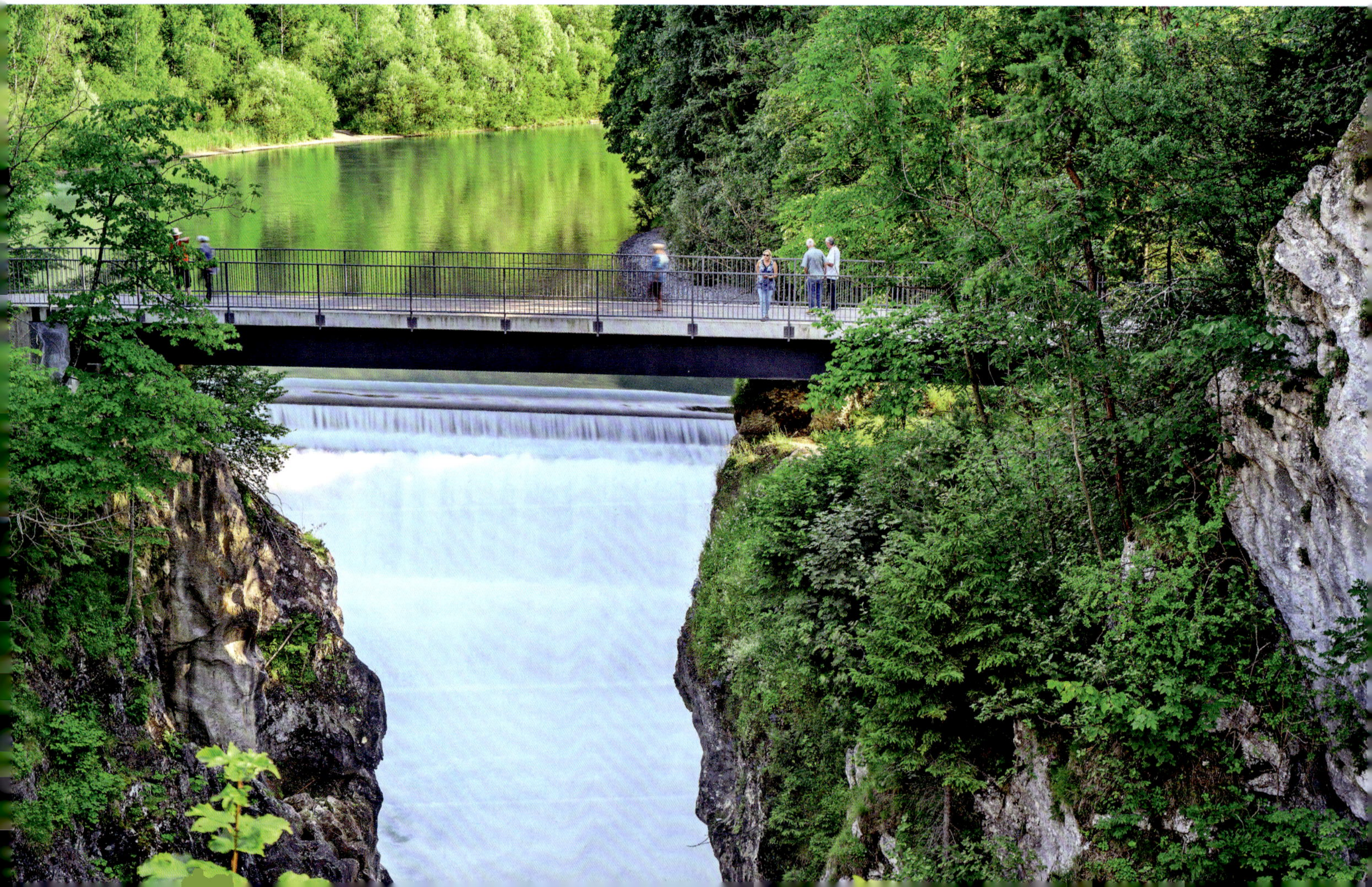

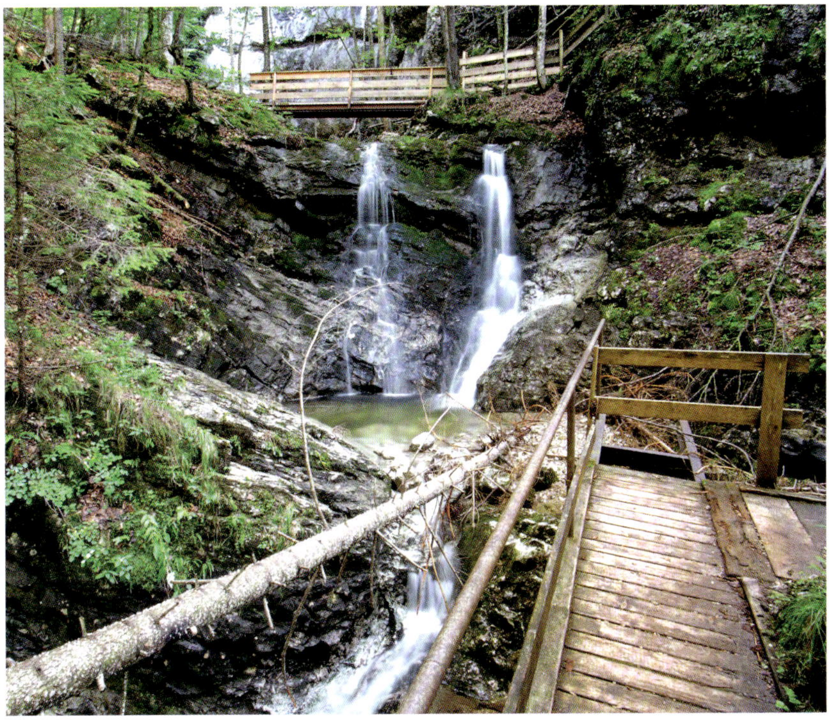

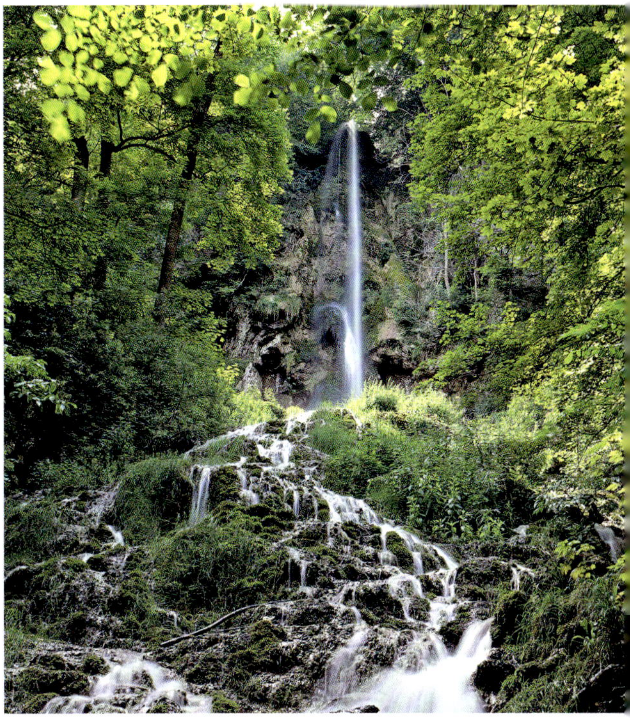

Die Klausenbachklamm bei Reit im Winkl – ein großartiges Wanderabenteuer (oben links)!

Der Wasserfall von Bad Urach. Allerdings nur ein kleiner Abschnitt, freuen Sie sich auf die Zugaben (oben rechts).

Ein Wasserfall der besonderen Art ist das Finale des *Lechwegs* kurz vor Füssen. Der insgesamt 125 Kilometer lange Lechweg startet auf fast 1800 Meter Höhe im Quellgebiet am Formarinsee in Vorarlberg. Vor einigen Jahren bin ich Anfang Juni dort gewandert und die Wiese an den Quellbächen war noch teilweise vereist. An der österreichisch-deutschen Grenze ist der Lech schon ordentlich angewachsen, sodass der Fluss am Lechfall zwölf Meter abwärts stürzt, brodelt, schäumt. Der ist künstlich entstanden, durch ein Stauwehr zur Nutzung von Wasserkraft. Ein wahnsinniger Lärm ist das hier, vor allem im Frühsommer, wenn der Fluss viel Schmelzwasser hat. Man kann nicht aufhören, auf die Niagarafälle von Füssen zu schauen, weil es ein so großartiges Schauspiel ist. Am besten geht das vom König-Max-Steg, der direkt über den Wasserfall führt.

Einen der schönsten Wasserfälle Deutschlands können Sie auf dem *Wasserfallsteig Bad Urach* an der Albtrauf erleben. Wir gehen den Berghang in Serpentinen hinauf und sind dem fallenden Wasser ganz nah, wenn wir ein wenig abseits des Weges gehen. Insgesamt 87 Meter – davon 37 Meter frei fallend – stürzt das Wasser hinab. Spektakulär. Wenn wir weiterwandern, können wir – zum Beispiel am Rutschenfelsen, dort sollte man besser nicht ausrutschen – die weiten Blicke an der Albkante aufsaugen. Da der Wanderweg seinen Namen zu Recht trägt, gibt es als Zugabe noch den Gütersteiner Wasserfall. Der fasziniert nicht wegen einer hohen Fallhöhe, sondern mit den verästelten Wasserarmen, die über vermooste Felsen fließen. Noch ein Tipp: Der Wasserfallsteig Bad Urach ist an Sonn- und Feiertagen sehr überlaufen.

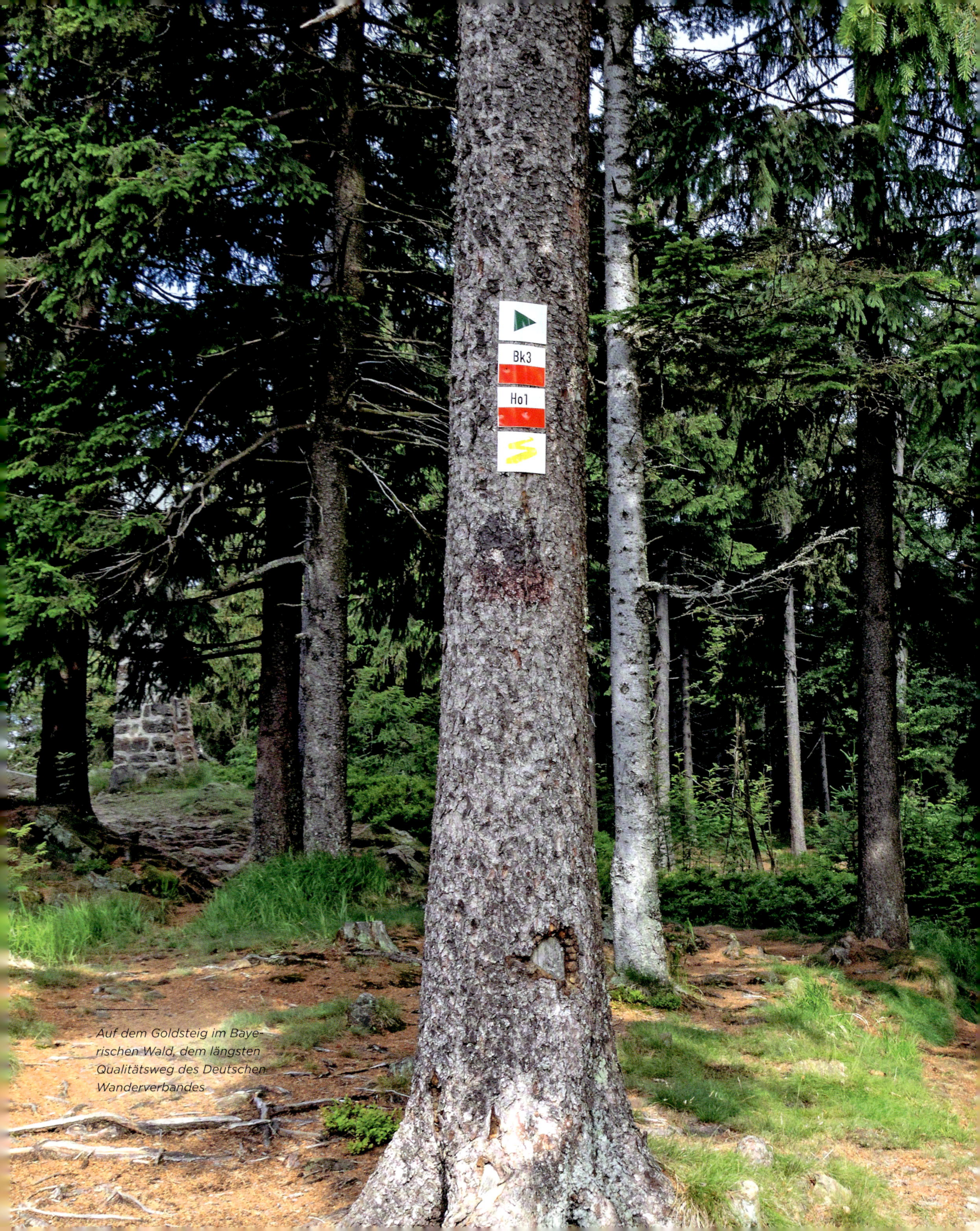

Auf dem Goldsteig im Bayerischen Wald, dem längsten Qualitätsweg des Deutschen Wanderverbandes

WALDWEGE

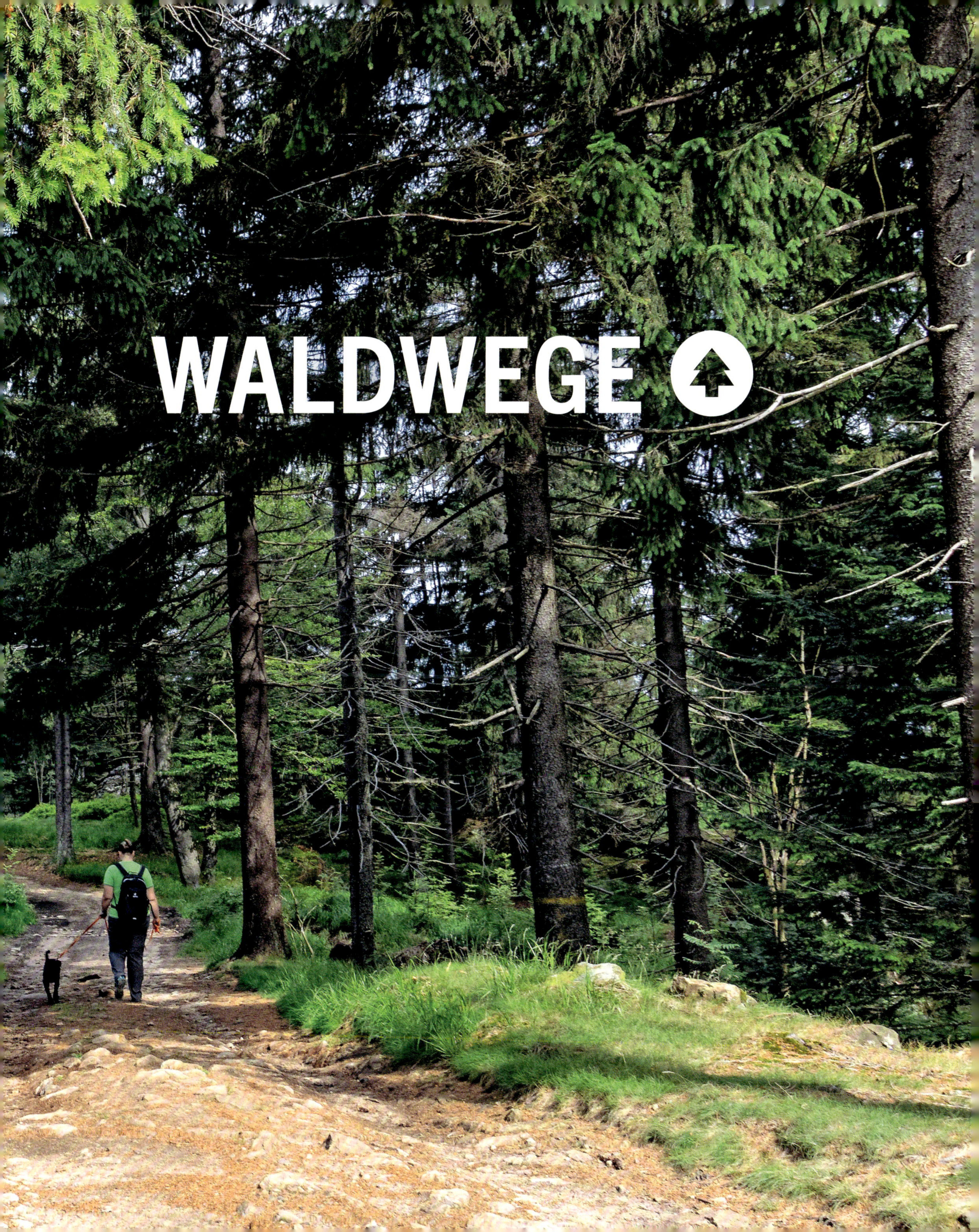

Zehn Waldwege

Schwarzwald-Westweg, vierte Etappe

Start: Mummelsee.
22,4 Kilometer, 544 Höhenmeter

2 Saar-Hunsrück-Steig, 27 Etappen
Start: Perl. 410 Kilometer, 13 191 Höhenmeter

3 Goldsteig, Etappe N15 zum Großen Falkenstein (Bayerischer Wald)
Start: Bayerisch Eisenstein.
12,7 Kilometer 825 Höhenmeter

4 Wanderung zum Grunewaldturm (Berlin)
Start: S-Bahnhof Grunewald. 6 Kilometer, streckenweise geht man auf dem Rundweg Wald.Berlin.Klima., insgesamt 4 Kilometer, 86 Höhenmeter

5 Rundweg OH! 4 (Teutoburger Wald)
Start: Berlebeck.
5,5 Kilometer, 194 Höhenmeter

6 Soonwaldsteig (Hunsrück)
Start: Kirn.
83,8 Kilometer, 2650 Höhenmeter

7 Rennsteig (Thüringer Wald)
Start: Hörschel.
169 Kilometer, 2551 Höhenmeter

8 Rothaarsteig (Sauerland und Siegerland)
Start: Brilon. 154,7 Kilometer, 3064 Höhenmeter

9 Urwald-Tour (Saarland)
Start: Forsthaus Neuhaus.
8,2 Kilometer, 180 Höhenmeter

10 Waldzeit (Saarland)
Start: Hülzweiler. 10 Kilometer, 140 Höhenmeter

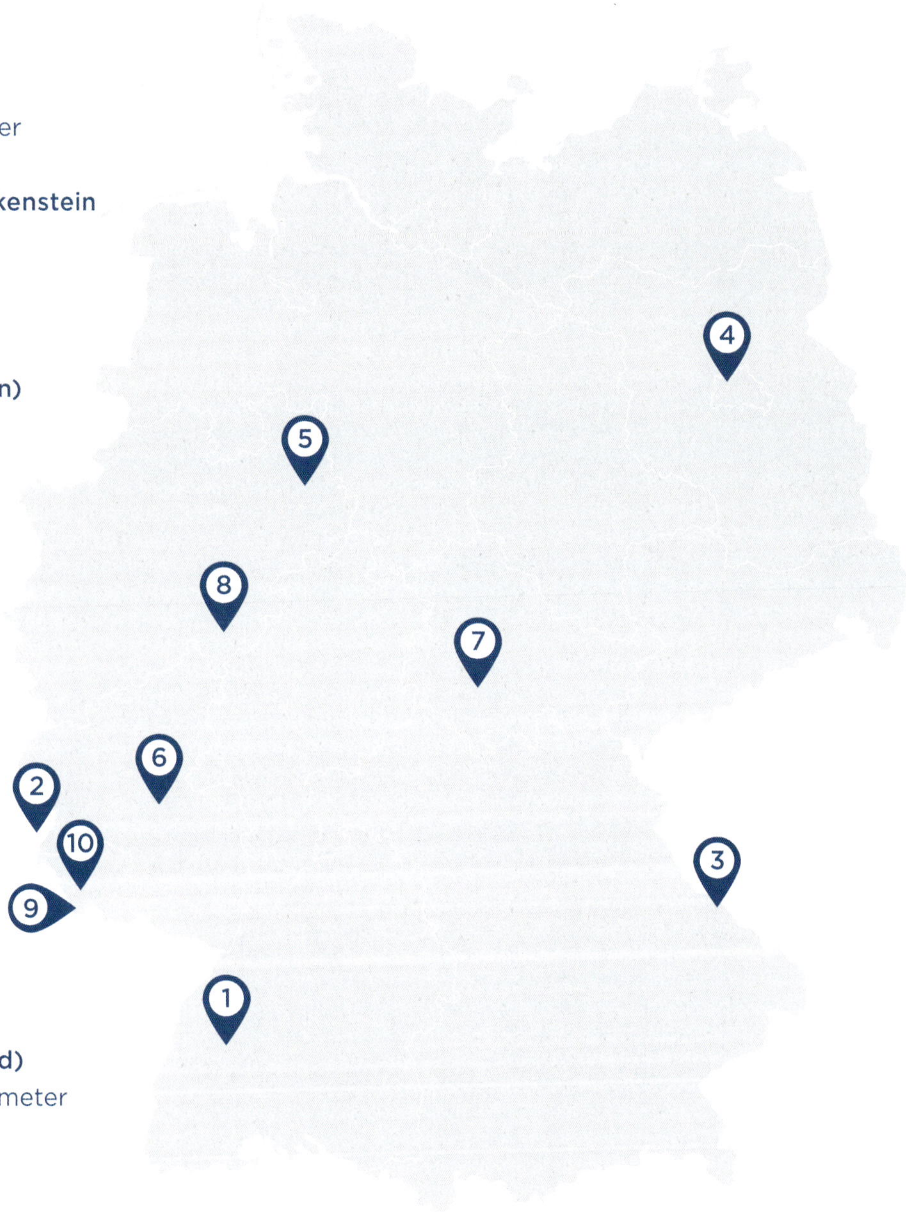

»Wanderglück im Wald kann sich nur auf schmalen Pfaden entwickeln. Und was macht man, wenn nur breite Forstwege im Angebot sind? Dann muss man eben Pfade bauen.«

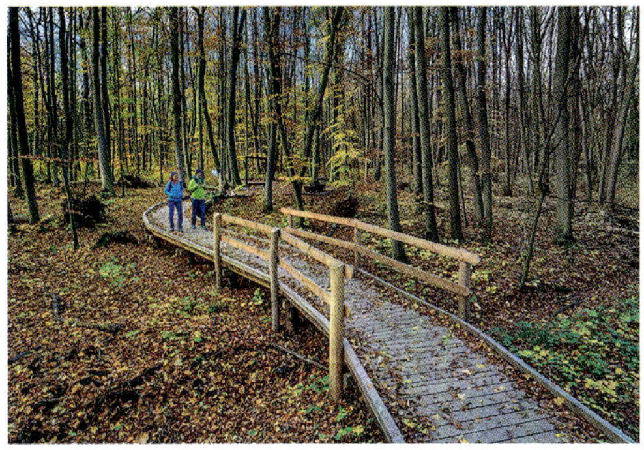

Der Hainich in Thüringen ist das größte zusammenhängende Laubwaldgebiet Deutschlands.

Der weltweit bekannteste deutsche Wald ist zweifelsfrei der *Schwarzwald*, Black Forest, Forêt-Noire. Mythisch, dunkel, geheimnisvoll steht er für die irrationale Waldleidenschaft Deutschlands. Drei Weitwanderwege durchziehen ihn von Nord nach Süd: Mittel- sowie Ostweg, am beliebtesten ist der *Westweg*. Wahrscheinlich, weil dieser Fernweg die meisten Ausblicke über die Rheinebene bietet. Hauptcharakteristikum sind allerdings die Waldabschnitte. Zwei Erlebnisse prägten meine Einstellung zum Westweg. Erstes Erlebnis: Ich bin mit einem Wanderverein zwischen Mummelsee und Alexanderschanze unterwegs. Plötzlich bleiben wir stehen. Was ist das für ein Grollen? Ist ein Gewitter in Anzug, landet ein Düsenflugzeug? Gerade noch können wir zur Seite springen, denn ein Holztransporter, der 30 Meter lange Fichtenstämme geladen hat, rauscht mit hoher Geschwindigkeit vorbei. Auf einem Wanderweg. Das kann einem im Schwarzwald jederzeit passieren, denn viele Wegabschnitte sind gleichzeitig Forststraßen, die für die Waldwirtschaft ausgebaut wurden. Da möchte man sich spontan der Ansicht einiger Naturschutz-Fundis anschließen, das Ökosystem Wald in Ruhe zu lassen. Andererseits: Sitzen wir lieber an einem Tisch aus Holz oder an einem aus Plaste und Elaste? Verschenken wir lieber Holzspielzeug oder lärmende Kunststoffsachen?

Zweites Erlebnis. Gleiche Wanderung, andere Stelle: Am Lotharpfad, der die Zerstörungswut des Jahrhundertsturms Lothar nachzeichnet, erlebe ich einen Glücksmoment. Ich wandere beschwingt auf schmalen, wurzeligen, verschlungenen Pfaden – ein Genuss. Krass gegensätzliche Erfahrungen auf dem Westweg, was mir besser gefallen hat, steht außer Frage. Und mit dieser Einstellung bin ich nicht allein.

Daniel Münderlein hat für seine Doktorarbeit die Frage untersucht, ob Landschaft glücklich macht. Dafür hat er

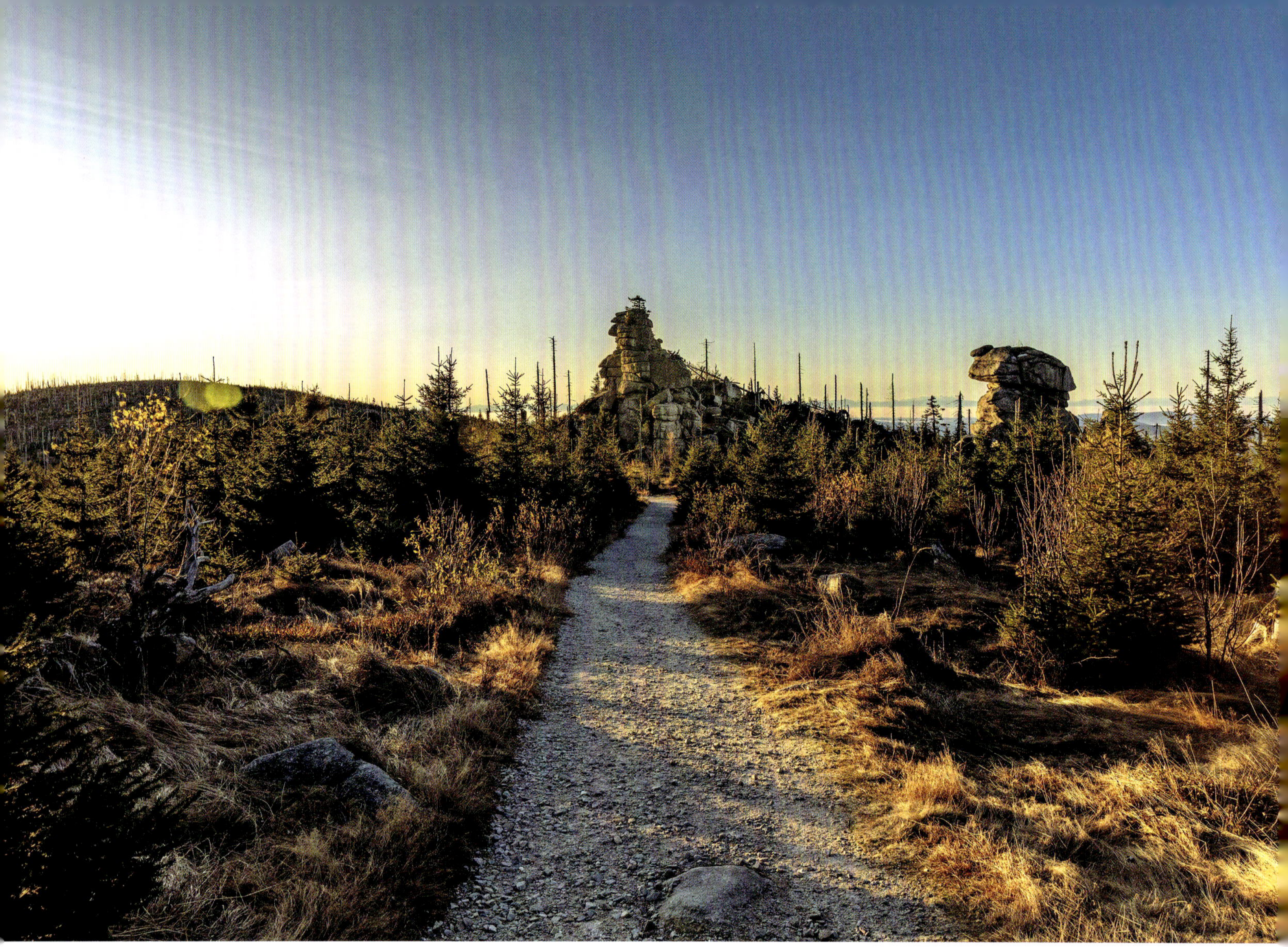

Grundlagenforschung auf Wanderwegen im Odenwald gemacht. Dies sind zwei Statements seiner Wanderglück-Versuchskaninchen: »Also dieser Pfad durch den Wald, das war das Schönste. Mit den Felsen im Wald und wie es dann immer so um die Kurve ging.« Und: »(Toll), wenn man das Gefühl hat, dass man hinter jedem Baum und jeder Ecke noch etwas entdecken kann.« Münderleins Fazit: »Im Hinblick auf die Wegeinfrastruktur sind schmale, geschwungene Pfade mit angenehmer Länge die am häufigsten benannten Aspekte.« Diese Ergebnisse decken sich mit jenen des Deutschen Wanderinstituts: Schmale Pfade bedeuten Wanderglück. Geradeaus darf es nicht gehen, sonst kann man nicht »hinter jeder Ecke« noch etwas entdecken. Diese Vorliebe für geschwungene Wege ist global, eine chinesische Weisheit fordert: »Man soll nie das Ende des Weges sehen.« Ein Weg ohne Ende, deutscher Meister mit den meisten schmalen Waldpfaden ist übrigens der *Saar-Hunsrück-Steig*.

Der *Goldsteig* im *Bayerischen Wald* ist mit 660 Kilometern der längste Qualitätsweg des Deutschen Wanderver-

Der Waldwege-Experte schätzt: Hier hat der Borkenkäfer schon vor Jahren gewütet, die nächste Generation Wald kommt.

Eines ist garantiert: Der Bayerische Wald hat reichlich Waldwege und immer wieder schöne Ausblicke zu bieten.

bands. Selbstverständlich kann man auf dieser Länge nicht nur spannende Waldpfade erwarten. Zumal auch im Bayerischen Wald Holzwirtschaft betrieben wird. Mitte der Nullerjahre bin ich mit einem Ortskundigen eine Etappe des Goldsteigs in der Nähe vom Großen Falkenstein gewandert und konnte zum ersten Mal die großen Auswirkungen eines kleinen Schädlings beobachten. Der Wald mit grau-kahlen Stämmen, ohne Rinde und ohne Baumkronen sah aus, als sei ein Feuersturm durchgefegt. Ich wollte den Experten raushängen und konstatierte: »Ah, saurer Regen!« Bei anderen Wanderungen im Schwarzwald und im Harz hatten die Baumstümpfe ähnlich ausgesehen, das waren Relikte des großen Waldsterbens in den 1980er-Jahren – Stichwort saurer Regen. Doch hier war es anders: Nach dem heißen Sommer 2003 hatten die Fichten des Bayerischen Walds kein Harz mehr produzieren können. Mit Harz wehren Bäume Schädlinge wie den Borkenkäfer ab, ohne Harz sind sie geliefert. Die Borkenkäfer fressen ihre winzigen Kanäle unter der Rinde, diese fällt ab – mein Freund der Baum ist tot. Schon vor 20 Jahren war diese Klimawandel-Folge in unseren Wäldern zu erkennen, es war nur noch nicht das Riesenthema.

Der Klimawandel betrifft Wanderer unmittelbar. Zunächst einmal optisch. Die Kahlflächen sind unübersehbar, die toten Fichten mit den ockerfarbenen Nadeln auch. Wanderwege sind

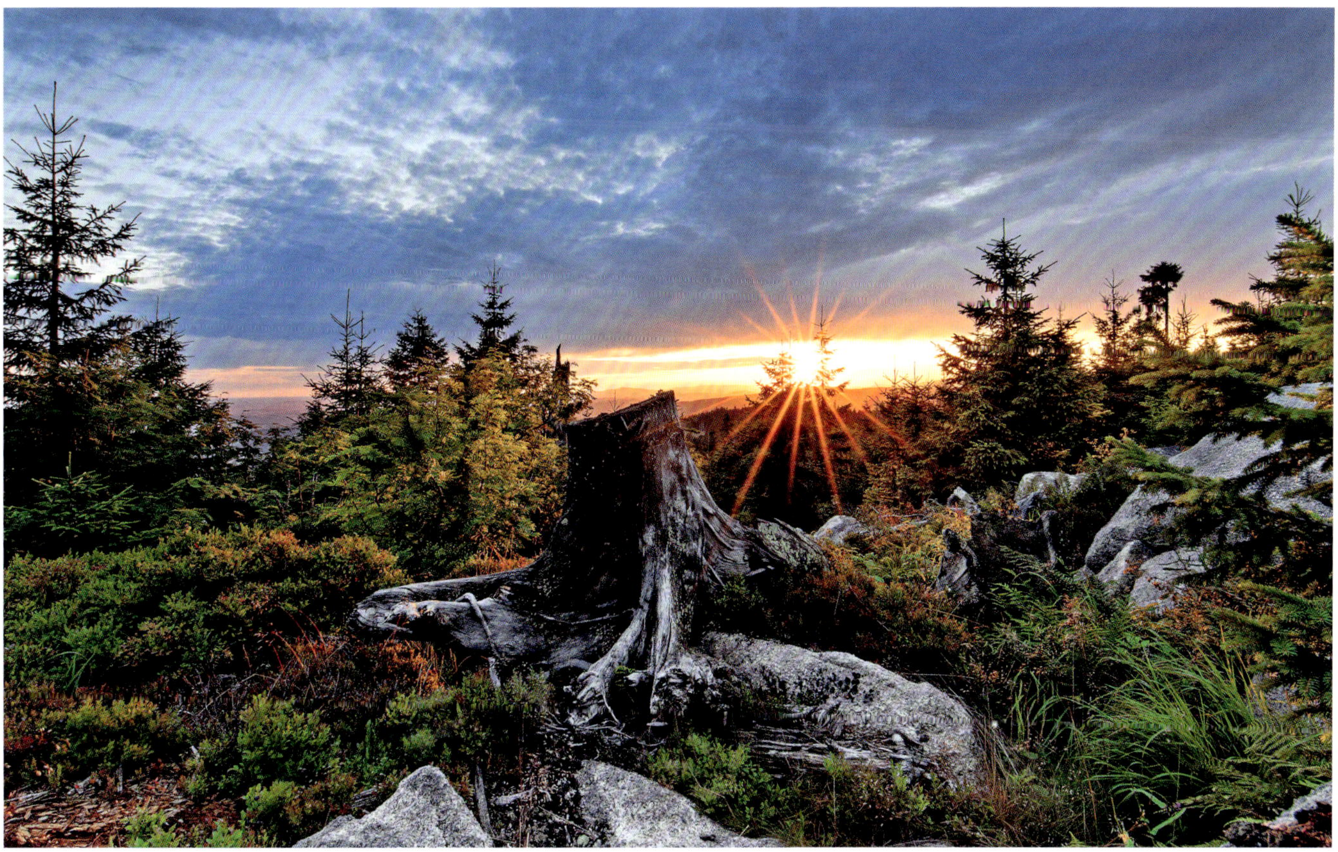

gesperrt, weil die Gefahr besteht, dass durch Trockenstress beim geringsten Windhauch dicke Äste herabfallen. Können die Wanderer etwas gegen den Klimawandel machen? Ich finde schon. Zunächst einmal sollte man mehr wandern, als anderen – klimaschädlicheren – Hobbys nachzugehen. Außerdem ist es sinnvoll, heimatlich zu wandern. Kein Wanderziel ist so schön, dass eine Flugreise lohnt. Allerdings ist wohnortnahes Wandern nicht automatisch ökologisch. Wenn man mit dem Auto zum Wanderparkplatz fährt und dann losgeht, ist das nicht so toll für die CO_2-Bilanz. Deshalb lautet die Devise: Den Wanderstart sooft es geht mit dem ÖPNV ansteuern. Ich habe auch gute Erfahrungen damit gemacht, notfalls mit dem Taxi zum Wanderparkplatz zu fahren.

Ehrensache, dass ich die S-Bahn in den *Berliner Grunewald* genommen habe. Hinter dem Teufelssee trifft man auf den Rundweg *Wald.Berlin.Klima.* Großformatige, außergewöhnlich schön gestaltete Infotafeln, Aussichtsplattformen, Holzstege und Waldwohnzimmer mit Sitzmöglichkeiten machen den Wald und die Klimaproblematik erlebbar. Dabei versteht das Forstamt Grunewald Wald.Berlin.Klima. als Ausstellung, nicht als Wanderweg. Wir lernen etwas über Holzwirtschaft (Warum ist man eigentlich auf einer Rückegasse auf dem Holzweg?) und den Umbau des Grunewalds vom Fichten- zum Mischwald. Wichtig ist den Waldausstellungs-Kuratoren aber auch, auf den Wert von Wald und unberührten Moorlandschaften für die CO_2-Reduktion hinzuweisen.

Auch in der Hauptstadt sorgt der Wald rund um den Grunewaldturm für gutes Klima.

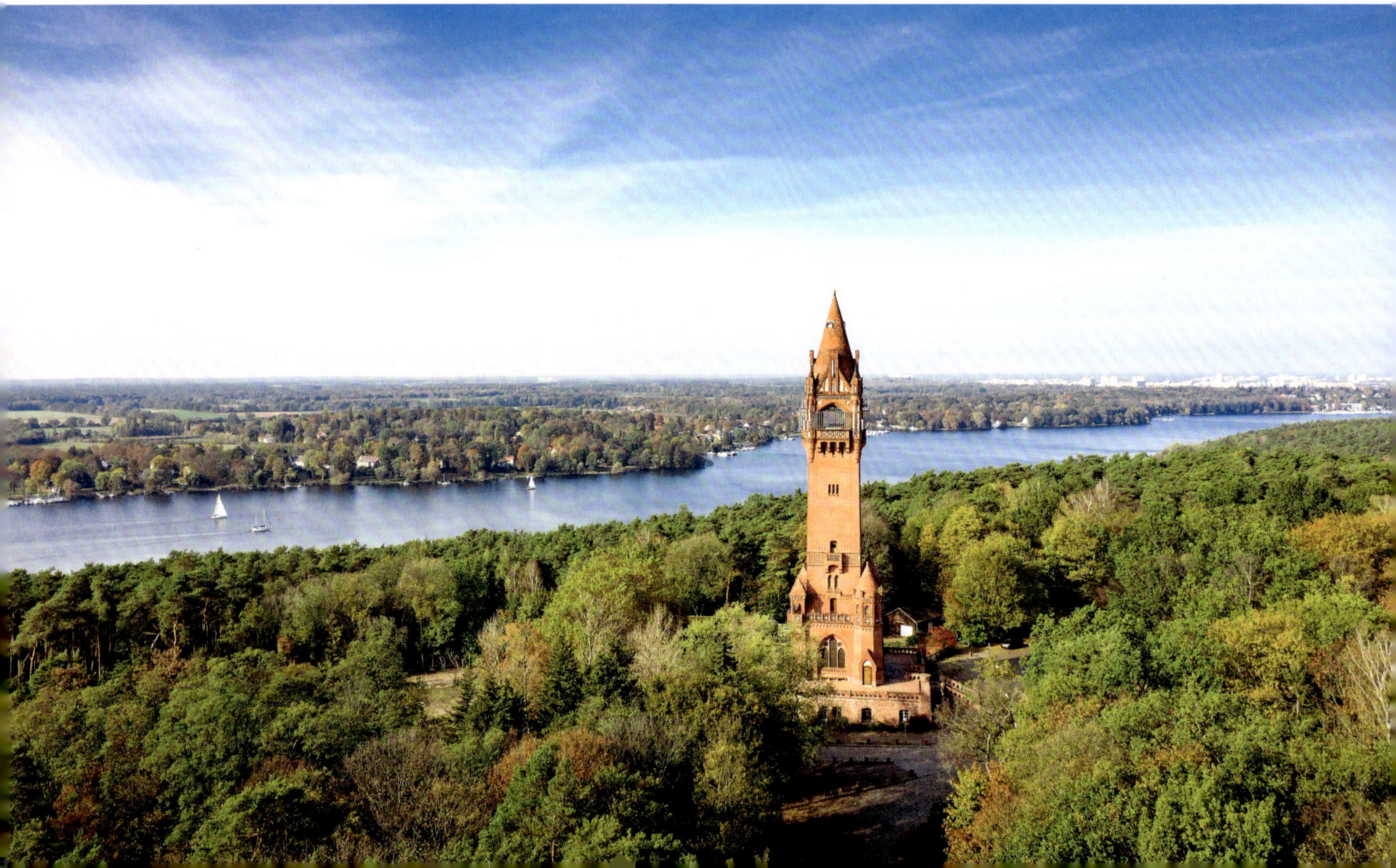

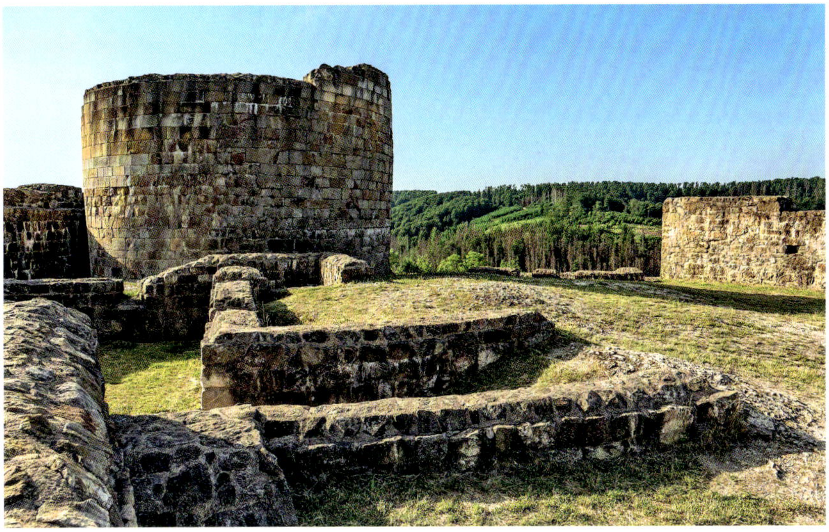 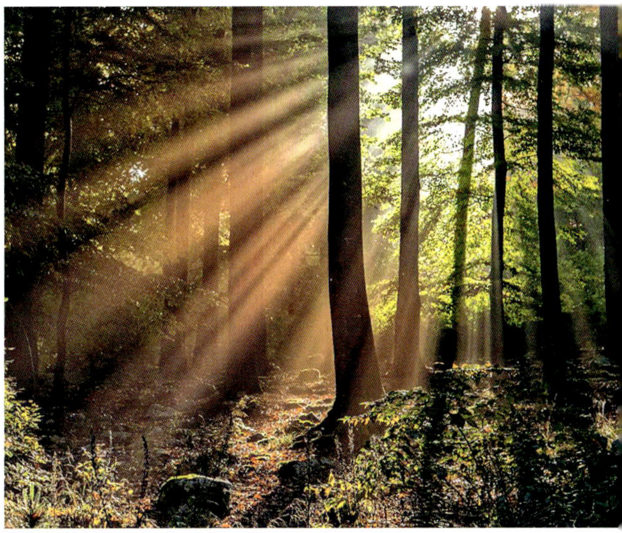

Die Falkenburg, erbaut von Bernhard II. – dem Gründer der Landesherrschaft Lippe – im 12. Jahrhundert (oben links)

Waldidylle im Soonwald. In der Nähe kann man unter Bäumen übernachten (oben rechts).

Die CO_2-Reduktion seiner Bäume in Wert zu setzen, das ist genau das Thema von Prinz Stephan zur Lippe. *Zur* Lippe, von der Lippe ist der Spaßmacher. Ich wandere mit Prinz Stephan, dessen Großvater bis 1918 der Alleinherrscher über das Fürstentum Lippe war. Unser Ziel auf dem Rundweg mit dem merkwürdigen Namen *Oh! 4* ist die Ruine der Falkenburg, ursprünglicher Stammsitz der lippischen Fürsten. Die ausgedehnten Wälder oberhalb von Detmold sind im fürstlichen Privatbesitz. Das führt zur Frage, wem eigentlich der deutsche Wald gehört? Grob gesagt ist ein Drittel Staatswald, untersteht also den Forstämtern der Bundesländer. Zu einem Drittel gibt es Kommunalwälder, die Bäume gehören also den jeweiligen Gemeinden. Und zu einem weiteren Drittel gibt es Privatwaldbesitzer, adlig oder bürgerlich, die meisten Privatwälder Deutschlands gehören der Familie Thurn und Taxis.

Prinz Stephan zur Lippe lebt hauptsächlich von seinem Wald. Traditionell durch Holzwirtschaft, doch dieses Geschäftsmodell ist durch den Klimawandel in die Krise geraten. Wir reden über den Wert eines Baums. Ungefähr 600 Euro (den Preis für den Transport nicht gerechnet) erwirtschaftet ein 20 Jahre alter Baum. Der Prinz diskutiert mit mir die Möglichkeit, den Baum als CO_2-Speicher zu erhalten. Mehr als 150 Jahre könnte er stehenbleiben. Aber dafür müsste der Baum den gleichen Wert als lebender Baum bekommen wie er ihn auch auf dem Holzmarkt hätte. Diese Modelle »Geld-für-CO_2-Senkung« für Waldbesitzer, auch die kommunalen und staatlichen, werden von der Bundespolitik diskutiert. Ich finde das nicht nur fürs Klima gut, denn ein Wald mit Bäumen ist für alle Wanderer interessanter als ohne.

Ein besonderes Walderlebnis bietet der *Soonwaldsteig*. Der größte Teil des Etappenwegs über einen Höhenkamm des Hunsrück verläuft fernab jeglicher Zivilisation. Kein Hotel, keine Pension wartet am Tagesende auf den müden Wanderer. Aus der Not hat man im Soonwald eine Tugend gemacht. Das Zauberwort

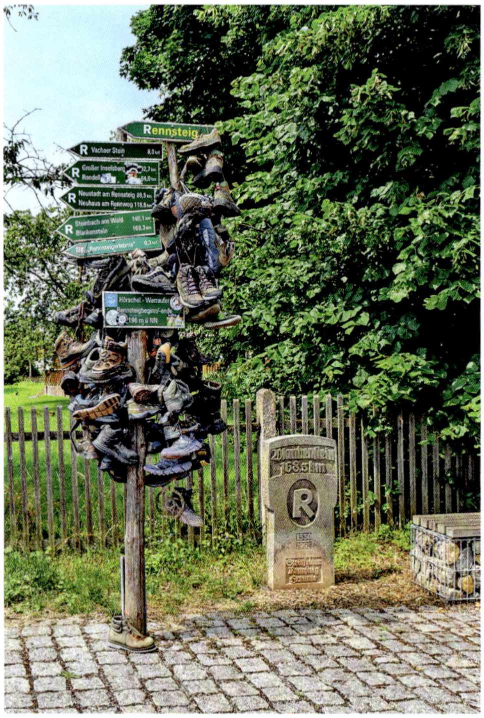

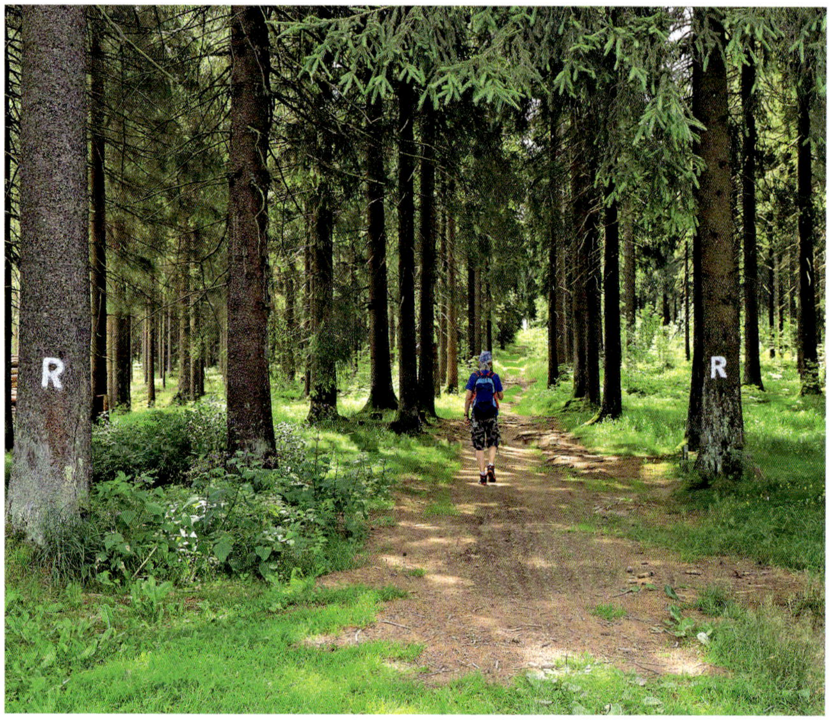

heißt Wald-Camping. Einfach so wild im Wald sein Zelt aufzuschlagen, ist üblicherweise ein No-Go. Daher hat man hier vier Trekkingcamps eingerichtet, die man vor der Wanderung buchen kann. Jedes Camp ist idyllisch gelegen (Burgen, Anhöhe, Lichtung) und verfügt über WC und Feuerstelle. Das Zelt muss man allerdings schon selber mitbringen. Waldwandern pur.

Viele waldreiche Fernwege Deutschlands verlaufen auf einem Kamm und orientieren sich an alten Handelsstraßen. Der *Rennsteig* in Thüringen ist einer davon, er war zugleich Botenweg und wurde bereits 1330 in einer Urkunde erwähnt. Anderes Beispiel für einen Kammweg: der Rothaarsteig. Aber waren das auch immer Waldwege? Keinesfalls. Viele glauben, die deutsche Waldfläche sei – seit Arminius den Römern bei der Varusschlacht eins auf die Mütze gegeben hat – kontinuierlich geschrumpft. Und aktuell wären wir, beschleunigt durch die Klimakrise, an einem Tiefpunkt angelangt. Das ist nicht richtig. Im späten Mittelalter und in der frühen Neuzeit muss man sich Deutschland fast komplett waldfrei vorstellen.

Nehmen wir den *Rothaarsteig*, dort kann man auf Infotafeln erfahren, wie groß der Druck auf den deutschen Wald war. Wer bauen wollte – Häuser, Schiffe, Kathedralen –, brauchte jede Menge Holz. Wer es warm haben wollte, verfeuerte Holz. Am Rothaarsteig bestaunen wir einen alten Köhlermeiler, der ab und an noch betrieben wird. Dort wurde Holzkohle hergestellt. Und die Eisenhütten im Kreuztal in der Nähe von Siegen griffen bei der Metallherstellung – bevor im Ruhrgebiet im großen Stil Steinkohle abgebaut wurde – auf die Wälder des

Warum sollte man schon am Start des Rennsteigs die Wanderschuhe an den Nagel hängen (oben links)?

Manchmal sieht man den Wald vor lauter Bäumen nicht – die Markierung des Rennsteigs umso besser (oben rechts).

Das Felsen-Highlight am Rothaarsteig: die Bruchhauser Steine bei Olsberg (Seite gegenüber)

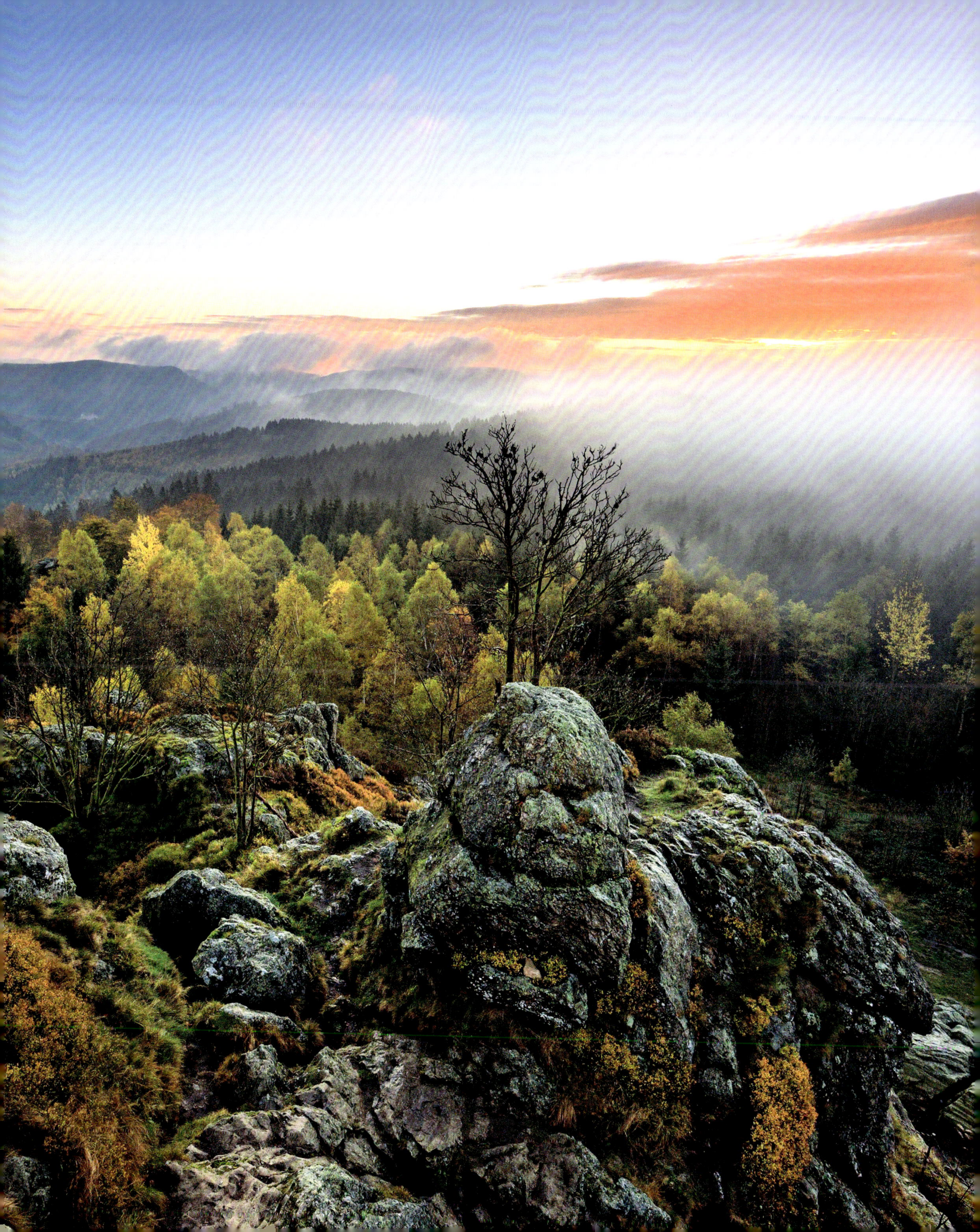

Rothaargebirges zurück. Das Problem war allerdings irgendwann offensichtlich: Wenn kein Wald mehr vorhanden ist, kann man auch nicht verbauen, verfeuern, verhütten. Daher erfand der preußische Oberberghauptmann Hans Carl von Carlowitz vor über 300 Jahren die forstliche Nachhaltigkeit. Als Mann des Bergbaus kannte er die fatalen Folgen des Holzmangels. Sein Prinzip: Man solle doch stets weniger Bäume fällen als man pflanze. Das war der Start einer gigantischen Aufforstung in Deutschland. Von der profitieren wir bei fast jeder Wanderung. Nur wurde eben oft die schnell wachsende Fichte gepflanzt, das (beziehungsweise die) fällt uns heute auf die Füße.

Wanderglück im Wald kann sich nur auf schmalen Pfaden entwickeln. Und was macht man, wenn nur breite Forstwege im Angebot sind? Dann muss man eben Pfade bauen. Das wussten schon die Wanderfreunde im 19. Jahrhundert. Auf dem Albsteig HW1, auf dem Lieserpfad, in der Sächsischen Schweiz wurden sensationelle Pfade in den Fels gehauen und durchs Unterholz geschlagen. Auch im 21. Jahrhundert werden auf Qualitätswegen (auf dem Rothaarsteig oft zu erkennen) oder auf Premiumwegen neue,

Die Kinder des Waldes sind nicht nur einzelne Bäume, auch Zwillinge findet man an dem Waldzeitweg.

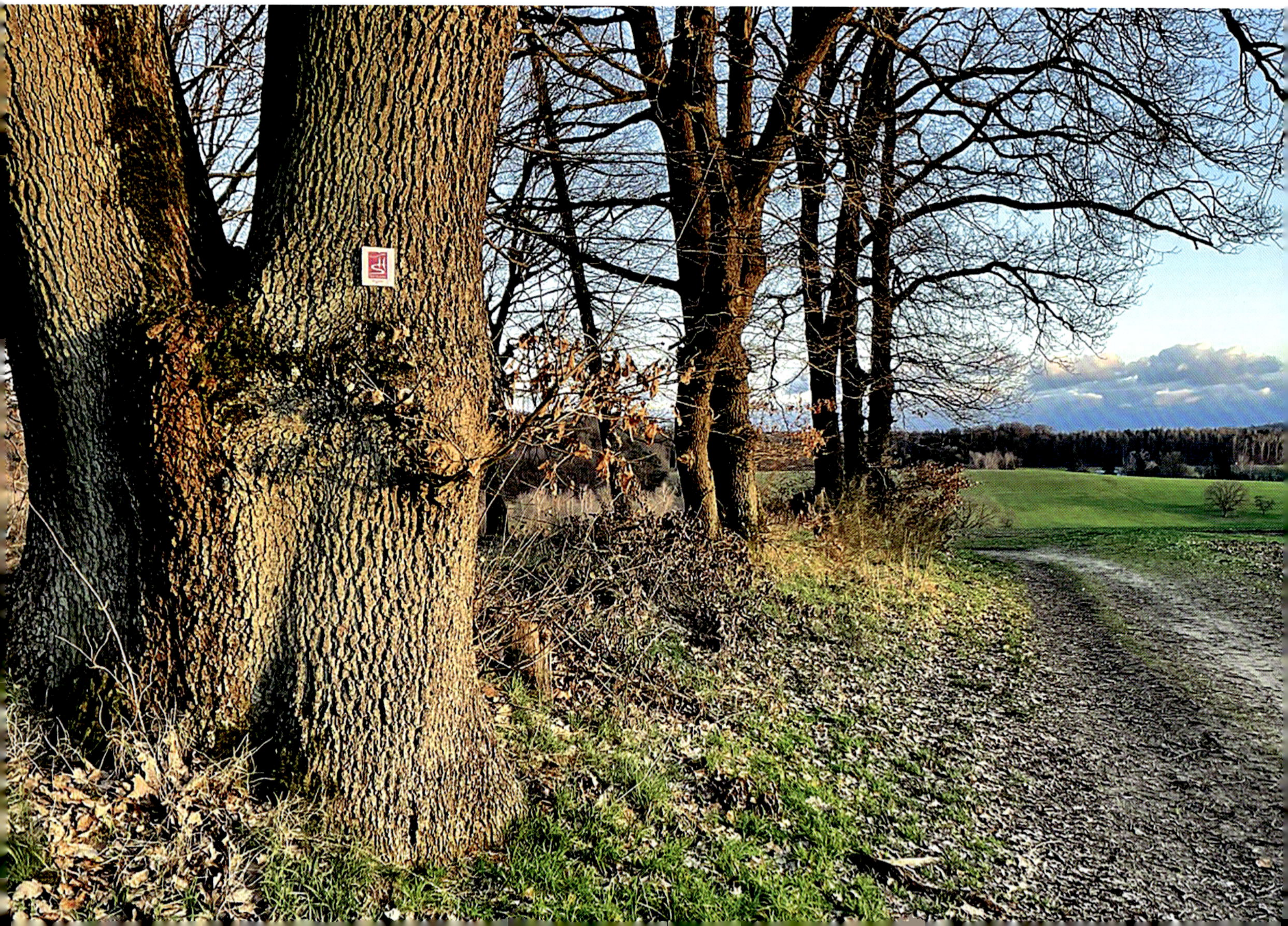

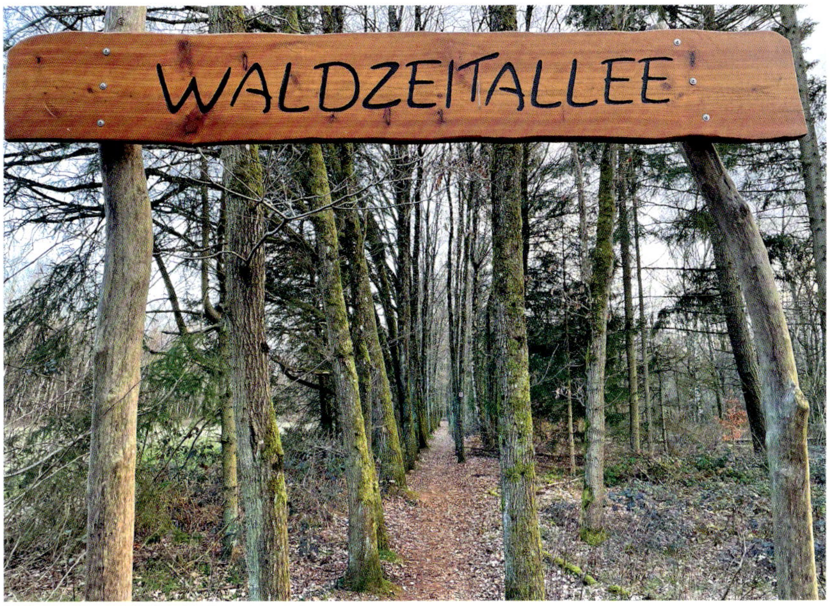

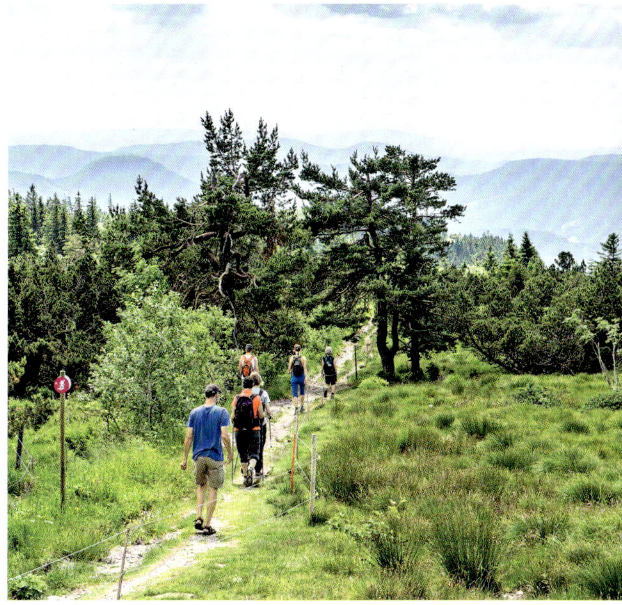

verschlungene Pfade angelegt. Auf der *Urwald-Tour* vor den Toren von Saarbrücken haben Kinder einen Pfad gestaltet. Quer durch den dicht bewachsenen Wald durften sie einen Wegeverlauf konzipieren, schön kreuz und quer, über Stock und Stein. Eigentlich ist der Saarbrücker Urwald ein Waldschutzgebiet. Das heißt, Forstwirtschaft findet nicht statt, wenn ein Baum abstirbt, umfällt, bleibt er liegen. Aber das saarländische Waldgesetz erlaubt es Wanderern, von den Wegen abzuweichen und ihr ganz individuelles Urwaldglück zu suchen.

Zum Ende dieses Kapitels möchte ich Ihnen den Premiumweg *Waldzeit* ans Herz legen, der vor drei Jahren in meiner unmittelbaren Nachbarschaft im Landkreis Saarlouis entstanden ist. Ein Weg, den ich fußläufig erreichen kann, ich brauche also weder Auto noch ÖPNV. Ein Weg mit vielen schmalen Pfaden, die der chinesischen Weisheit entsprechen – man sieht ihr Ende nicht. Waldzeit ist ein Weg mit vielen Grenzsteinen (siehe Schwarzenholzer Grenzsteinweg, Kapitel Grenzwege, S. 180) und wenigen Ausblicken. Dafür mit jeder Menge Wald, pittoreskes Highlight ist eine Waldallee. Nach der Zertifizierung der Waldzeit (das ist die Feuertaufe für jeden Premiumweg) saß der Chef des Deutschen Wanderinstituts, Klaus Erber, in meinem Garten. Schattig unter einem Walnussbaum. Er schwärmte von den Waldbildern des Weges, das hätte er in diesem Abwechslungsreichtum selten gesehen. Eichen, Robinien, Fichten, Kiefern, Birken. Und sogar Linden, da solle ich mal drauf achten. Huch, hoffentlich merke ich es, wenn ich vor einer Linde stehe. Und natürlich diese großartigen Hainsimsen-Buchenwälder, die wären doch der Knaller. Inzwischen sind drei Jahre vergangen, ich bin den Weg schon öfter mit dem Hund gegangen, die Linden suche ich immer noch. Aber das tolle Waldgefühl, das habe ich jedes Mal aufs Neue.

Für die Waldzeitallee sollte man sich ausreichend Zeit nehmen (oben links).

Ein genialer Pfad auf dem Schwarzwald Westweg. Dort gibt es sicher keine Begegnungen mit Holztransporten (oben rechts).

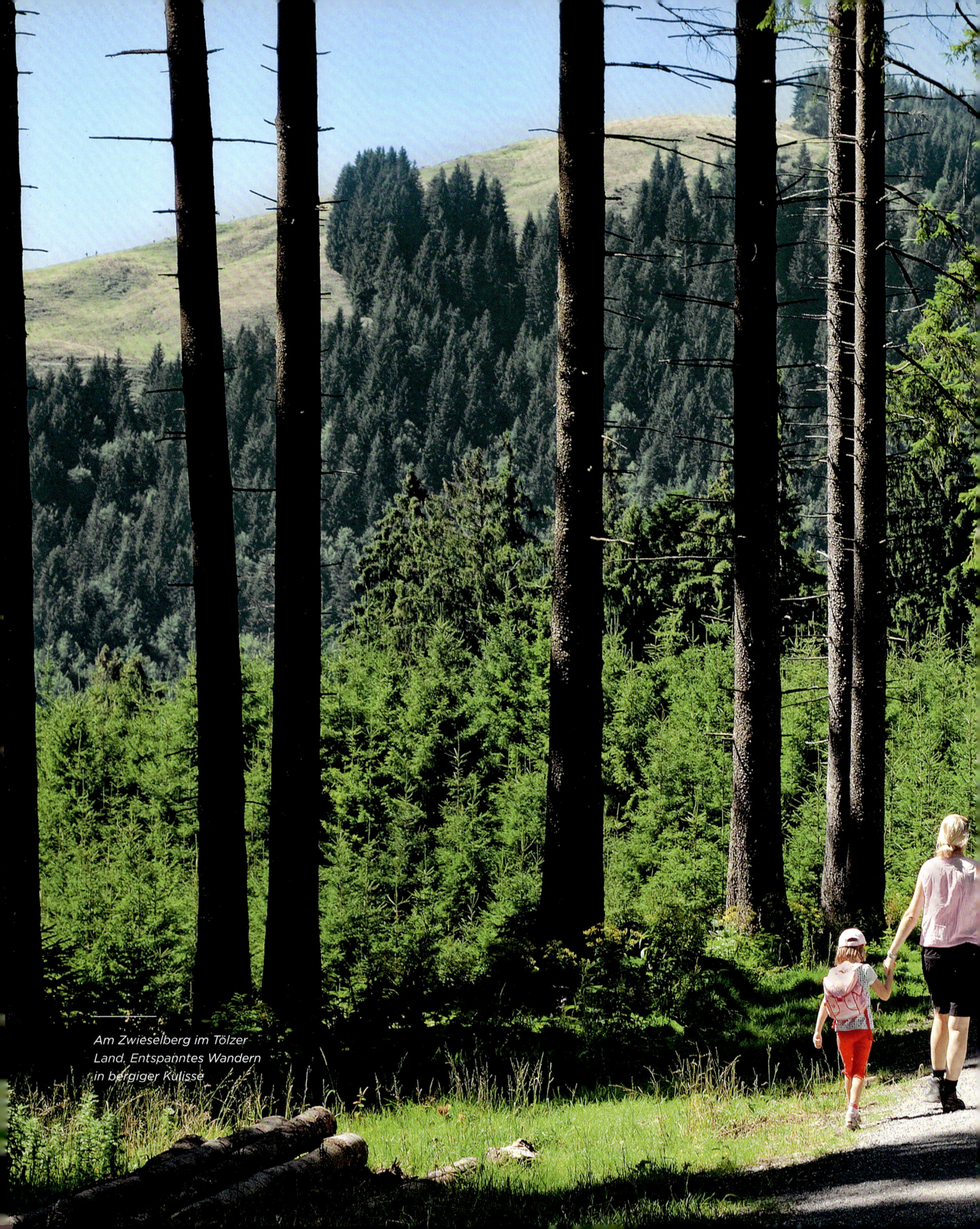

Am Zwieselberg im Tölzer Land. Entspanntes Wandern in bergiger Kulisse

FAMILIENWEGE

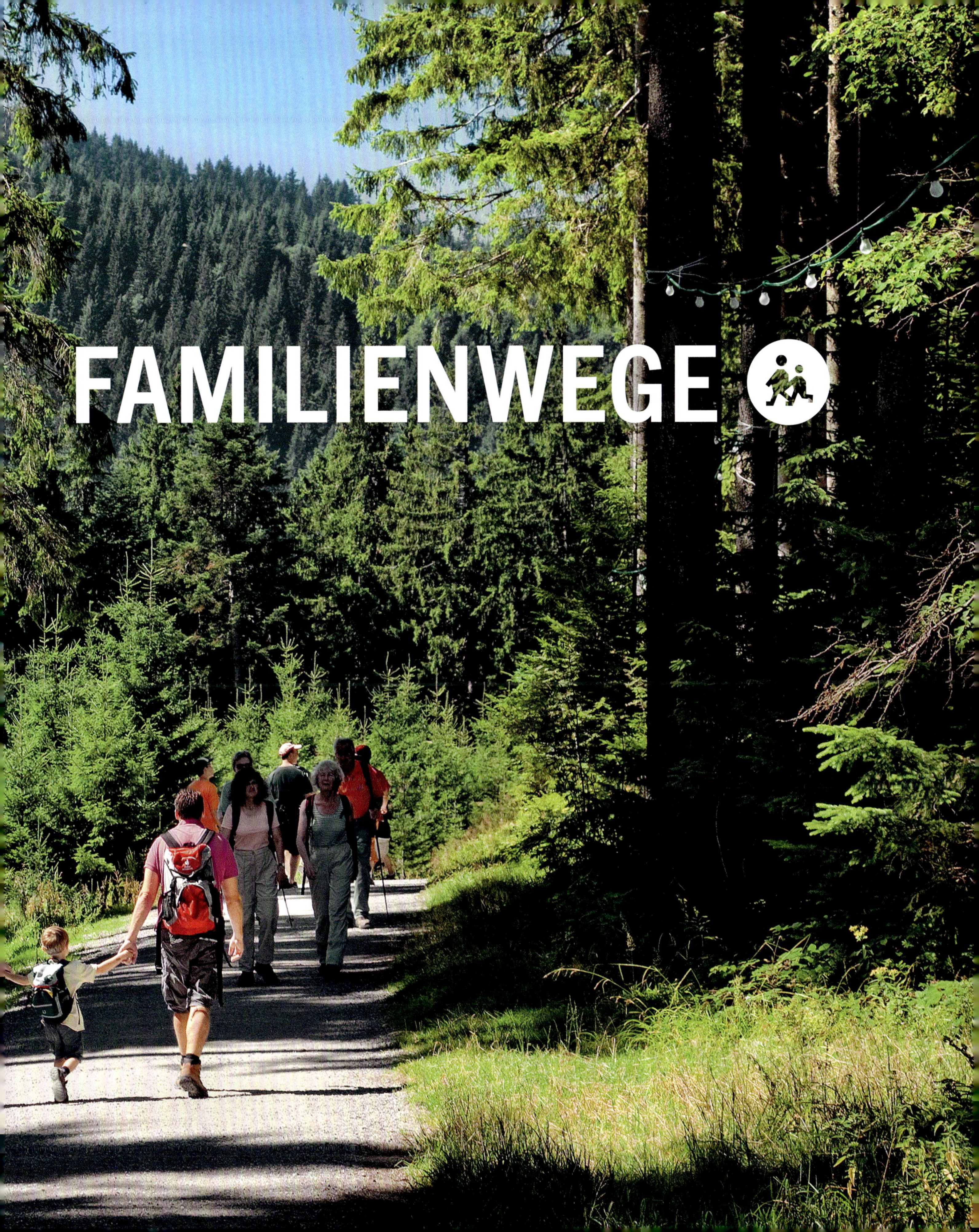

Zehn Familienwege

1 Felsenlabyrinth bei Langenhennersdorf (Sächsische Schweiz)
Start: Wanderparkplatz am Labyrinth.
Ca. 1,2 Kilometer, ca. 80 Höhenmeter

2 Traumschleifchen Überblick (Saarland)
Start: Mettlach-Orscholz.
3 Kilometer, 94 Höhenmeter

3 Traumpfädchen Eifelturmpfad Boos (Vulkaneifel)
Start: Boos. 4,1 Kilometer, 121 Höhenmeter

4 Moorerlebnispfad Huvenhoopsmoor (Landkreis Rotenburg/Wümme)
Start: Gnarrenburg. Sehr kurze Tour,
wenige Höhenmeter

5 Höhlenweg – mit der Maus (Bergisches Land)
Start: Ründeroth.
8,4 Kilometer, 379 Höhenmeter

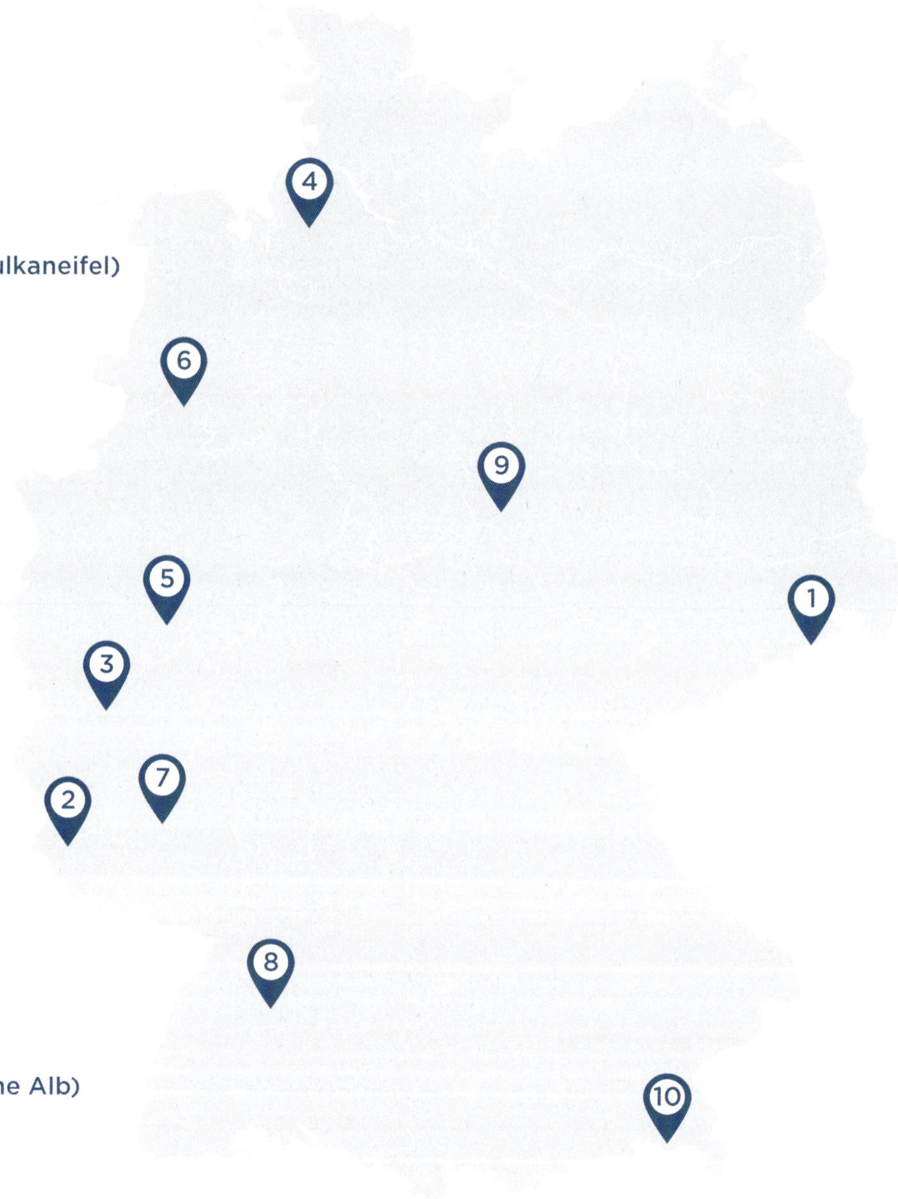

6 Teutoschleifchen Steinbecker Runde, GeoCaching (Tecklenburger Land)
Start: Steinbeck.
7,4 Kilometer, 81 Höhenmeter

7 Der Barfußpfad (Naheland)
Start: Bad Sobernheim.
3,5 Kilometer, wenige Höhenmeter

8 Traufgängerle Hexenküche (Schwäbische Alb)
Start: Albstadt-Ebingen.
4,1 Kilometer, 129 Höhenmeter

9 Hexenstieg Bodetal (Harz)
Start: Hexentanzplatz Thale.
3,7 Kilometer, 23 Höhenmeter

10 Winterpremiumweg Hemmersuppenalm (Chiemgau)
Start: Reit im Winkl. 6,5 Kilometer, 150 Höhenmeter

»Beim Gehen entwickeln sich die besten Gespräche. Ganz besonders trifft das auf Familienwanderungen zu.«

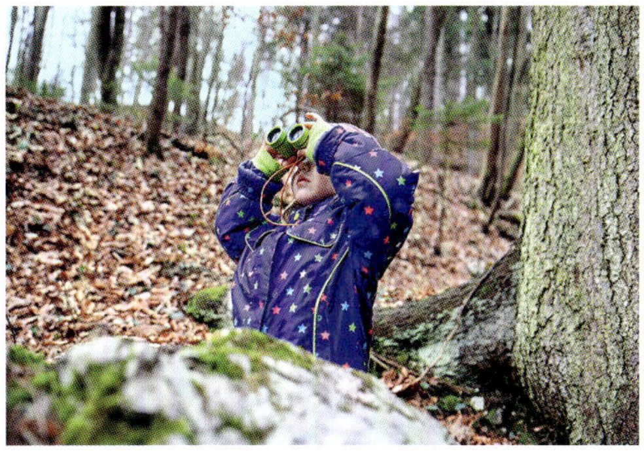

Fernglas nicht vergessen, es gibt viel zu entdecken!

Der zwischenmenschliche Aspekt des Wanderns macht glücklich. »Soziales Gehen kann die beste Form des Gehens sein. Die Gespräche fließen mühelos«, konstatiert Shane O'Mara in seinem Buch *Das Glück des Gehens*. Und Mark Twain hat bei seinen ersten Wandererfahrungen in Deutschland festgestellt: »Der wahre Reiz des Zufußgehens liegt nicht im Gehen oder in der Landschaft, sondern im Reden.« Das kann jeder bestätigen, der mit einer Gruppe oder dem Freundeskreis wandert. Beim Gehen entstehen die besten Unterhaltungen. Ganz besonders trifft das auf Familienwanderungen zu.

Ich habe es selbst oft erlebt, wie sich auf den Wegen ganz tolle Gespräche mit den Kindern entwickeln. Es geht nicht mehr nur um den Alltag, die kleinen Nöte und Freuden. Es haben die großen Gedanken Raum – wo komme ich her, wo gehe (!) ich hin, es dreht sich um Gott und die Welt. Bei Familienwanderungen kommen einige Glücksfaktoren zusammen: Die Natur genießen, aktiv sein, etwas erleben (Burgen, Felsen, spannende Pfade). Aber eben auch Spitzen-Gespräche führen, einfach mal Ruhe haben, bei sich bleiben. Den Erfolg, etwas geschafft zu haben, mit anderen zu teilen. Und das Selbstwertgefühl wird auch noch gestärkt. Allerdings gilt für das Wandern mit der Familie verstärkt: Der Weg ist das Ziel. Erwachsene können einige Kilometer schnurgerade Forstautobahnen ertragen, Kinder sterben vor Langeweile. Also schauen wir uns zehn schöne Wege an, die die ganze Familie begeistern.

»Können wir die Tour noch mal machen?«, fragte mich meine siebenjährige Tochter. Sie war glücklich, weil ihr die kurze Felsenrunde so einen Spaß gemacht hatte. Ich war glücklich, weil diese Frage nach einer Familienwanderung äußerst selten ist. Meine Frau fand es sehr schön, hatte aber nun keine Lust mehr. Also startete ich noch

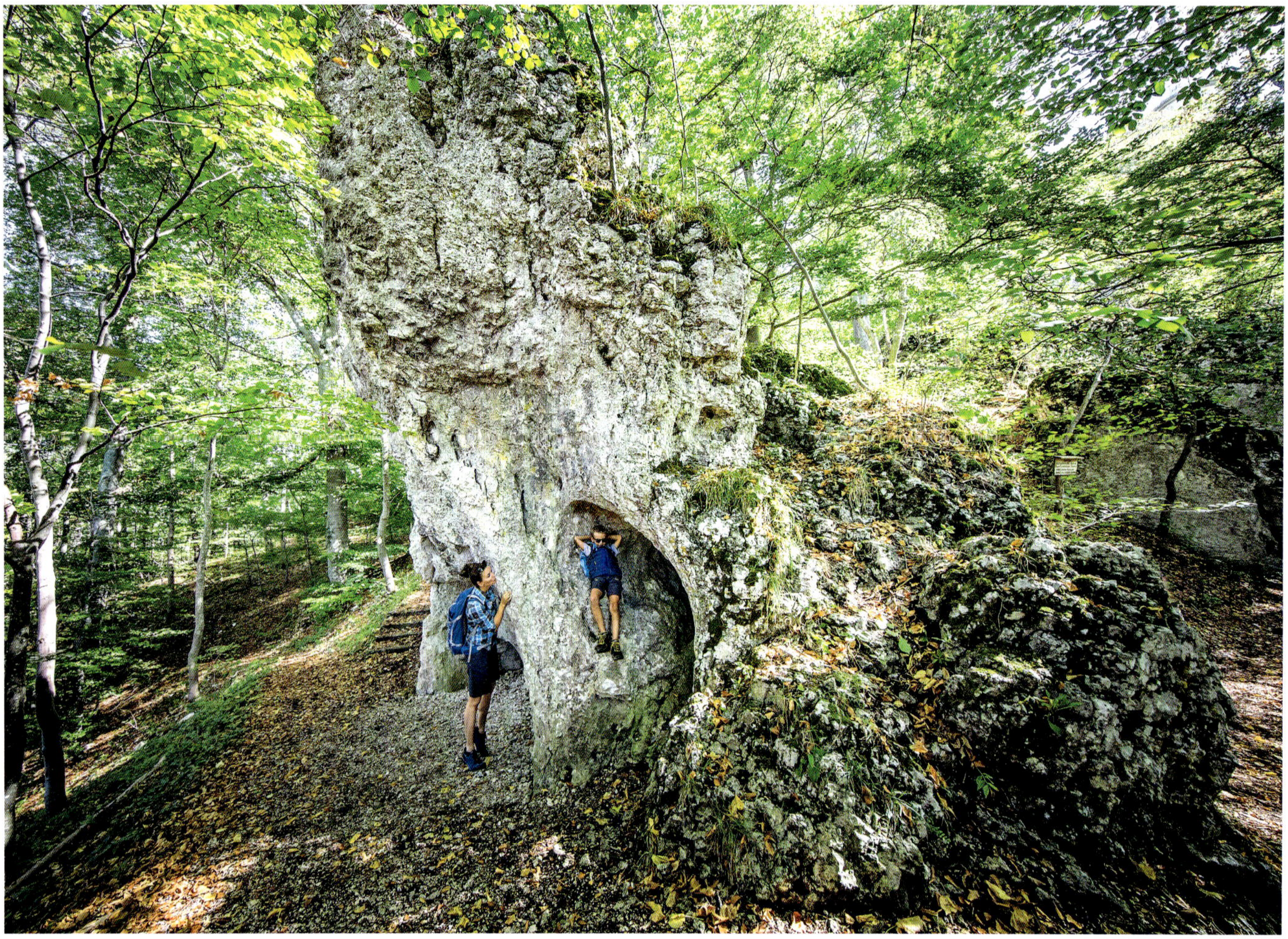

mal die abenteuerliche Reise durch das *Felsenlabyrinth* in der Sächsischen Schweiz. Wir stiegen Eisenleitern hinauf, durchquerten gebückt (also ich musste mich bücken, meine Tochter nicht) eine Höhle. Die Felsen sind zur Orientierung nummeriert, wir versuchten keine Zahl zu verpassen. Wir kletterten über Felsen, schlängelten uns durch Felsklüfte, staunten über die gewaltigen Steinbrocken. Zugegeben, das Felsenlabyrinth ist keine Familienaktion, bei der sehr viel geredet wird. Dafür ist das alles zu aufregend, da kann kein Freizeitpark mithalten.

Seit etlichen Jahren sind im Saarland und im Hunsrück die mittlerweile 114 Traumschleifen zwischen Obermosel und Mittelrhein eine Garantie für Wanderglück. Nun haben diese Premiumwege Nachwuchs bekommen – die Traumschleifchen. Einfache und kurze Wanderwege. Die Zielgruppe sind Wanderanfänger oder Senioren, die es ruhiger angehen lassen wollen. Und natürlich Familien mit kleinen Kindern. Aber welche Strecken können Kinder schaffen? Meine Faustregel lautet: Kilometerlänge gleich Lebensalter. Bei der vorgesehenen Streckenlänge bleibt

Spiele und Entdeckungen helfen immer beim Durchhalten, auch hier beim Traufgängerle Hexenküche.

es bei kleineren Kindern nicht. Sie rennen wie junge Hunde hin und zurück, abseits des Weges in den Wald. Das Traumschleifchen *Überblick* hat eine Länge von drei Kilometern, das ist also schon eine Option für Dreijährige. Die Abwechslung am Weg ist garantiert: Blick auf die Saarschleife (finden eher die Großen toll), Waldspielplatz (finden eher die Kleinen toll), Einkehrmöglichkeiten (finden alle toll). Und wenn noch Zeit ist, kann man einen (allerdings eintrittspflichtigen) Gang auf dem Baumwipfelpfad machen, mit gigantischem Rundturm oberhalb der Saarschleife. Da hat man den totalen Überblick.

Als wir das erste Mal mit meiner damals fünfjährigen Tochter das Traumschleifchen gingen, sagte sie danach: »Ich will nur noch mit Täfelchen wandern!« Der Premiumweg Überblick ist noch dichter als andere Wege markiert. Also war unsere Tochter der Scout, der Pfad-Finder. Wie beim Ostereiersuchen oder bei einer Schnitzeljagd war es ihr Job, die »Täfelchen« zu suchen und zu finden. Hat gut geklappt, wir haben uns trotz sehr junger Wanderführerin nicht verlaufen.

Auch in anderen Regionen Deutschlands haben die Premiumwege-Cluster kleine Ableger. In der Osteifel und an Rhein und Mosel gibt es nun neben den Traumpfaden auch die Traumpfädchen. Mit meiner Tochter und ihrer Freundin sind wir den kurzen *Eifelturmpfad Boos* gegangen. Für die Kinder war das Schönste am Weg nicht der namensgebende Eifelturm, von dem aus man nicht Paris, sondern überraschenderweise die Eifel sieht. Highlight war auch nicht

Der totale Überblick an der Saarschleife. Auf der Brüstung saßen dereinst Gerhard Schröder und Oskar Lafontaine mit ihren (Ex-)Frauen und kein Blatt Papier passte dazwischen.

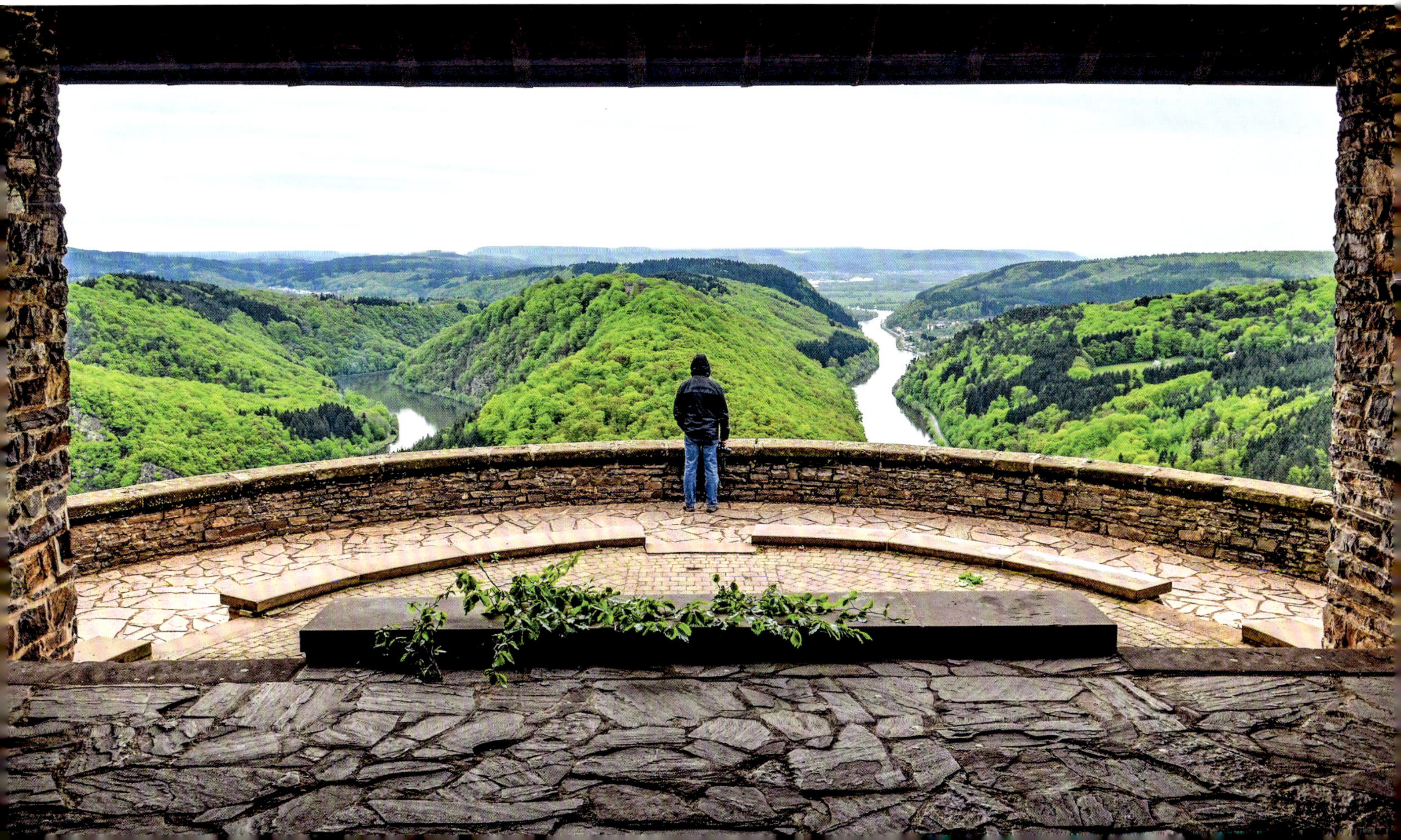

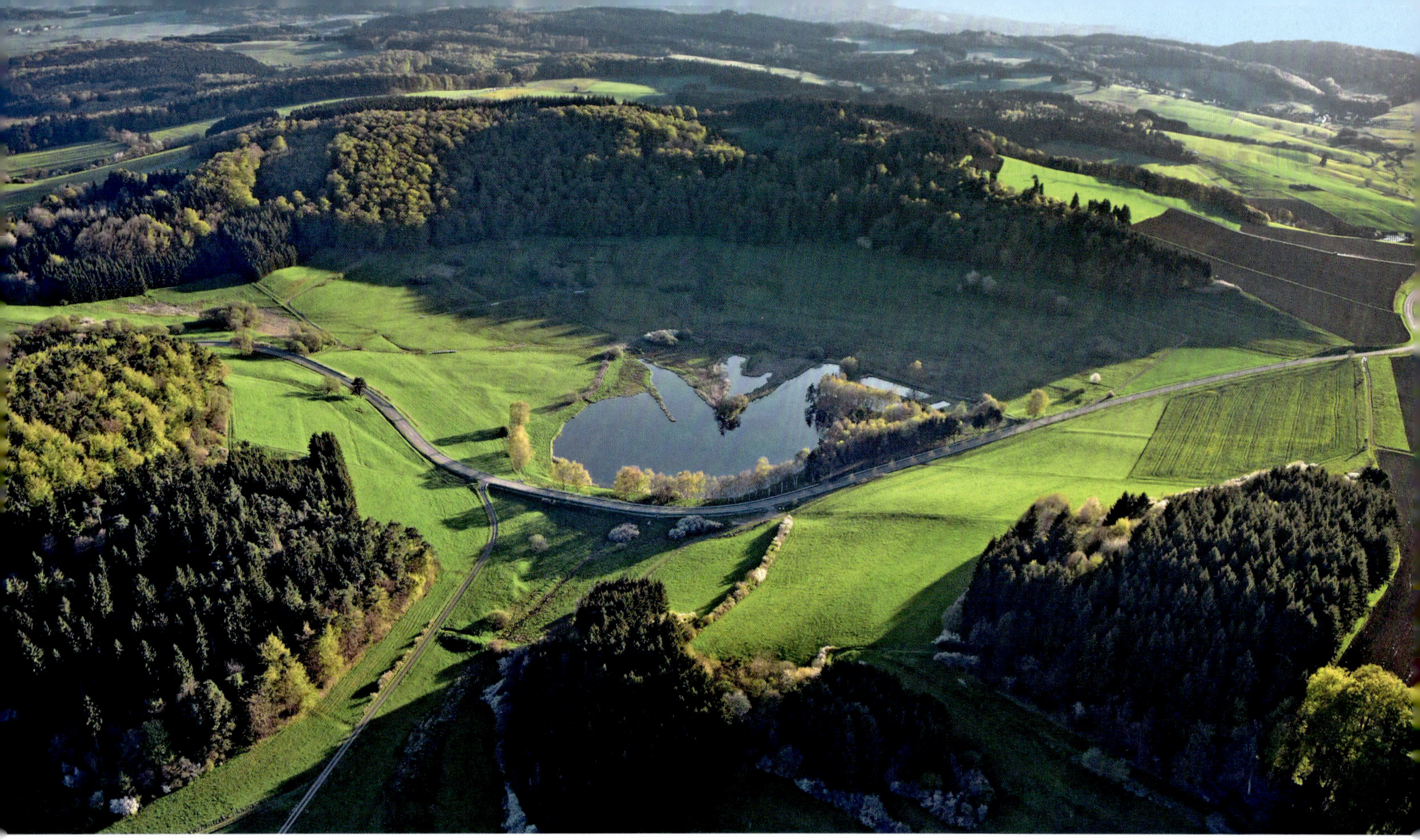

der Blick auf zwei Maare, obwohl sich die beiden erstaunlicherweise ziemlich lange mit der Lektüre der geologischen Infotafeln beschäftigt haben. Das Tollste auf der Tour waren auch nicht die Tiere am Wegrand, die Hühner und Shetlandponys (süüüß!). Am schönsten waren für die beiden ihre (streng vertraulichen) Gespräche während des Wanderns, das gemeinsame Singen, Kichern und Quatsch machen. Zum Beispiel beim Spiel »Ein Hut, ein Stock...« Es ist ganz einfach: Nehmen Sie die Freunde der Kinder mit, und schon kommt das Wanderglück automatisch.

Natürlich kann man auch im Flachland erlebnisreich wandern, zum Beispiel auf dem *Moorerlebnispfad Huvenhoopsmoor* in der Nähe von Bremen. Über Holzbohlenwege zu gehen ist sehr spannend, und auf den Infotafeln erklärt ein Kobold das Feuchtgebiet, die Moortiere, die Kultur des Torfstechens. Das Foto einer gut erhaltenen Moorleiche fand meine Tochter allerdings etwas verstörend. Es gibt sogar die Möglichkeit, auf dem Moorweg die Schuhe auszuziehen und die schlammig-schwarze Konsistenz des Moores mit allen Sinnen zu spüren. Keiner aus der Familie hatte Lust, also habe ich allein den »Torfpedderpfad« in Angriff genommen. Mit jedem Schritt versank ich tiefer im Morast, nur krabbelnd wie eine Amphibie befreite ich mich am Ende des »Weges«. Der Warnhinweis am Ausstieg des Pfades kam zu spät: »Achtung! Einsinktiefe kann bis zu 80 cm betragen!«

Manchmal muss man ein wenig tricksen, um Kinder für eine kurze Wandertour zu

Blick auf das Booser Doppelmaar. Das eine Maar ist feucht, das andere trocken.

gewinnen. Und das kann gelingen, wenn sie unterwegs immer wieder jemanden sehen, den sie gut kennen und sehr mögen. So wie die Maus aus der *Sendung mit der Maus*, die so schön mit den Augen klackern kann. Auf einigen Streifzügen im Bergischen Land östlich von Köln erklärt die Maus kleinen Wanderfreunden oder solchen, die es werden wollen, die Welt. Lach- und Sachgeschichten in der Natur. Auf großformatigen, bunten, sehr liebevoll gestalteten Infotafeln am Wegrand erläutert die Maus Wissenswertes. Auf dem *Obstweg* mit vielen Obstbaumwiesen ist es die Herkunft der leckeren Früchte, auf dem *Höhlenweg* das spannende Innenleben der Berge, auf dem *Energieweg* die Funktionsweise von Wasserenergie. Auch auf dem *Baumweg,* dem *Bauernhofweg* und dem *Wasserweg* packt die Maus ihren Rucksack und geht mit den Kindern auf Wanderschaft. Es soll sogar schon Eltern gegeben haben, die nach einer solchen Wanderung schlauer als vorher waren.

Geocaching ist auch eine gute Idee, Kinder und Jugendliche weg von Handy und Spielkonsole in die Natur zu locken. Die Geocacher – was so viel bedeutet wie »In-der-Natur-Verstecker« – platzieren (meistens in Frühstücksboxen oder Röhrchen) ihre Schätze im Wald. Im Internet findet man dann verrätselte Ortsangaben und GPS-Koordinaten, die man mit dem Handy oder GPS-Gerät suchen kann. Es ist fast schon unheimlich, wie viele Caches es in Deutschland gibt. Allein auf der Seite www.geocaching.com sind ungefähr 400 000 Caches registriert. Probieren Sie es mal für Ihren Wohnort aus (funktioniert auch in Großstädten!) und Sie werden sehen, wie viele in einem Umkreis von zwei Kilometern versteckt sind.

Die Premiumspazierwege im Tecklenburger Land heißen Teutoschleifchen. Auf diesen kurzen Wegen kann man – das ist eine echte Innovation – analoges Geocaching testen. In den Touristeninfos gibt es Faltblätter mit einer Karte des Weges – und los geht's. Beim ersten

Das Huvenhoopsmoor – mehr Moorerlebnis geht nicht (unten links)!

Das, das ist ne' Höhle. Und die liegt im Bergischen Land am Mausweg, benannt nach der Fernsehserie. Augenklimper, Augenklimper (unten rechts).

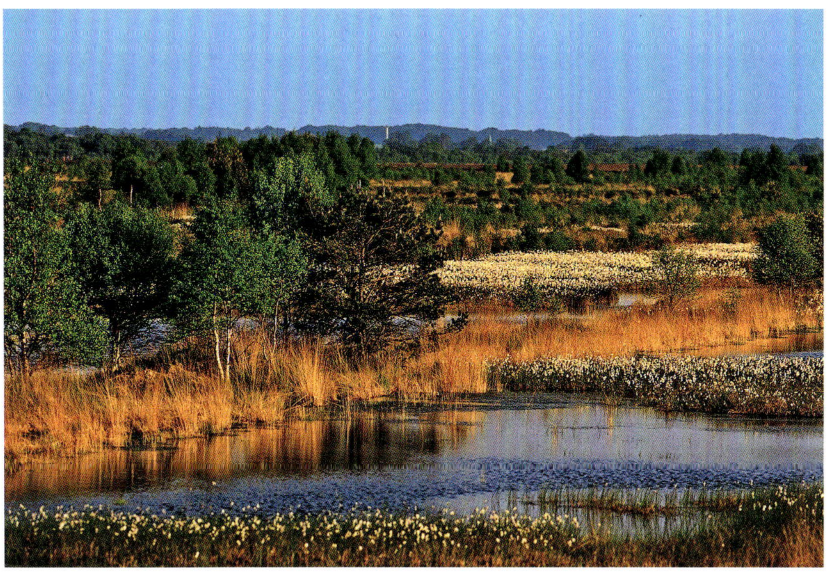

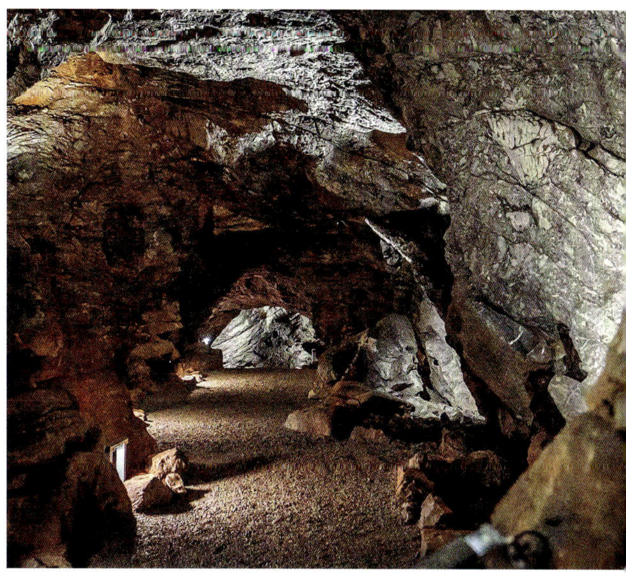

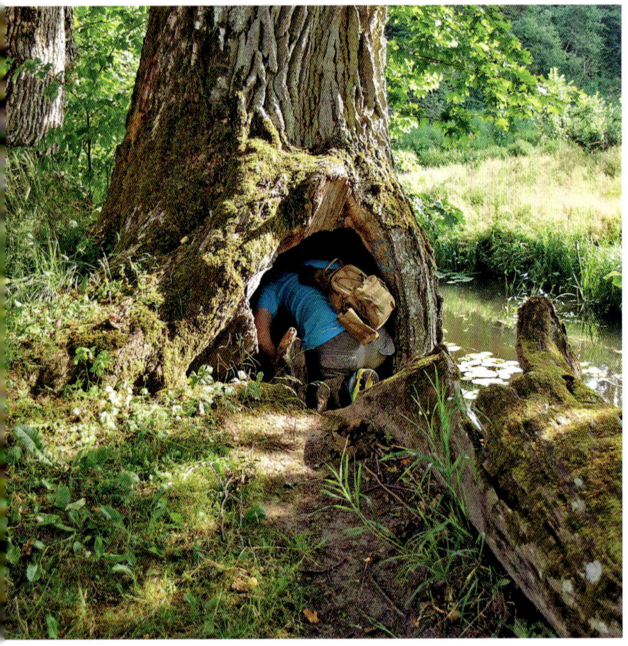

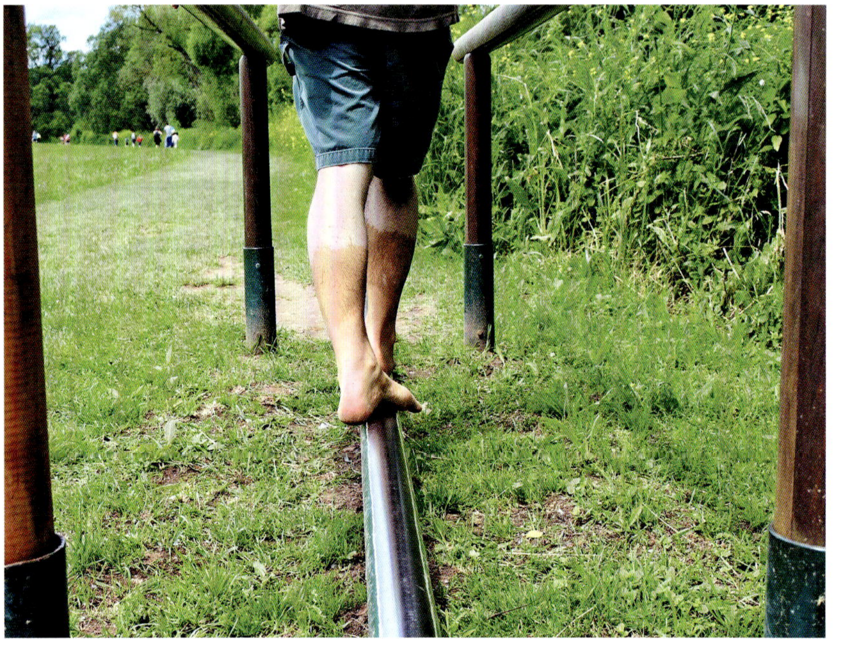

Cache der *Steinbecker Runde* heißt es: »Du kannst die Schiffe fahren hören, den Himmel über dir aber nicht sehen.« Was gemeint ist, merkt man sofort, wenn man am Mittellandkanal eine Brücke unterquert. Klar, den Himmel kann man nicht sehen, aber die Schiffe schon. Und hinter einem verrosteten Metallschild finden wir ein Plastikröhrchen, in dem ein Zettel mit einem Lösungsbuchstaben steckt. Der wird auf den Faltplan notiert. Ein anderer Hinweis ist: »Links vom Weg wird's unterirdisch kalt. Stehst du vor dem Bronzeschild, nimm ›Rücksicht‹!« So, so, der Stolleneingang, hinter dem es »unterirdisch kalt« wird, ist schnell gefunden. »Rücksicht« kann nur heißen, dass man sich umdrehen soll. Es dauert aber, bis wir hinter den Backsteinen versteckt den Cache entdecken. Wenn alle Buchstaben gefunden sind, können sich die Kinder in der Touristeninfo etwas aus einer Schatzkiste aussuchen. Die Zeit bei einer solchen Geocaching-Runde verfliegt wie im Flug, weil die Vorfreude der Kinder auf das nächste Rätselversteck riesig ist. Und die Glücksgefühle, wenn man Erfolg hatte, sind gigantisch.

Barfußpfade sind für Jung und Alt eine schöne Sache. Mit den nackten Sohlen den Weguntergrund zu spüren – Kiesel, Mulch, Sand, Matsch –, ist eine sehr sinnliche Erfahrung. Der *Barfußpfad in Bad Sobernheim* ist der älteste, längste und beste seiner Art in Deutschland. Auf mehr als drei Kilometern Länge gleicht dieser Rundweg eher einem Abenteuerspielplatz. Wir versinken wadentief im Schlamm, balancieren über wacklige Rundhölzer, gehen über Gras, Sand, Kieselsteine, durchqueren die Nahe kniehoch – meine jüngste Tochter war noch so klein, dass ich sie wie Christophorus das Jesuskind bei der Durchquerung der Furt auf die Schultern nehmen musste. Ein Riesenspaß,

Einige Verstecke beim Geocaching sind tricky. Wenn man seine Kinder dabei hat, kann man die vorschicken, dann muss man sich nicht selbst bücken (oben links).

Der Barfußpfad von Bad Sobernheim hat viele Eskalationsstufen – gleich wird der Matsch an den Waden mit Wasser der Nahe gereinigt (oben rechts).

Pures Wanderglück auf dem Traufgängerle Hexenküche (Seite gegenüber).

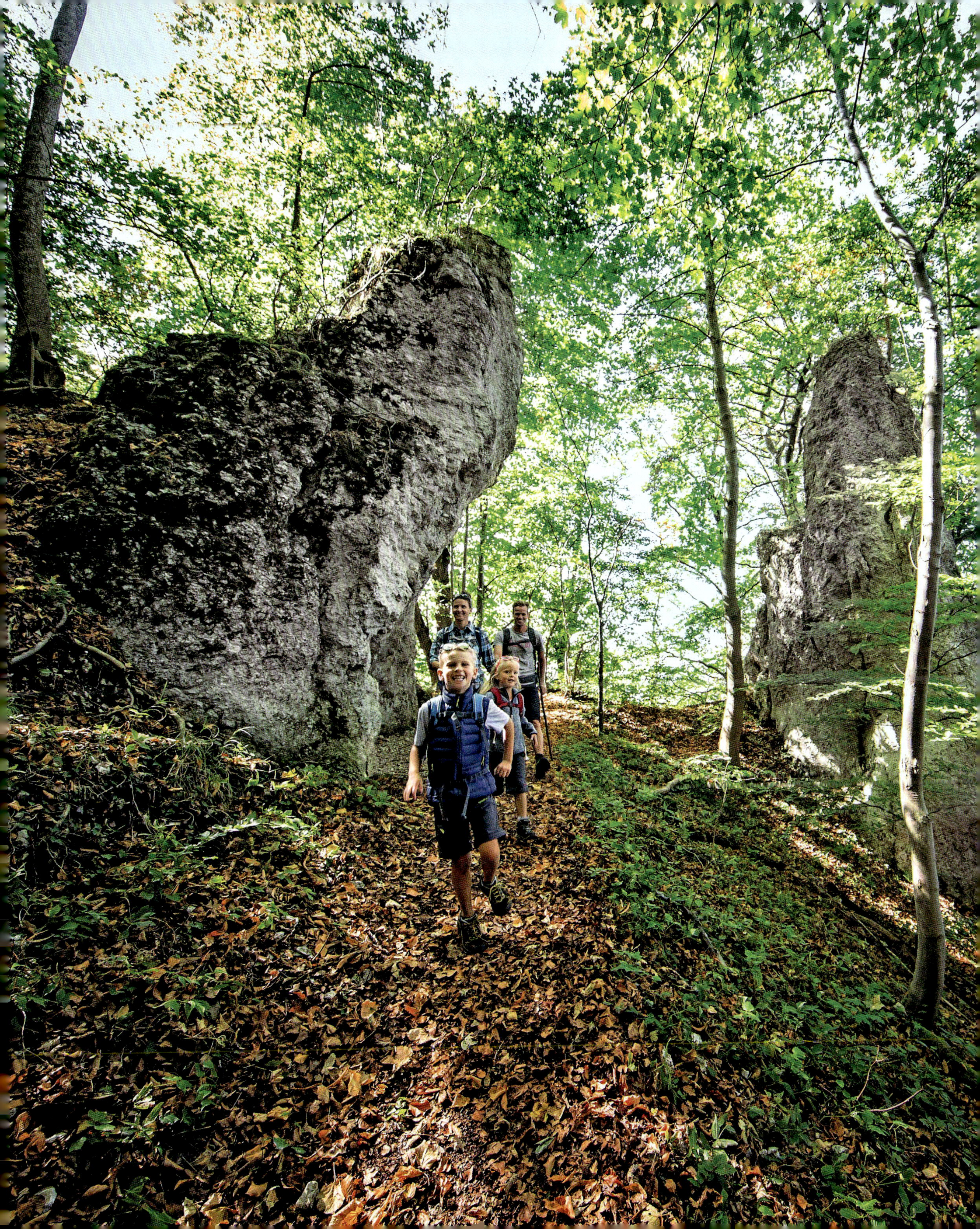

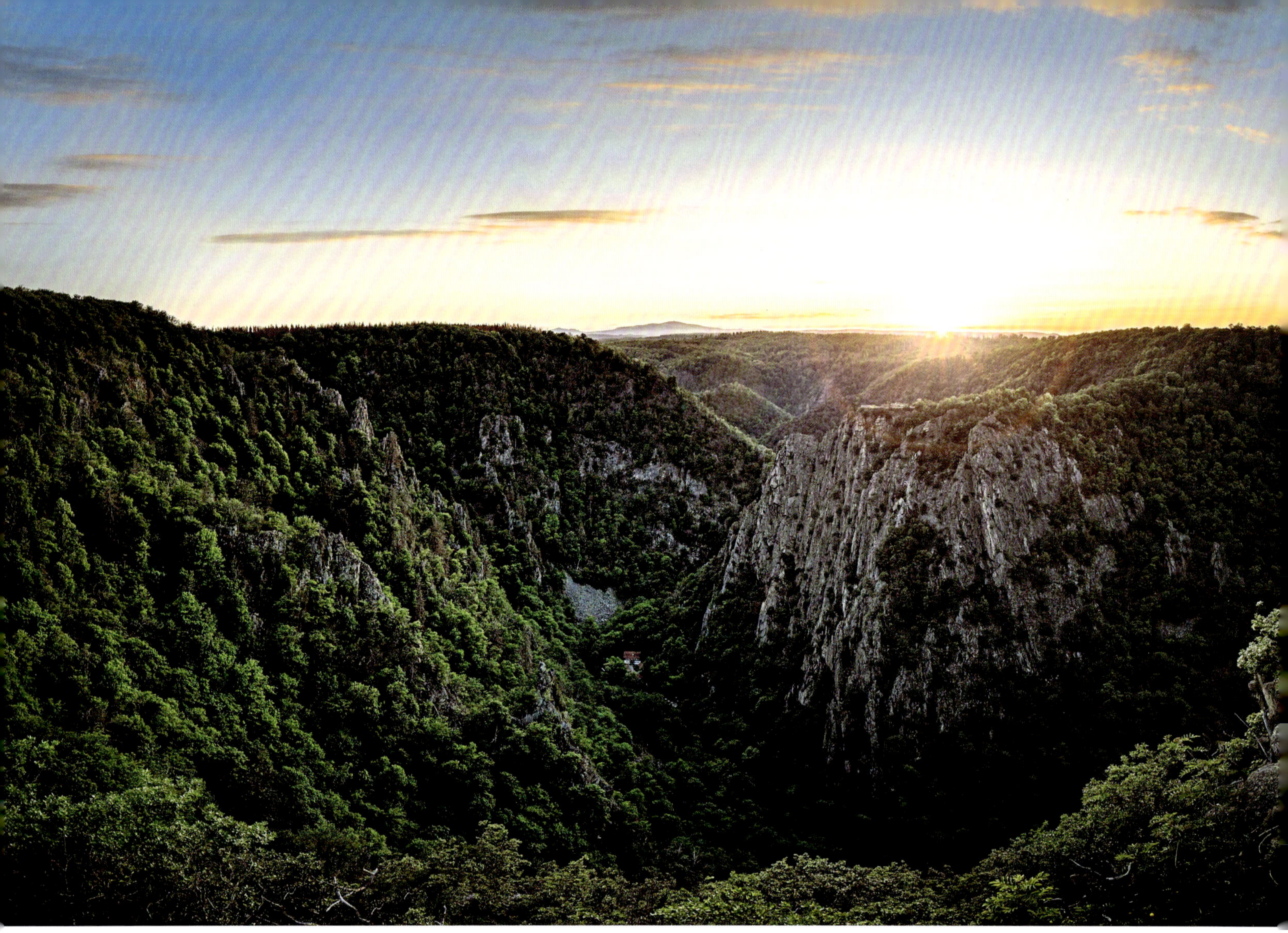

Freude pur für alle Kinder. Als meine Tochter am Ziel angekommen war, sagte sie genauso wie beim Felsenlabyrinth in Sachsen: »Können wir die Tour noch mal machen?«

Was bei Kindern immer zieht, ist ein märchenhaftes Ambiente. Es war also schwäbisch-clever, dass man in Albstadt einem kurzen Familienweg den Namen *Hexenküche* gegeben hat. Die Hexenküche-Tour ist nach einer bizarren Felsformation dieses steinreichen Weges benannt. Nicht nur die Natur-Highlights, auch der Abenteuerspielplatz am Ziel der Wandertour ist nach dem Geschmack der Kinder. Und natürlich das Wildschweingehege, Tiere am Wegrand machen Kinder immer glücklich. Meine Töchter wollten früher immer den selben Weg in der Eifel wandern, weil man dort Esel streicheln durfte. Alle Wege im Tierwege-Kapitel dieses Buchs (siehe S. 38) sind daher selbstverständlich auch Kinder- und Familienwege. Das Schönste aber am Spazierwanderweg Hexenküche ist ein kleines Detail: Plötzlich hängt an einem Baumstamm ein Hexenbesen, beinahe hätten wir ihn übersehen. Sehr, sehr geheimnisvoll, wie ist der da wohl hingekommen? Sollte es am Ende wirklich Hexen geben?

Wo findet die After-Show-Party der kleinen und großen Hexen nach der Walpurgisnacht statt? Auf dem Hexentanzplatz in der Nähe von Thale.

Die Existenz von Hexen ist im Harz, der Heimat des alljährlichen Hexentreffens am Blocksberg (Brocken) unstrittig. Mit Kindern empfehle ich, ein Teilstück der letzten Etappe zu wandern. Wir starten passenderweise am Hexentanzplatz, dann geht es über schmale Pfade in Serpentinen hinunter ins Tal der Bode. Kurze Verschnaufpause und Einkehr im Gasthaus Königsruhe. Nachdem wir königlich geruht haben, wandern wir weiter auf dem Fernwanderweg *Hexenstieg* am Wasser entlang und bestaunen die Goethe-Felsen. Der Dichterfürst war eben auch Wanderkönig und ist allgegenwärtig. Kein Hexenbezug, kein Wanderspaß, keine familiären Gespräche auf dem Wanderweg können aber so toll sein wie der Funpark am Ortsrand von Thale. Eine Mini-Kirmes am Wanderweg, da leuchten Kinderaugen.

Eine Frage, die sich vielleicht Eltern mit sehr kleinen Kindern an diesem Punkt stellen: Sind denn all diese wunderbaren Familienwege kinderwagentauglich? Die Antwort: Nur sehr bedingt, da muss man schon ein echtes Outdoor-Gefährt haben. Denn alles, was Kinder auf einer Wanderung begeistert – wurzelige Pfade oder felsige Kletterpassagen – ist eben nicht kinderwagentauglich. Und umgekehrt finden größere Kinder breitere Wege stinklangweilig, die aber für den Kinderwagen geeignet sind. Ich empfehle für kleine Kinder, große Kinder und sehr große Kinder (Erwachsene also) die Winterpremiumwege in Reit im Winkl. Das ist die schneereichste Region Deutschlands. Und wenn ordentlich viel Schnee liegt, werden nicht nur die Loipen für die Langläufer gespurt, sondern auch die breiteren Wege für die Wanderer gewalzt. Man kämpft sich also nicht mühsam durch Tiefschnee, sondern läuft entspannt und glücklich, als würde man über die weißen Flächen und durch heimelige Waldpassagen schweben. Auf dem *Winterpremiumweg Hemmersuppenalm* sind zudem die Ausblicke auf Chiemsee und Watzmann sensationell. Wandern mit Kindern macht zu jeder Jahreszeit Freude.

Im Bodetal wurde der Märchenfilm »Das singende, klingende Bäumchen« gedreht (unten links).

Der erste Premiumwinterweg der Welt – in Reit im Winkl (unten rechts)

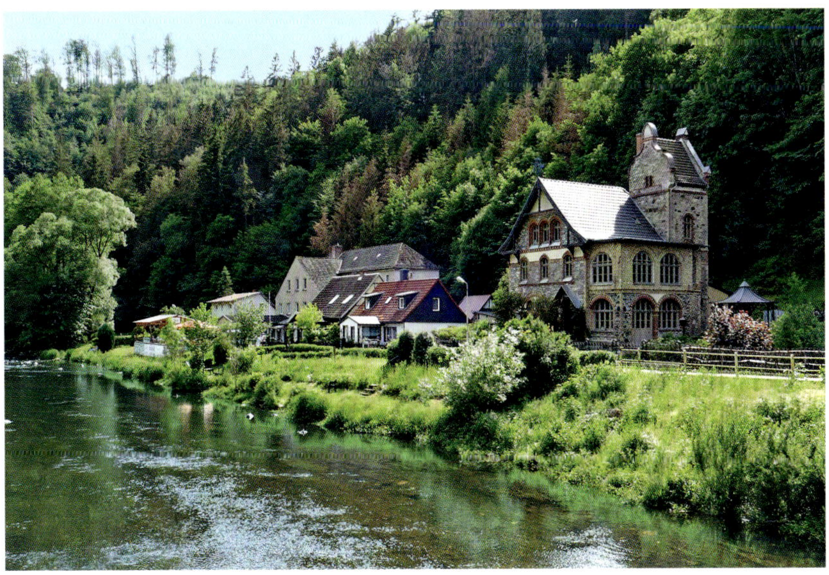

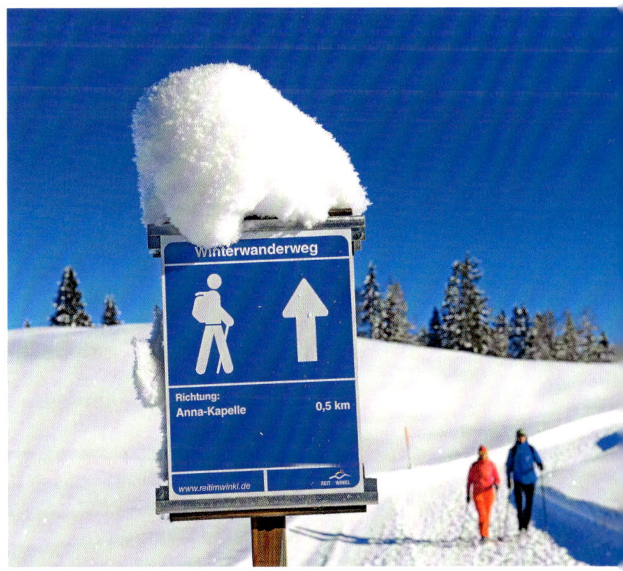

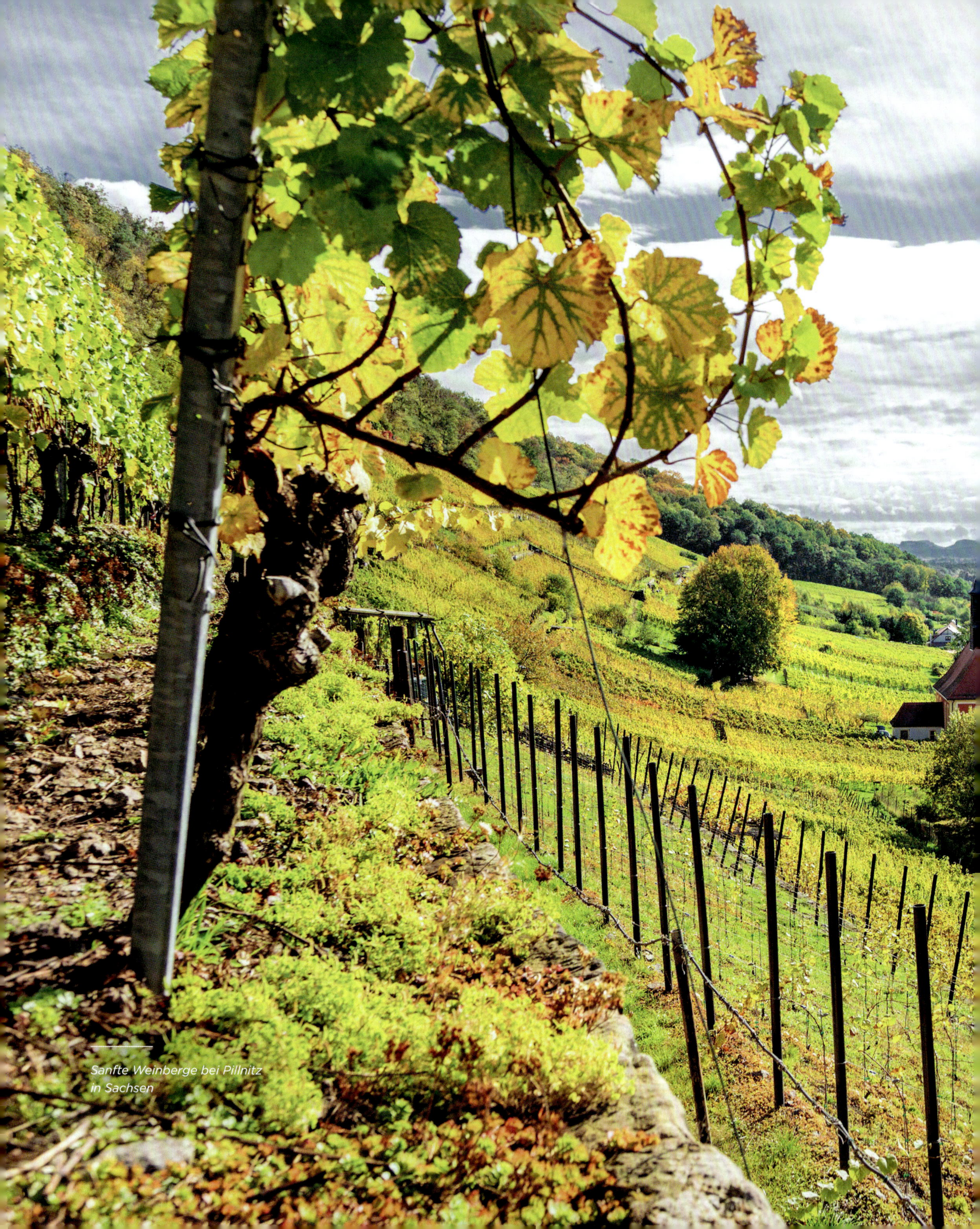

Sanfte Weinberge bei Pillnitz in Sachsen

WEINWEGE

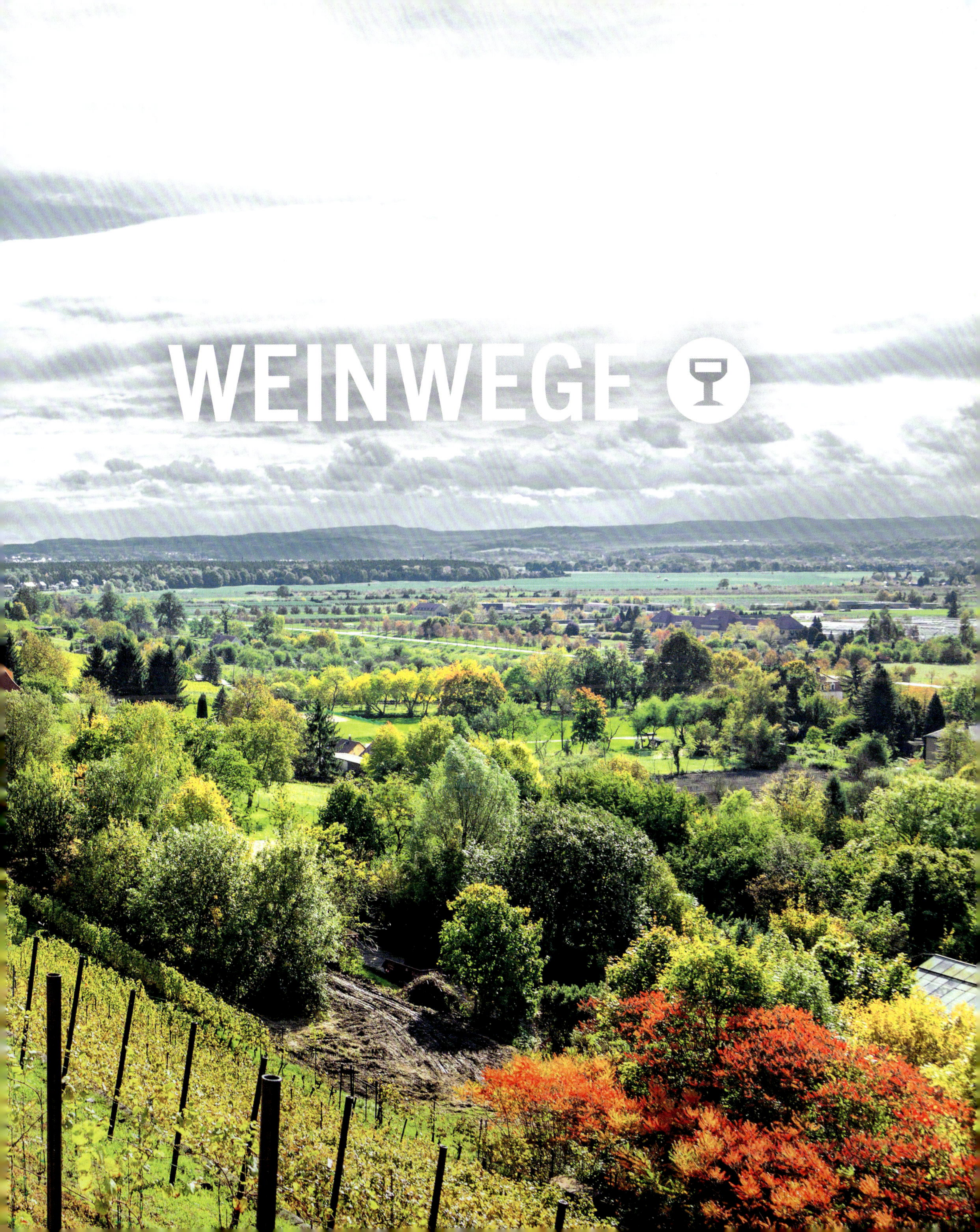

Zehn Weinwege

1 Rotweinwanderweg (Ahr)
Start: Altenahr.
36 Kilometer, 800 Höhenmeter (in drei Etappen)

2 Hatzenporter Laysteig (Mosel)
Start: Bahnhof Hatzenport.
11,9 Kilometer, 539 Höhenmeter

3 Rheinsteig, Etappe von Rüdesheim zum Kloster Eberbach (Rheingau)
Start: Rüdesheim. 24,5 Kilometer, 551 Höhenmeter

4 Hiwweltour Westerberg (Rheinhessen)
Start: Großwinternheim.
11,8 Kilometer, 148 Höhenmeter

5 Stein, Wein und Farbe (Nahe)
Start: Wallhausen.
11,6 Kilometer, 291 Höhenmeter

6 Pfälzer Weinsteig, Etappe von Neustadt nach Deidesheim (Pfalz)
Start: Bahnhof Neustadt an der Weinstraße.
19,8 Kilometer, 560 Höhenmeter

7 Durbacher Weinpanorama (Baden)
Start: Durbach.
15,2 Kilometer, 401 Höhenmeter

8 Traumrunde Castell (Franken)
Start: Castell.
12,2 Kilometer, 208 Höhenmeter

9 Weinbergsweg (Saale-Unstrut)
Start: Bad Kösen. 10,2 Kilometer, 133 Höhenmeter

10 Sächsischer Weinwanderweg, Etappe von Radebeul nach Meißen
Start: Bahnhof Radebeul-Zitzschewig.
27,9 Kilometer, 299 Höhenmeter

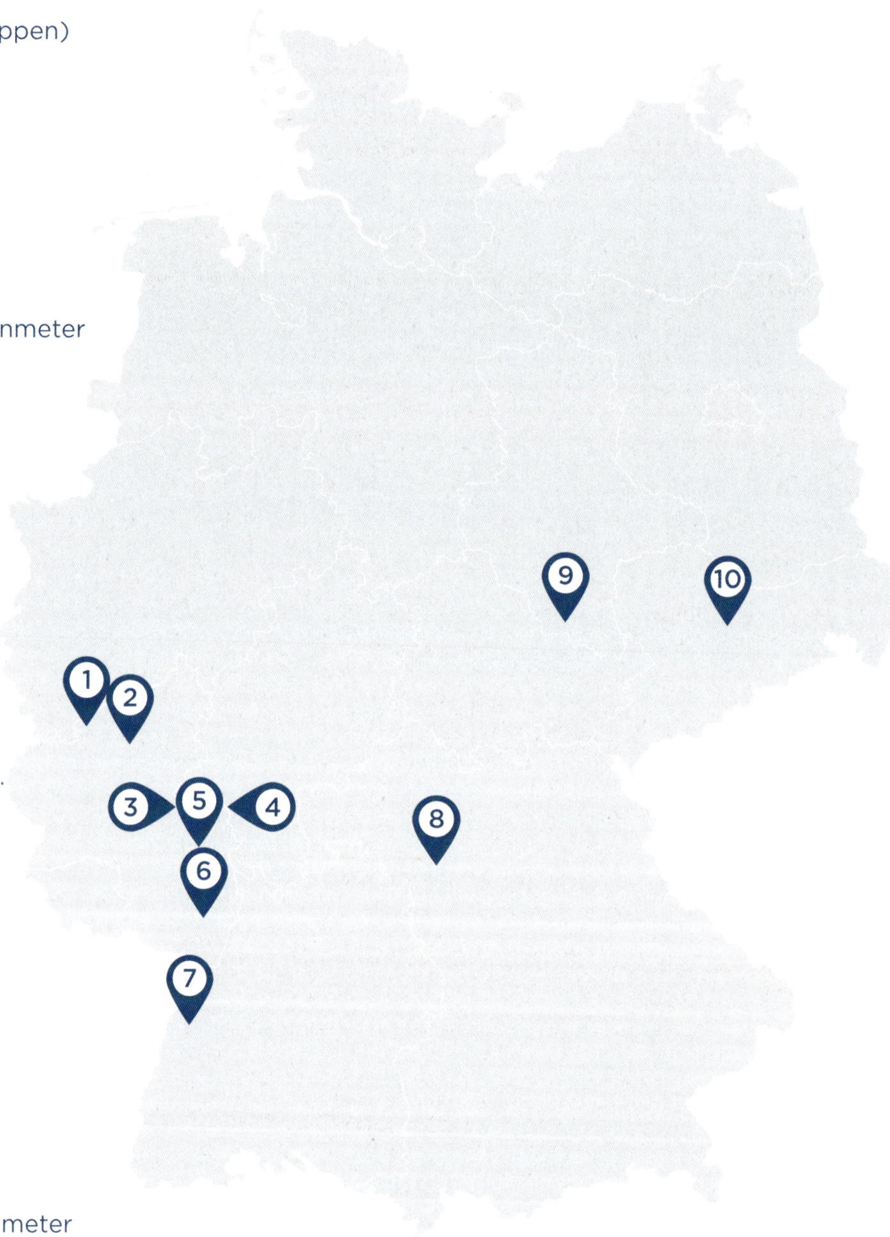

»Am liebsten weinwandere ich im Frühling, wenn schon die winzigen Trauben sichtbar werden. Oder im Spätherbst, wenn der Nebel durch die Berge zieht und die Weinblätter sich bunt färben.«

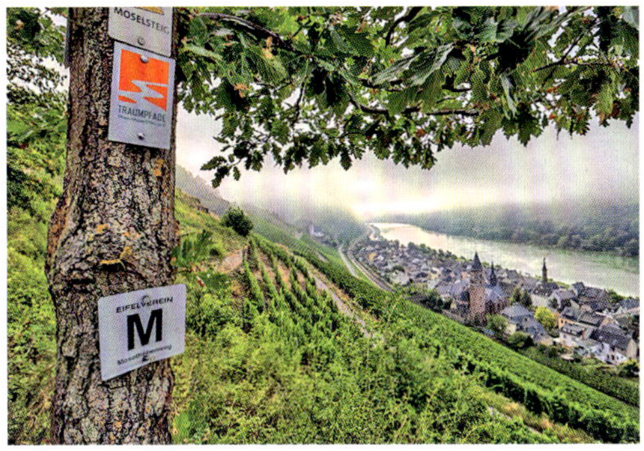

Blick auf die Mosel am Hatzenporter Laysteig

Im Internet fand ich diesen schönen Aphorismus: »Wein macht glücklich, Wein ist Balsam für die Seele – schade, dass man Wein nicht streicheln kann.« Wir können es ja mal versuchen, den Wein mit unseren Füßen zu erwandern und zu streicheln. Denn Weinwanderungen verbinden den sinnlichen Genuss, in Natur- und Kulturlandschaften zu wandern, mit dem sinnlichen Genuss, Wein zu verkosten. Im besten Falle rasten wir inmitten der Reben und trinken exakt den Wein, der an den Hängen und Weingärten reift. Man kann in diesen Regionen in Weinstuben, Strauß- bzw. Besenwirtschaften oder Vinotheken den köstlichen Rebensaft verkosten. Ich kaufe am liebsten beim Winzer oder der Winzergenossenschaft vor der Wandertour eine Flasche Wein to go. Meine Outdoor-Weingläser sind immer dabei, und dann mache ich – alleine oder mit meinen Freunden – eine Weinprobe direkt neben den Trauben. Am liebsten weinwandere ich im Frühling, wenn schon die ersten Blätter sprießen und die winzigen Trauben sichtbar werden. Oder im Spätherbst, wenn der Nebel durch die Berge zieht und die Weinblätter sich bunt färben. Im Winter dagegen ist es in Weingegenden etwas trostlos, im Sommer zu heiß und im Frühherbst zu voll.

Ich nehme Sie nun mit auf eine Weinreise durch die meisten deutschen Anbaugebiete. Wir starten südlich von Bonn an der Ahr und wandern entweder auf dem legendären *Rotweinwanderweg* oder dem *Ahrsteig* durch das Ahrtal. Beide Wege sind nach der schrecklichen Flutkatastrophe größtenteils wieder wanderbar. Der Ahrsteig verlangt dem Wanderer einiges ab, immer wieder geht es vom Flussniveau hinauf auf die Eifelhöhen. Der Rotweinwanderweg dagegen ist eher etwas für Spazierwanderer. Gemütlich, viele Einkehrmöglichkeiten, leider auch ziemlich lange Asphaltabschnitte und an schönen Tagen am Wo-

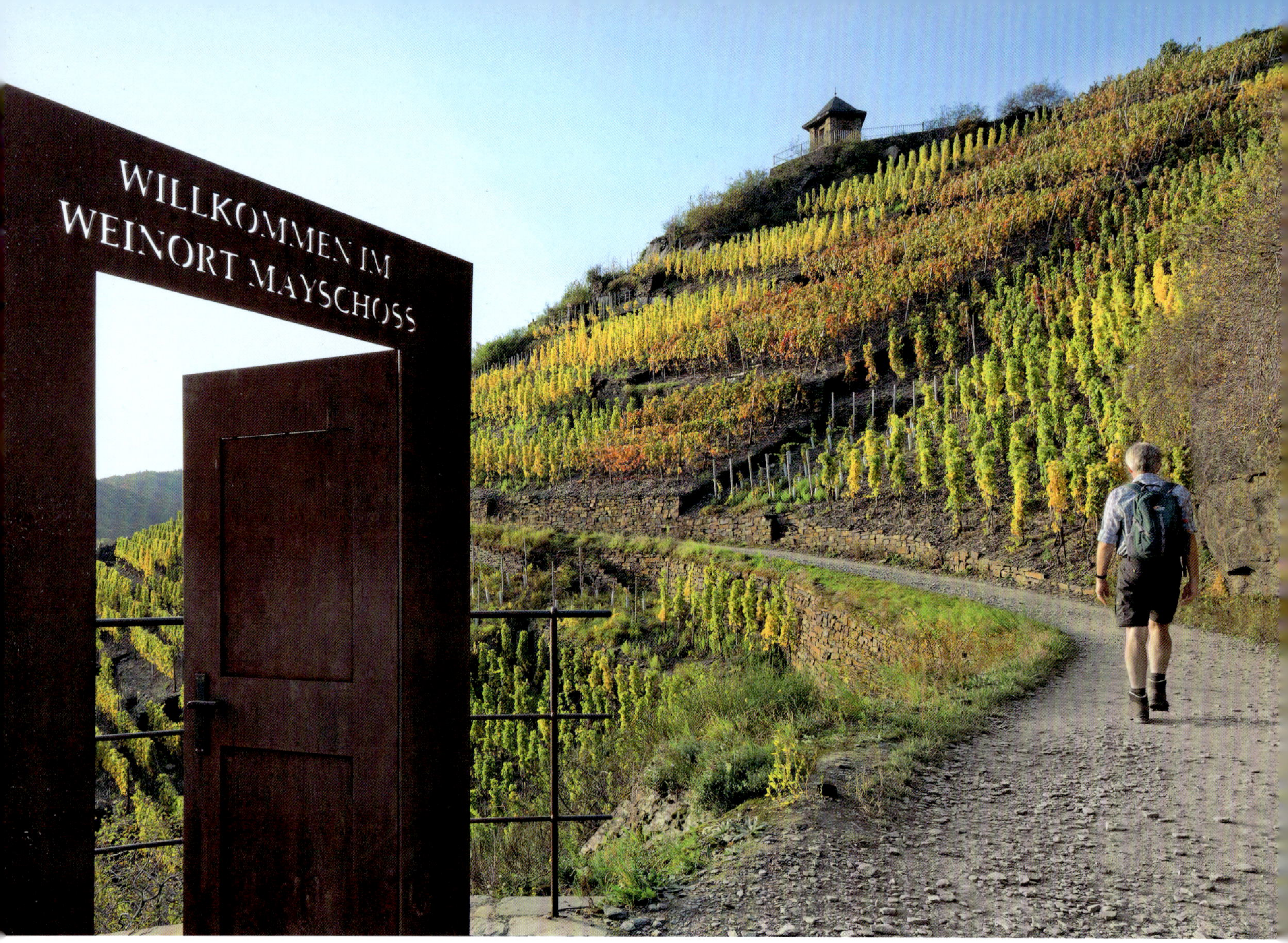

chenende ziemlich voll. Berühmt ist die Ahr für ihren Spätburgunder. Eigentlich kurios, gehört sie doch genauso wie die Mosel zum rheinischen Schiefergebirge. Und Schiefer ist ein Top-Boden für Riesling. Aber nach einer Flurbereinigung in den 1960er-Jahren schwenkte man an der Ahr von Riesling zum Spätburgunder und eroberte sich so eine Marktnische bei Weinkennern.

Südlich der Ahr mäandert sich die Mosel Richtung Rhein, Weinbau wird zwischen Perl und Koblenz schon seit mehr als 2000 Jahren betrieben. Man sagt, die Römer hätten den Limes errichtet, um die Weinbaugrenze zu markieren. Jenseits dieses Walls hausten die wilden Germanen und soffen ihren Met. Pars pro toto für unzählige tolle Weinwanderwege an der *Mosel* möchte ich den *Hatzenporter Laysteig* empfehlen. Direkt nach dem Start klettern wir am Steilhang durch die Rebreihen. Wer einmal bei der Lese im Steilberg geholfen hat, weiß, was das für eine Plackerei ist, aber auch schon beim Wandern kommt man ins Schwitzen. Das Geniale an diesem Weg ist die Mischung aus Weinbergen, flachem Hochplateau und dichtem

Wenn man durch die Tür am linken Bildrand geht, tritt man in die verzauberte Weinwelt der Ahr.

Wald. Und zum Schluss nach Hatzenport zur Weinprobe.

»Wenn ich doch soviel Glauben in mir hätte, dass ich Berge versetzen könnte! Der Johannisberg wäre just der Berg, den ich mir überall nachkommen ließe«, schrieb dereinst Heinrich Heine. Unsere Rheinreise führt uns wie ein Märchen aus uralten Zeiten in den *Rheingau*. Wir wandern auf dem *Rheinsteig* und starten in Rüdesheim, berühmt-berüchtigt für seine Drosselgasse, in der sich in früheren Jahrzehnten Bustouristen aus ganz Deutschland mit billigem, süßem Rheinwein die Kante gaben. Am VDP-Weingut Johannisberg (VDP steht für Verband Deutscher Prädikatsweingüter, die Champions League der deutschen Winzer) müssen wir die Expertise von Heine testen. Nach weiteren Kilometern und einem Zwischenstopp im Schloss Vollrads (ebenfalls VDP-Weingut) lassen wir die Wanderung im Staatsweingut Kloster Eberbach (auch ein VDP-Weingut) ausklingen. Lustig, dass schon die mittelalterlichen Mönche ihre Rebstöcke einmauerten, damit keiner die wertvollen Trauben stehlen konnte.

Auf der gegenüberliegenden Rheinseite können wir das flächenmäßig größte Anbaugebiet Deutschlands finden: *Rheinhessen*. Nicht verwechseln: Rheinhessen gehört zum Bundesland Rheinland-Pfalz, der Rheingau hingegen zu

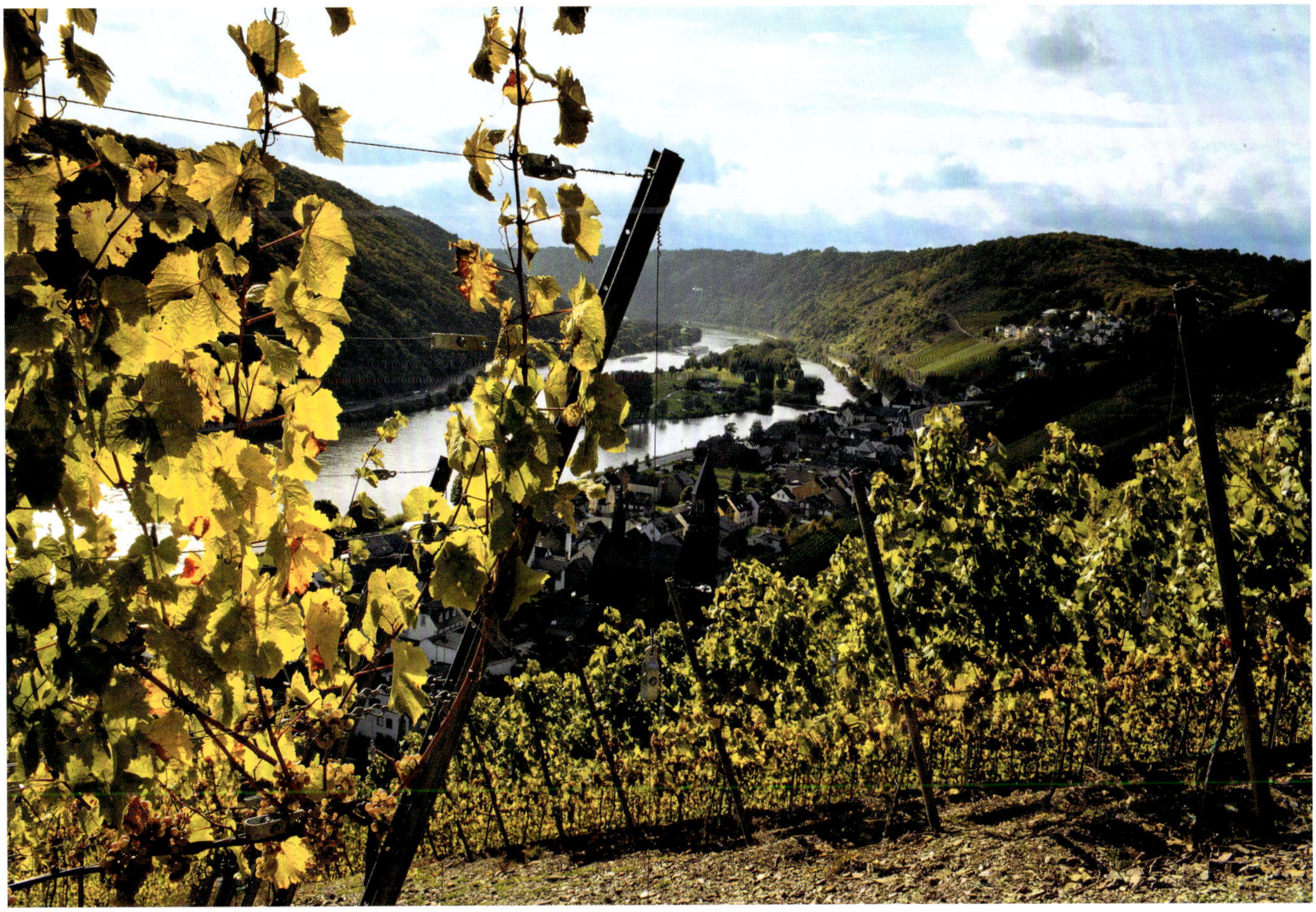

Blick zurück auf Hatzenport auf dem Laysteig. Mosel, Reben, Weinwanderglück!

Hessen. Wandermäßig sind in Rheinhessen die Hiwweltouren (übersetzt: Hügeltouren) zu empfehlen. Besonders die *Hiwweltour Westerberg* hat es mir angetan. Denn auf dem VDP-Weingut Westerburg wird man – wenn man Glück hat – vom Grafen von Schönburg-Glauchau, Chef des Weinguts, empfangen. Und mit dem guten Tropfen setzt man sich am besten an den Wanderweg an einen der Hiwweltouren-typischen langen Weintische. Da können Sie Ihren kompletten Wanderverein mitnehmen, an einem Tisch haben mindestens 30 Weinwanderfreunde Platz.

An Rheinhessen grenzt das Naheland. Am Unterlauf des Flusses, ungefähr ab Bad Sobernheim (siehe Familienwege S. 82) wird Wein angebaut. Man darf sich das allerdings nicht vorstellen wie an der Mosel, dass durchgehend an beiden Uferhängen die Rebstöcke locken. Der Weinbau an der *Nahe* findet hauptsächlich in den Seitentälern statt, sozusagen in der Nähe der Nahe. Auf einem Premiumweg kann man eines dieser Seitentäler entdecken, im Weinbauort Wallhausen. *Stein, Wein und Farbe* heißt der Wanderweg, und damit sind die entscheidenden Merkmale auch

Auch Heine konnte den Johannisberg nicht vom Fleck bewegen – das Schloss des gleichnamigen VPD-Weinguts.

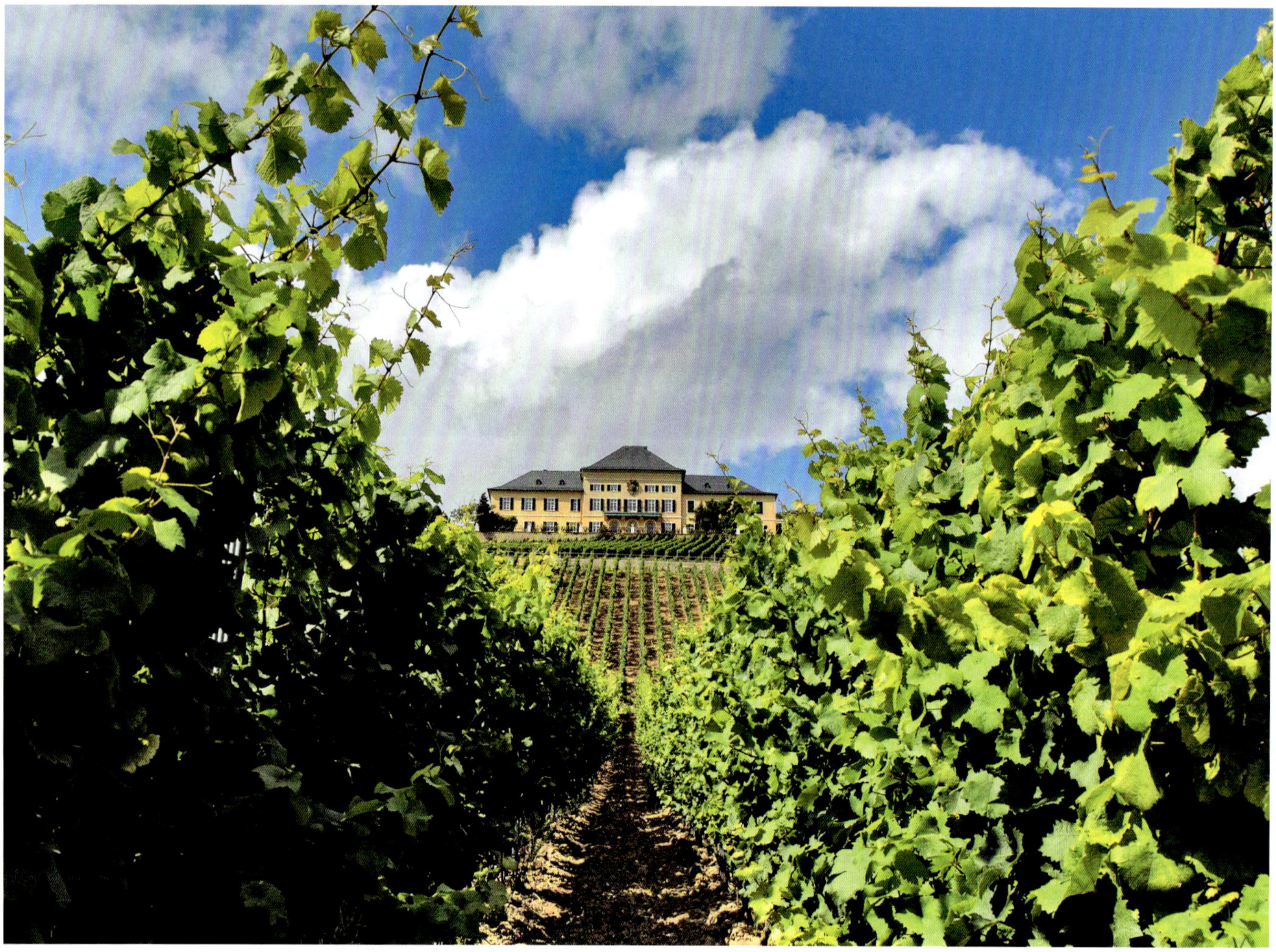

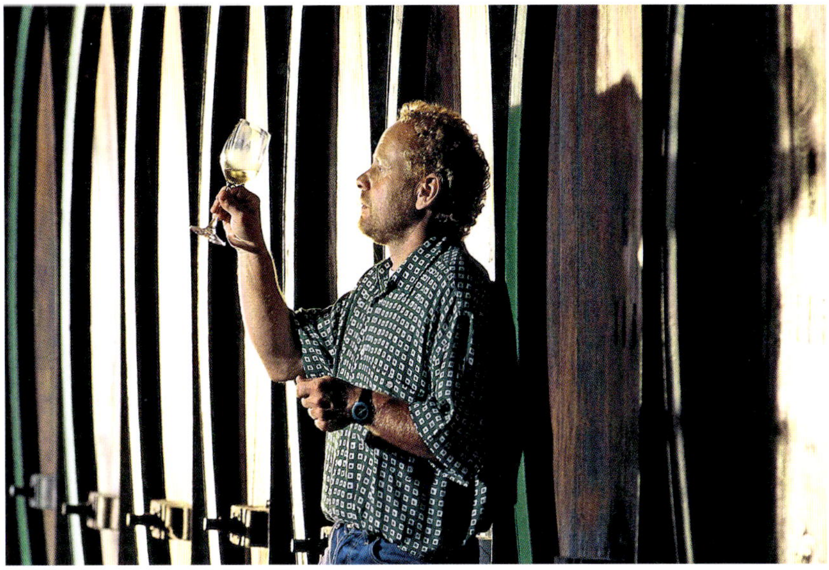

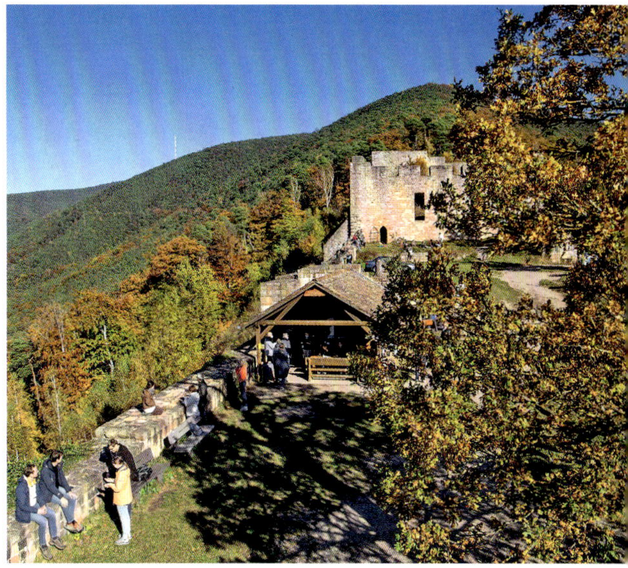

Vor dem ersten Probeschluck muss erst das Auge, dann die Nase die Qualität kontrollieren (oben links).

Die Burg Wolfsburg im Pfälzerwald, zwischen Neustadt an der Weinstraße und dem Gipfel des Weinbiets (oben rechts)

schon benannt. Denn die unterschiedlichen Felsen schillern farbenprächtig – violett, gelb, silbern, grün. Schon bei der Wanderung wird es augenscheinlich, dass das Anbaugebiet Nahe die größte Bodenvielfalt in Deutschland vorweisen kann. Natürlich sollte man diese großartige Vielfalt auch im Glas testen, daher empfehle ich vor oder vielleicht besser nach der Wandertour einen Besuch in der Vinothek des Ortes, in der Weine von 16 unterschiedlichen Winzern verkostet werden können. Der schönste Platz, um sich den Nahe-Wein in aller Ruhe durch den Kopf gehen zu lassen, ist die Weinbergschaukel direkt am Premiumweg, mit Aussicht über (fast) das gesamte Nahe-Land.

Südlich der Nahe trifft man auf das zweitgrößte deutsche Anbaugebiet, die *Pfalz*. Auf dem *Pfälzer Weinsteig* kann man wunderbar diese Region entdecken. Es gibt einige gigantisch schöne Etappen, wie zum Beispiel die von Bad Bergzabern bis Schweigen-Rechtenbach an der französischen Grenze. Ich möchte aber an dieser Stelle vor allem auf die Etappe von Neustadt an der Weinstraße nach Deidesheim hinweisen. Es geht an der Wolfsburg vorbei (nein, dort wird nicht der Volkswagen produziert!) und auf den Gipfel des Berges Weinbiet. Dort sollte man im Weinbiethaus einen Schobbe im Dubbeglas probieren. Also – übersetzt – ein Glas Wein (oder Schorle) im Tropfenglas trinken. Aber Achtung, das sind Halblitergläser, die Pfälzer mogen gern große Mengen. Das Weinbiethaus ist eine Hütte des Pfälzerwaldvereins (PWV). Dessen Hütten sind einzigartig in Deutschland. Man geht über die Pfälzer Wanderwege und unversehens – wie ein Hexenhäuschen aus dem Märchen – steht da eine PWV-Hütte. Dort gibt es dann nicht nur Wein aus dem Dubbeglas, sondern auch die »Pfälzer Dreifaltigkeit« Bratwurst, Leberknödel und Saumagen. Ich hatte immer eine Menge Angst davor und habe tatsächlich im »Deidesheimer Hof« (der Weinort Deidesheim ist das Etappenziel) den ersten Saumagen

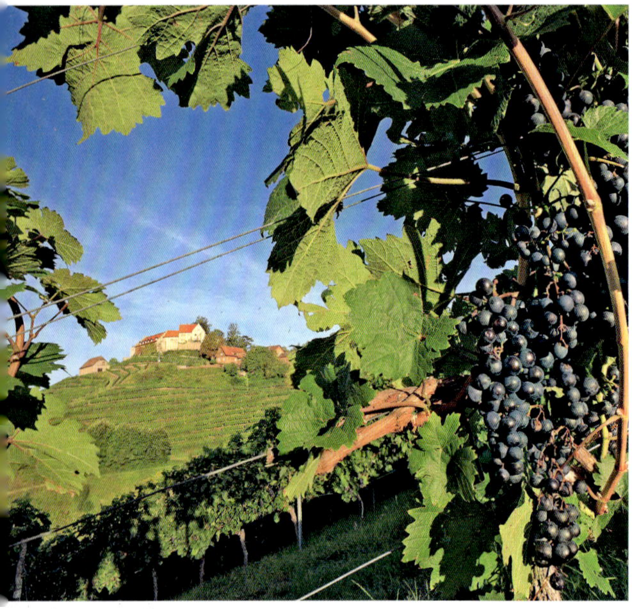

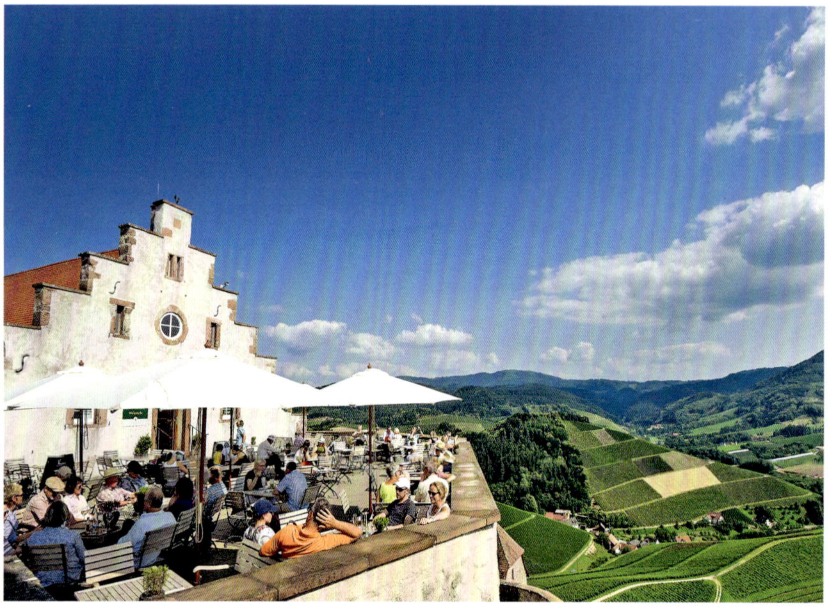

meines Lebens gegessen, genau in dem Lokal, in dem Helmut Kohl Staatsgäste wie Maggie Thatcher und François Mitterand mit Saumagen gequält hat. Und mit Pfälzer Wein verwöhnt. Die Pfälzer Spezialität ist aber wirklich sehr lecker und empfehlenswert.

Unsere Weinreise führt uns das Rheintal hinauf südlich bis hinter Karlsruhe. Dort beginnt das Anbaugebiet *Baden,* das sich bis zum Kaiserstuhl und den Weinregionen südlich von Freiburg bis zur Schweizer Grenze erstreckt. Wir bleiben aber im nördlichen Schwarzwald und genießen den Premiumweg *Durbacher Weinpanorama*. Die Sichtachsen dieser Wandertour sind außergewöhnlich schön. Zum einen schweifen die Blicke weit hinaus ins Rheintal bis ins Elsass und in die Vogesen. Zum anderen ist der Talkessel des Weinorts Durbach fast vollständig mit Wein bepflanzt und bietet ein wunderschönes grafisches Bild. Ich möchte nur einige Highlights am Weg hervorheben – den Weinautomaten zu Beginn des Weges, die Holzhütte mit Büchern to go, die Terrasse der Weinstube (VDP-Weingut!) von Schloss Stauffenberg, das Outdoor-Kegelspiel. Und zum Ende unserer Wanderung sollte man sich in der Vinothek der Durbacher Winzergenossenschaft für den Heimweg eindecken. Ich empfehle besonders die Clevner-Weine, eine ganz seltene Traubensorte, die fast ausschließlich in Durbach angebaut wird.

Wir wenden uns nun östlich, genauer gesagt nordöstlich, und erreichen hinter Würzburg den fränkischen Weinort Castell. Die Leitsorte des Anbaugebiets *Franken* (so wie der Riesling an der Mosel) ist der Silvaner. Auf unserer *Traumrunde Castell* kommen wir an einem Denkmal vorbei, das auf die ersten Rebstöcke dieser Traube verweist, die in Castell 1659 angepflanzt wurden. Wahrscheinlich gehörte damals schon der ganze Ort dem Castell'schen Adels-

Das VDP-Weingut auf Schloss Staufenberg ist im Besitz der Markgrafen von Baden.

Wer seinen Wein auf der Terrasse des Schloß Staufenberg in Durbach trinkt (links oben), kann die Sonne hinter den Vogesen untergehen sehen (Seite gegenüber)

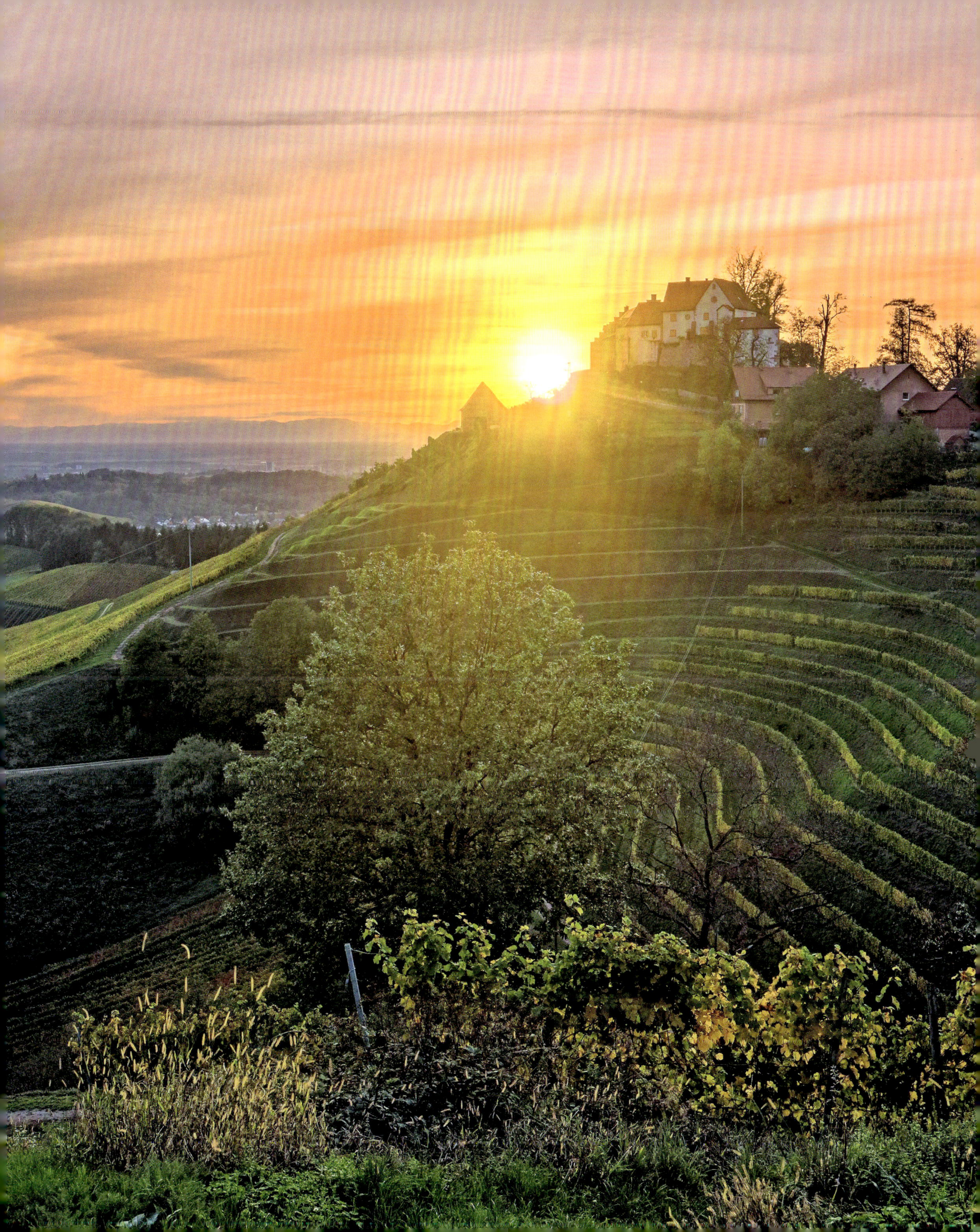

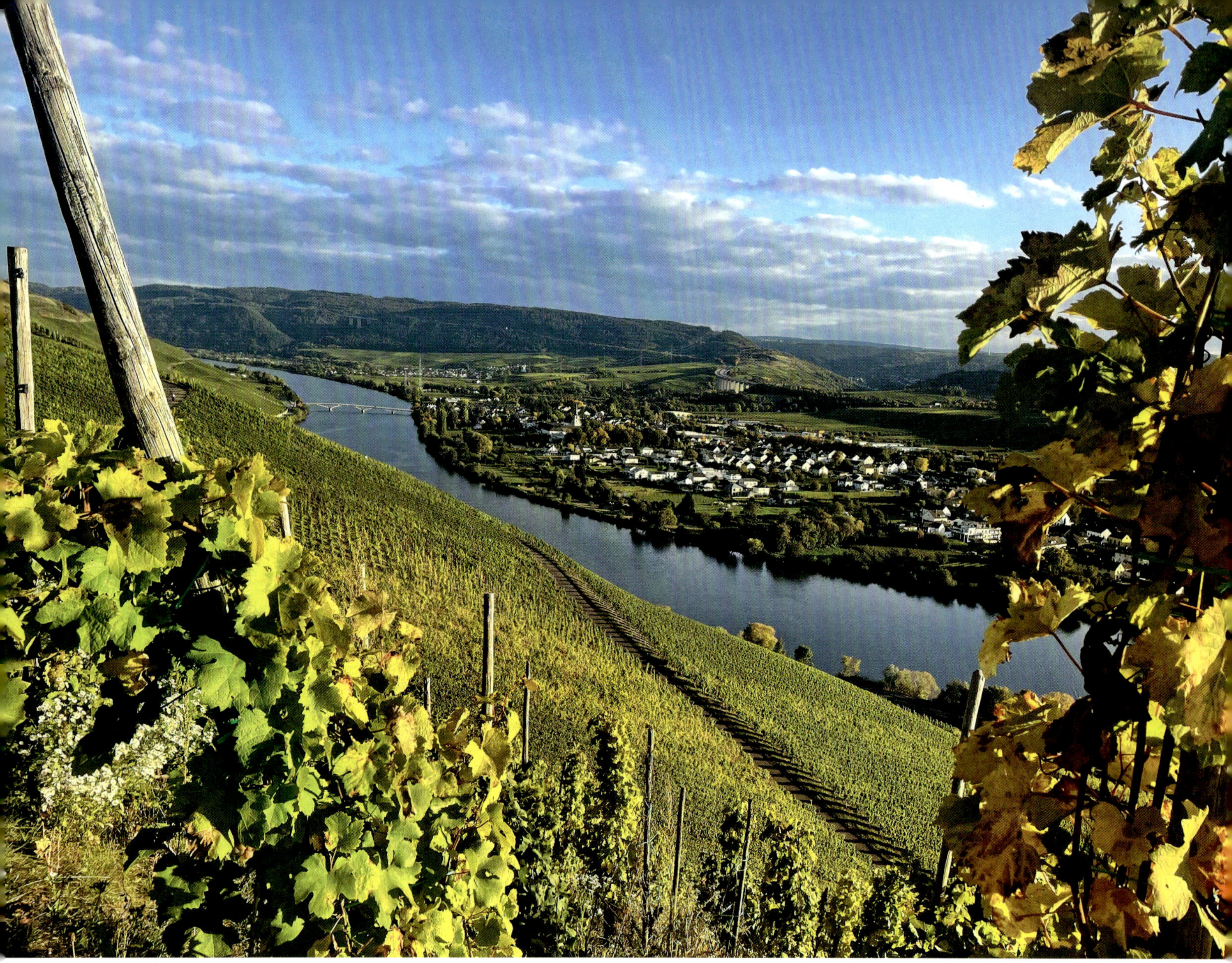

geschlecht, das auch heute noch – im demokratischen Sinne – über Castell herrscht. Das Fürstlich Castell'sche Schloss (Besuch nicht erwünscht, wird ja noch bewohnt), die Fürstlich Castell'sche Bank (größte Privatbank Bayerns) und nicht zuletzt das Fürstlich Castell'sche Weingut (darf man besuchen und den Wein sogar verkosten) prägen den Ort. Ich möchte noch auf eine ganz besondere Stelle hinweisen, die Weinsicht am Casteller Schlossberg. Dort steht eine Stele des Deutschen Weininstituts. Alle vier Jahre – im olympischen Rhythmus – wird in jedem der 13 deutschen Anbaugebiete eine Weinsicht, die glücklich macht, ausgezeichnet. So wie eben in Castell, dem Ort, an dem alles außer den Weitblicken dem Fürsten gehört.

Und weiter östlich geht unsere Weinwander-Reise, bis an die Gestade der Saale ins Anbaugebiet *Saale-Unstrut*. Dort, im südlichen Sachsen-Anhalt, an der Grenze zu Thüringen, werden

Blick vom Annaberg in Schweich auf die Mosel – hier haben schon die Römer gezecht.

in überschaubaren Mengen sehr feine Weine produziert. Ehrlicherweise muss man konstatieren, dass Saale-Unstrut eher eine Region für Radfahrer als für Wanderer ist. Aber der *Weinsbergweg* von Bad Kösen ist sehr zu empfehlen. Wir wandern oberhalb eines Saale-Bogens, mit Blicken auf die Domtürme von Naumburg (UNESCO-Weltkulturerbe!), Bad Kösen und Schulpforta. In der ehemaligen Abtei Schulpforta werden seit 1543 Schüler unterrichtet, aktuell ist es ein Internat für hochbegabte Schüler. In Schulpforta hat auch Friedrich Nietzsche (damals noch ohne Riesen-Schnäuzer) die Schulbank gedrückt.

Unsere Weinreise endet noch weiter östlich, an der *sächsischen Elbe*. Zwischen Dresden und Meißen werden sehr feine Weine angebaut. Charakteristisch für das Gebiet sind die putzigen Weinhäuschen in den Hanglagen, die oft als Probierstuben ausgebaut sind. Die Weinberge oberhalb der Karl-May-Stadt Radebeul kann man schön erwandern, dann gehen wir durch Weinböhla, nomen est omen. In Sörnewitz sollte man einen Tropfen des Weinguts Schuh probieren – schöne Grüße von mir! Die Winzer Schuh haben nach der Wende von der Mosel an die Elbe rübergemacht und sich in Sachsen verliebt. Mittlerweile führen Tochter und Sohn den Betrieb. Wunderschön ist es im kleinsten Gebirge Sachsens kurz vor Meißen. Immer wieder gehen unsere Blicke über Weinberge, die Elbe und bis zur traumhaften Altstadt Meißens mit Dom und Albrechtsburg. Wer Weinwanderglück pur erleben will, sollte diese Tour unbedingt einmal ausprobieren.

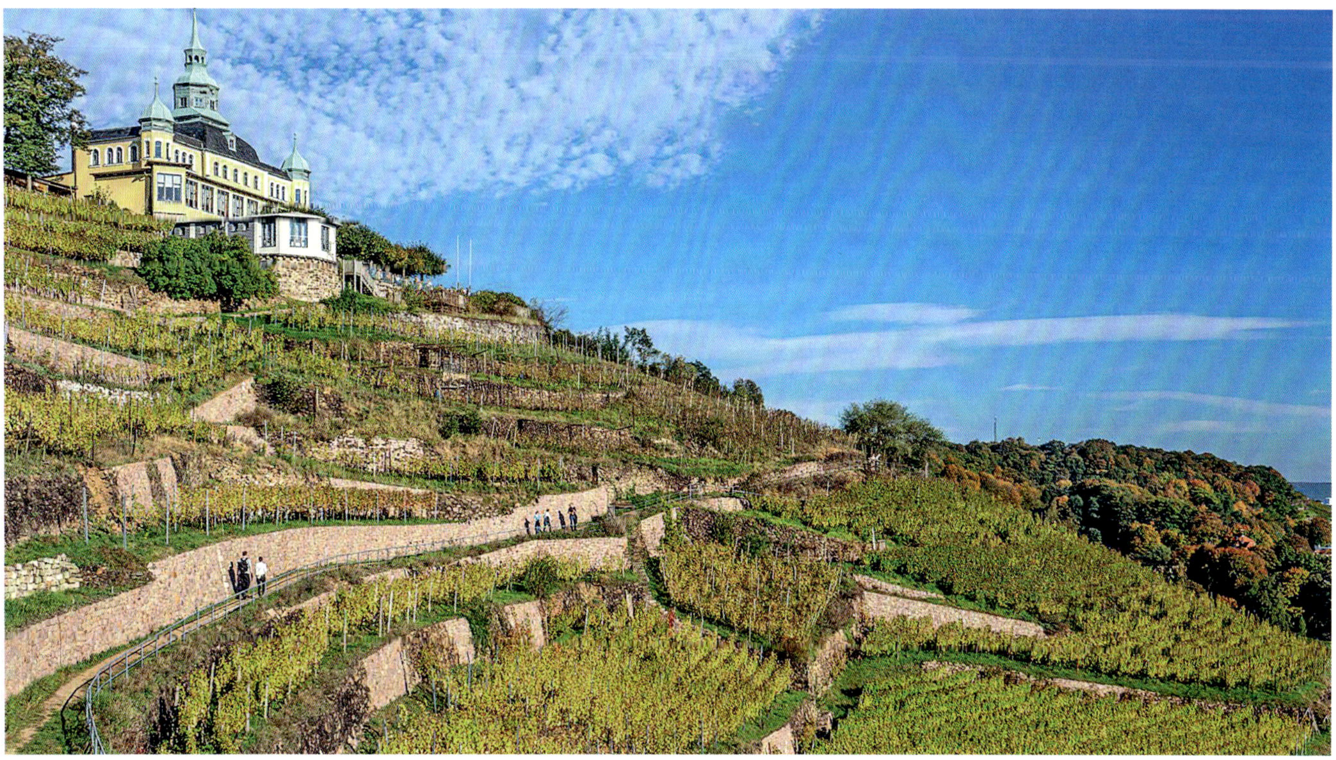

Die Sachsen leben im Paradies: Wandern, Wein, und das Spitzhaus bei Radebeul.

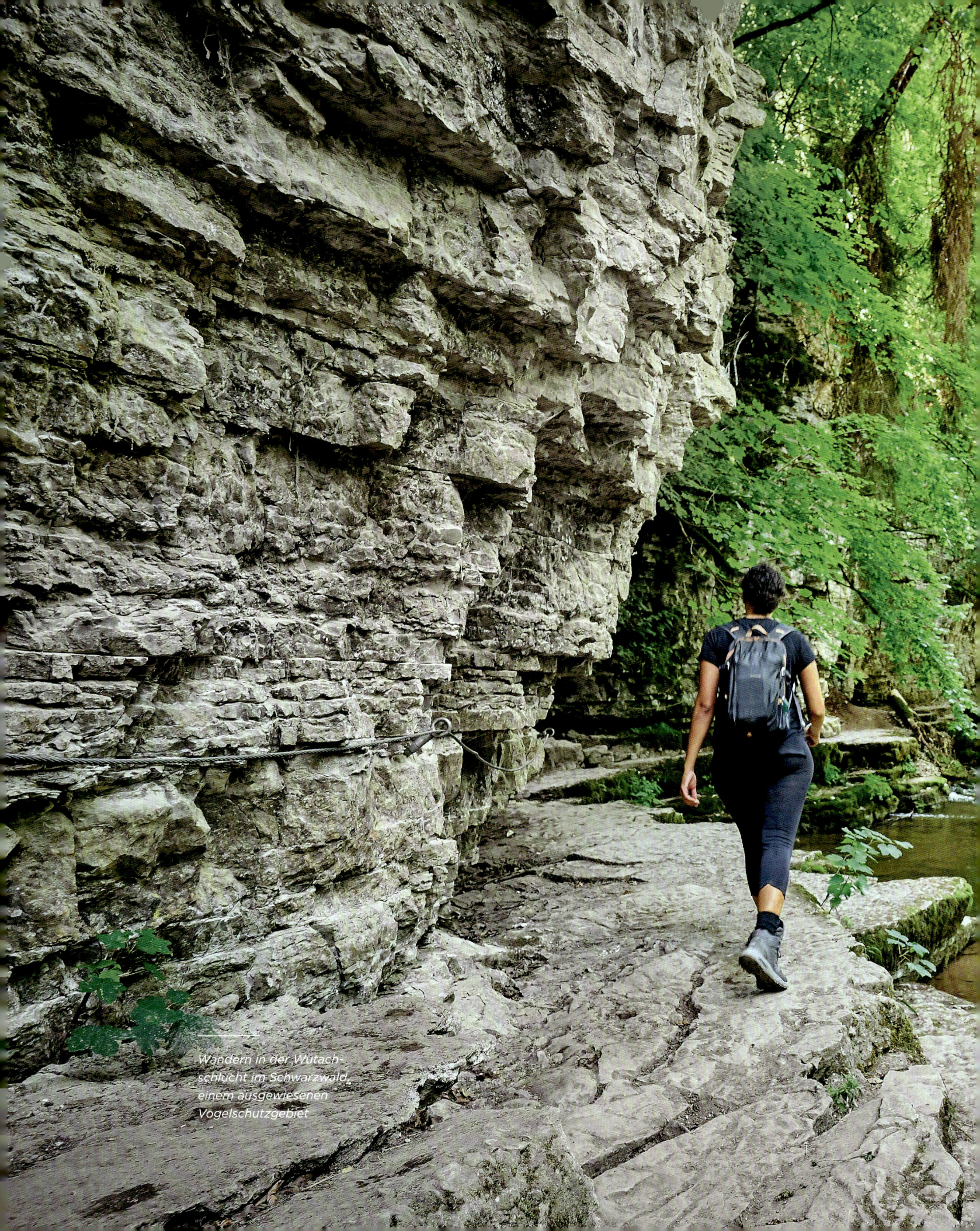

Wandern in der Wutachschlucht im Schwarzwald, einem ausgewiesenen Vogelschutzgebiet

FLUSSWEGE

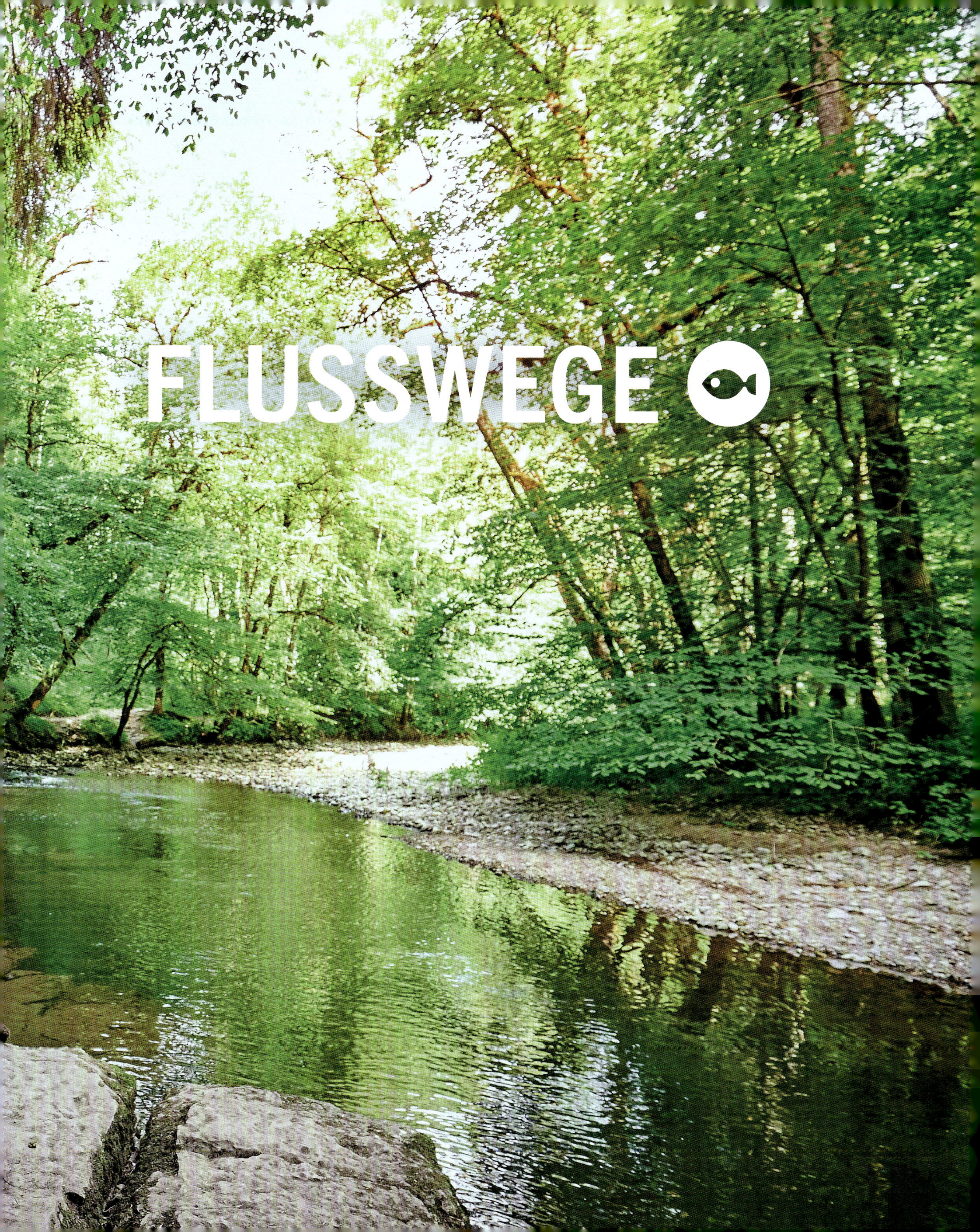

Zehn Flusswege

1 Rheinsteig
Start: Bonn oder Wiesbaden.
320 Kilometer, ca. 9000 Höhenmeter, 21 Etappen

2 DonAUwald-Wanderweg
Start: Günzburg oder Schwenningen.
59 Kilometer, 68 Höhenmeter, 5 Halbtags-Etappen

3 Altmühltal-Panoramaweg
Start: Gunzenhausen oder Kelheim.
201 Kilometer, ca. 4200 Höhenmeter, 15 Etappen

4 Moselsteig
Start: Perl oder Koblenz.
365 Kilometer, ca. 10 000 Höhenmeter,
24 Etappen

5 Lahnwanderweg
Start: Niederlahnstein oder Lahnquelle.
295 Kilometer, ca. 6500 Höhenmeter,
19 Etappen

6 Ahrsteig
Start: Blankenheim oder Sinzig.
106 Kilometer, ca. 3000 Höhenmeter,
7 Etappen

7 Malerweg
Start: Pirna oder Schmilka.
116 Kilometer, ca. 3600 Höhenmeter, 8 Etappen

8 Natursteig Sieg
Start: Siegburg oder Mudersbach.
196 Kilometer, ca. 7500 Höhenmeter, 14 Etappen

9 Nahesteig
Start: Hoppstädten-Weiersbach oder Idar-Oberstein.
35,5 Kilometer, ca. 850 Höhenmeter, 2 Etappen

10 Neckarsteig
Start: Heidelberg oder Bad Wimpfen.
127 Kilometer, ca. 300 Höhenmeter, 9 Etappen

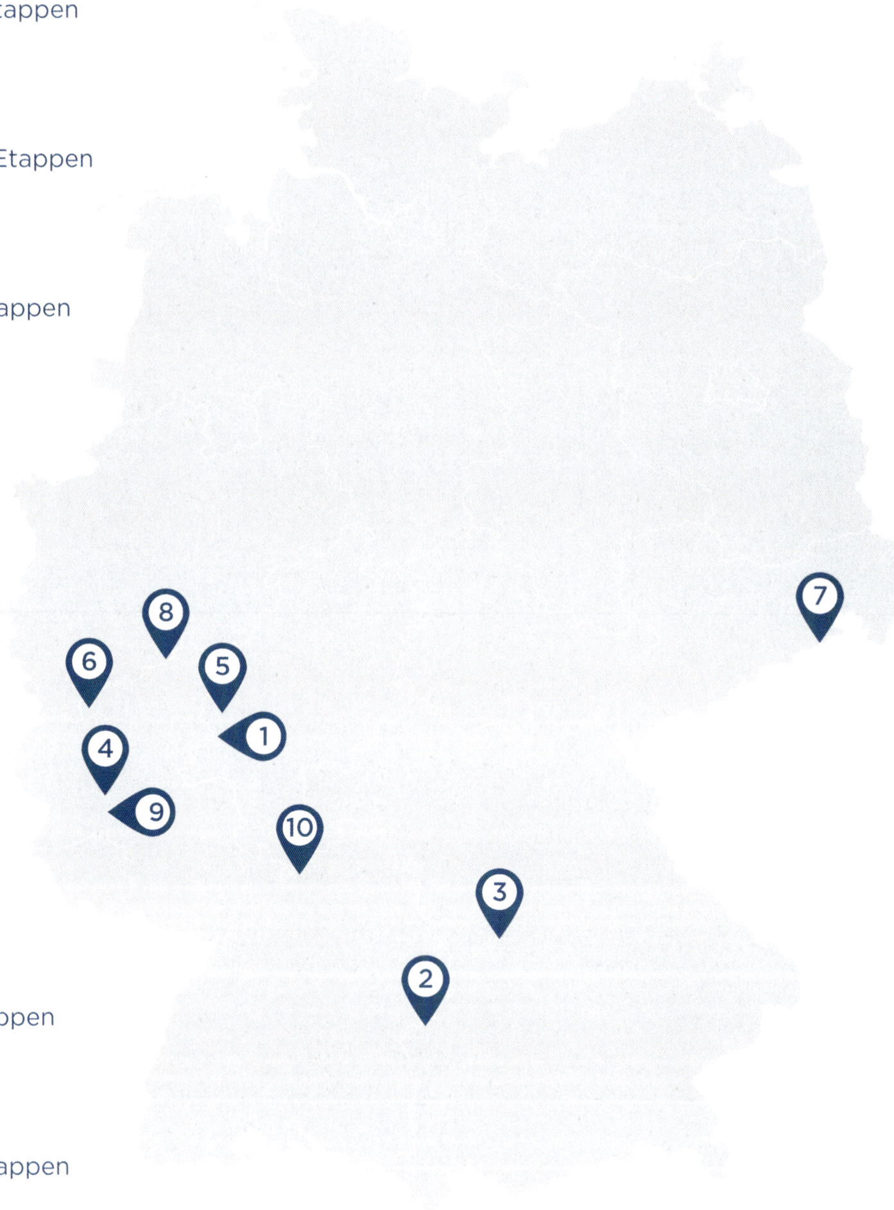

»Flusswege sind generell sehr nachhaltige Wege, weil sie optimal an den ÖPNV angeschlossen sind.«

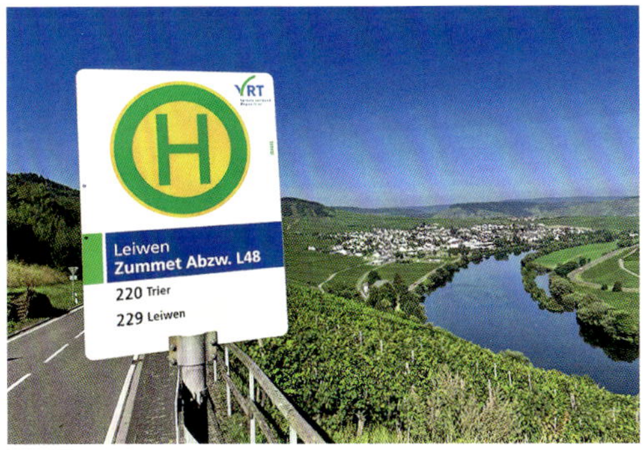

»Die Erhebungen der Berge, das Dahinströmen der Flüsse, der übliche Wuchs von Bäumen und Pflanzen sind die Gestaltungen der Erde und sind ihre Herrlichkeit. Welche große Freude für die Menschen, die beim Betrachten dieser Naturbilder Vergnügen empfinden und ihre Herzen davon anrühren lassen!« Das schrieb der japanische Naturforscher und Wanderer Kaibara Ekiken. »Dahinströmende Flüsse« sorgen also weltweit für Glücksgefühle. Deutschland ist ein regelrechtes Flussparadies, weil sich nach der Rückbildung der eiszeitlichen Gletscher und Meere jede Menge Fjorde nicht mehr am Meer, sondern im Binnenland wiederfanden. Und das ist heute noch so. Kein Wunder, dass in den letzten zwei Jahrzehnten viele deutsche Fernwanderwege an Flussläufen konzipiert wurden. Der Blick auf eine Flusslandschaft lässt immer unsere Herzen höher schlagen.

Der *Rhein* ist ein mythischer Fluss. Viel besungen (»Warum ist es am Rhein so schön?«), für immer in eine patriarchalische Ecke gedrängt (Vater Rhein). Drei Landeshauptstädte (Mainz, Wiesbaden, Düsseldorf) liegen am Rhein, eine ehemalige Bundeshauptstadt (Bonn) und die schönste Stadt Deutschlands (Köln). Der Rhein hat ein vielfältiges Erscheinungsbild. Im Süden – als Grenzfluss zwischen Frankreich und Deutschland – das breite Tal des Oberrheins zwischen Vogesen und Schwarzwald. Im Verlauf von Mainz nach Bingen eine überragende Weinlandschaft. Dann der spektakuläre Abschnitt am Mittelrhein mit Loreley und Siebengebirge, UNESCO-Welterbe. Schließlich bis zur niederländischen Grenze der flache Niederrhein. Zwischen Bonn und Wiesbaden, dort also, wo der Rhein uns Wanderer am glücklichsten macht, hat sich der *Rheinsteig* am rechten Flussufer zum beliebtesten Wanderweg der Deutschen entwickelt. Verglichen mit anderen Fernwegen ist er durchaus anspruchsvoll, viele Tagesetappen haben

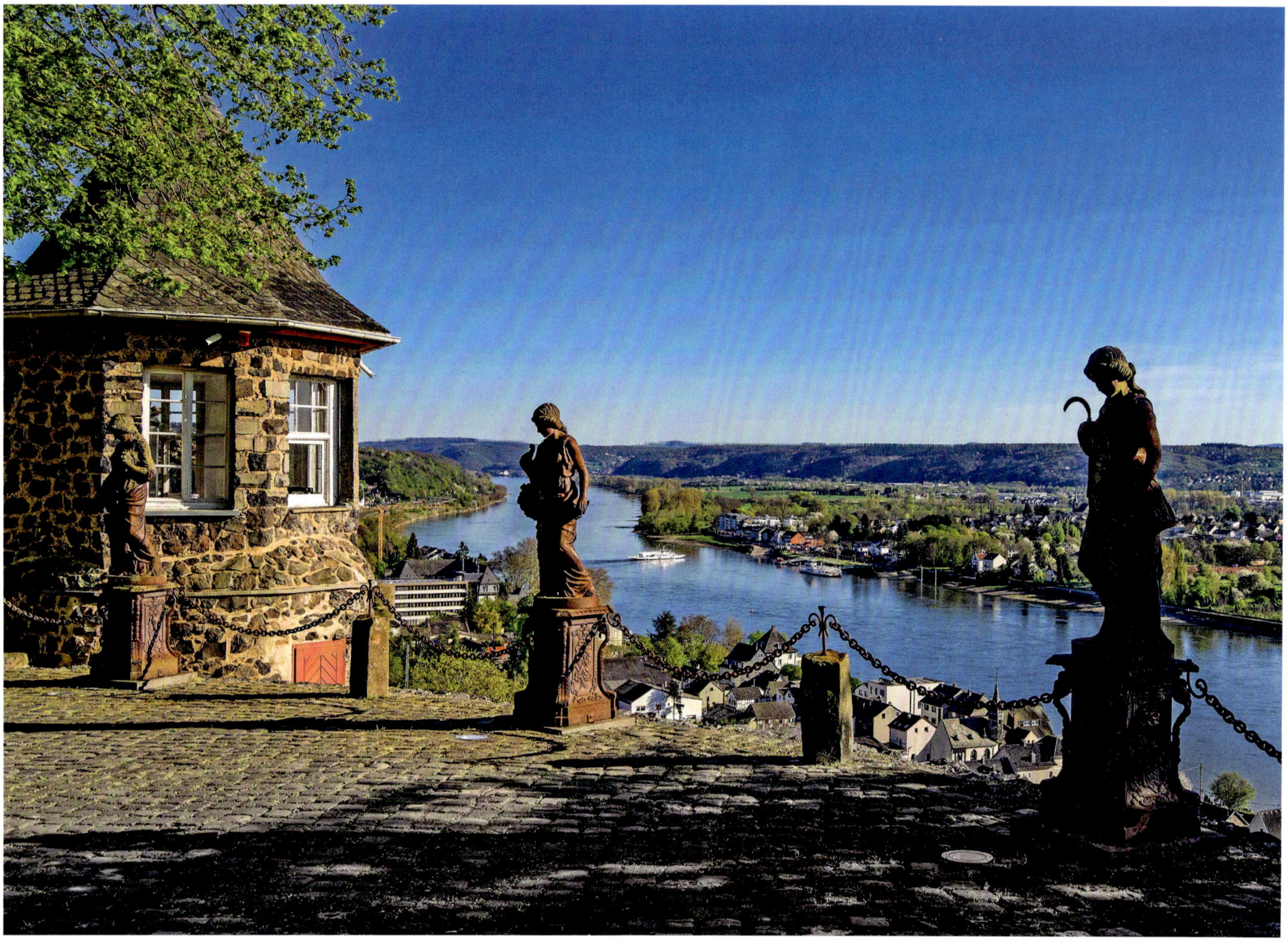

Höhenmeter wie eine alpine Tour. Kaum hat man eine Anhöhe erreicht und sich am Panorama erfreut, kommt schon das nächste Kerbtal (Seitental). Also wieder steil hinunter, den Bach überqueren, und dann wieder steil hinauf, nächster Rheinblick. Am Rheinsteig ist es laut. Der Fluss ist eben eine Verkehrsader von europäischem Rang. Die Lastkähne knattern, die ICEs surren auf der einen, die Güterzüge rumpeln auf der anderen Seite. Dazu noch an jeder Flussseite je eine Bundesstraße. Wer beim Wandern seine Ruhe haben will, sollte sich einen anderen Fluss dafür suchen.

Zum Beispiel könnte man entspannt an der *Donau* zwischen Günzburg und Schwenningen wandern. Der Strom ist kanalisiert, fließt nicht in einem tief eingeschnittenen Tal, sondern in einer flachen Landschaft. Ein Fluss mit vielen Staustufen gleicht eher einer Aneinanderreihung von vielen Stauseen. Nun könnte man ja denken, dass es eher öde ist, an einem solch gebändigten Fluss zu wandern. Für den Premiumweg *DonAUwald* gilt das ganz bestimmt nicht. Denn man ist fast die ganze Zeit in den aufregenden Auenlandschaften unterwegs. Manchmal sieht das aus wie am Ama-

Warum ist es am Rhein so schön? Wer das immer noch nicht weiß, wird es auf dem Rheinsteig erleben.

zonas, dann wieder – an einem kleinen See mit Birken – wie in Finnland oder in Kanada. Wasser spielt auf diesem Fernweg die entscheidende Rolle. Das hat sich auch der junge Mönch Sebastian Kneipp zunutze gemacht. In Dillingen badete er – um etwas gegen seine Tuberkulose zu unternehmen – mehrmals in der Woche in der (damals noch ungezähmten) eiskalten Donau. Am Wegrand des DonAUwald-Wegs können wir noch heute wie der junge Kneipp in einem Ausläufer der Natur im Wasser treten. Ich kann Ihnen versichern: ein totaler Glücksmoment. Wasser plus Stille plus entspanntes Wandern im Flachland – der DonAUwald-Wanderweg ist der perfekte Glücksweg.

Ein Nebenfluss der Donau ist die *Altmühl*, und in dieser sanft-hügeligen Landschaft empfehle ich, den Qualitätsweg *Altmühltal-Panoramaweg* zu erwandern. Das Geniale: Auf zehn Etappen vereinigt dieser Fernwanderweg zahlreiche Glücksfaktoren. Er ist ein Felsenweg und ein Ausblickweg. Gleichzeitig ist der Altmühltal-Panoramaweg – typisch bayerisch – ein Einkehrweg und ein Römerweg, denn der Limes spielt auch eine Rolle. Und es ist ein Burgenweg, vor allem die Burg Pappenheim hat mich sehr beeindruckt. Pappenheim, Pappenheimer, da war doch was, oder? Richtig, in dieser Burg residierte dereinst der Graf von Pappenheim. Der

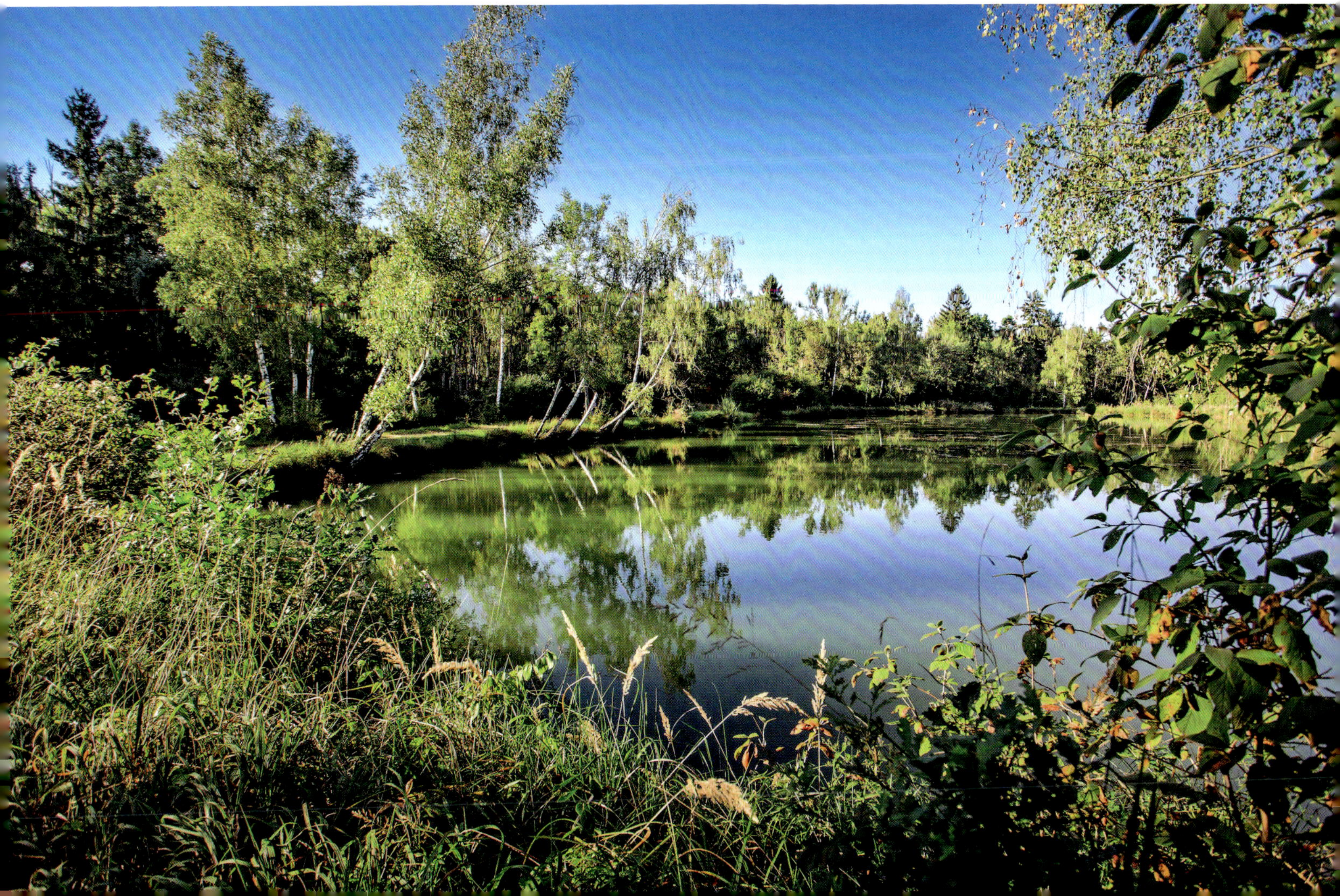

Immer wieder grüßen verträumte Seen und Auen den Wanderer auf dem DonAUwald-Wanderweg.

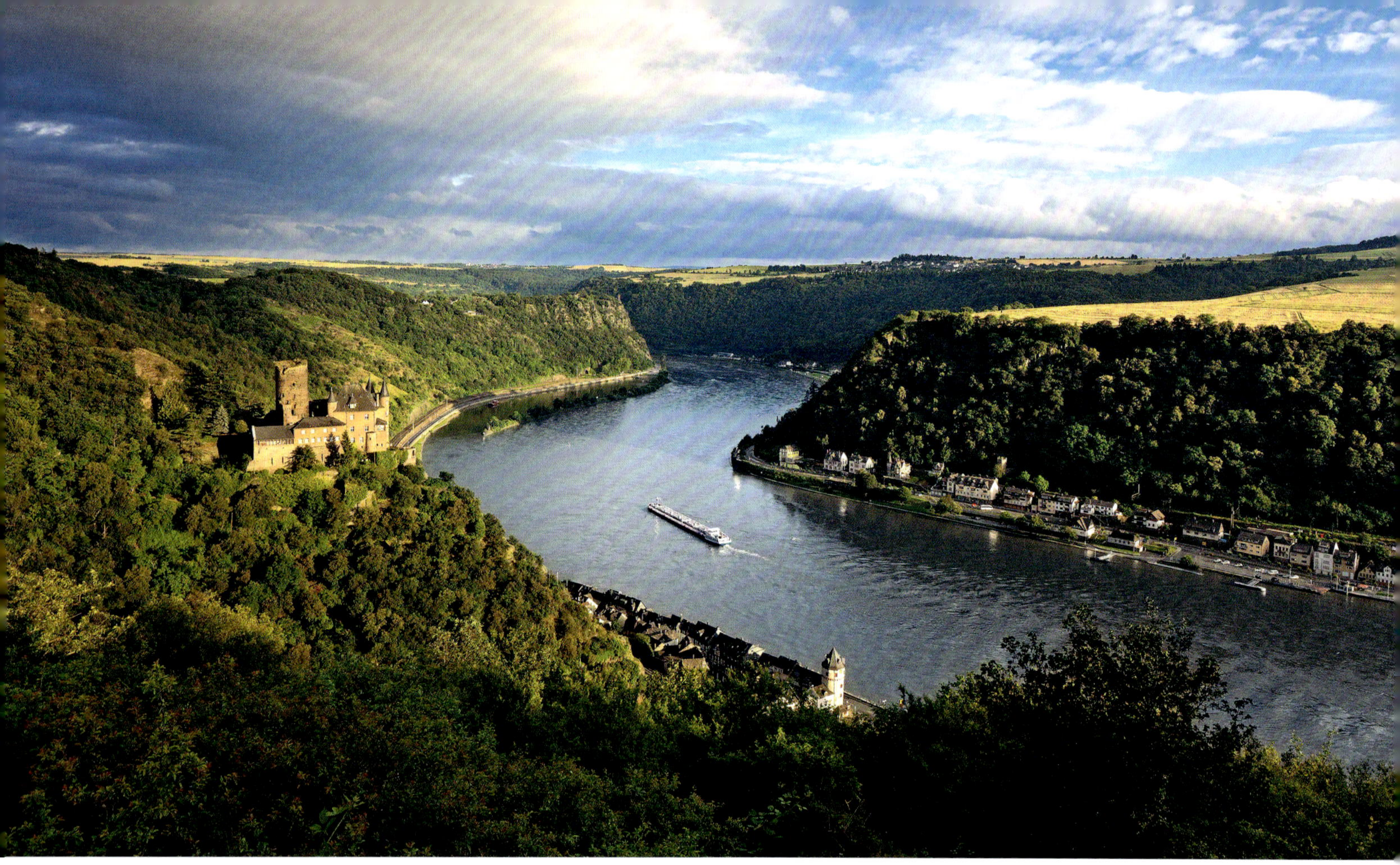

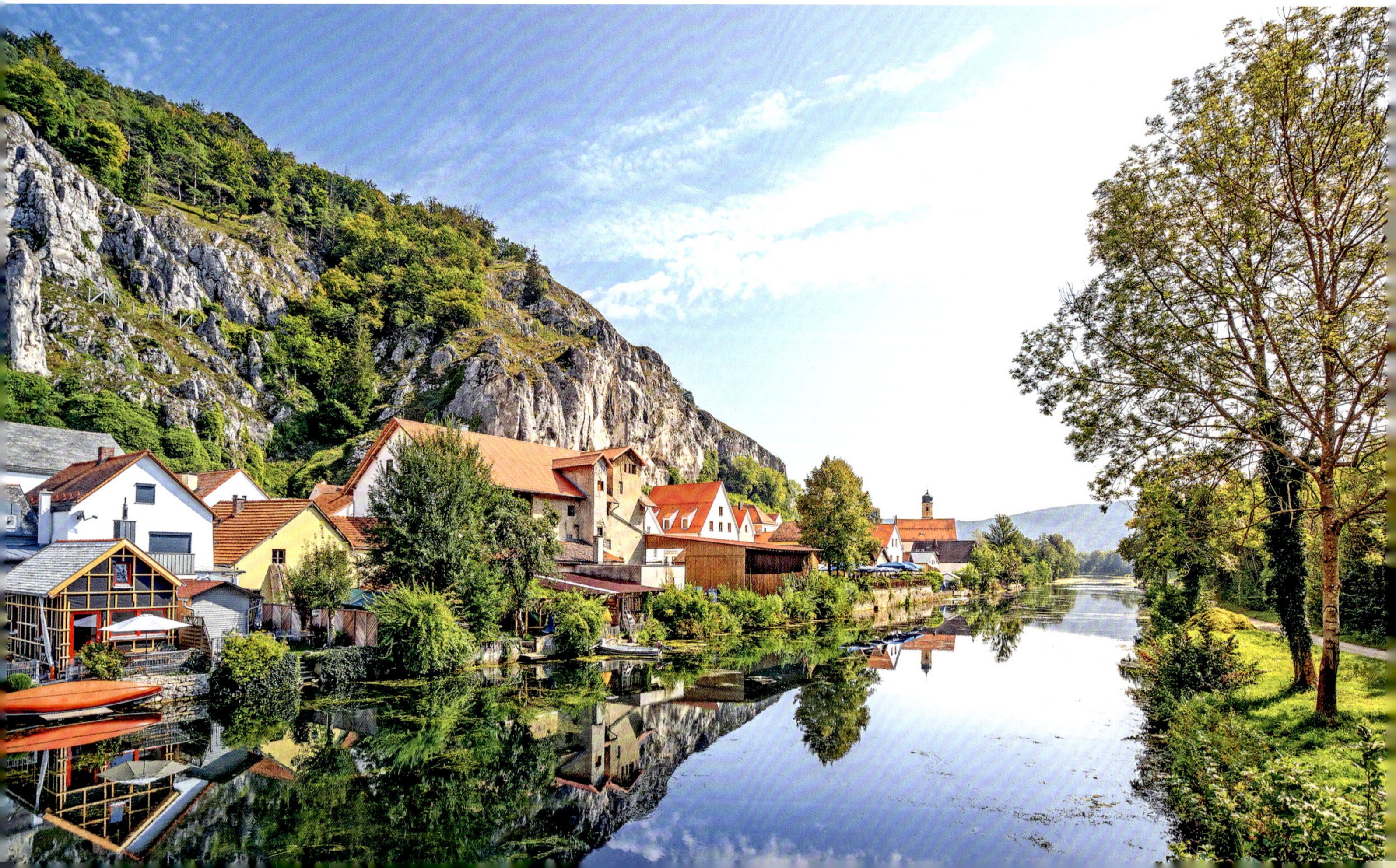

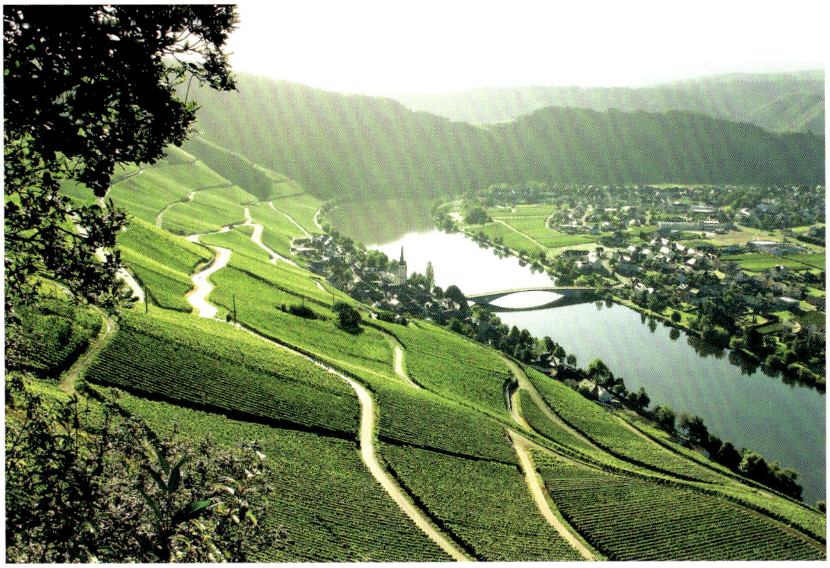

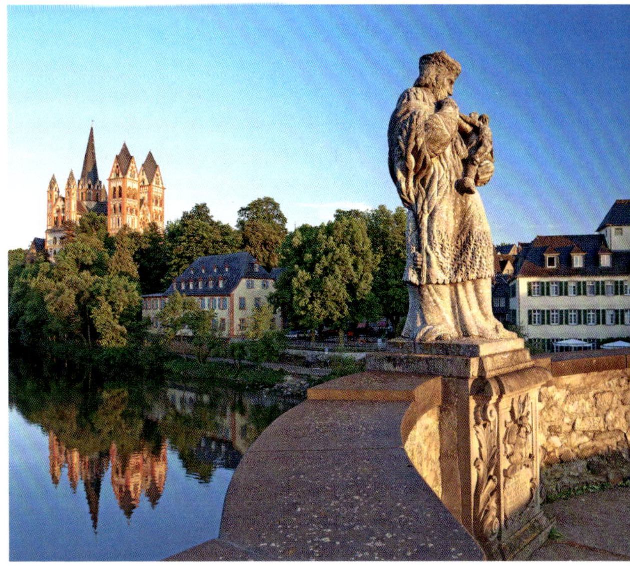

Burg Katz in der Nähe der Loreley – Burg Maus hat sich versteckt, logisch (Seite gegenüber, oben).

Felsen, Wälder und die Altstadt von Essing in der Altmühl gespiegelt – traumhaft (Seite gegenüber, unten).

Moselle, Musel, Mosel – ein französisch-luxemburgisch-deutscher Fluss (oben links).

Blick von der alten Lahnbrücke hinüber zum Dom St. Georg, hoch auf einem Felsen gelegen (oben rechts)

alte Wallenstein äußert sich in Schillers Doku-Drama sehr wohlwollend über seine Pappenheimer. Vor allem aber ist der Altmühltal-Panoramaweg natürlich ein wunderschöner Flussweg.

Die Erfindung des *Moselsteigs* war eine ausgezeichnete Idee – auf 365 Kilometern kann man diesen mäandernden Fluss zwischen dem Dreiländereck Perl/Schengen (siehe Grenzwege S. 177) bis zur Mündung am Deutschen Eck in Koblenz erwandern. 365 ist eine schöne Zahl. Für jeden Tag im Jahr – wenn man sich das gut aufteilt – kann man genau einen Kilometer wandern. Was sehen wir auf dem Moselsteig? Viele bezaubernde Moselstädte und -orte: Trier, Bernkastel-Kues, Traben-Trarbach, Cochem, um nur einige wenige zu nennen. Unzählige Burgen säumen unseren Weg. Das Logo des Moselsteigs zeigt fünf aufeinander geschichtete Schieferfelsen und steht für das rheinische Schiefergebirge. Und damit für die Grundlage des Moselweins, der die Landschaft strukturiert und verfeinert. Wem die 365 Kilometer zu lang sind, der kann auch zertifizierte Tagestouren an der Mosel genießen – die sogenannten Seitensprünge. Ein Genie, der sich diesen Namen ausgedacht hat, die üblichen Witze erübrigen sich.

Ein (leider) etwas unbekannterer Nebenfluss des Rheins ist die *Lahn*. Sie mündet südlich von Koblenz, von Osten kommend, in den großen Strom. Die Lahn ist die Grenze zwischen Westerwald und Taunus. Viele Orte liegen an dem Fluss, die bestimmte Assoziationen auslösen. Selters (Ausgangspunkt für den weltweiten Siegeszug des sprudelnden Wassers), Wetzlar (Heimat der unglücklichen Goethe-Figur Werther), Limburg (der Dom – und war da nicht noch was mit einem komischen Bischof?), Nassau (ist das nicht die Hauptstadt der Bahamas?), Bad Ems (ehemals europäisches Kurbad Nummer Eins, sehr beliebt bei gekrönten Häuptern – siehe Emser Depesche). Jetzt muss sich nur noch herumsprechen, dass der 295 Kilometer lange *Lahnwanderweg* ein fantastischer Wanderweg ist. Von der Quelle bis zur Mündung erlebt man jeden Tag neue Landschaftsbilder und Bemerkenswertes am Wegrand.

Ein weiterer Nebenfluss des Rheins ist die *Ahr*, die bei Sinzig in den Rhein mündet. Der *Ahrsteig* beginnt an der Quelle in Blankenheim (siehe Quellwege S. 22), dann wandert man über bewaldete Eifelhöhen, bis man Altenahr erreicht hat. Ab diesem Ort ändert sich der Charakter des Tals, an den Hängen des sich windenden Flusses weicht der Wald, die Rebflächen dominieren. Über Mayschoß, Walporzheim, Ahrweiler und Bad Neuenahr geht es dann bis zur Mündung der Ahr. Die Wege und Pfade des Ahrsteigs befinden sich zum größten Teil in Hanglage oder oberhalb des Flusses. Das ermöglicht zum einen überragende Panoramablicke. Zum anderen wurde durch die Höhenlage der Ahrsteig weitestgehend von der Hochwasserkatastrophe 2021 verschont. »We ahr open«, signalisieren die Leute im Ahrtal und freuen sich über jeden Wanderglück-Suchenden auf dem Ahrsteig.

2007 wurde der *Malerweg* in Sachsen zum »Schönsten Wanderweg Deutschlands« gewählt. Vielleicht wird er das 2023 wieder, bei Redaktionsschluss dieses Buchs lief noch die Abstimmung. Der Malerweg ist wirklich sehr schön. Das liegt nicht nur an den phänomenalen Felsenwelten (siehe Felsenwege S. 162), sondern auch an der zentralen Rolle der *Elbe*. Aussichten wie an der Bastei wären ohne das silberne Band des europäischen Stroms, der in der Tschechischen Republik entspringt und hinter Hamburg in die Nordsee mündet, nicht denkbar. Und wenn wir zwischen den bizarren Felsenfingern auf den Fluss schauen, sehen wir immer wieder eine winzige Modelleisenbahn. Zoomen

Die Ahr, im Hintergrund die Burg Are oberhalb von Altenahr. Alles Ahr, oder was (unten links)?

Blick auf Walporzheim und Ahrweiler. Fun fact: Unter diesem Berg liegt der alte Regierungsbunker der Bundesrepublik Deutschland (unten rechts).

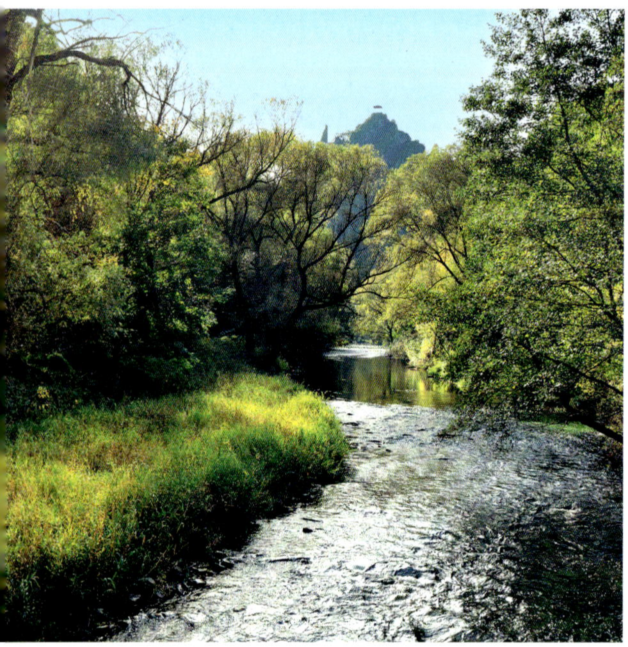

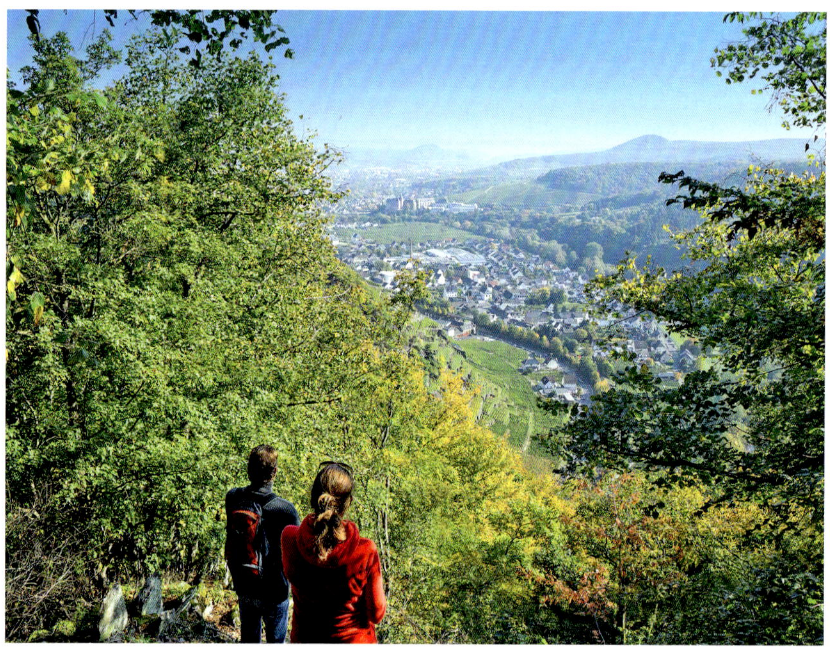

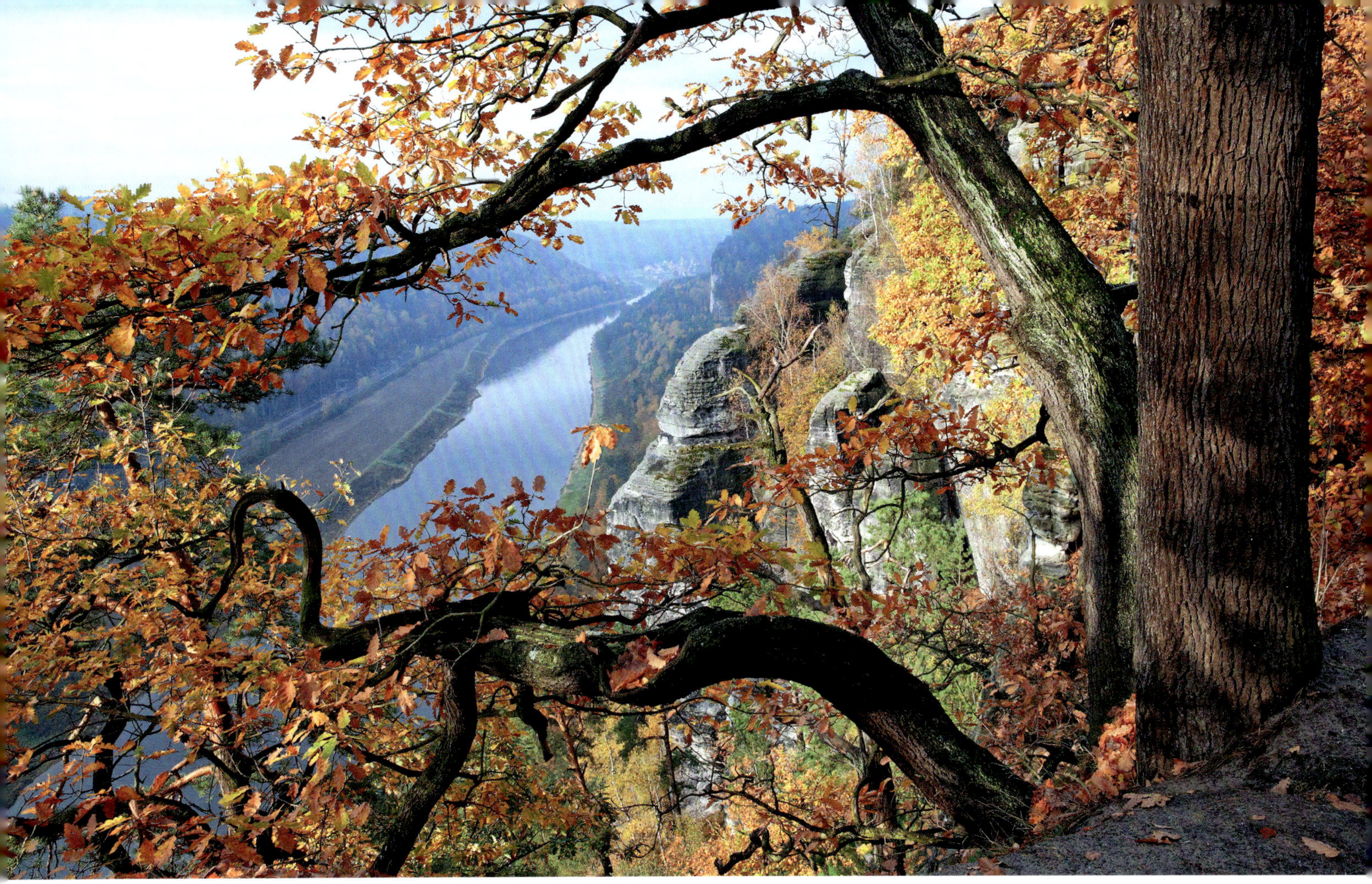

Baum-Bilderrahmen: die Elbe in der Sächsischen Schweiz

wir uns an diese Züge heran, sehen wir, dass die Doppelstockwagen im Halbstundentakt Dresden mit dem Elbsandsteinweg verbinden.

Flusswege sind generell sehr nachhaltige Wege, weil sie optimal an den ÖPNV angeschlossen sind. Man sollte sich nichts vormachen – Wandern ist nicht automatisch naturnah, umweltschonend und nachhaltig. Nur wenn wir das Auto daheim lassen und mit dem ÖPNV zu unseren Wanderungen aufbrechen, hilft das, den CO_2-Ausstoß zu verringern. Alle Flusswege in diesem Kapitel sind hervorragend und gut getaktet an den öffentlichen Nahverkehr angeschlossen. So habe ich den Rheinsteig zum Beispiel grundsätzlich Tagesetappe für Tagesetappe erwandert, denn jede Etappe hat einen Bahnhof als Start beziehungsweise Ziel.

Zurück zum Malerweg und der besonderen Rolle der Elbe im Nahverkehrskonzept: Wenn wir zum Beispiel an der Bastei wandern wollen, fahren wir mit der S-Bahn zum Haltepunkt Kurort Rathen auf der linken Elbseite. Und dann setzen wir mit einer Fähre über die Elbe, um die Tour zu starten. Wanderglück schon bei der Anreise.

Auch der *Natursteig Sieg* ist optimal an den ÖPNV angeschlossen. Mehrmals in der Stunde kann man sich von Köln aus mit Regional-Express und S-Bahn auf den Weg machen. Am schönsten finde ich den Haltepunkt Merten; Bahnhof kann man die zwei Bahnsteige an

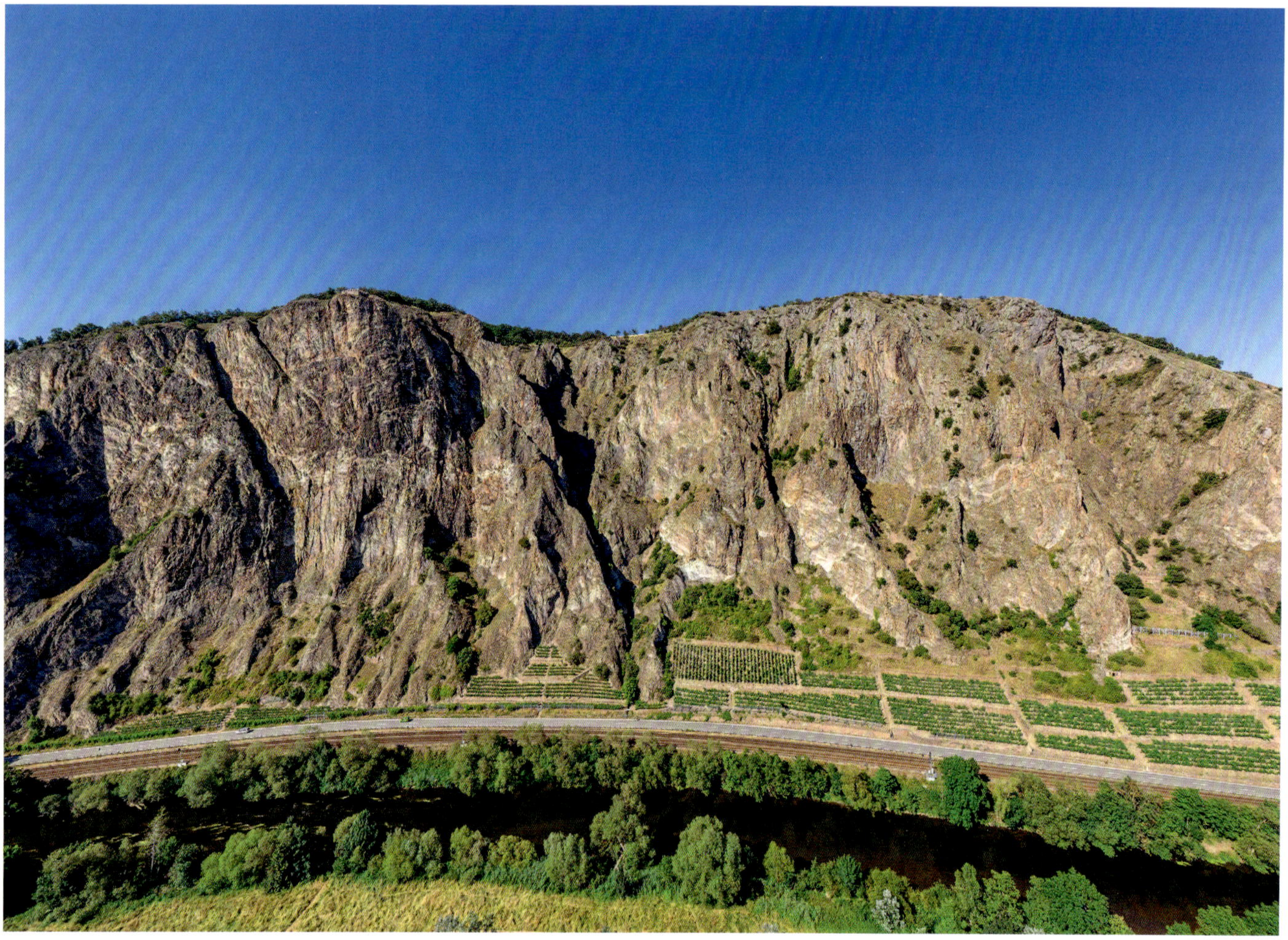

den Gleisen nicht nennen. Sensationell ist es, nach zehn Metern wirklich auf naturnahen Wegen im Grünen zu sein. Kein Haus, keine Straße, wir lassen die Zivilisation hinter uns. Und wandern vielleicht nach Blankenburg, der kleinsten Stadt Deutschlands, mit einer imposanten Stadtmauer. Aber Achtung: Ich habe auf dem Natursteig Sieg schon eine Gruppenwanderung geführt, bei der ausgewachsene Mannsbilder nach jedem Anstieg pumpten wie die Maikäfer. Denn im Flusstal verlaufen die wenigsten Wegabschnitte, es geht immer wieder auf die Höhen.

Eine ähnliche Charakteristik zeichnet den *Nahesteig* aus. Dieser Weg ist der kürzeste dieses Kapitels, dafür aber wahrscheinlich der knackigste. Der Nahesteig trägt das Suffix »-steig« zu Recht. Im Unterschied zu den meisten Fernwegen dieses Kapitels an Rhein, Mosel und Neckar folgt die Wegstrecke nicht unbedingt dem verschlungenen Flusslauf. Den Wanderern steht auch nicht einer der 13 Tunnel zur Verfügung, durch die die Nahetalbahn rauscht. Das Motto ist vielmehr: Ohne Fleiß kein Preis und ohne Anstrengung kein Ausblickglück. Immer wieder geht es vom

Der Rotenfels an der Nahe: die höchste Felswand zwischen den Alpen und Skandinavien.

Flussniveau auf schönen Waldpfaden auf die Höhen oberhalb der Nahe, mit tollen Panorama-Aussichten. Viele Flüsse – Rhein, Mosel, Neckar – sind sehr dicht besiedelt. An der Nahe dagegen hat man meistens das Gefühl, mit der Natur allein zu sein.

Der *Neckarsteig* startet am Schloss in Heidelberg. Die Stadt und das Schloss gehören zu den touristischen Highlights der Republik. »Heidelbörg« darf in keiner japanischen oder amerikanischen Deutschland-in-drei-Tagen-Tour fehlen. Dementsprechend war ich auf der ersten Etappe mental eher auf einen lockeren Spaziergang als auf ein forderndes Bergabenteuer eingestellt. Doch dann kam die Himmelsleiter. Ich schlage vor, die 1200 Stufen hinauf zum Königstuhl Höllenleiter zu nennen, unfassbar anstrengend ist es, diesen Berg hinaufzusteigen. Mein Begleiter an diesem Neckarsteig-Tag war ein drahtiger Naturschützer, 10 Jahre älter als ich, 20 Kilo leichter. »Ich – brauche – eine – Pause«, keuchte ich mehrmals während des Anstiegs. Ich stemmte die Arme in die Seiten und wartete, bis sich mein Puls wieder erholt hatte. Peinlich, peinlich, der sogenannte Wanderpapst machte auf den ersten Kilometern des Neckarsteigs schlapp. Oben auf dem Königstuhl kehrte dank Hefeweizen und Aussichten über die Rheinebene (bis in den Pfälzerwald) langsam das Wanderglück zurück. Mark Twain hat auf den Wanderwegen am Neckar als Amerikaner das Wandern in Deutschland gelernt. In seinen Reisetexten berichtet er auffällig häufig von Wegabschnitten, die er auf Kähnen absolviert hat. Der hatte es gut, den haben sie bestimmt nicht in Heidelberg die Himmelsleiter hochgejagt.

An der Rur ohne „H" in der Nordeifel erlebt man außer dem Fluss Felsen, Wälder und die Burg von Heimbach.

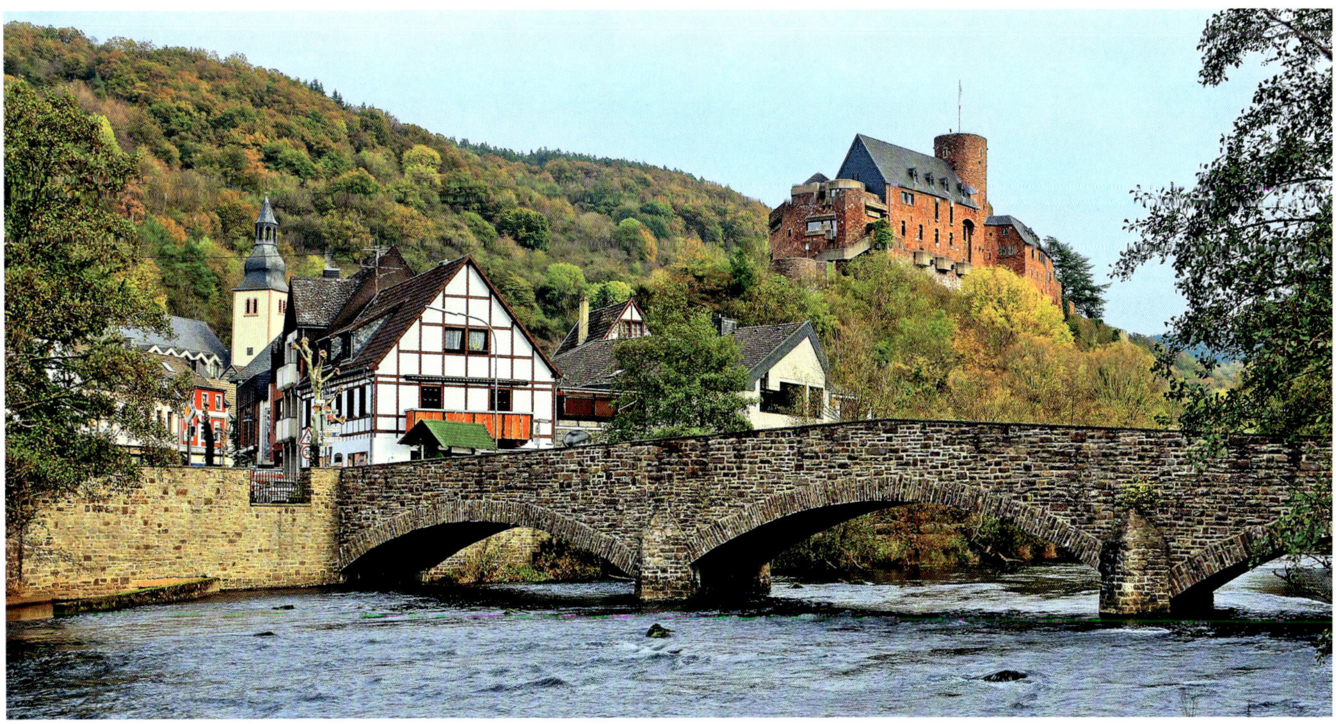

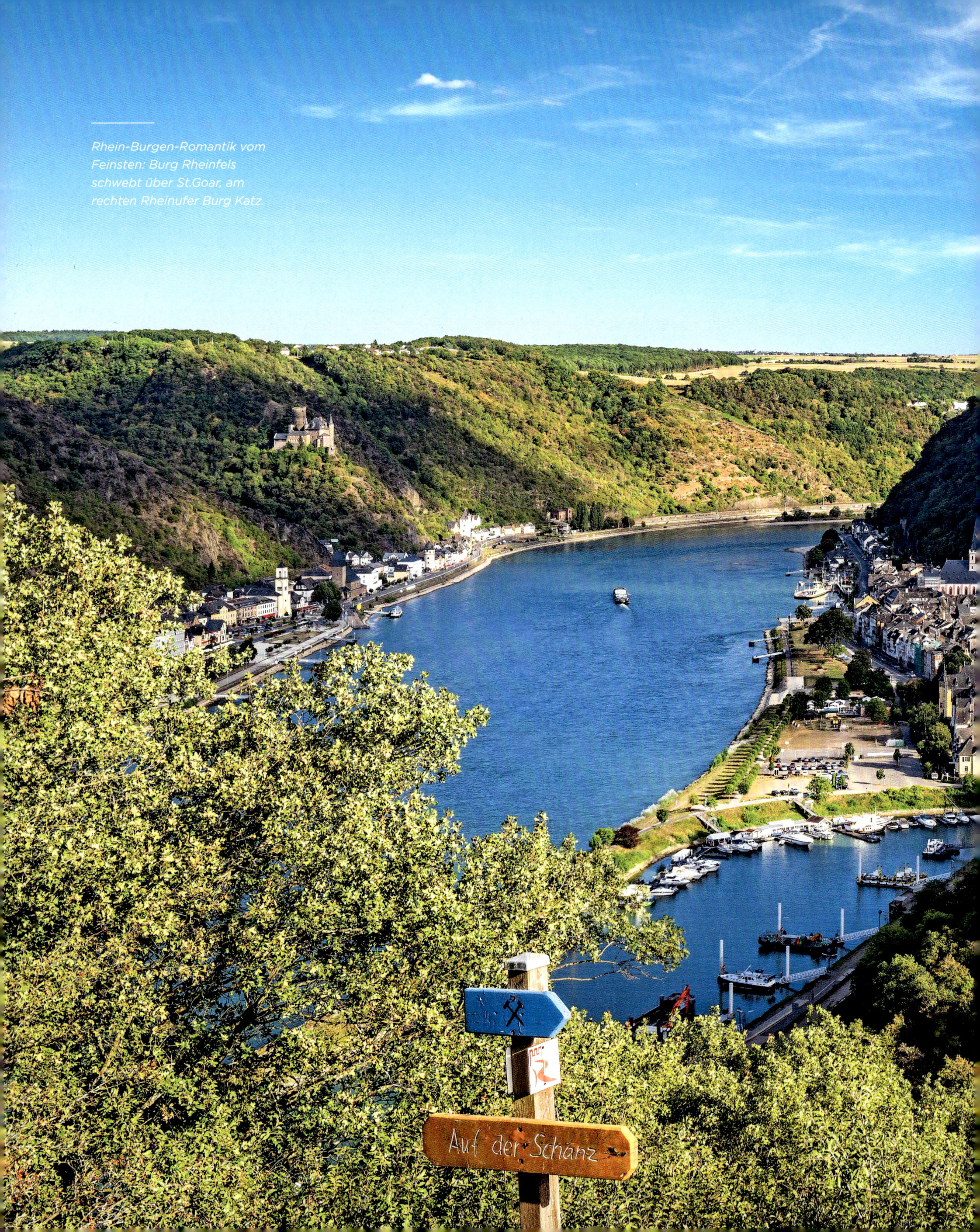

Rhein-Burgen-Romantik vom Feinsten: Burg Rheinfels schwebt über St.Goar, am rechten Rheinufer Burg Katz.

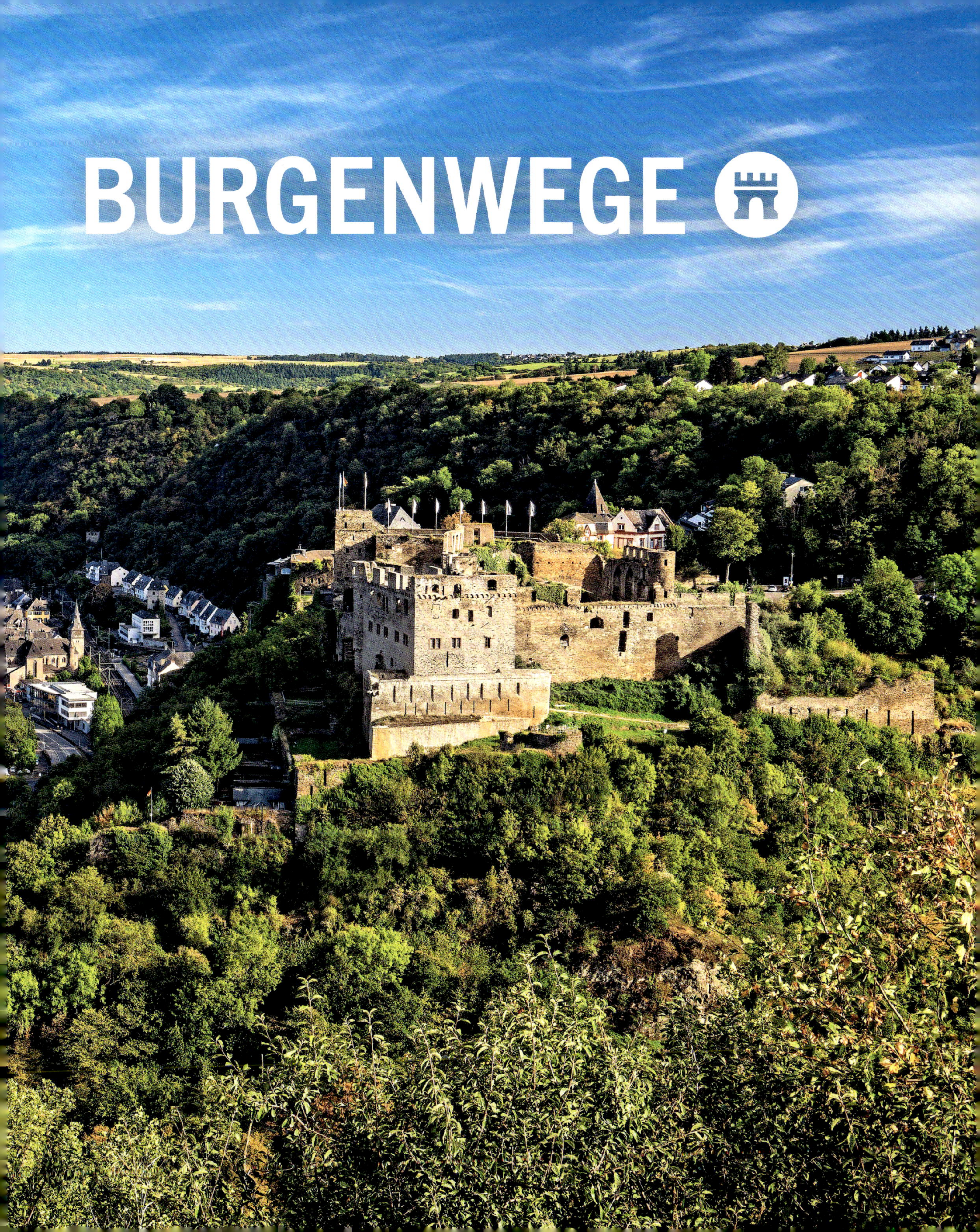
BURGENWEGE

Zehn Burgenwege

1 Moselsteig, Etappe von Müden nach Moselkern (Mosel)
Start: Bahnhof Müden.
9,6 Kilometer, 292 Höhenmeter

2 Bergschluchtenpfad Ehrenburg (Mosel)
Start: Brodenbach. 18,6 Kilometer, 879 Höhenmeter

3 Manderscheider Burgenstieg (Eifel)
Start: Manderscheid.
5,4 Kilometer, 342 Höhenmeter

4 Wartburg-Rundtour über Drachenschlucht und Elfengrotten (Thüringer Wald)
Start: Wartburg. 11,4 Kilometer, 317 Höhenmeter

5 Malerweg, Etappe von Wehlen nach Hohnstein (Elbsandsteingebirge)
Start: Stadt Wehlen.
13 Kilometer, 743 Höhenmeter

6 Malerweg, Etappe von Kurort Gohrisch nach Weißig
Start: Kurort Gohrisch.
15,3 Kilometer, 606 Höhenmeter

7 Annweilerer Burgenweg (Pfalz)
Start: Annweiler.
7,7 Kilometer, 397 Höhenmeter

8 Rheinburgenweg (Rheinland)
Start: Remagen.
201,7 Kilometer, 5740 Höhenmeter, 13 Etappen

9 Burgensteig Bergstraße (Hessen/Baden)
Start: Darmstadt-Eberstadt.
115 Kilometer, 4499 Höhenmeter, 9 Etappen

10 Traufgang Zollernburg-Panorama (Schwäbische Alb)
Start: Albstadt-Onstmettingen. 15,6 Kilometer, 412 Höhenmeter

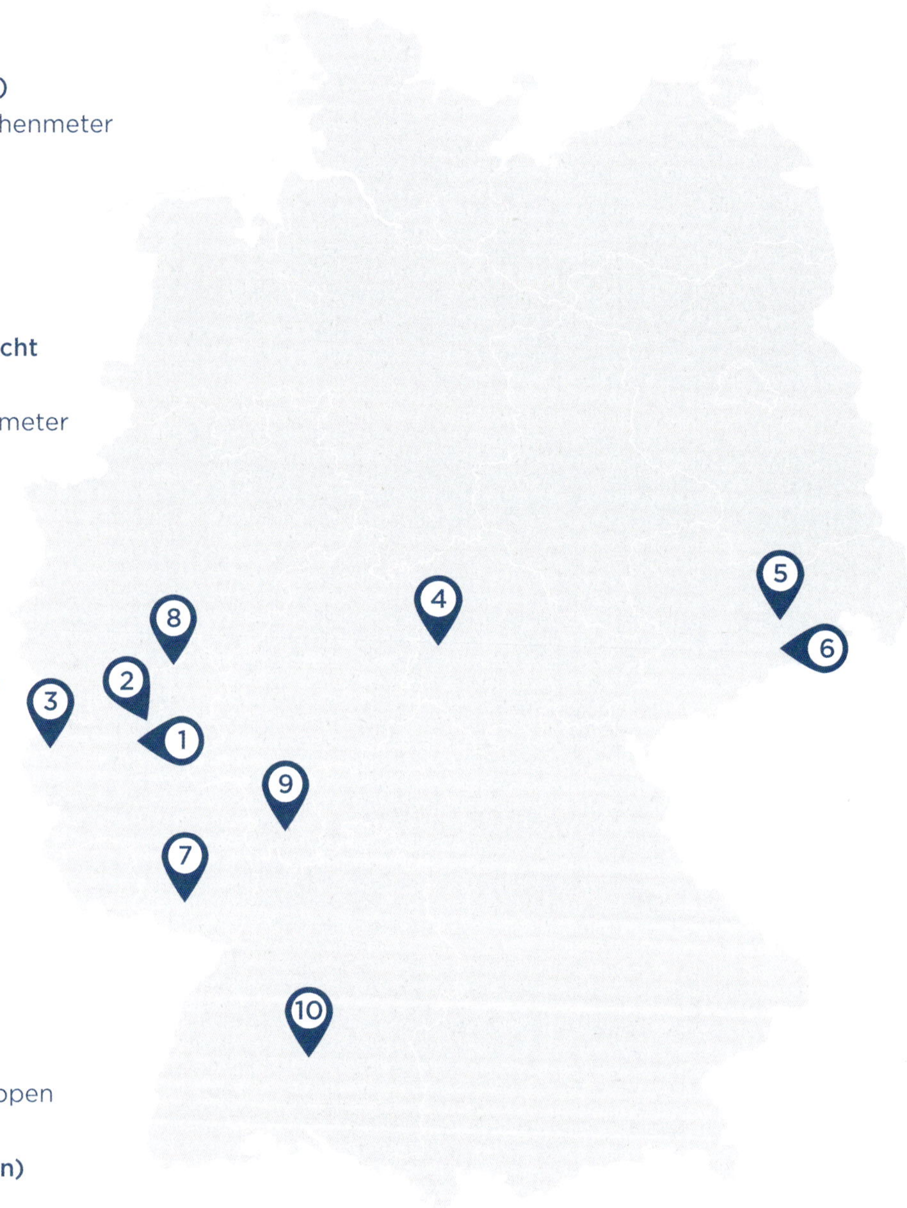

»Burgen gehören für mich unbedingt zum Wanderglück.«

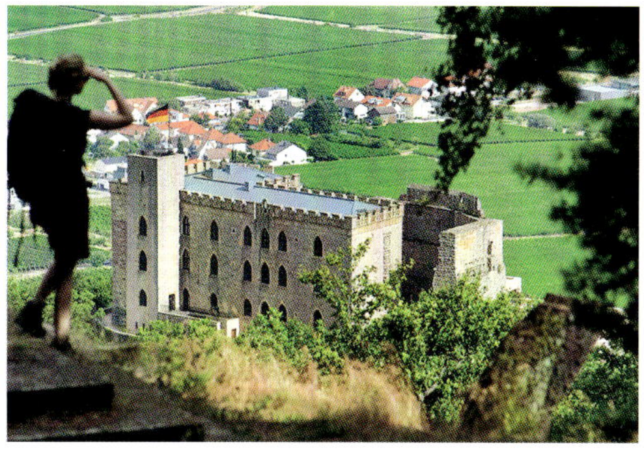

Ein Wanderer auf dem Pfälzer Weinsteig oberhalb des Hambacher Schlosses

Einen glückswissenschaftlich fundierten Beleg, dass Burgen am Wegrand glücklich machen, habe ich nicht gefunden. Das wäre aber doch mal eine schöne Idee, liebe Wanderglück-Forscher, die Gefühle von Wanderern zu untersuchen, wenn sie eine Burg oder ein Schloss erblicken. Auf jeden Fall gehören für mich – und weil das hier mein Buch ist, bin ich in der glücklichen Lage, das selbst entscheiden zu dürfen – Burgen unbedingt zum Wanderglück. Was gibt es Schöneres, Erhabeneres, Faszinierenderes, als wenn plötzlich die Mauern, Türme, Ruinen einer mächtigen Burg vor uns auftauchen? Eine Burgruine erzählt von der Vergänglichkeit, eine intakte Burg von Wehrhaftigkeit, ein prächtiges Schloss von Reichtum und Verschwendungssucht. Ich habe schon weiter oben erzählt, dass paradoxerweise Natur vor allem dann als schön empfunden wird, wenn sie gar nicht so natürlich wild, sondern eher gezähmt, kultiviert daherkommt. Vielleicht gefallen uns ja deshalb auch von Menschenhand geschaffene Bauwerke in der Natur so gut. Aber das Schöne an den meisten Burgen ist, dass sie in den seltensten Fällen in großen Städten zu finden sind, sondern eher in ländlichen Regionen, oft an Flüssen, meistens an herausragenden Stellen, an exponierten Bergkuppen oder Bergspornen.

So wie die schönste Burg Deutschlands, *Burg Eltz*. Okay, da lehne ich mich jetzt weit aus dem Fenster, aber die hat für mich alles, was eine großartige Burg ausmacht. Viele filigrane Türme, eine exponierte Lage auf einem Felsen, den naturnahen Standort an einem Bach in der Nähe der Mosel. Und es ist eine historische Burg, nicht ein neuromantischer Bau wie das »Disney-Schloss« Neuschwanstein. Burg Eltz ist ein Stein gewordener Traum. Aber was ist der Ursprung ihres filigranen Looks? Es handelt sich um eine sogenannte Ganerbenburg. Das heißt, dass sich jeder Erbe des Geschlechts der Adligen zu

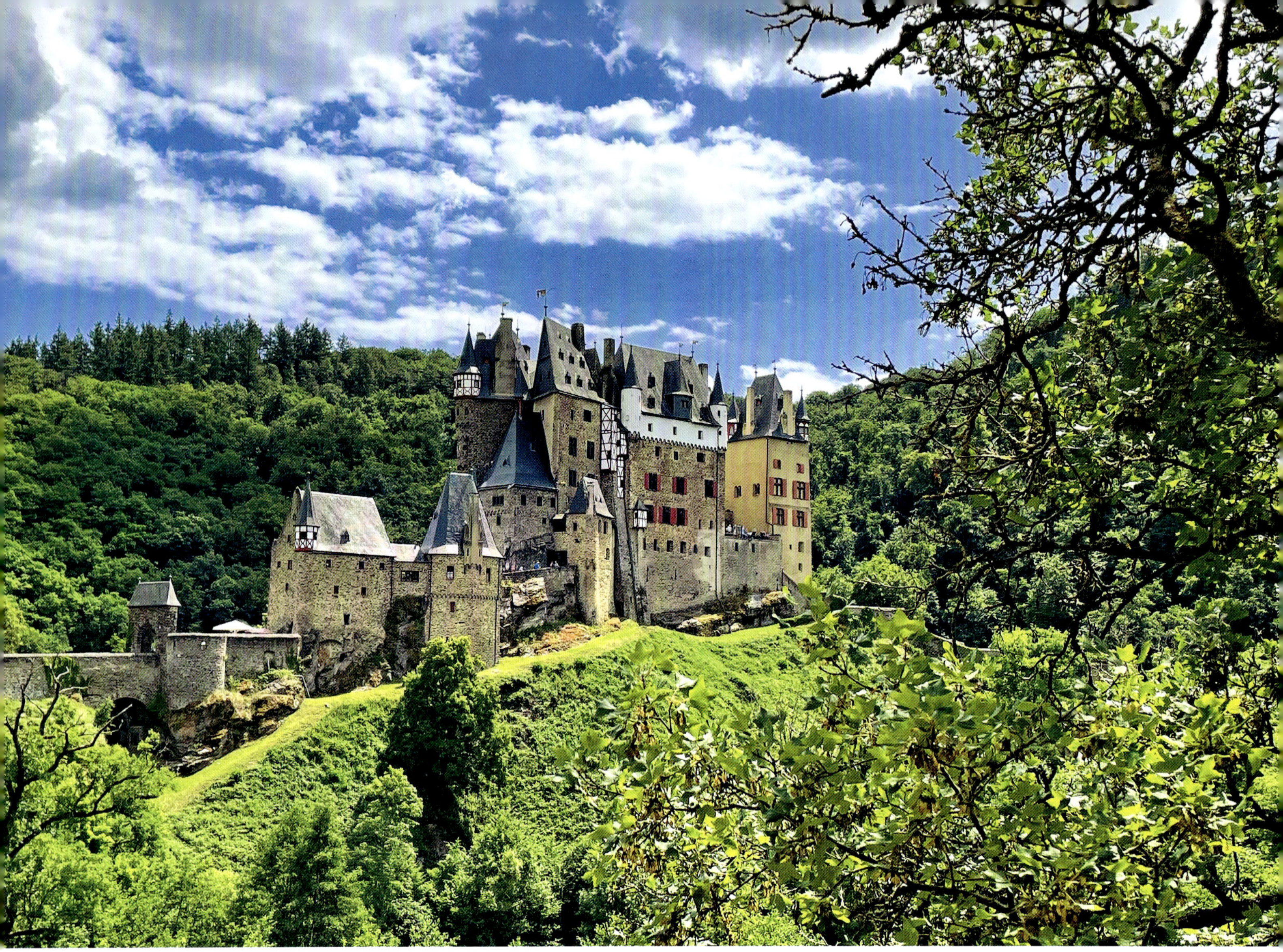

Eltz sein eigenes schickes Wohnhaus mit Turm, Erker und Spitzdach auf dem knappen Felsengrundstück gebaut hat. Insgesamt sind es acht Häuser. Man baute wegen dieses Platzmangels in die Höhe, nicht in die Breite. Eher eine Hochhaussiedlung.

Aber wie genau erlebe ich als Wanderer diese wunderschöne Burg am besten? Wenn wir auf dem *Moselsteig* zwischen den Orten Müden und Moselkern gehen, überqueren wir den Elzbach. Dann geht es einen Pfad bergan, links um einen Felsen herum, und bald hebt sich der Vorhang zum Wanderglück – Tusch! –, die Burg Eltz ist plötzlich ganz nah und glänzt in ihrer vollen Schönheit. Der Moselsteig ist in mehrfacher Hinsicht ein Weg ins Wanderglück. Er ist ein Burgenweg, ein Flussweg und natürlich ein Ausblickweg. Denn genau diese Ausblicke auf eine Burg sind so faszinierend.

Auf der anderen Moselseite findet sich die Ehrenburg am Premiumweg *Bergschluchtenpfad Ehrenburg*, oberhalb der wunderschönen Ehrbachklamm. Keine Burg in Deutschland habe ich öfter besucht, meine Kinder waren begeistert, ich ebenso. Warum? Nun, man

Die Königin unter den Burgen: markant, elegant, wunderschön. Kein Wunder, dass die Burg Eltz früher den Fünfhundert-Mark-Schein zierte.

kann hier nicht nur ritterlich speisen, sondern auch übernachten. Ein wirklich einmaliges Erlebnis, in der Kemenate aufzuwachen und durch die Fenster in den massiven Burgmauern auf die nebeligen Wälder des nördlichen Hunsrück zu schauen. Der absolute Knaller aber sind an jedem Sonntag zwischen Ostern und Allerheiligen die Aktionen dieser lebendigen Burg. Es gibt mysteriöse Burgen-Abenteuer-Rätsel, Einblick in mittelalterliche Berufe und die passende musikalische Begleitung. Sehr schön ist die Möglichkeit, sich unter fachkundiger Anleitung im Bogenschießen zu versuchen. Ich möchte nicht angeben, aber ich habe auf eine große Distanz so oft ins Schwarze getroffen, dass mich mein Bogenschießen-Trainer fast zu den nächsten Olympischen Spielen angemeldet hätte. Eine wunderbare Sportart, bei der man auch mit Übergewicht die Goldmedaille gewinnen kann. Wenn man weiter moselaufwärts fährt, ungefähr zwischen Cochem und Trier sich nördlich wendet und den Lieserpfad entlang wandert, erreicht man zunächst Wittlich, später Manderscheid. Dort kann man auf dem Rundwanderweg *Manderscheider Burgenstieg* ein Kuriosum bestaunen: Die *Ober-* und die *Unterburg*, die eine von den Luxemburger Erzherzögen, die andere vom Trierer Erzbischof erbaut, belauern sich gegenseitig – ein Burgen-Duell auf so engem Raum ist weltweit einzigartig.

Die Ehrenburg in der Nähe von Koblenz ist eine echte Mitmach-Burg. Premium-Mittelalterspaß!

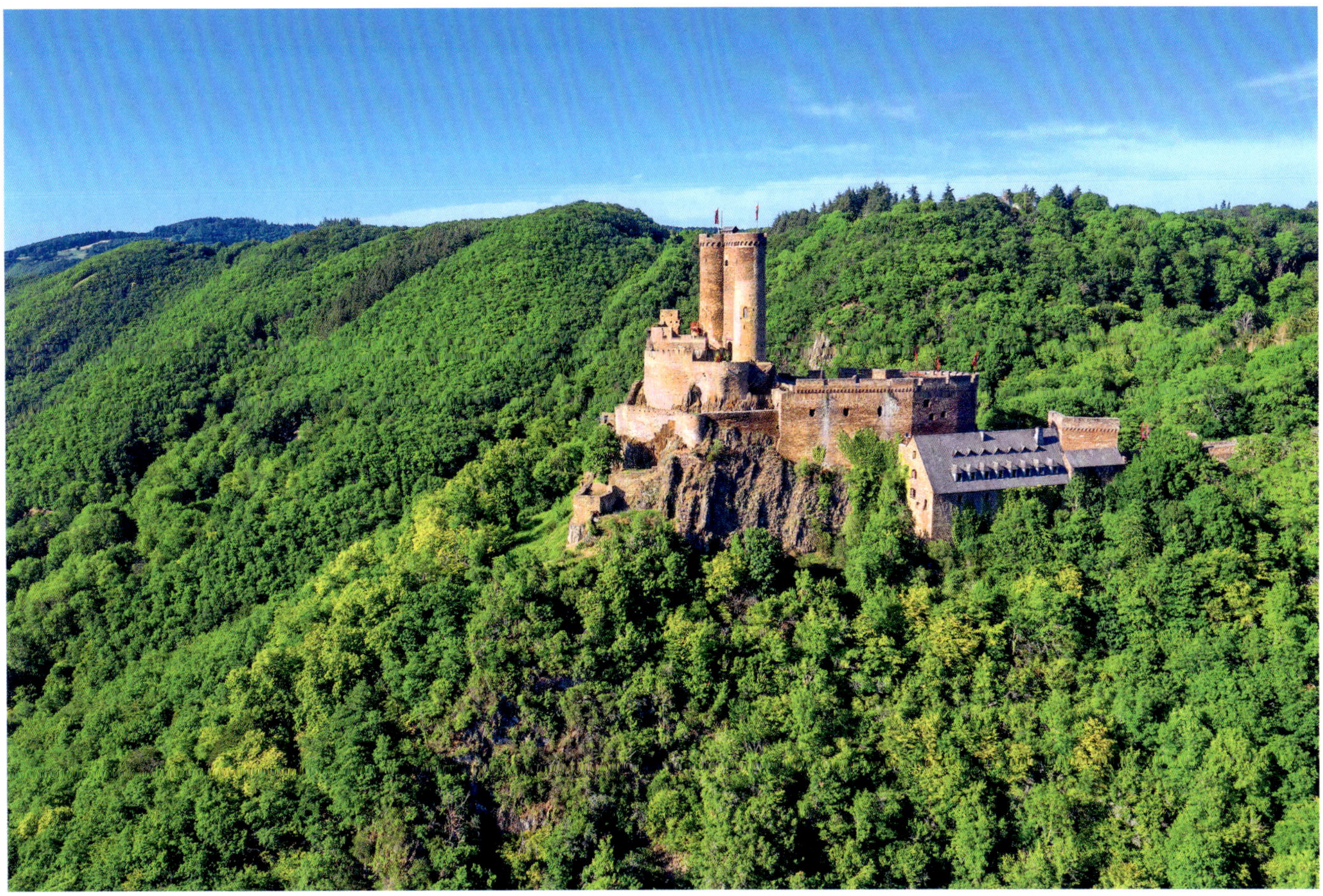

Wahrscheinlich die bekannteste Burg Deutschlands ist die *Wartburg*. In unmittelbarer Nähe zum Rennsteig gelegen, kann man sie auch auf einem kleinen Rundweg über die wildromantische *Drachenschlucht* erreichen. Wobei der berühmteste Bewohner der Wartburg, ein gewisser Junker Jörg alias Martin Luther, nicht gegen Drachen, sondern gegen den Teufel kämpfen musste. Angeblich kann man auf der Burg noch den Tintenklecks an der Wand erkennen, denn der Teufel hat das Luthersche Tintenfass gemieden wie Weihwasser. Berühmt ist auch der mittelalterliche Sängerwettstreit auf der Wartburg. Kleiner Tipp: Wenn Sie nach dem mühsamen Aufstieg zur Wartburg wieder zu Atem gekommen sind, machen Sie doch mit Freunden oder Ihrer Familie einen neuzeitlichen Sängerwettstreit, ein großes Auditorium ist Ihnen auf der Burg oberhalb von Eisenach gewiss.

In einer Online-Umfrage las ich, die *Burg Neurathen* an der sächsischen Bastei sei die beliebteste Burg Deutschlands. Ich lasse das mal so stehen, allerdings fin-

Ein fantastisches Ensemble mitten in der Eifel am schönsten Wanderweg der Welt: Oberburg und Unterburg in Manderscheid

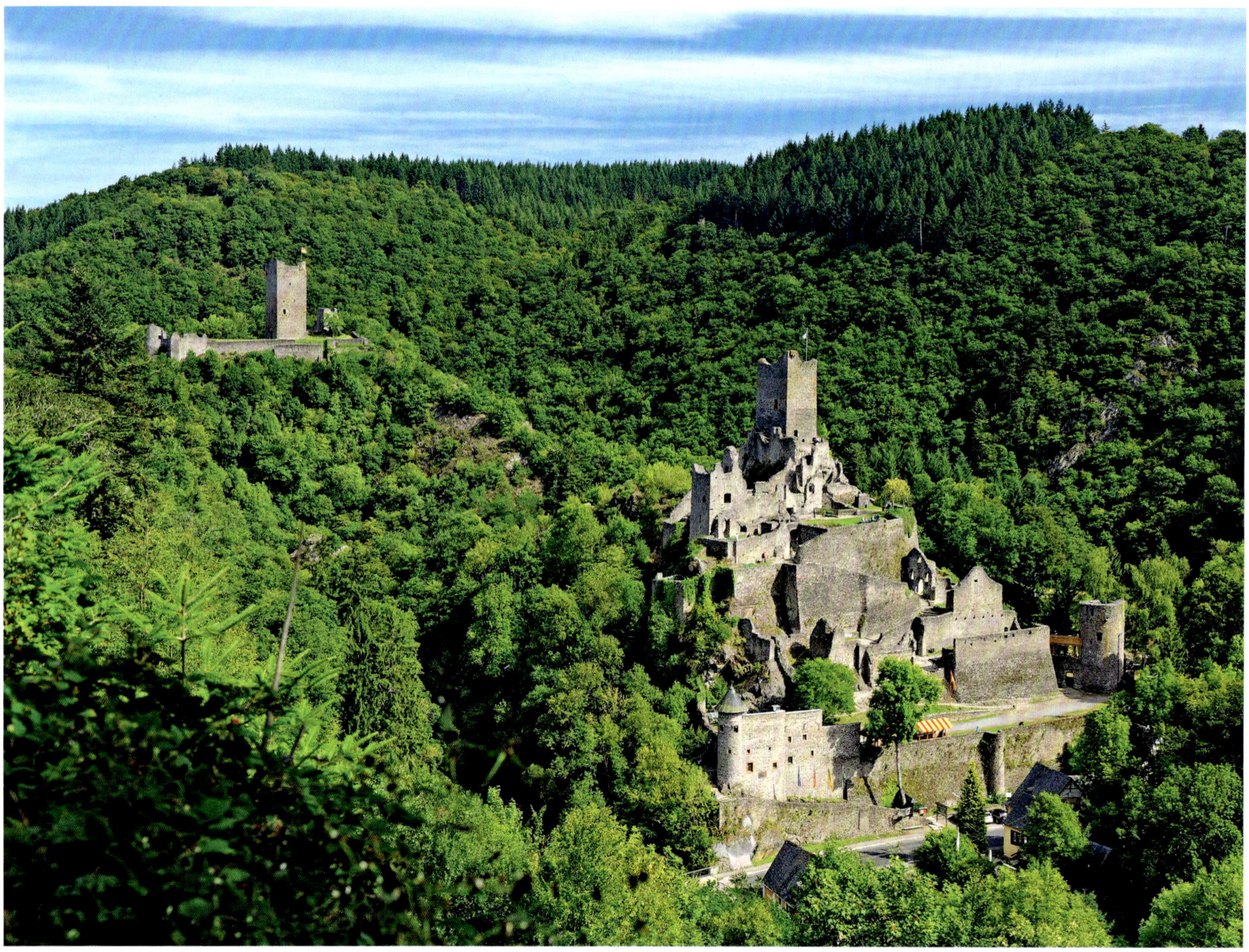

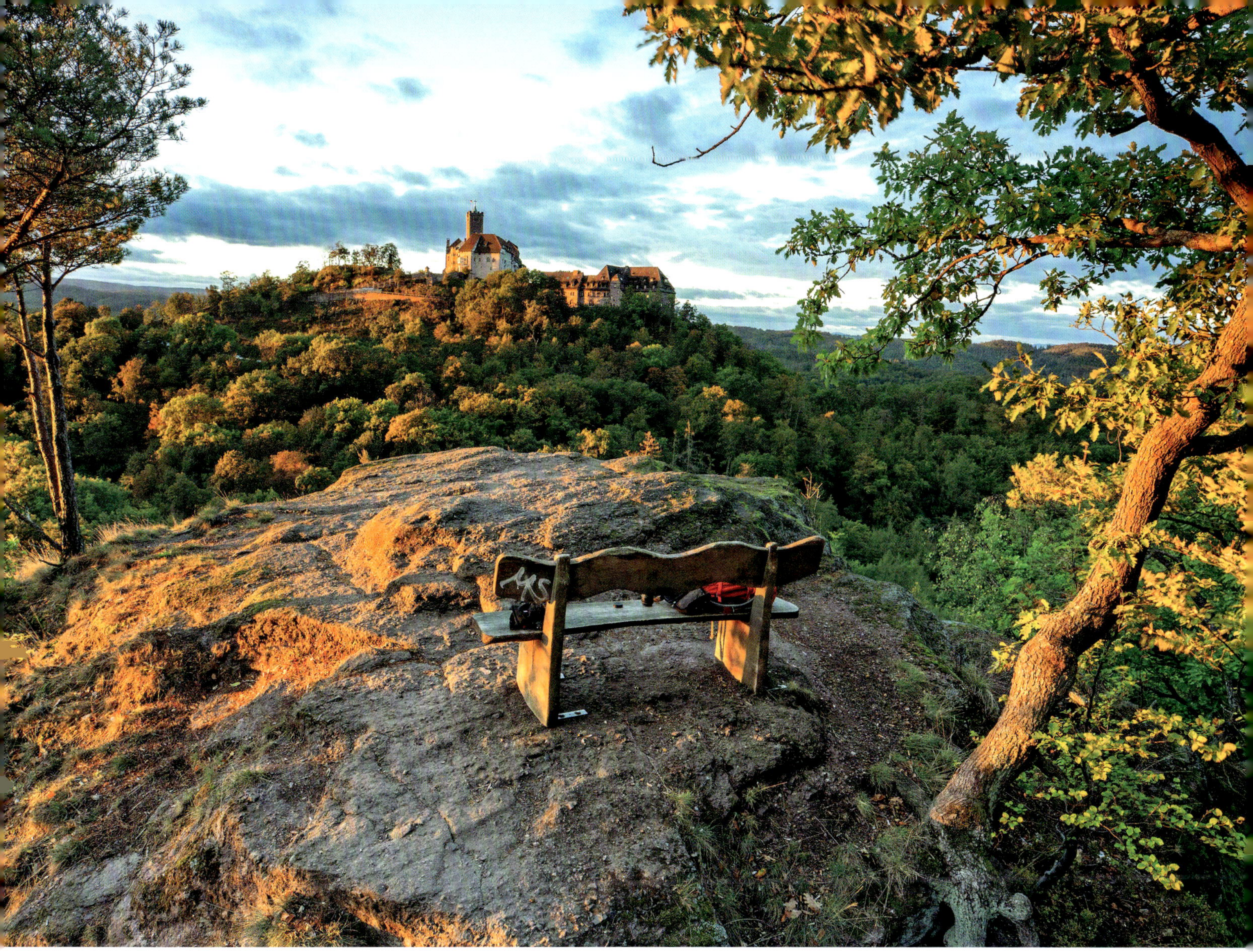

Blick auf die Wartburg, die Drachen haben sich in ihrer Schlucht zwischen Felsen und Burg versteckt.

de ich persönlich die Ausblicke auf die Elbe und die bizarren Felsformationen der Bastei noch etwas spektakulärer als die Burg Neurathen selbst. Wie dem auch sei, das Gesamtensemble aus Burg, Blicken und Felsen macht diesen Ort am *Malerweg* im Elbsandsteingebirge einmalig. Der Malerweg heißt übrigens Malerweg, weil nicht nur Caspar David Friedrich die Sächsische Schweiz so malerisch fand. Wobei der berühmte Wanderer über dem Nebelmeer leider wenig Burgen und Felsen sieht, sondern Nebel. Scheint auch glücklich zu machen.

Auf der der Bastei gegenüber liegenden Elbseite findet sich, natürlich auch am Malerweg gelegen, die *Festung Königstein*, eine der größten Anlagen Europas, Besuch unbedingt Pflicht. An diesem Ort kann man die baugeschichtliche Folge Burg – Festung – Schloss gut nachvollziehen. Die mittelalterliche Burg Königstein wurde Ende des 16. Jahrhunderts zur Festung ausgebaut. Das hatte militärische Gründe. Die Burgen waren den mächtigen Kanonen schon bald nicht mehr gewachsen, woraufhin die Befestigung so

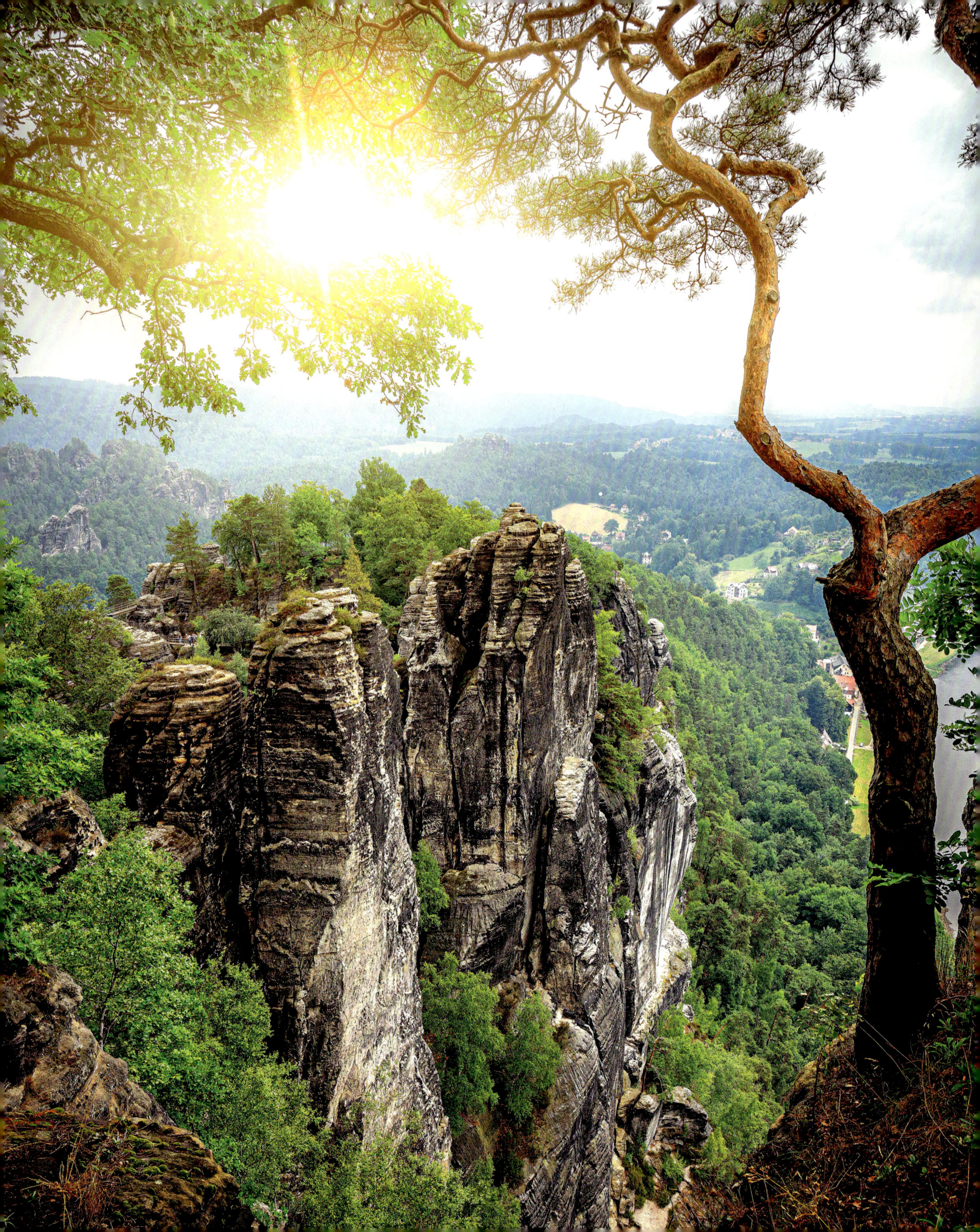

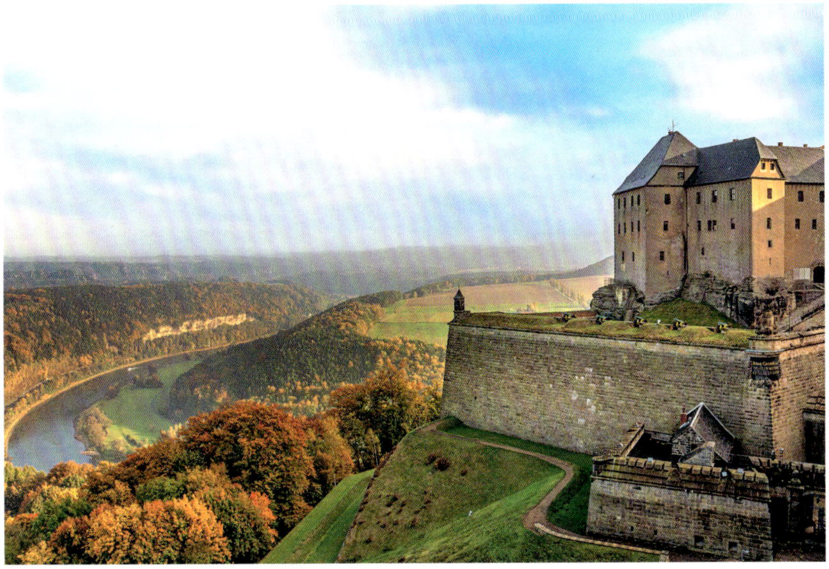

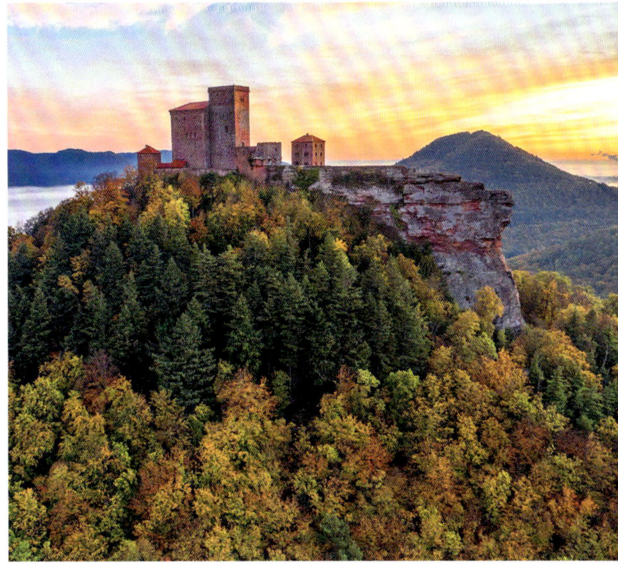

Wenn man möchte, kann man auf der Festung Königstein auch Feste feiern (oben links).

Es gibt schlimmere Orte als Burg Trifels, an denen man gefangen gehalten werden kann. Heul' nicht, Richard Löwenherz (oben rechts)!

Das Geniale an der Burg Neurathen an der Bastei ist die Einbeziehung der Felsen in das Bauwerk (Seite gegenüber).

massiv ausgebaut wurde, dass sie selbst Dauerbeschuss standhielt. Da die feinen Edelleute es aber auch ein wenig schick haben wollten, wurde in Königstein im 17. Jahrhundert noch ein Lustschloss in die Festung gebaut. Den verbalen Dreiklang Burg – Festung – Schloss gibt es in dieser Form nur im deutschsprachigen Raum. In England heißen alle Gebäude, ob Burg oder Schloss, *castle*, in Frankreich *château*.

Waschechte Burgen allerdings kann man auf dem *Annweilerer Burgenweg* in der Pfalz entdecken. Der Premiumweg ist ein Rundweg, nur 7,7 Kilometer lang und daher auch für Familien geeignet. Dieser Wanderweg weist wahrscheinlich die höchste Burgendichte der Welt auf – nicht nur die Hauptburg *Trifels*, sondern auch zwei kleinere Schutzburgen, *Anebos* und *Scharfenberg*. Wie aufgereiht liegen diese drei auf drei Bergkuppen hintereinander in herrlichster Natur. Und wenn der Feind (der schon fast traditionell aus Süden, also aus Richtung Frankreich vermutet wurde) sich Trifels nähern wollte, hatte er erstmal zwei andere Burgen vor der Nase. Die beiden kleineren sind heutzutage Ruinen, die Hauptburg wurde im 19. Jahrhundert von den bayerischen Wittelsbachern, die ja ursprünglich aus der Pfalz stammten, wieder aufgebaut. Nicht ganz historisch korrekt dieser Neubau, so sagt man.

Burg Trifels wird auch Kaiserburg genannt: Immer wieder residierten die deutschen Kaiser der Stauferzeit – die ja allesamt Reisekaiser waren – im 12. und 13. Jahrhundert auf Burg Trifels. Sogar die Reichskleinodien (Reichskrone, Zepter und Reichsapfel) wurden in der Pfalz aufbewahrt, die waren ja viel zu wertvoll, um sie kreuz und quer durch das ganze Heilige Römische Reich Deutscher Nation zu schleppen. Bemerkenswert ist auf jeden Fall die Tatsache, dass der legendäre König Löwenherz – mindestens drei Wochen – auf Burg Trifels eingesperrt war. Die englischen Sagenautoren des Mittelalters fabulierten von einer spektakulären Befreiung des König-Superstars, wahrscheinlich ist er aber ganz banal durch Bezahlung eines Lösegelds freigekommen. *It's the economy, stupid!* Umso glücklicher sind wir Wanderer, dass wir uns nicht nur auf dem Wanderweg, sondern auch in der pfälzischen Burg frei bewegen können. Und immerhin die Kopien der Reichsinsignien bewundern dürfen.

Wenn wir von der Burg Trifels nordwestlich wandern, auf dem *Pfälzer Weinsteig*, erreichen wir nach ungefähr 23 Kilometern ein Schloss, dass eminent wichtig für die deutsche Geschichte ist: das *Hambacher Schloss*. Studenten aus ganz Deutschland wanderten (!) 1832 – die Eisenbahn hatte noch nicht ihren Weg in unser Land gefunden – aus allen Himmelsrichtungen in die Pfalz und versammelten sich in Neustadt an der Haardt, heute Neustadt an der Weinstraße. Dann gingen sie fahnenschwenkend den Berg hinauf und feierten am Schloss eine Party, das Hambacher Fest. Eine Demo für mehr Freiheit, Gleichheit und ein einiges Deutschland. Symbol dieses Wanderfestes wurde die Flagge der Burschenschaft aus Jena, die die größte Abordnung stellte. Die Farben: Schwarz, Rot, Gold.

Wir können nicht nur auf dem Pfälzer Weinsteig und auf etlichen Fernwanderwegen eine Reihe von Burgen entdecken. Wie der Namen schon verrät, kommt man auf dem *Rheinburgenweg* an vielen Burgen nahe »Vater Rhein« vorbei. Dieser Weg ist der linksrheinische Bruder des rechtsrheinischen Rheinsteigs. Die meisten Burgen am Rhein sind allerdings keine mittelalterlichen Originale, sondern im 19. Jahrhundert von schwerreichen Rheinromantikern erbaute Fantasiegebäude. Viele kleine Schloss-Neuschwansteins am Rhein. Zum Beispiel die *Schönburg* oberhalb von Oberwesel, der Rheinburgenweg führt direkt an den Schlossmauern vorbei. Noch 1840 beschrieb Victor Hugo die Burg so: »Wie fast alle Rheinstädte, hat auch Ober-

Burg Frankenstein bei Darmstadt – sieht doch gar nicht so gruselig aus (unten links).

Keine Burg, sondern die Brücke von Remagen – oder das, was von ihr übrig blieb. Der Brückenkopf liegt aber am Rheinburgenweg (unten rechts).

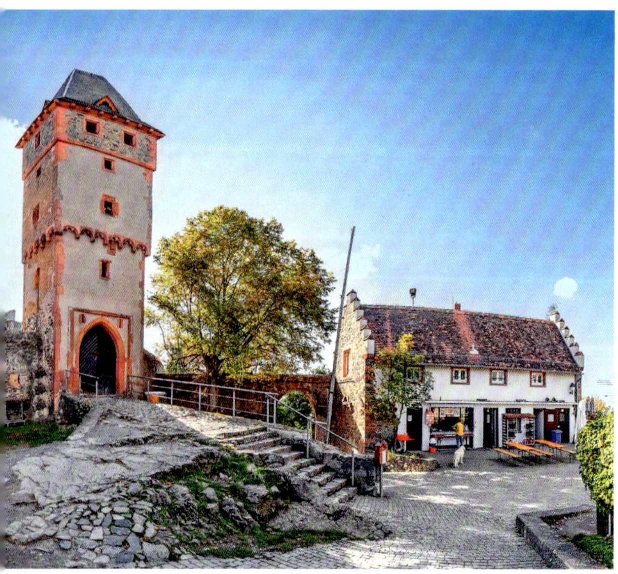

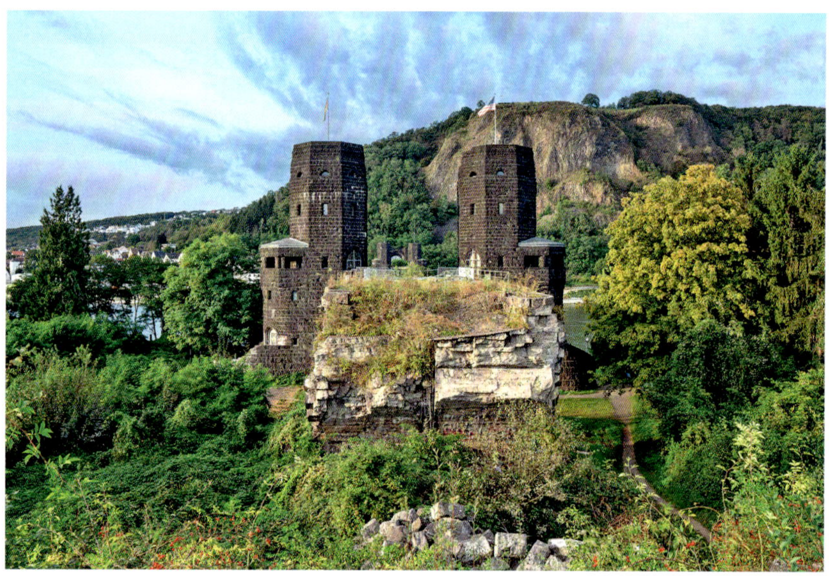

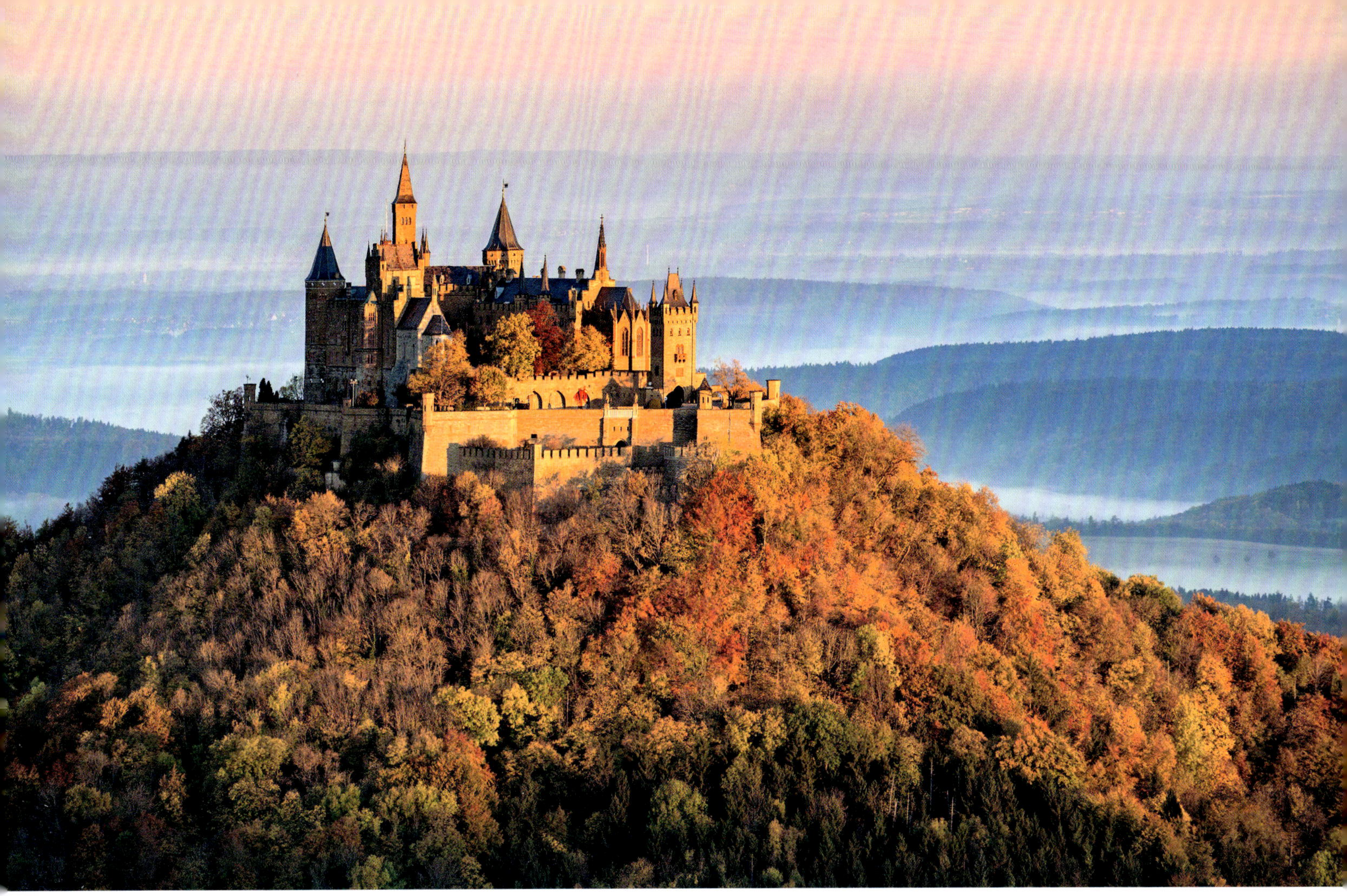

Besitzansprüche hin oder her, eins steht fest: Schloss Hohenzollern gehört den Hohenzollern.

wesel auf seinem Berge eine Burg in Ruinen, eines der bewunderungswürdigsten Schuttwerke, die es in Europa gibt.« Doch dann kam der reiche Onkel aus Amerika, der auch noch T. J. Oakley Rhinelander hieß, und baute Ende des 19. Jahrhunderts die Burg wieder auf.

Auch der *Burgensteig Bergstraße*, weiter südlich, kann zwischen Darmstadt und Heidelberg mit einer Vielzahl von Burgen glänzen. Eine allerdings sticht hervor, und das ist die *Burg Frankenstein*. Ob die Gruselbuchautorin Mary Shelley diesen Ort jemals besucht hat, ist unwahrscheinlich, allerdings hat sie sich wohl bei einer Rheinreise (oder Rheinwanderung?) den Namen gemerkt und in ihrer weltberühmten Monstergeschichte verwendet.

Einen der größten Glücksmomente können wir genießen, wenn wir auf dem *Zollernalb-Panoramaweg* an der Albtrauf oberhalb von Albstadt wandern. Erst geht es über ebene Felder, dann in den Wald, die Hangkante stürzt dramatisch in die Tiefe, 200, 300 Meter steil bergab. Und der Blick öffnet sich zum märchenhaften *Hohenzollernschloss Sigmaringen*, dem Stammsitz des Herrschergeschlechts, das Deutschlands letzten Kaiser stellte. Dieser hat sich nicht mit Nachruhm bekleckert, aber das Schloss seiner Ahnen ist große Klasse und macht uns Wanderer glücklich.

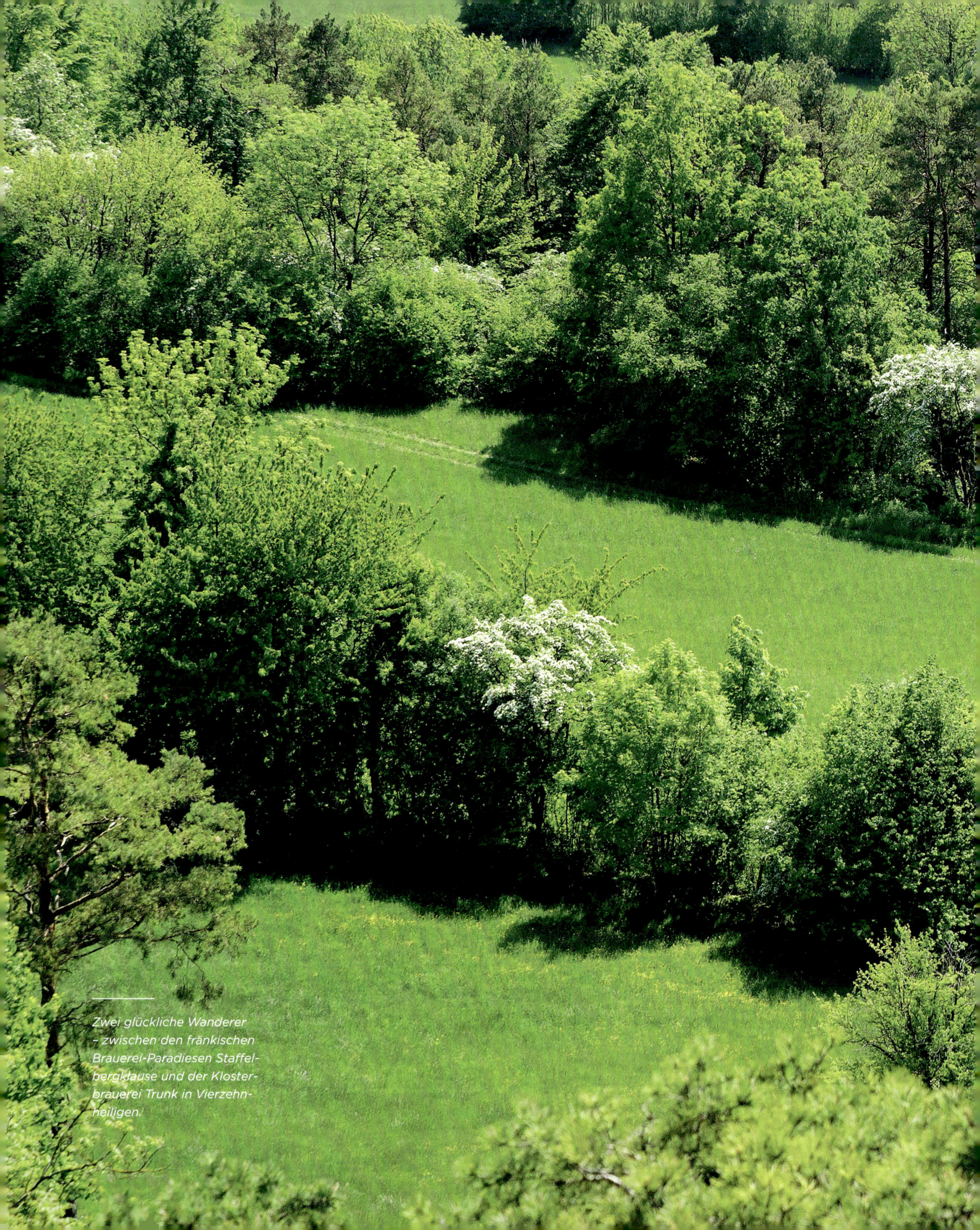

Zwei glückliche Wanderer – zwischen den fränkischen Brauerei-Paradiesen Staffelbergklause und der Klosterbrauerei Trunk in Vierzehnheiligen.

EINKEHRWEGE

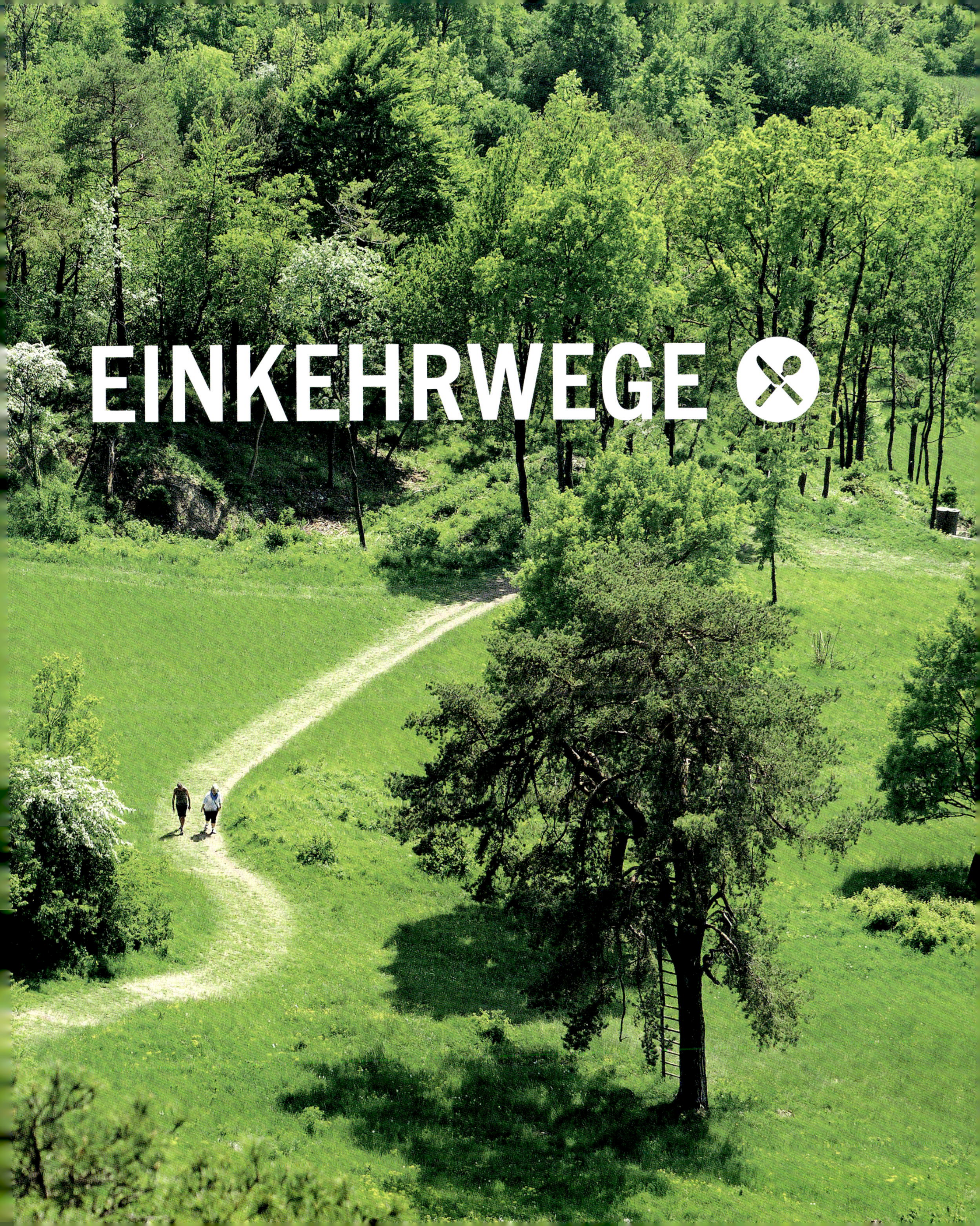

Zehn Einkehrwege

1 Leitzachtaler Bergblicke (Schliersee-Region)
Start: Fischbachau.
13,2 Kilometer, 221 Höhenmeter

2 Internationaler Kunstwanderweg Fläming (Brandenburg)
Start: Wiesenburg. 16,8 Kilometer, 108 Höhenmeter

3 Aufseßer Brauereienweg (Franken)
Start: Aufseß. 14 Kilometer, 416 Höhenmeter

4 Feldbergsteig (Baden)
Start: Seebuck.
12,3 Kilometer, 464 Höhenmeter

5 Holperdolper (Münsterland)
Start: Lienen.
13,3 Kilometer, 392 Höhenmeter

6 Dörenther Klippen (Münsterland)
Start: Bocketal.
9,3 Kilometer, 263 Höhenmeter

7 Ahrsteig von Sinzig nach Bad-Neuenahr (Ahr)
Start: Sinzig.
16,0 Kilometer, 564 Höhenmeter

8 Bopparder Ansichten (Rheinland)
Start: Boppard.
8,6 Kilometer, 253 Höhenmeter

9 Lecker Pfädchen (Hunsrück)
Start: Thalfang.
11,2 Kilometer, 207 Höhenmeter

10 Traumschleife Fünf-Täler-Tour (Hunsrück)
Start: Naurath/Wald.
9,5 Kilometer, 249 Höhenmeter

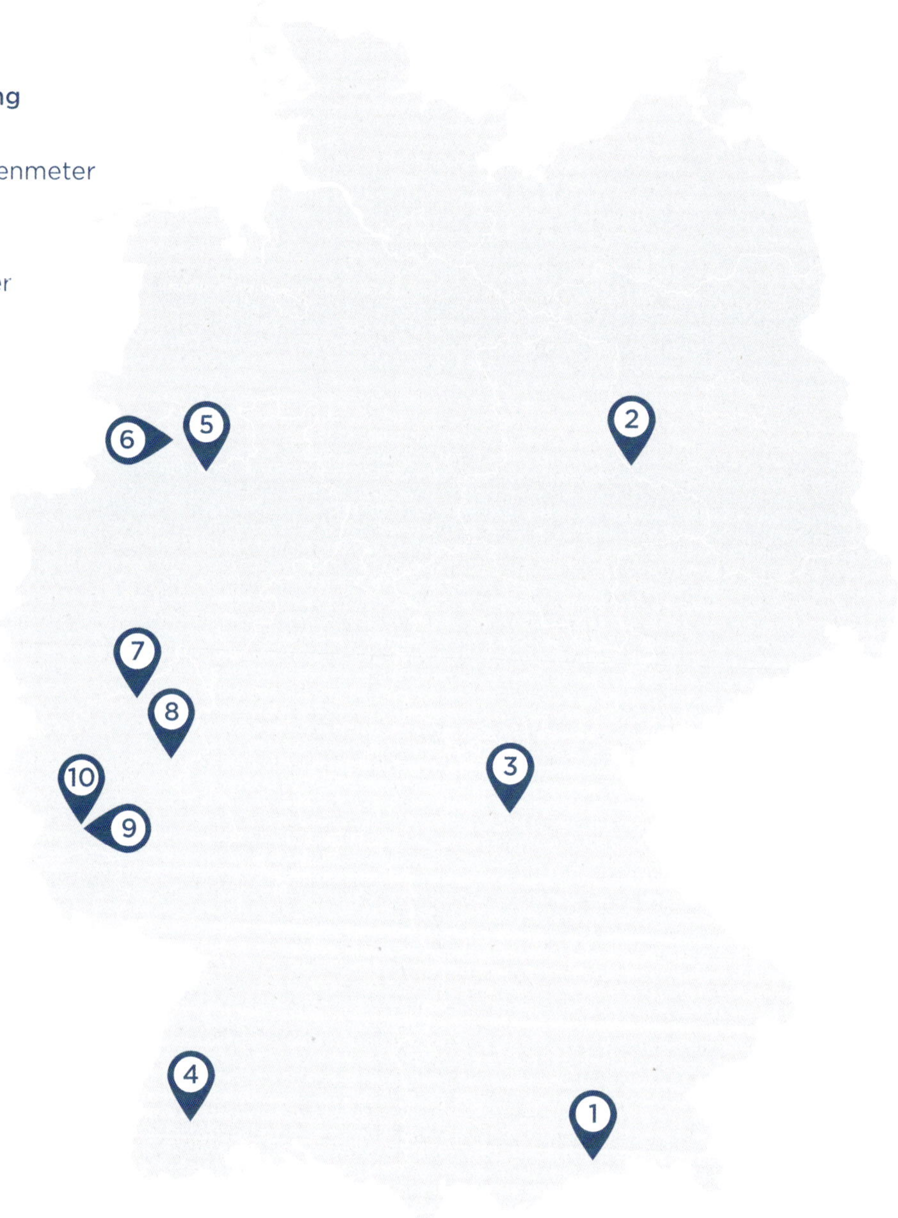

»Was wäre eine Wanderung ohne Schlusseinkehr?«

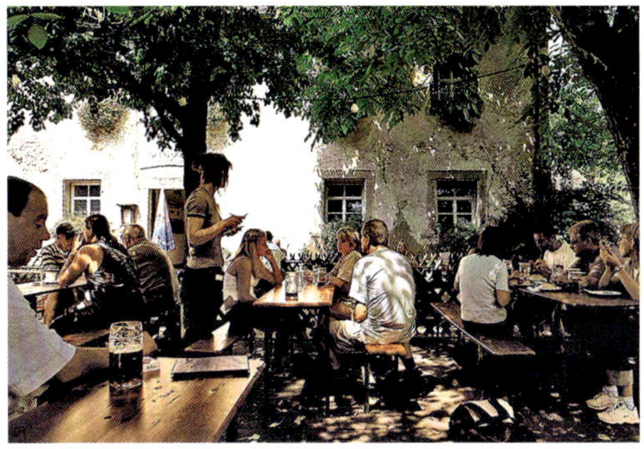

Im Biergarten »Kathi-Bräu« in Aufseß

Es gibt Wanderer, die ohne die Aussicht auf eine schöne Schlusseinkehr keinen Meter gehen. Ich finde das vernünftig. Denn angeblich macht ja nicht nur Wandern, sondern auch Essen glücklich. Dabei sind es gar nicht die Glücksbotenstoffe wie Serotonin oder Dopamin, die über das Essen in unseren Körper transportiert werden. Es ist eigentlich viel einfacher, wie der Ernährungspsychologe Dr. Thomas Ellrott erklärt: »Man koppelt den Geschmack eines Lebensmittels an eine parallele, ganz positive Lebenssituation. Und später, wenn man dieses Lebensmittel zu einer anderen Situation isst, kann man automatisch dieses positive Gefühl mit dem Geschmack dieses Lebensmittels wieder abrufen. Und das ist der typische Weg, wie bestimmte Lebensmittel glücklich machen.« Hm, etwas gespreizt formuliert, aber wenn ich »Lebensmittel« durch »Bier« ersetze und »Lebenssituation« durch »Wandern«, dann kommt mir der psychologische Wiedererkennungseffekt sehr bekannt vor. Nach einer Tagestour setze ich mich in den Biergarten. Allein der Akt des Hinsetzens (»Aaaah!«) tut Körper und Seele schon mal sehr gut. Ohne lange Wartezeit bekomme ich ein eiskaltes Hefeweizen und genieße jeden Schluck. Nochmal »Aaaah!«. Oh ja, da hat der Herr Ernährungspsychologe recht, »dieses positive Gefühl mit dem Geschmack dieses Lebensmittels« kann ich jederzeit abrufen, das ist doch herrlich.

Ich finde Wander-Puristen, die jegliche Einkehr ablehnen, wirklich seltsam. Diese Outdoor-Fanatiker akzeptieren ausschließlich Rucksackverpflegung. So eine Einstellung ist für mich bedenklich. Wenn ich wandere, möchte ich in eine andere, alternative Welt abtauchen. Alternativ zu dem, was ich daheim kenne. Und dann soll ich mir die Stulle zu Hause schmieren und im Wald verzehren? Auf gar keinen Fall! Ich möchte doch nicht nur die Landschaften anderer Regionen kennenlernen, sondern auch die

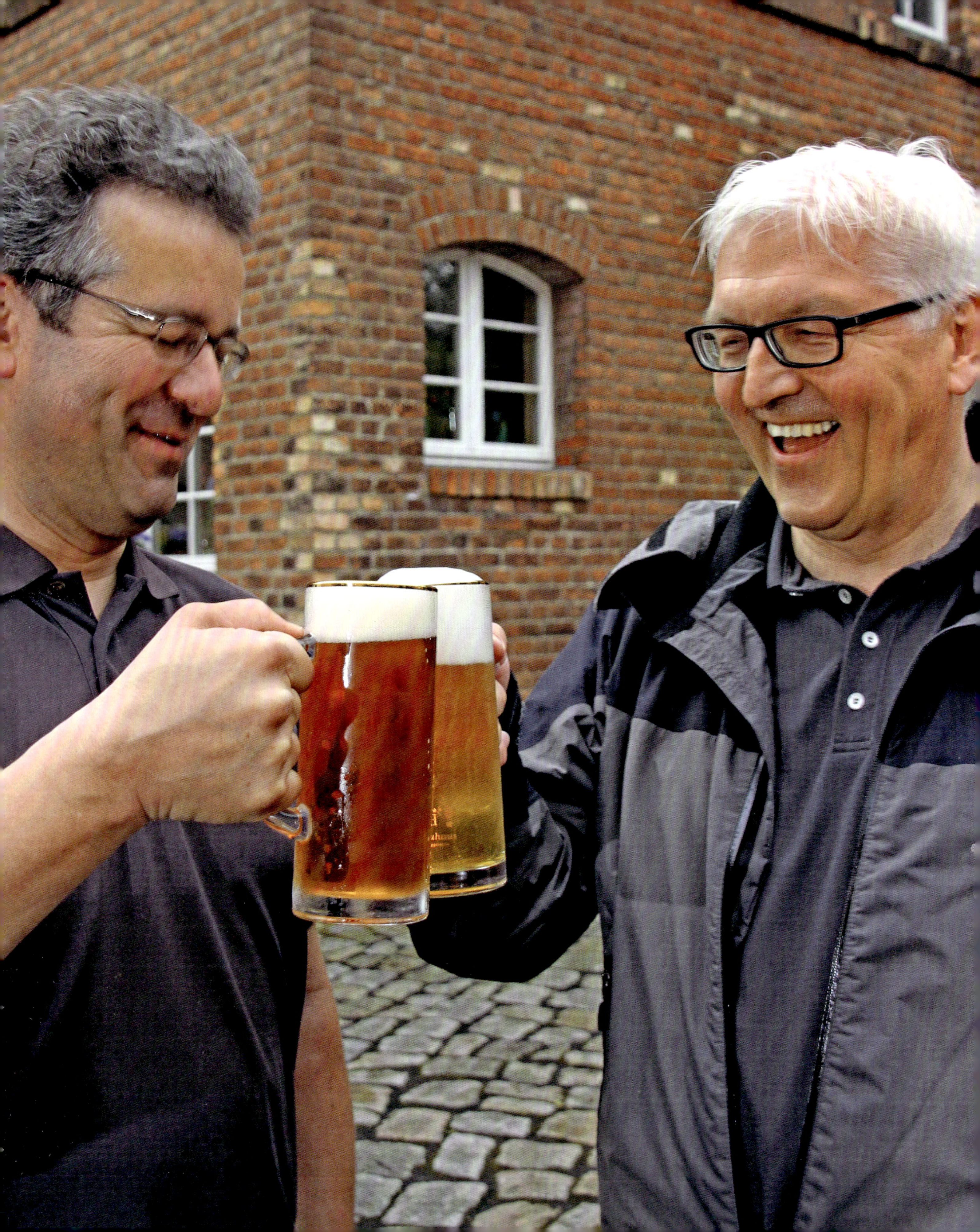

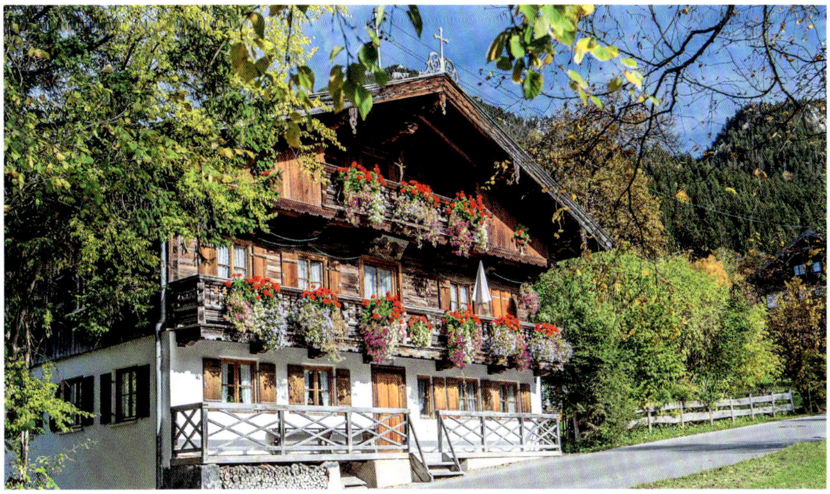

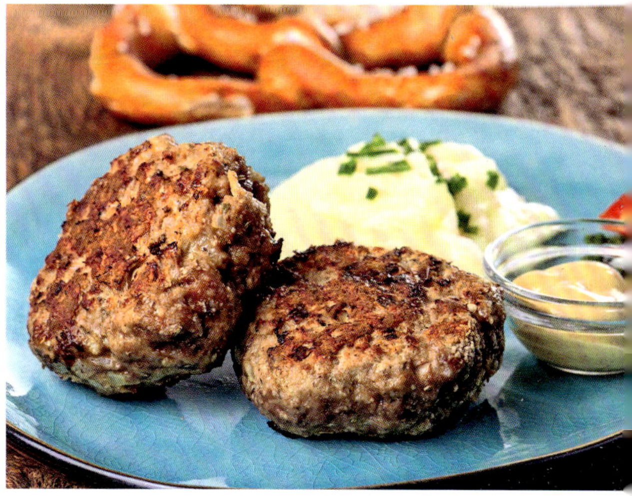

Traditionelles Haus im Leitzachtal, leider keine Einkehrmöglichkeit. Aber es gibt ja andere Gasthäuser am Weg (oben links).

Und ebenso traditionelle Kost. Lecker (oben rechts)!

Zwei Bierfreunde verstehen sich auf Anhieb, besser gesagt auf Anstoß (Seite gegenüber).

lokalen Spezialitäten, die Biere, die Weine, die Schnäpse. Zudem ist Wandern auch immer Wirtschaftsförderung – im Wortsinn. Die heimischen Gaststätten hatten genug Probleme in den letzten Jahren. Der Nachwuchs möchte den Betrieb nicht übernehmen, Corona-Schließungen, Inflation, Personalmangel. Da muss man als Wanderer doch auch mal verantwortungsbewusst sein und an die nationale Ökonomie denken!

Demgemäß habe ich, als ich auf dem Premiumweg *Leitzachtaler Bergblicke* – eine Rundwanderung in der Tegernsee-Schliersee-Region – unterwegs war, keine Rucksackverpflegung mitgenommen. Drei Gasthäuser am Weg, ich werde weder verhungern noch verdursten. Dachte ich. Ein bisschen Pech hatte ich allerdings. Zunächst konnte von Bergblicken am Leitzachtal keine Rede sein, weil der frühherbstliche Nebel knapp über den Baumwipfeln hing. Die erste Gaststätte bewirtete eine geschlossene Gesellschaft, die zweite hatte Ruhetag. Aber im *Klosterstüberl in Fischbachau* gab es das komplette bayerische Einkehrglück. Gamsgulasch, Bierbratl, Schnitzel, für die Vegetarier Fleischpflanzerl. Und Augustiner vom Fass aus dem Krug. Während ich das schreibe, läuft mir das Wasser im Mund zusammen.

»Ich bin übrigens der Frank« – mit diesem Duz-Angebot endete vor elf Jahren ein glücklicher Wandertag im *Fläming*. Der Fläming ist eine leicht hügelige Landschaft (höchste Erhebung ist der Hagelberg mit 200,3 Metern, komplett mit Gipfelkreuz und Gipfelbuch) südwestlich von Berlin, nahe der Grenze von Brandenburg zu Sachsen-Anhalt. Wir wanderten in einer größeren Gruppe rund um die Burgenstadt Bad Belzig, ein Wanderleiter (im Osten der Republik vermeidet man aus guten Gründen den Begriff »Wanderführer«) zeigte historische und geologische Highlights am Wegrand. Anlass der Tour an einem nasskalten Frühlingstag im Jahr 2012 war der 112. Deutsche Wandertag in dieser Region. Mit dabei war der direkt gewählte Abgeordnete des Wahlkreises Brandenburg im Deutschen Bundestag, Dr. Frank-Walter Steinmeier. Der heutige Bundespräsident war damals Fraktionsvorsitzender der SPD im Bundestag. Wir haben uns gleich gut verstanden und ich rechnete es ihm hoch an, dass er nicht – wie oft üblich bei Politikern – nach den ersten Pressefotos das Weite suchte, wichtigere Termine vortäuschend, sondern bis zum Ende der Wanderung dabeiblieb. Steinmeier erzählte mir, dass er auch das Wanderglück gefunden habe, mit zwei Kumpels sei er jedes Jahr in den Dolomiten auf Bergtour. Seine Entourage im Fläming wollte nach der Wanderung direkt ins eine Stunde entfernte Berlin zurückkehren. Aber was wäre eine Wanderung ohne Schlusseinkehr? Also gingen wir ins *Burgbräuhaus von Bad Belzig* und testeten die vor Ort gebrauten Biere. Es muss beim Zuprosten vor dem dritten oder vierten Bier gewesen sein, als nicht mehr Herr Steinmeier und Herr Andrack, sondern Frank und Manuel ihr Einkehrglück genossen.

Wer auf einem weltrekordverdächtigen Bierwanderweg laufen möchte, dem sei der der *Aufseßer Brauereienweg* in Franken empfohlen. Franken ist berühmt für seine Brauereien-Kultur. Dereinst durfte ich in der Harald-Schmidt-Show jeden Tag ein Bier verkosten, es waren sehr viele fränkische Hopfenspezialitäten darunter. In der Gemeinde *Aufseß* östlich von Bamberg ist man stolz auf einen Eintrag im *Guinness-Buch der Rekorde*. Da es in den Ortsteilen von Aufseß vier Brauereien, aber insgesamt nur 1285 Einwohner gibt, verfügt Aufseß über die höchste Brauereien-Dichte des Planeten. 14 Kilometer lang ist der Weg, normalerweise schafft man das in drei bis vier Stunden. Weil man aber natürlich viermal einkehren möchte, sollte man sehr viel mehr Zeit einplanen. Aus meiner Erfahrung weiß ich, dass man nach dem ersten Seidla (so heißen die Halbliter-Gläser in Franken) noch ein zweites testen möchte. Man muss doch

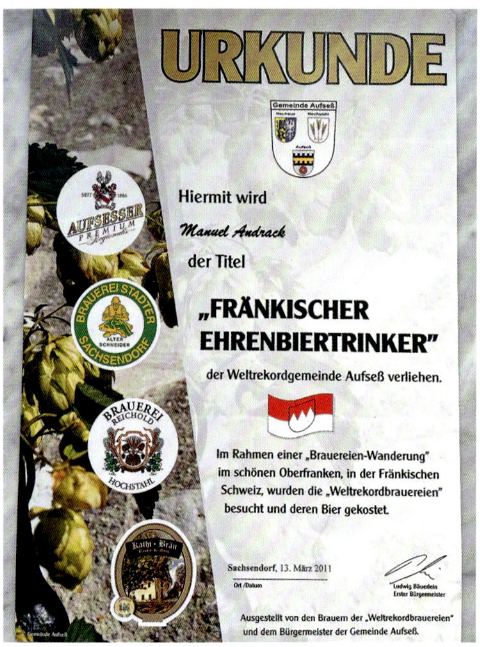

URKUNDE

Hiermit wird

Manuel Andrack

der Titel

„FRÄNKISCHER EHRENBIERTRINKER"

der Weltrekordgemeinde Aufseß verliehen.

Im Rahmen einer „Brauereien-Wanderung" im schönen Oberfranken, in der Fränkischen Schweiz, wurden die „Weltrekordbrauereien" besucht und deren Bier gekostet.

Sachsendorf, 13. März 2011

Ort/Datum

Ausgestellt von den Brauern der „Weltrekordbrauereien" und dem Bürgermeister der Gemeinde Aufseß.

Soll ich ehrlich sein? Das ist die Urkunde, auf die ich am meisten stolz bin (unten links).

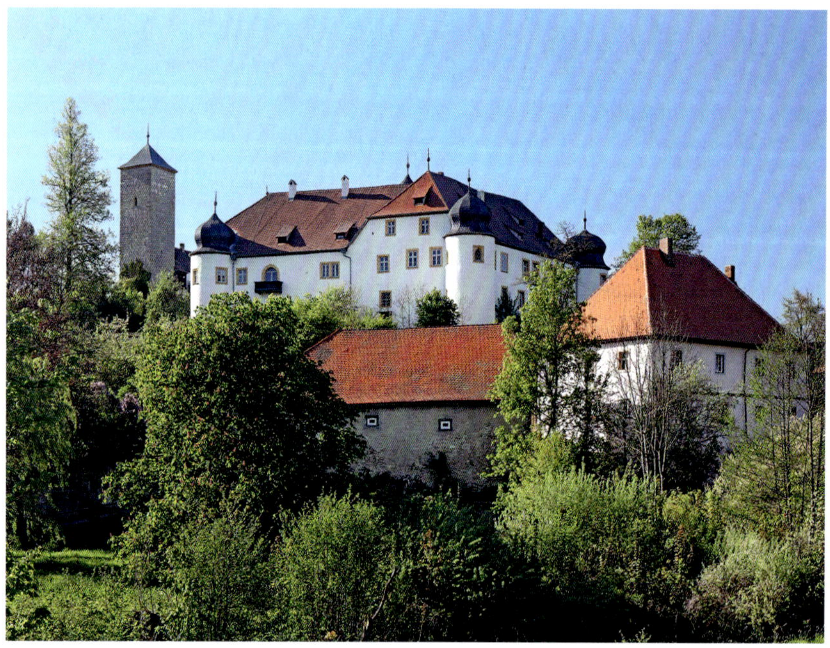

Schloss Unteraufseß oben auf dem Berg sitzend (unten rechts)

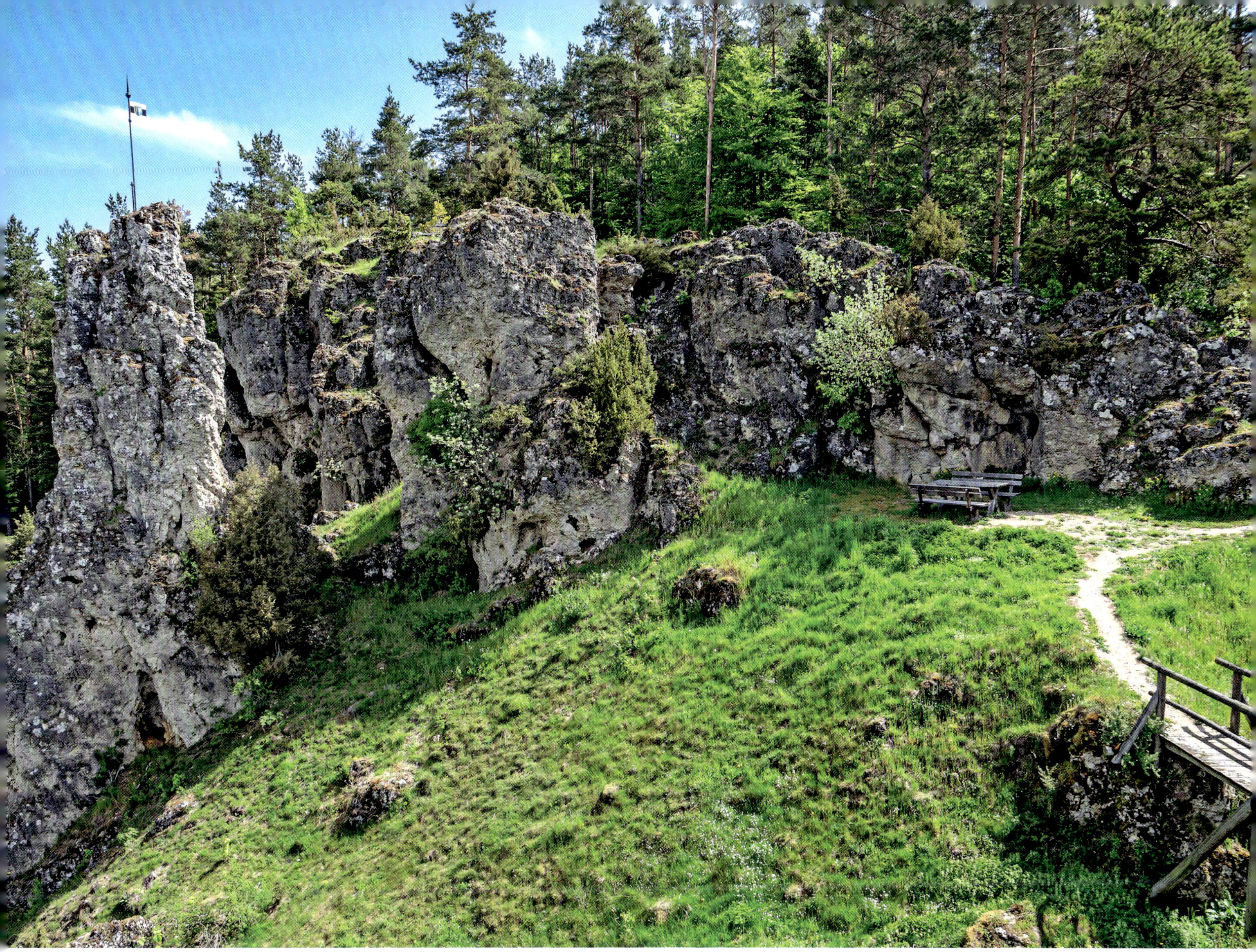

Felsenlandschaft bei Aufseß. Geht da nicht auch der Brauereienweg entlang? Kann mich gar nicht mehr erinnern …

ausschließen, dass der herausragende Geschmack des ersten Bieres reiner Zufall war. Keine Frage, die fränkischen Braumeister haben den Bogen raus. Und das Preis-Leistungs-Verhältnis ist sensationell. Wenn man alle vier Brauereien erwandert hat, kann man sein Brauereien-Wanderweg-Stempelheft (das man sich in der ersten Brauerei geben lassen sollte) vorzeigen. Man erhält dann eine Urkunde als Fränkischer Ehrenbiertrinker. Und der Wanderweg? Ich kann mich dunkel an ein paar Felswände erinnern. Irgendwann viele asphaltierte Feldwege – oder verwechsle ich das? Egal, diesen Einkehrweg kann man sich schöntrinken. Prost!

Wenn ich die Augen schließe und an die ideale Postkarten-Einkehr denke, träume ich von einer alpinen Landschaft. Kühe grasen friedlich auf der Alm. Auf dem Holztisch liegt eine rot-weiß karierte Decke, die Bedienung bringt eine Brotzeit und ein erfrischendes Getränk. Eine bewirtschaftete Almhütte wie sie im Bilderbuch steht. Ich mache die Augen auf – und wandere auf dem *Feldbergsteig*. Der höchste Berg des Schwarzwalds ist nicht alpin, trotzdem komme ich an drei bewirtschafteten Hütten vorbei, die ein traumhaftes Ambiente bieten. In der *St. Wilhelmer Hütte* (wirbt für sich als höchstgelegene Almhütte Baden-Württembergs), in der *Zastler Hütte* oder in der *Baldenweger Hütte* werden alle Wanderer hervorragend bewirtet. Ortstypisch gibt es eher Kässpätzle und Flammkuchen (das Elsass ist nah).

Aber auch in anderen Regionen Deutschlands, die wesentlich flacher als der Schwarzwald sind, findet man wunderbare rustikale Berggasthäuser. Die großartigen Hütten des Pfälzerwald-Vereins habe ich schon im Weinwege-Kapitel gefeiert (siehe S. 93). Selbst im schon fast maritimen nördlichen Münsterland können Wanderer rustikal und stilecht almhüttenmäßig einkehren. Auf der *Teutoschleife Holperdorper* kann man sich im *Malepartus* verköstigen. Alles stilecht alpin: Die Dirndl und Lederhosen des Servicepersonals, die Masskrüge und deren Inhalt. Leichte Abzüge in der B-Note gibt es für die Oktoberfestmusik, der man auch auf der Terrasse nicht entfliehen kann, weil die Außenlautsprecher des Lokals sehr gut funktionieren.

Ich bevorzuge – auch im Teutoburger Wald gelegen – die *Almhütte* an der *Teutoschleife Dörenther Klippen*.

Wunderbare Hütte am Feldberg. Auch für Mountainbiker. Ich würde allerdings dorthin immer lieber wandern.

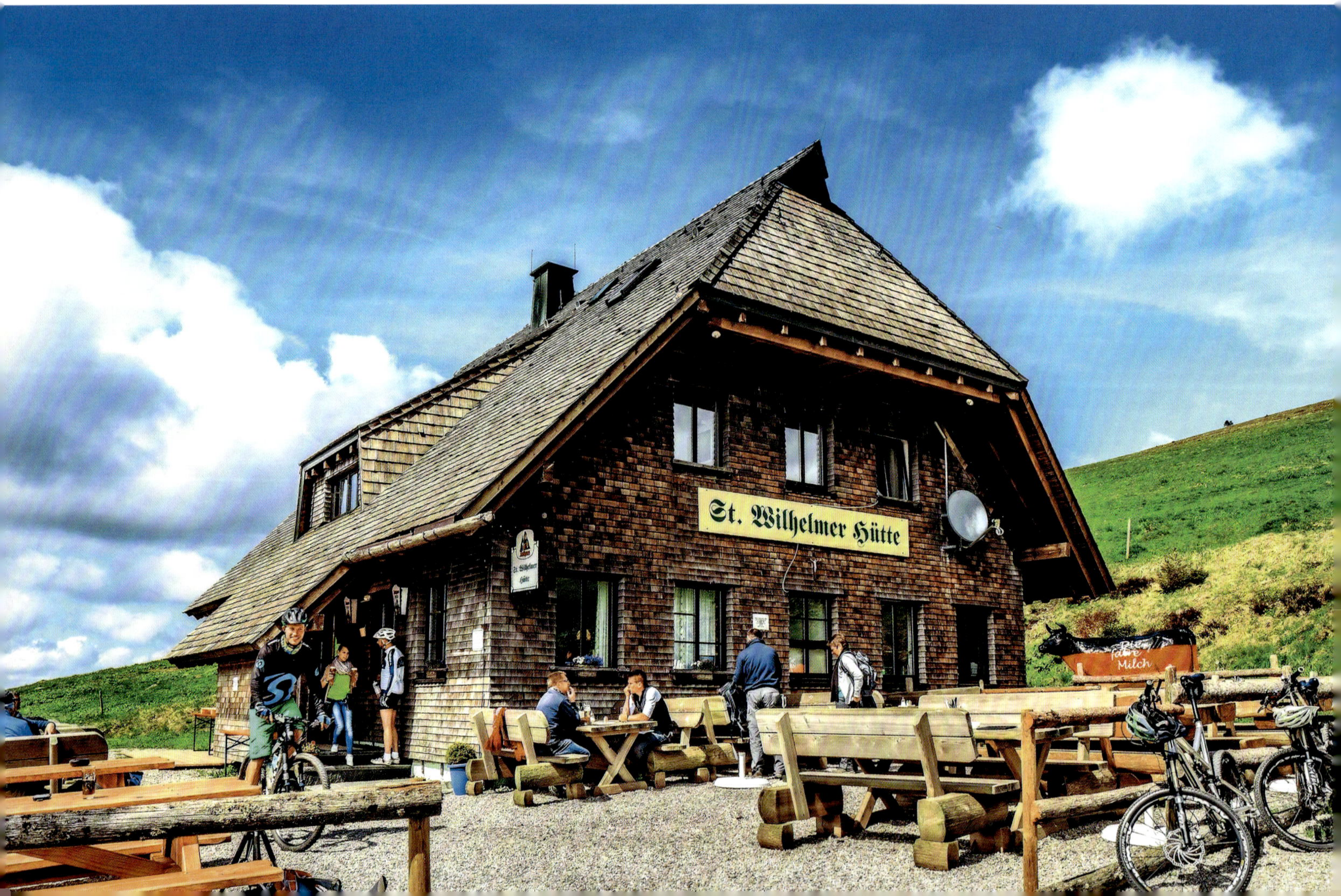

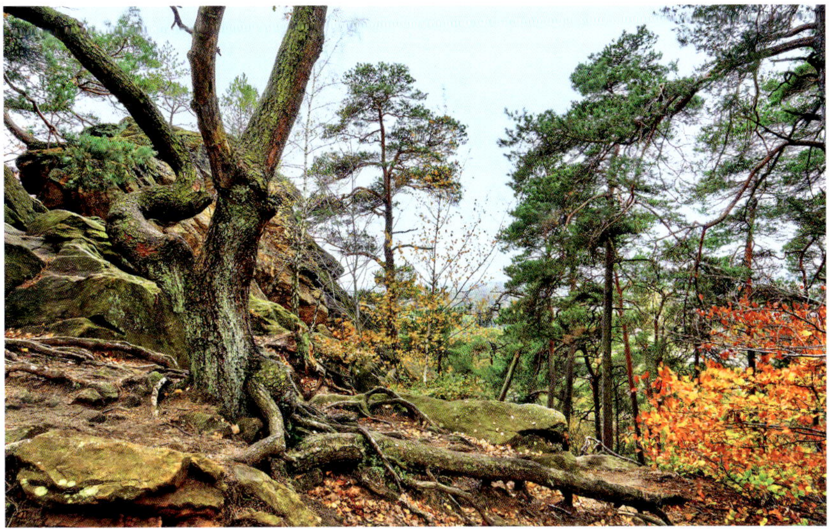

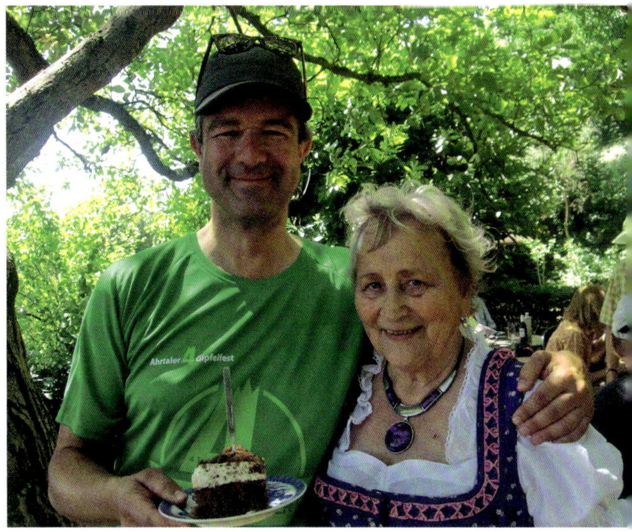

Nach dem Besuch in der Münsterländer Almhütte sollte man sich nicht von den Dörenther Klippen stürzen (oben links).

Ein Foto aus längst vergangenen Zeiten. Damals war ich rechtzeitig vor Ort und habe beim Ännchen noch eine Torte abbekommen (oben rechts).

Inmitten einer unglaublichen Felsenwelt (siehe Kapitel Felsenwege S. 167) öffnet der Almwirt Horst ganzjährig seine urige Almhütte. Außer Brezeln und einer Tüte Chips darf man keine kulinarischen Highlights erwarten, aber die Getränke-Auswahl kann sich sehen lassen. Und Horst ist ein cooler Typ, ein Original, immer gut für einen Smalltalk. Grüßen Sie ihn bitte schön herzlich von mir, wenn Sie dort sind.

Ein Freitag im Spätsommer, 15.45 Uhr. Ich wandere auf dem *Ahrsteig* in der Nähe von Sinzig. Nach einem Aufstieg aus dem Rheintal stehe ich vor der Waldschenke *Zum Ännchen*. Schon seit Tagen habe ich mich auf diese Einkehrmöglichkeit gefreut. Ich suche einen freien Platz auf der Terrasse und bestelle bei der Chefin, dem Ännchen, eine Schwarzwälder Torte und eine Tasse Tee. »Schwarzwälder Torte haben wir nicht, hatten wir noch nie.« Man sollte nicht mit der Wirtin oder dem Wirt diskutieren, ich mache es aber trotzdem und widerspreche. Ich kann mich gut erinnern, vor sieben oder acht Jahren hier ein Stück Schwarzwälder Torte gegessen zu haben. So hoch war die, ich spreize Daumen und Zeigefinger der rechten Hand so weit es geht. Das Ännchen lächelt milde und meint, das wäre dann bestimmt eine Schichttorte mit Himbeerfüllung gewesen. Okay, kleinlaut knicke ich ein. »Dann nehme ich die Schichttorte mit Himbeerfüllung«. Die Kuchenfee muss mich enttäuschen: »Heute sind alle Kuchen und Torten schon aus«. Wie bitte? Das Café macht um zwei auf und um Viertel vor vier ist schon alles ausverkauft? Ich bin enttäuscht wie ein Kind, dem man die Geburtstagsgeschenke vorenthalten hat. Seit 35 Jahren backt das Ännchen von Ostern bis Oktober viermal in der Woche. Aber an diesem Spätsommertag ist das Wetter schöner geworden als sie dachte und der Andrang war riesig. Am Nebentisch schieben sie sich die letzten Tortenkrümel genüsslich zwischen die Lippen, ich bin neidisch. Immerhin bekomme ich zum Tee noch einen Keks. Tja, der frühe Vogel fängt den Kuchen.

»Ausverkauft« gibt es nicht im *Weinhaus Heilig Grab* in Boppard. Dort fühle ich mich wie zu Hause. Eine Einkehr, die alle Wanderer glücklich macht, und das hat Gründe. Erstens ist der Wein genial, das ist Voraussetzung. Zweitens ist die Winzerfamilie Schöneberger unfassbar nett. Drittens ist der Bahnhof von Boppard nur 45 Meter entfernt, da muss man nicht mit dem Auto kommen. Viertens liegt das Weinhaus direkt am *Stadtpremiumweg Bopparder Ansichten*. Stadtpremiumwege sind amphibische Wanderwege. Der Naturgenuss steht im Vordergrund. In Boppard sind das die Ausblicke auf den Rhein, die alten Eichenwälder, die schmalen Pfade im Schiefergebirge. Aber wenn ein Ort so schön ist wie Boppard, sollte man sich auch die Stadt mit seinen Kirchen, Marktplätzen und vor allem dem Rheinpanorama erwandern. Und so spaziert man auch am Weingut Heilig Grab vorbei. Womit ich zu meinem fünften Glücksgrund in Boppard komme: Ich fühle ich mich bei den Schönebergers so heimisch, weil ich schon mal zwei Tage lang bei der Weinlese geholfen habe. Das Weinhaus mit dem komischen Namen Heilig Grab (am besten lassen Sie sich von den Schönebergers erzählen, warum das Gut so heißt) ist ein Glücksort für mich.

Eine pfiffige Idee für hungrige und durstige Wanderer wurde auf dem Premiumweg *Lecker Pfädchen* im Hunsrück umgesetzt. Man wandert auf diesem Premiumweg wie im Schlaraffenland. Denn wenn man durstig ist, bieten drei Getränkestationen am Weg Sprudel, Apfelschorle, Bier und Wein. Schon am Start kann man sich im Bistro eines Supermarkts (auch sonntags geöffnet) mit einem Wandererfrühstück stärken. Ein wahres Tischlein-deck-dich-Erlebnis bietet das Picknick-Catering. Auf Vorbestellung per Mail oder Instagram gibt es Köstlichkeiten wie Antipasti-Spieße, Spinatquiche, Laugengebäck mit Radieschencreme. Und alle Angebote, das Wandererfrühstück, die Getränke, das

Meine liebsten Winzer am Rhein: das Weinhaus Heilig Grab (unten links)

Auf dem Lecker Pfädchen wird nicht nur geschlemmt. Man kann auch mal die Fenster aufreißen und ganz weit raus schauen (unten rechts).

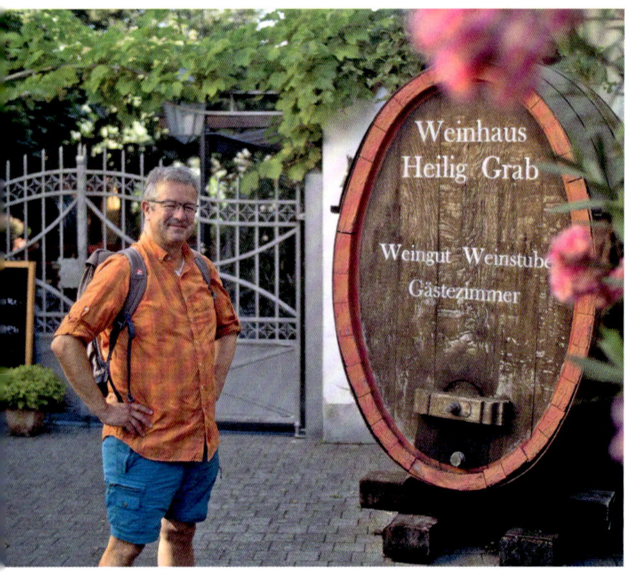

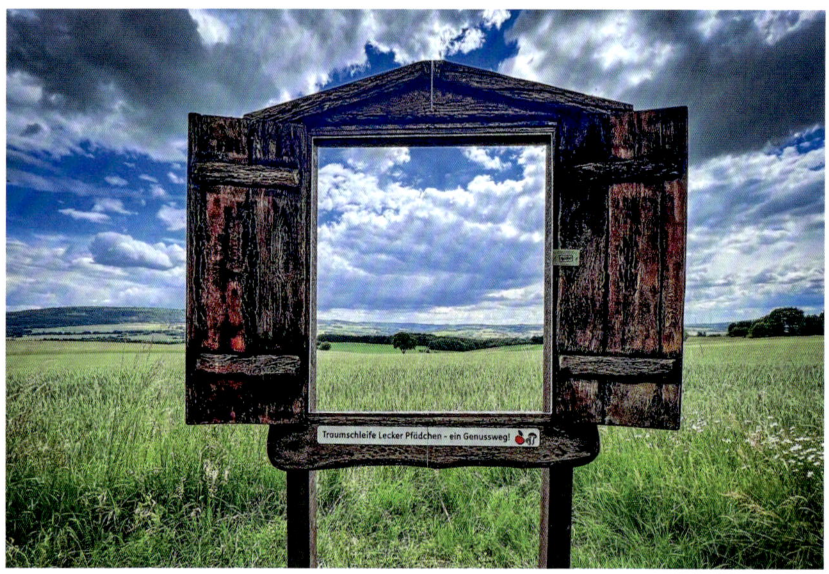

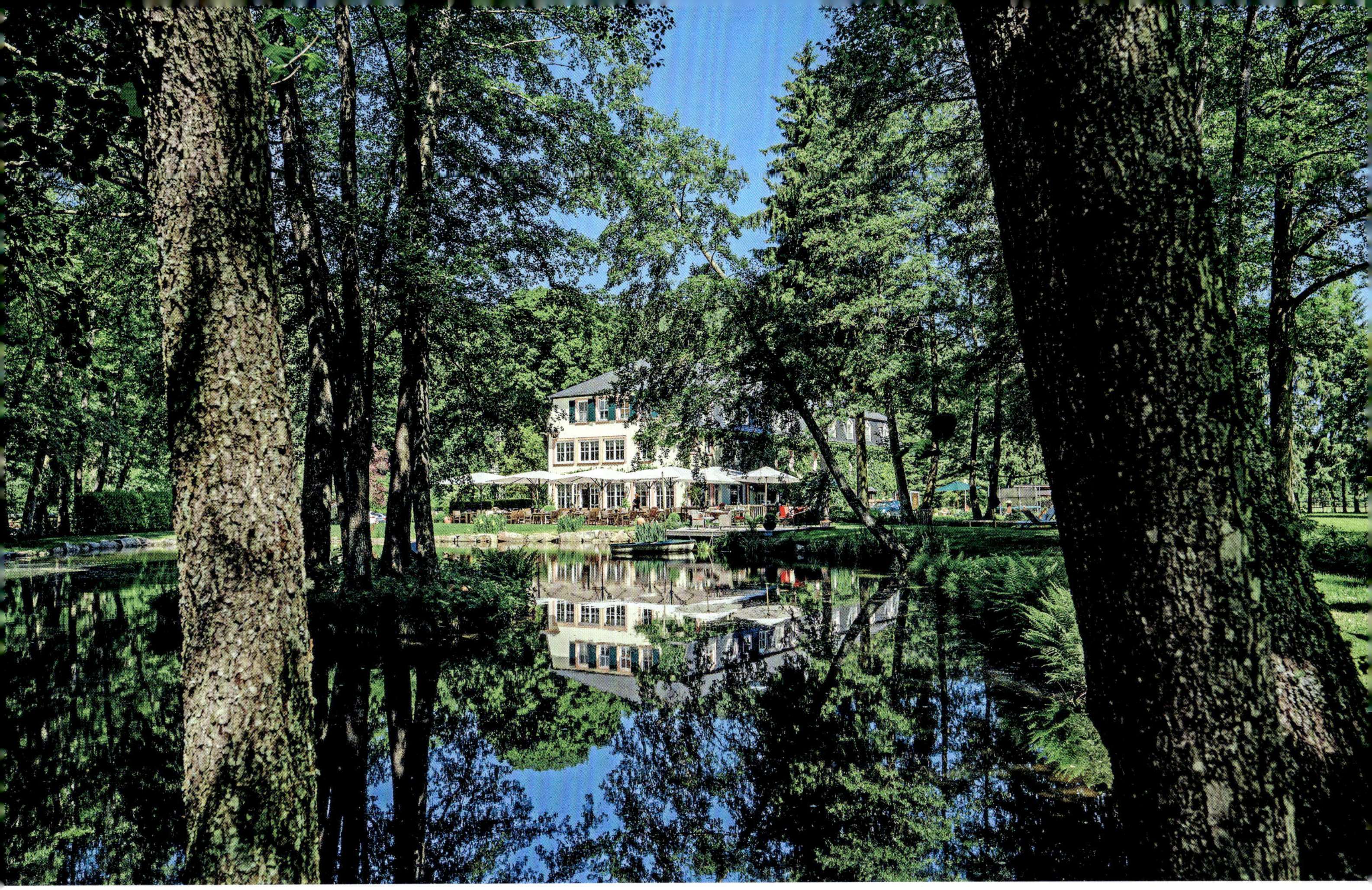

Eventuell das Ziel nach einer Wanderung auf der Fünf-Täler-Tour: Das Gourmet-Gasthaus im Dhrontal

Picknick-Catering, bestehen aus »Ebbes von hei«-Produkten, »Etwas von hier«-Zutaten also. Genau das finde ich super: neue Landschaften zu entdecken und dann die Produkte zu verzehren, die aus genau dieser Gegend kommen.

Zum Finale der Einkehrwege möchte ich Gourmet-Wandern empfehlen. In der Nähe von Trier liegt an einem Weiher in einem beschaulichen Tal *Rüssels Landhaus*. Keine gewöhnliche Gaststätte, sondern ein Feinschmecker-Tempel. Harald Rüssel hat sich schon lange einen Stern bei Michelin erkocht, bei Gault Millaut liegt er mit 17 Punkten auf Augenhöhe mit den besten Köchen Deutschlands. Ich habe mit Harald fünf Jahre lang eine Kochsendung gemacht, »Zwei Mann für alle Gänge«. Harald war der Maître de Cuisine, sein Sidekick Manuel der Mann für die schlauen, meistens aber eher dummen Fragen. Und ich habe in jeder Sendung Produzenten aus der Region besucht, sozusagen detektivisch die Herkunft der Zutaten verfolgt. Rehrücken, Kartoffeln, Wollschwein, Möhren, Saibling, Wildkräuter. Alles regional, saisonal, frisch. Haralds Wildspezialitäten sind ein Gedicht – er ist Jäger, da weiß er, was auf den Teller kommt. Nachdem Sie auf der Traumschleife *Fünf-Täler-Tour* gewandert sind, können Sie sich bei Harald Rüssel kulinarisch verwöhnen lassen. Entweder im Gourmet-Restaurant oder im *Bistro Hasenpfeffer*. Einkehr-Wanderglück ist vielfältig. Und das macht großen Spaß.

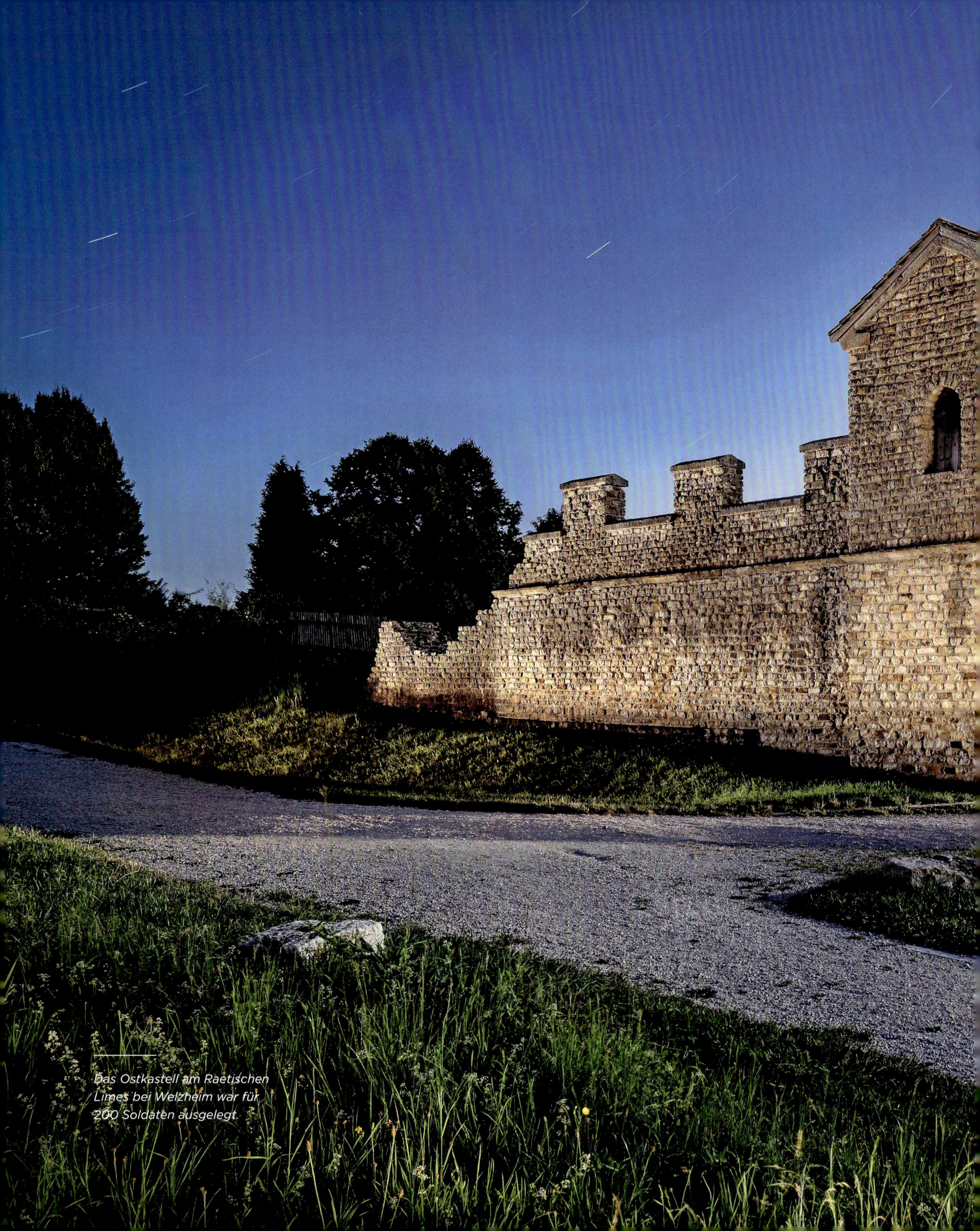

Das Ostkastell am Raetischen Limes bei Welzheim war für 200 Soldaten ausgelegt.

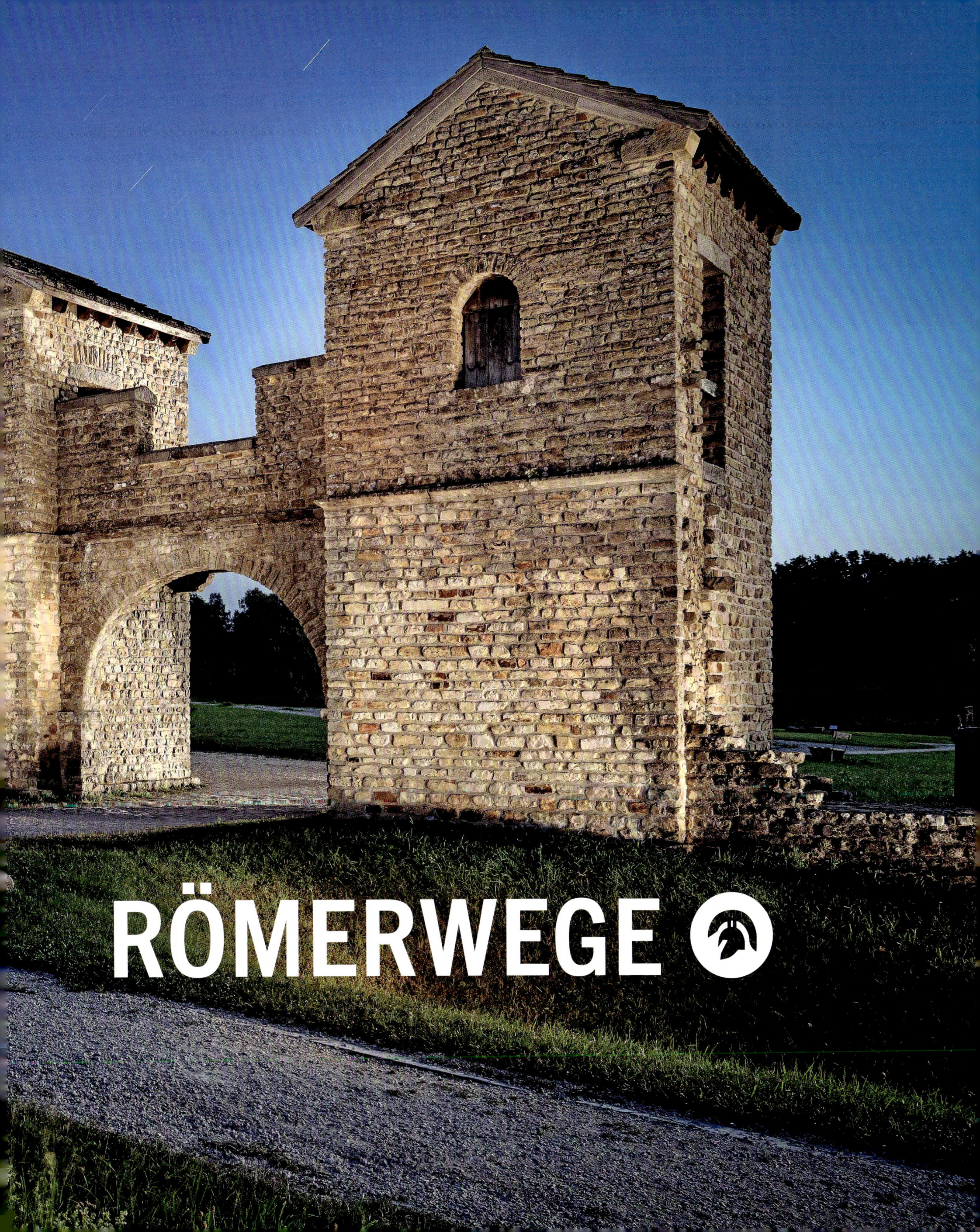

RÖMERWEGE

Zehn Römerwege

1 Ausoniusweg (Hunsrück)
Start: Bingen. 118,4 Kilometer, 2135 Höhenmeter

2 Moorpfad (Eifel)
Start: Dahlem. 9,1 Kilometer, 171 Höhenmeter

3 Römer-Kelten-Pfad (Hunsrück)
Start: Farschweiler.
13,9 Kilometer, 405 Höhenmeter

4 Römerkanal-Wanderweg (Nordeifel/Köln)
Start: Nettersheim.
120,2 Kilometer, 1074 Höhenmeter

5 Mehringer Schweiz (Mosel)
Start: Mehring.
13,9 Kilometer, 677 Höhenmeter

6 Villa-Borg-Trail (Saarland)
Start: Perl-Borg.
4,6 Kilometer, 33 Höhenmeter

7 Römerpfad (Mosel)
Start: Butzweiler.
9,1 Kilometer, 346 Höhenmeter

8 Westerwaldsteig, erste Etappe, von Bad Hönningen nach Waldbreitbach (Rheinland)
Start: Bad Hönningen.
12,4 Kilometer, 458 Höhenmeter

9 Römerwald (Schwäbischer Wald)
Start: Welzheim. 5,1 Kilometer, 76 Höhenmeter

10 Römererlebnispfad Altmühlfranken (Mittelfranken)
Start: Burgsalach. Kurzvariante: 5,8 Kilometer

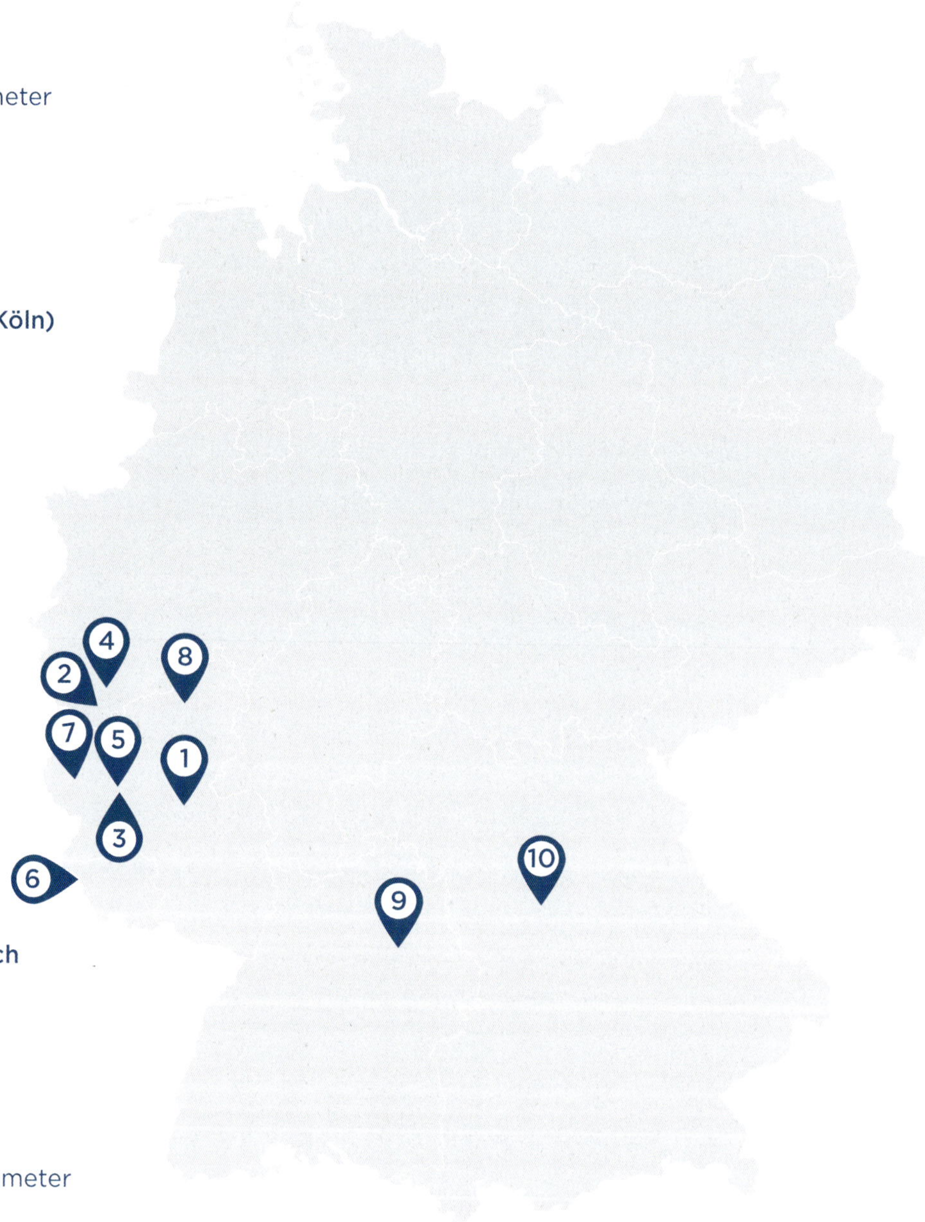

»Das ist es, was ich unter Römer-Glück verstehe: wandernd nicht nur in die Landschaft, in die Natur, sondern wie in einer Zeitmaschine in die Geschichte einzutauchen.«

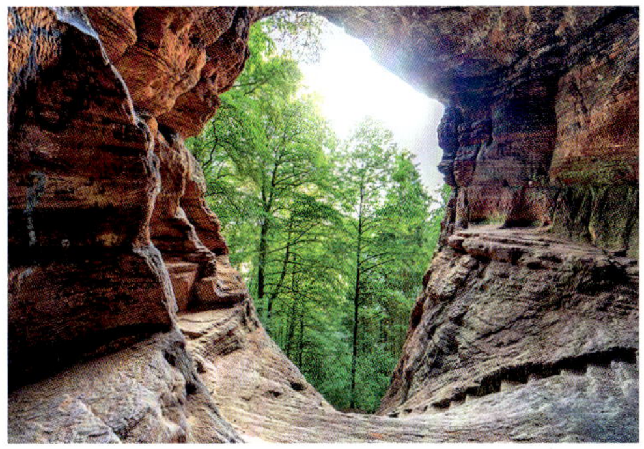

Die Genoveva-Höhle am Römerpfad hat das Römische Reich überdauert.

Es ist für mich immer ein erhebendes Gefühl, über historische Wege zu gehen. Wege also, die nicht von Wanderenthusiasten im 19. Jahrhundert gebaut wurden, um Gleichgesinnten Freude zu bereiten. Ich meine Wege, die aus anderen, praktischen Erwägungen angelegt wurden. Alte Handelswege, Postwege, traditionelle Pilgerwege wie den Jakobsweg, Botenwege wie den Rennsteig – und Wege, die im Römischen Reich angelegt wurden. Ein Hauch von Geschichte umweht diese alten Routen. Es wird einem aber auch klar, dass der Mensch aus vielen Gründen schon immer zu Fuß gegangen ist. Der aufrechte Gang ist Teil des menschlichen Selbstverständnisses. Und es wird einem bewusst, dass es ein Privileg ist, dass wir *just for fun* wandern. Denn vor dem 19. Jahrhundert mussten alle Menschen, die, aus welchen Gründen auch immer, unterwegs waren, zu Fuß gehen. Klar, einige konnten es sich leisten, mit Pferden, Kutschen, Karren zu reisen. Aber die Mehrzahl unserer Vorfahren ritten auf Schusters Rappen.

Die Römer waren die ersten, die die Fähigkeit und Weitsicht hatten, ein Straßennetz durch Deutschland und Europa zu bauen – Meisterwerke der Ingenieurskunst, und viele römische Relikte (nicht nur Straßen) begegnen dort dem Wanderer des 21. Jahrhunderts. Diese Spuren möchte ich aufsuchen.

Das perfekte Wanderglück ist es, als Römer über einen Römerweg zu wandern. Diese Gelegenheit bot sich mir vor einigen Jahren im Rahmen einer Recherche über Wege der Weltgeschichte. Ich hatte Kontakt zu zwei Brüdern aufgenommen, die ein seltenes Hobby pflegen: experimentelle Archäologie, *Reenactment*. Das hat nichts mit Mummenschanz und Karneval zu tun. Historisch korrekt wird die Ausrüstung eines römischen Legionärs getragen. Und die hat es in sich: langes Leinenhemd (Unterwäsche war den Römern unbe-

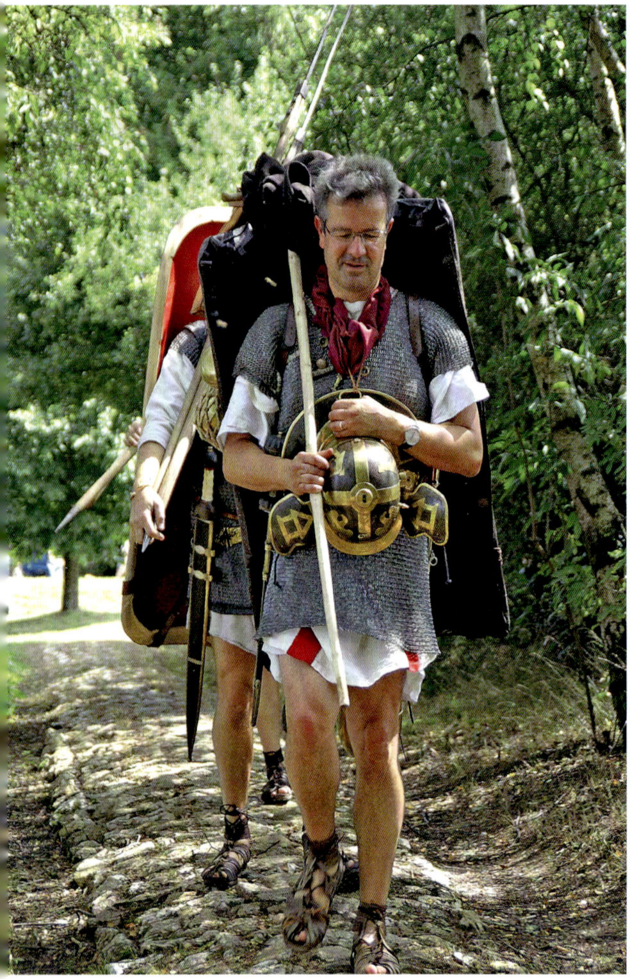

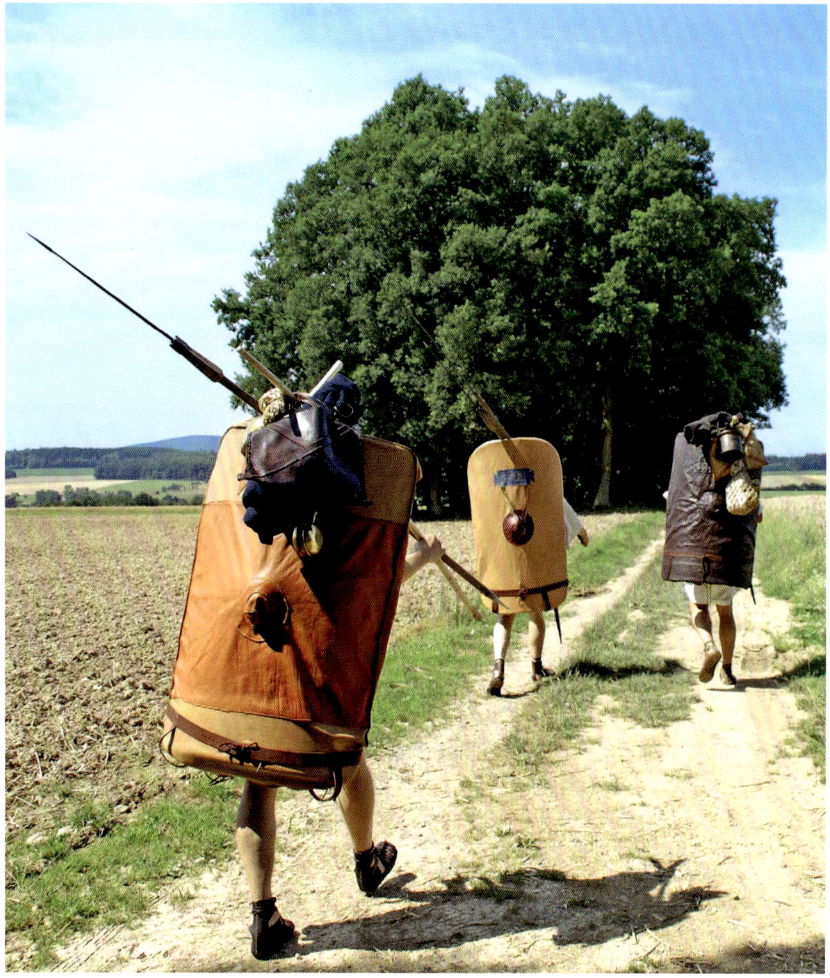

kannt), Gürtel, Sandalen, Kettenhemd (elf Kilo schwer), Halstuch, Helm (fünf Kilo schwer, wird um den Hals gehängt), Kurzschwert, Lanze, Stab mit Decke (auch als Mantel verwendet, vergleiche dazu die Legende vom römischen Offizier Sankt Martin) und Kochgeschirr. Wir haben am Start, nachdem die Legionärsbrüder mich ausgerüstet hatten, nachgewogen – mit kompletter Ausrüstung brachte ich 32 Kilo Übergewicht auf die Waage. Als Teststrecke hatte ich den *Ausoniusweg* ausgesucht, einen Wanderweg zwischen Bingen und Trier, der weitestgehend originalgetreu auf einer alten Römerstraße verläuft. Benannt ist er nach Ausonius, dem Erzieher des Kaisersohns Gratian. Die römischen Kaiser residierten im 4. Jahrhundert in Trier und nicht in Rom.

Der Nachteil eines Römerwegs: Er ist schrecklich langweilig, eigentlich also überhaupt kein Glücksweg. Die Römer verlegten die Trassen ihrer Straßen wenn möglich in schnurgerader Linie, wie mit dem Lineal gezogen von A nach B. Genau so also, wie es jeglicher Regel der Wanderglücksforschung widerspricht. Trotzdem wurde es mir auf den zehn Kilometern meines experimentel-

Die Straße, auf der die drei tapferen Legionäre marschieren, ist keine originale Römerstraße – zu schmal, zu kleine Pflastersteine (oben links).

Manchmal fuhren Windstöße unter unsere Schilde, sodass wir drohten abzuheben – sozusagen Paragliding-Römer (oben rechts).

len Wanderns nicht langweilig. Vor allem die Tatsache, dass die Lederbänder und die Sohle meiner rechten Sandale schon nach den ersten Kilometern zerbröselten, zerrte an meinen Nerven. Meine erste Barfußwanderung hatte ich mir anders vorgestellt, vor allem nicht mit 32 Kilo Ausrüstung am Leib.

Ich habe mir lange Zeit falsche Vorstellungen davon gemacht, wie die Römer ihre Straßen bauten, die heute teilweise Wanderwege sind. So wie der Ausoniusweg eben – dachte ich: schnurgerade, ein paar Pflastersteine drauf, Meilensteine am Wegrand, fertig. Auf dem *Moorpfad* in Dahlem/Eifel kann man aber sehr schön erfahren, dass eine Römerstraße ein komplexes Meisterwerk war. Zwei Kilometer lang folgt unser Wanderweg der alten Straße von Köln nach Trier, einer wichtigen und viel genutzten Verbindung in der römischen Ära des Rheinlands. Wir wandern auf einer Forststraße, die deutlich jüngeren Datums ist. Ein Aufschluss der Originaltrasse mit Infotafel am Wegrand informiert uns darüber, wie die Trasse dereinst ausgesehen hat. Wir sehen im Querschnitt einen 5,50 Meter breiten und 1,70 Meter tiefen Unterbau. In mehreren Schichten aus Lehm und Steinen wurde eine Art massive Drainage gebaut, damit die Römerstraße nicht weggeschwemmt wurde. Das haben fast anderthalb Jahrtausende hindurch die Wegebauer in Mitteleuropa nicht hinbekommen – auch die Inkas und

Barfußlaufen macht auch Legionäre müde – Pause an der Augustushütte.

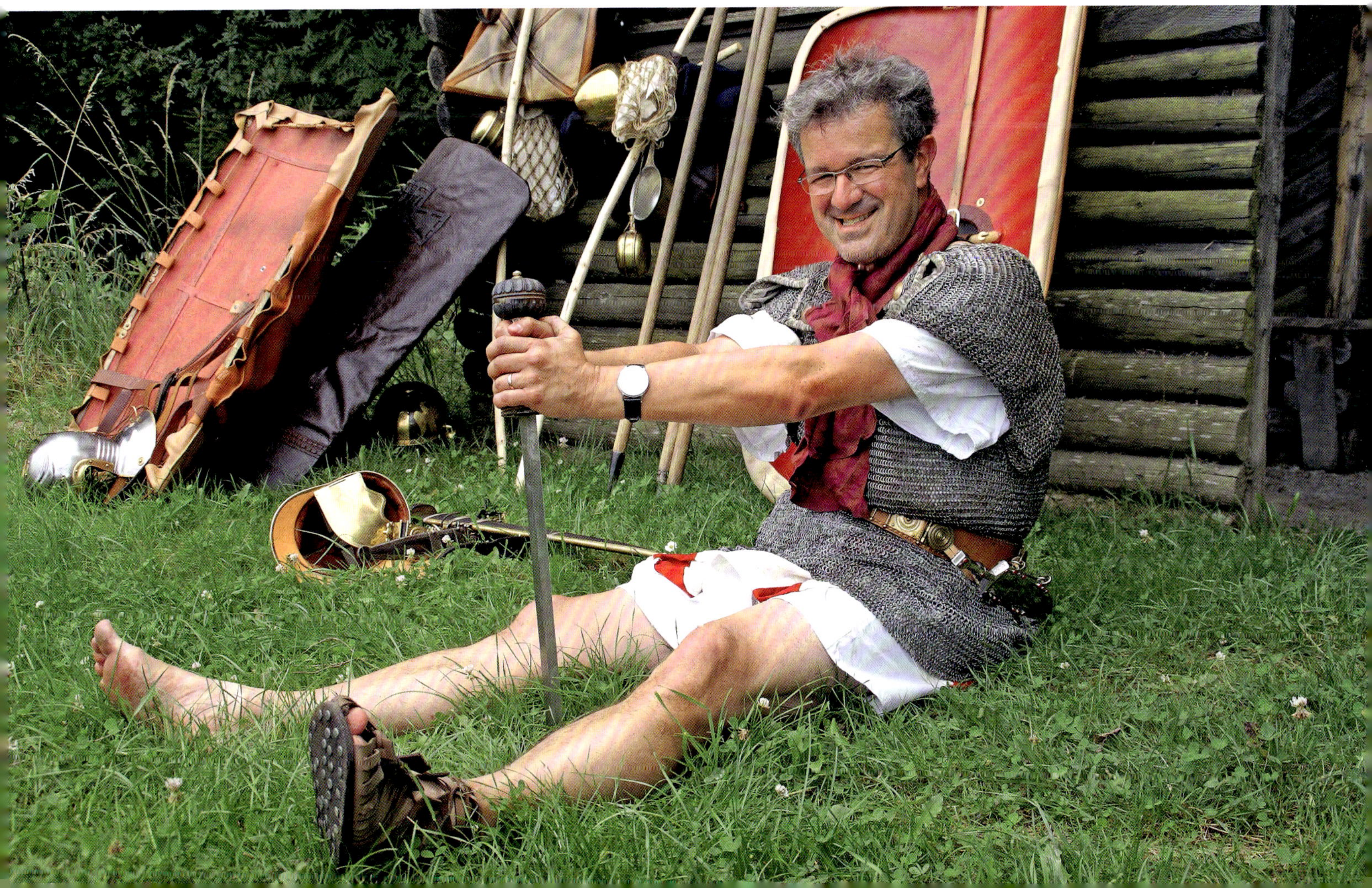

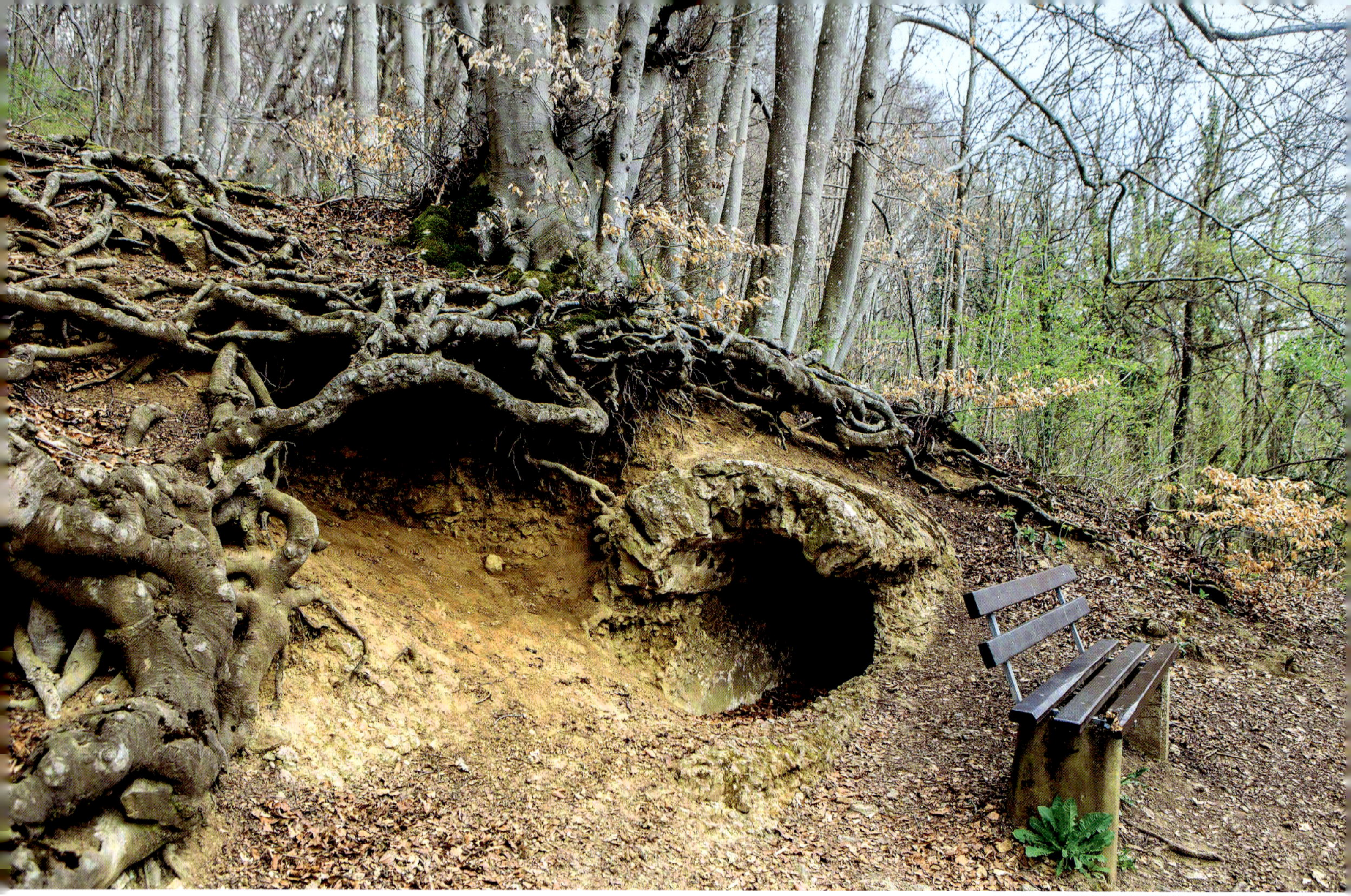

Mayas zum Beispiel waren diesbezüglich bei ihrem Wegebau im Bergland viel geschickter. In unseren Gefilden entstanden vielmehr die tollsten Hohlwege (für mich auch absolute Glücklichmacherwege), weil Menschen und Karren in schlammigem Geläuf ohne Straßenbefestigung und Drainage die Wege im Berg immer tiefer einsinken ließen.

Ein Premiumweg in der Nähe von Trier nennt sich *Römer-Kelten-Pfad*. Anhand von Hügelgräbern und Hinkelsteinen (Obelix lässt grüßen) am Rand lässt sich leicht nachvollziehen, warum man sich bei diesem Wanderweg auf keltische Stämme bezieht. Allerdings: *Die* Kelten und *die* Germanen gab es im eigenen Selbstverständnis im Unterschied zu *den* Römern nicht. Wenn man schließlich zu dem Wegstück mitten im Wald kommt, das als Römerweg bezeichnet wird, kann selbst der Laie sehen, dass das kompletter Unsinn ist. Der Weg verfügt über keine Drainage, ist viel zu schmal, nicht schnurgerade und verrät durch die Erdwälle links und rechts, dass es sich eher um einen frühneuzeitlichen Weg handelt. Merke: Nicht überall wo Römerweg dransteht, ist auch Römerweg drin.

Was aber eindeutig original ist, sind die römischen Relikte am *Römerkanalweg*. Köln hatte spätestens seit der Stadtgründerin Agrippina (ein ganz schönes

Das Teilstück der römischen Wasserleitung nach Köln in der Nähe von Kall in der Eifel. Das Wurzelwerk des Baums hat sich erst deutlich später ausgebreitet.

Luder übrigens, Schwester von Caligula, Mutter von Nero, heiratete ihren Onkel, ließ diesen später umbringen, bevor ihr Sohn Nero sie meuchelte) im Römischen Reich eine herausragende Stellung. Es war eine große Stadt, und eine große Stadt hat großen Bedarf an Frischwasser. Also baute man eine lange Wasserleitung von der Eifel bis ins Zentrum von Köln, ein Meisterwerk. In Nettersheim beginnt dieser Aquädukt, der einmal der längste nördlich der Alpen war, und dort starten wir auch unsere Wanderung. Einige Aufschlüsse geben uns Aufschluss über die aufwendige Konstruktion dieses Bauwerks, es sollte ja kein wertvoller Tropfen vergossen werden. Schon allein die Idee, genau dieses Quellgebiet am Grünen Pütz für die Wasserversorgung im 70 Kilometer entfernten Köln zu nutzen, ist wirklich irre. Die meisten römischen Zeugnisse sehen wir auf der ersten Etappe bis Kall. Sehr schön ist auch der Nachbau einer kleineren Bogenbrücke in der Nähe von Mechernich-Vussem. Der spektakulärste Abschnitt des Aquädukts ist leider nicht erhalten, eine 1400 Meter lange Bogenbrücke mit 295 Bögen in der Nähe von Rheinbach. Unser Wanderweg endet schließlich vor den Toren Kölns an einem weiteren Teilstück der Wasserleitung in der Nähe des Kölner Stadions.

Die Römer bauten nicht nur Straßen und Wasserleitungen, sondern auch Häuser, denn sie wollten ja schließlich nicht nur marschieren und trinken, sondern auch schick wohnen. Auf vielen Wanderwegen an der Mosel begegnen wir römischen Behausungen. Die Römer wussten schon damals: Entscheidend ist erstens die Lage, zweitens die Lage, drittens die Lage. Die Villa Rustica in Mehring an der Mosel ist eines der Highlights am Premiumweg *Mehringer Schweiz*. Nachdem wir eine abenteuerliche Runde über Felsen- und Waldwege mit einem Klettersteig gewandert sind, können wir die wunderschön restaurierte Villa erforschen. Der ehemalige Besitzer dieses Anwesens war kein armer Römer, davon zeugen die teilweise noch erhaltenen Fußbodenmosaiken.

Ebenfalls Teil der Kölner Wasserversorgung. Auf den Bänken links und rechts haben die Römer gesessen und das Wasserspiel beobachtet (unten links).

Weniger rustikal als vielmehr überaus prächtig erscheint die Villa in Mehring (unten rechts).

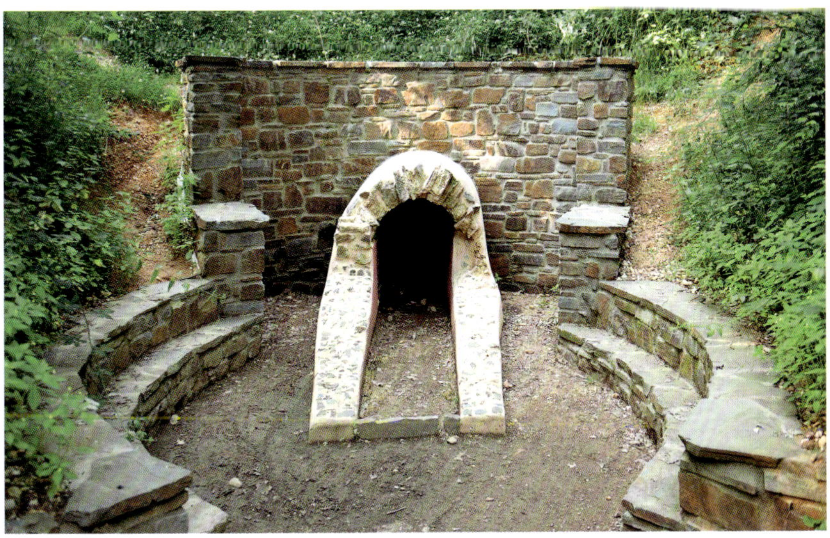

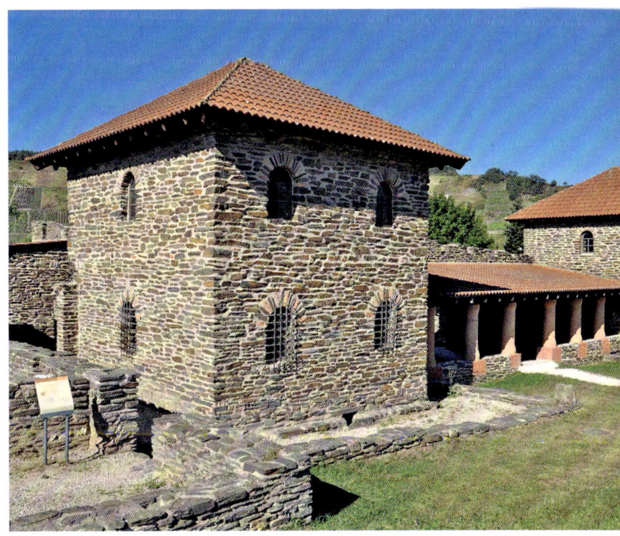

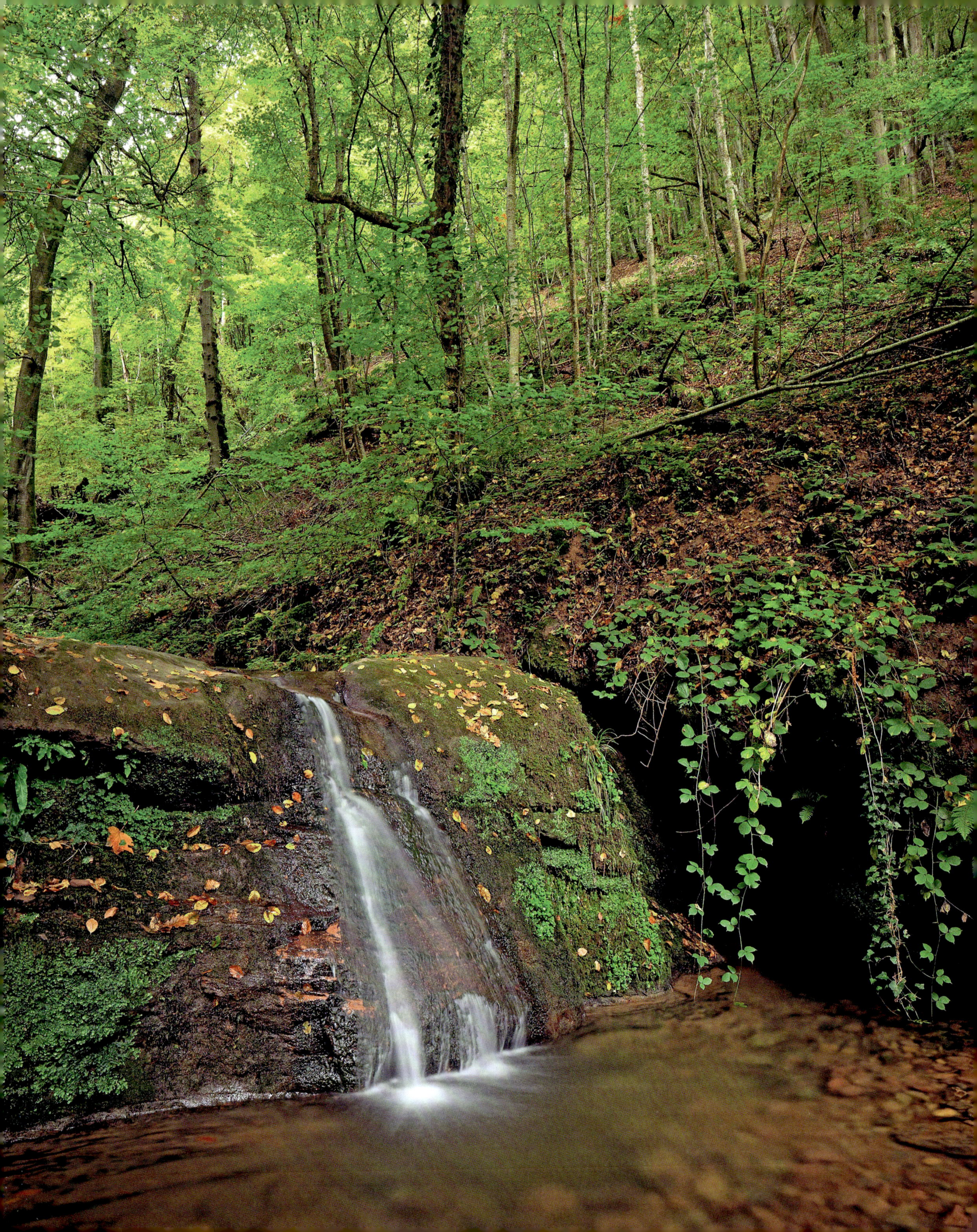

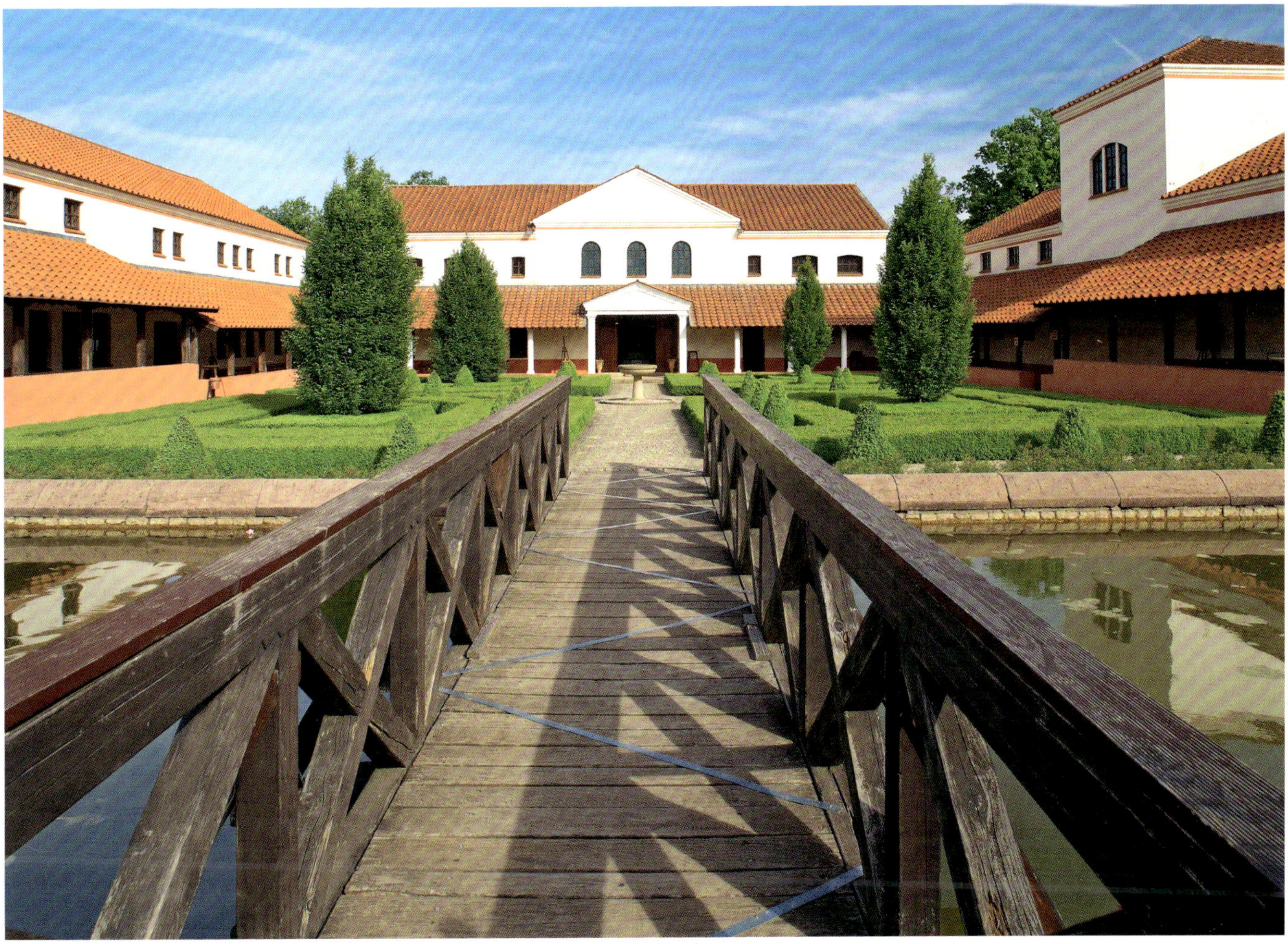

Ein Highlight für jeden Saarland-Touristen: die Villa Borg. Irgendwie erstaunlich, wie gut alles seit Römerzeiten erhalten ist!

Idylle im Butzerbachtal in der Nähe des Römerpfads. Im nahe gelegenen römischen Bergwerk ging es mit Sicherheit nicht so idyllisch zu (Seite gegenüber).

Sehr schön rekonstruiert ist auch die Villa Borg am *Villa-Borg-Trail* im Saarland. Auf der weitläufigen Anlage finden immer noch Grabungen statt, durch die ehemaligen Wohn- und Baderäume kann man einen Rundgang machen. Aufschlussreich ist das WC. Es besteht aus einem langen Brett mit mehreren kreisrund ausgesägten Löchern. Da hockten die Römer dann nebeneinander, quatschten entspannt und »machten ihr Geschäft«, daher die Redewendung. Unbedingt sollte man in der angeschlossenen Taverne die passenden römischen Mahlzeiten verkosten.

Weitere Bestandteile des römischen Lebens kann man auf dem Premiumweg *Römerpfad* in der Nähe von Trier erleben. Der sehr abwechslungsreiche Weg wird durch eine römische Münze markiert. Wir wandern an einem Bergwerk vorbei, das schon in römischen Zeiten betrieben wurde, und an einem Steinbruch. Aus diesem Steinbruch wurde nachgewiesenermaßen das Baumaterial für die Porta Nigra in Trier herausgehauen. Ich kann versichern, dass das ursprünglich keine schwarzen Steine waren, sondern helle, fast weiße Sandsteine. Porta Nigra, also schwarze Pforte, diese Bezeichnung erhielt das Gebäude erst in späteren Jahrhunderten, als die rauchige, rußige Luft die Steine dunkel färbte. Luftverschmutzung gibt es schon sehr, sehr lange.

Einen sehr speziellen Grenzweg errichteten die Römer vom 1. bis 6. Jahrhundert: den 550 Kilometer langen Limes. Tatsächlich bestand dieser antigermanische Schutzwall nicht nur aus Erdwällen, Palisadenzäunen (über die man bei Bedarf tatsächlich mit dem Nachbarn sprechen und handeln konnte) und Wachtürmen, sondern auch aus einer Heerstraße. Der Obergermanisch-Raetische Limes vom Rhein bis zur Donau sollte das Römische Reich vor den Germanen beschützen. Aber wer waren eigentlich diese Germanen? »Germanen« ist eine Fremdbezeichnung, die ihnen von Römern aufs Auge gedrückt wurde. Namenspate war wahrscheinlich ein kleiner niederrheinischer Stamm, so eine Art Frühform von Borussia-Mönchengladbach-Fans. Die anderen germanischen Stämme waren beispielsweise die Trever (bei Trier), die Ubier (Ur-Kölsche) oder die Cherusker (der Stamm vom berühmten Römer-Bezwinger Arminius).

Die Rekonstruktion des römischen Wachturms Nummer Eins am Beginn des Limes, direkt am Westerwaldsteig

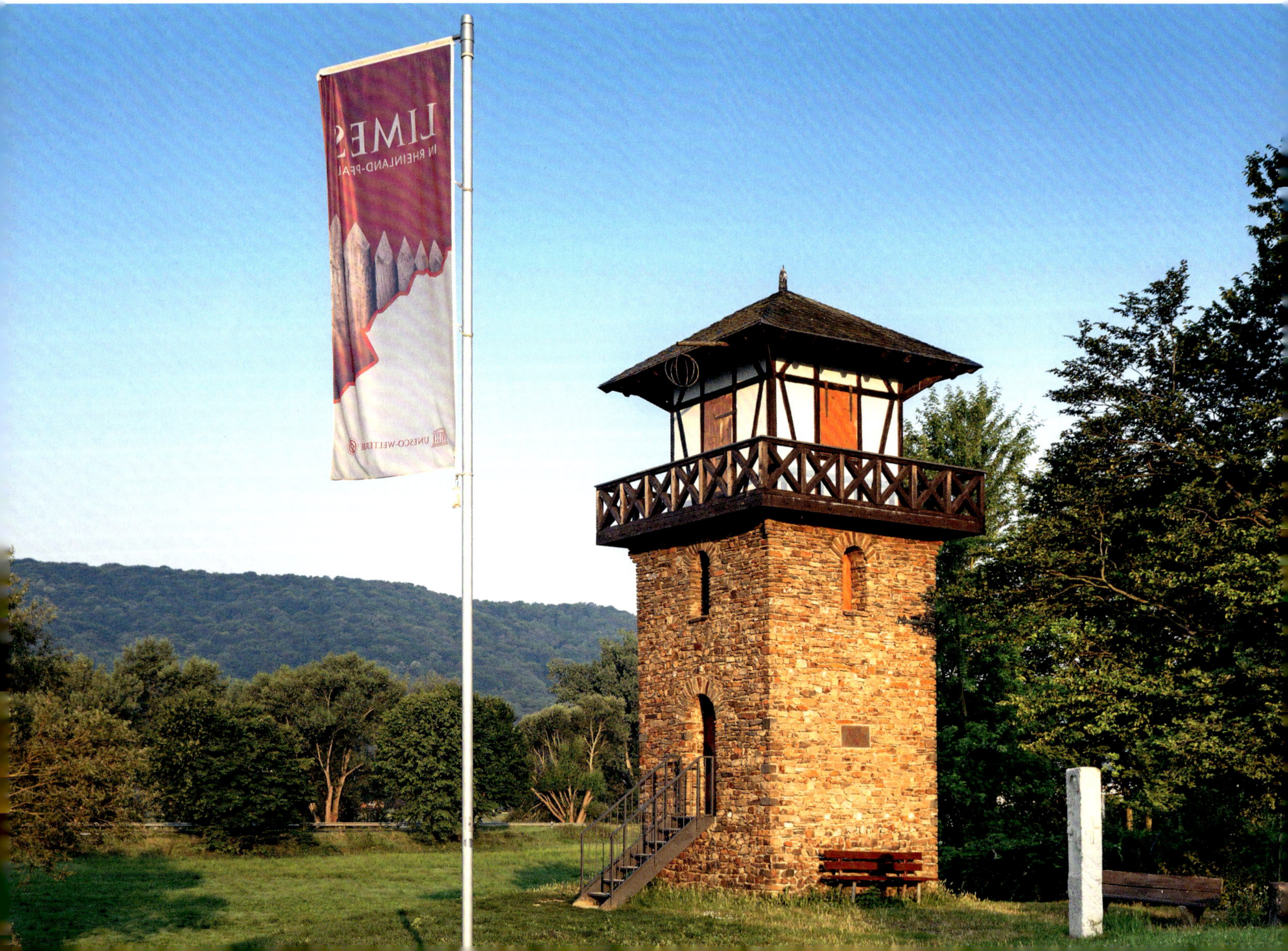

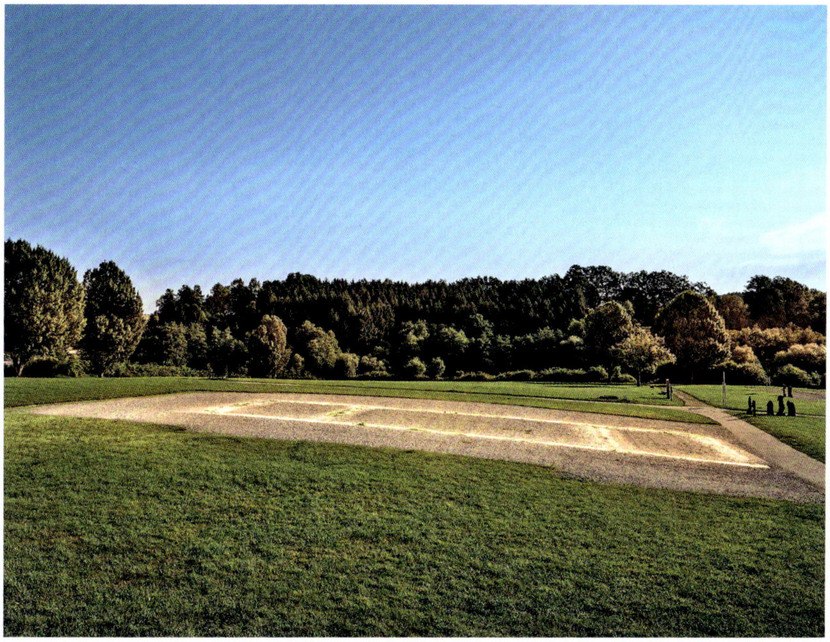

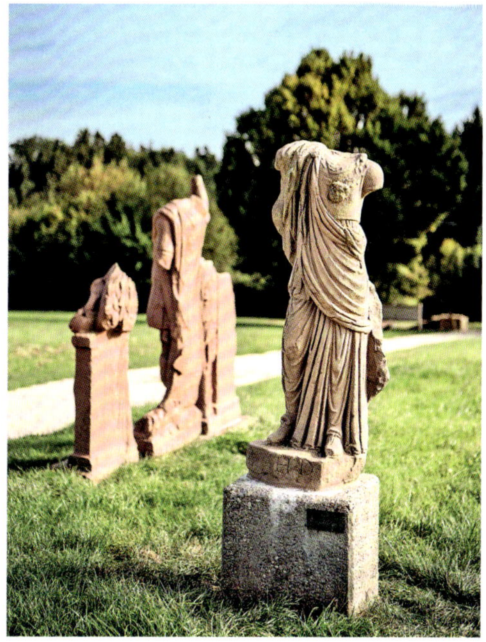

Teil des UNESCO-Weltkulturerbes ist dieser Grundriss am Obergermanischen Limes (oben links).

Die Römer waren als Kulturvolk nicht nur als Legionäre bekannt, sondern auch als Bildhauer. Leider haben sie oft die Köpfe vergessen (oben rechts).

Schön und glücksbringend ist es, am Limes auch heute noch Spuren der römischen Ära zu erleben. Am besten beginnen wir in Bad Hönningen zwischen Bonn und Koblenz. Bis zu diesem Ort am Rhein bildete der Fluss die Grenze, der eigentliche Grenzwall Richtung Westerwald begann in Bad Hönningen. Sehr empfehlenswert ist dort die Römer-Welt, ein interaktives Museum, in dem das Leben der Grenzsoldaten erlebbar wird. Setzen Sie sich mal so einen Römerhelm auf und schlüpfen Sie in ein Kettenhemd, dann sehen Sie, wie ich auf dem Ausoniusweg gelitten habe. Neben den Würfelspielen der Legionäre können wir auch an ihren kulinarischen Spezialitäten schnüffeln. Wer einmal den Gestank der Fischsauce in einer Amphore gerochen hat, freut sich auf die nächste Currywurst. Beim Museum verläuft der *Westerwaldsteig*, auf dessen erster Etappe nach Waldbreitbach wir fast komplett dem Verlauf des Limes folgen. Wenn wir einen kleinen Sprung in den Schwäbischen Wald nordwestlich von Stuttgart machen, können wir auf dem kurzen Premium-Spazierwanderweg *Römerwald* weiter am Limes entlang wandern. Wir stoßen – Rekonstruktionen von Limestürmen gibt es reichlich, keiner ist original erhalten – im schwäbischen Römerwald auf die Ruinen eines römischen Turms. Manchmal ist es auch schön, einfach die Fantasie spielen zu lassen.

Noch einen Katzensprung weiter wandern wir in Bayern auf dem *Römererlebnispfad Burgsalach* am Limes. Neben einem Wachturm und Modellen des Kastells von Burgsalach können wir an der Erlebnis-Station »Blickrekonstruktion« nachvollziehen, wie die Römer auf den Limes geschaut haben. Und das ist das, was ich unter Römer-Glück verstehe: wandernd nicht nur in die Landschaft, in die Natur, sondern wie in einer Zeitmaschine in die Geschichte einzutauchen.

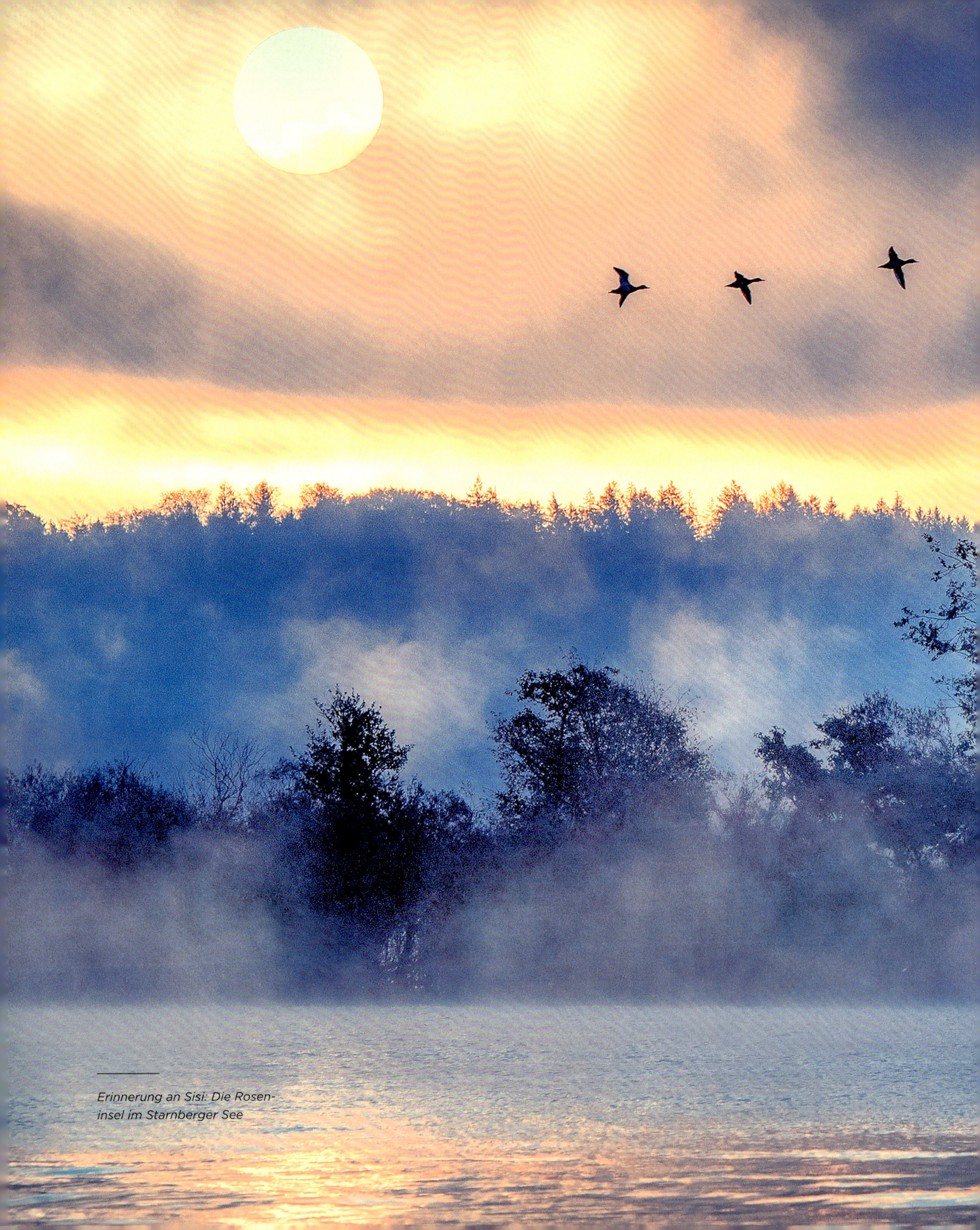

Erinnerung an Sisi: Die Roseninsel im Starnberger See

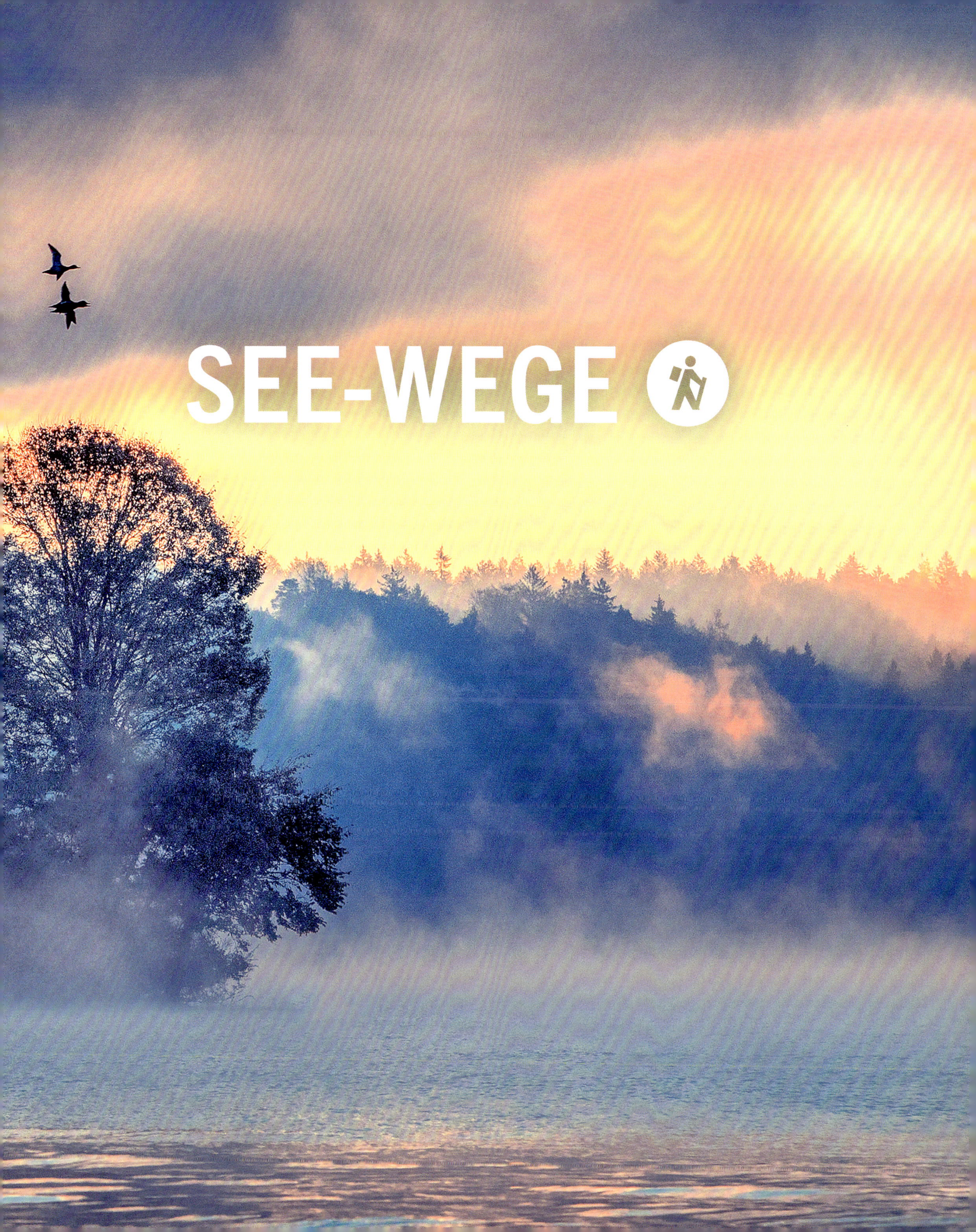
SEE-WEGE

Zehn See-Wege

1 Guckinsland (Baden)
Start: Markdorf/Bodensee.
14,6 Kilometer, 428 Höhenmeter

2 Falladas Fridolinwanderung (Mecklenburger Seenplatte)
Start: Carwitz. 10,1 Kilometer, 36 Höhenmeter

3 Bodden-Panoramaweg (Rügen)
Start: Mukran. 22,7 Kilometer, 80 Höhenmeter

4 Zwei-Seen-Runde (Niederrhein)
Start: Brüggen-Born.
6,1 Kilometer, 27 Höhenmeter

5 66-Seen-Weg (Brandenburg)
Start: Potsdam.
416 Kilometer, 2180 Höhenmeter,
17 Etappen

6 Sloopsteener Seenrunde (Münsterland)
Start: Westerkappeln.
6,8 Kilometer, 50 Höhenmeter

7 Pellenzer Seepfad (Eifel)
Start: Maria Laach oder Kruft.
16 Kilometer, 594 Höhenmeter

8 Kaiserin-Elisabeth-Weg (Oberbayern)
Start: Bahnhof Feldafing am Starnberger See.
8,7 Kilometer, 145 Höhenmeter.
Badesachen nicht vergessen!

9 Rund um die Herreninsel (Chiemgau)
Von Prien am Chiemsee mit dem Schiff auf
die Herreninsel. Dort 9,3 Kilometer, 18 Höhenmeter

10 Jägersteig (Baden)
Start: Schluchsee. 11,9 Kilometer, 232 Höhenmeter

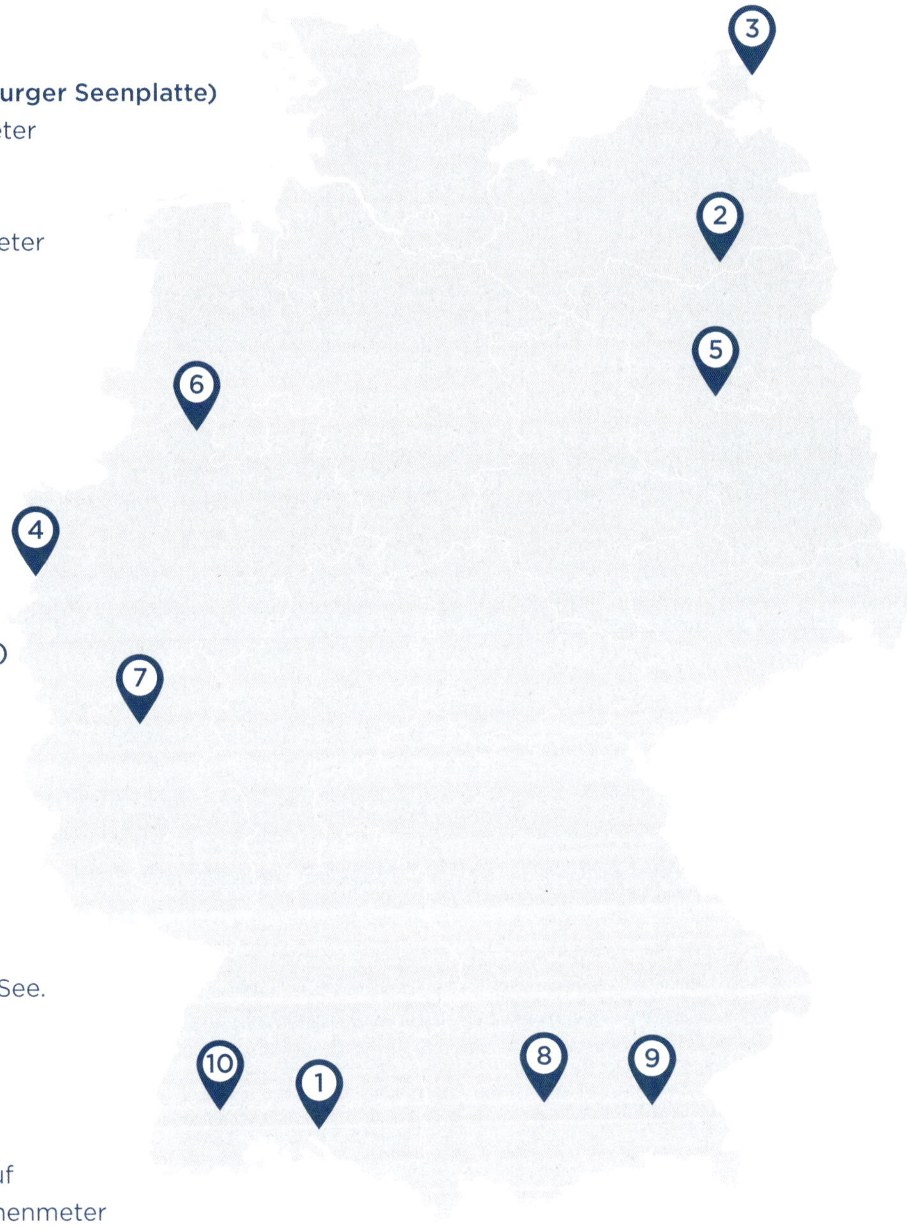

»Wenn ich den See seh', brauch' ich kein Meer mehr.«

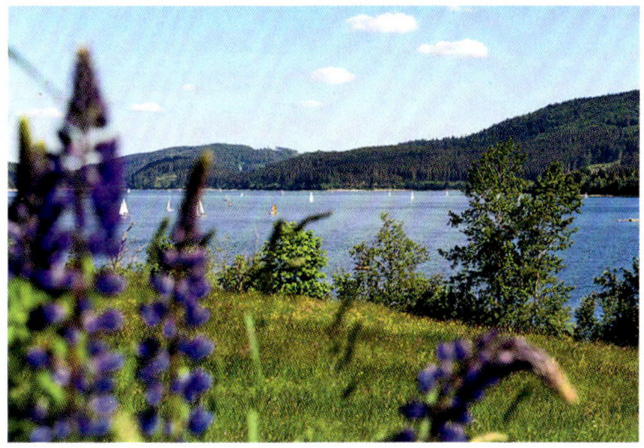

Man sollte ja denken, dass man beim Wandern geerdet sei. Immerhin gehen wir mit beiden Beinen (und den Füßen am Ende der Beine) auf dem Boden der Tatsachen. Elementar gesprochen: Wandern ist nicht Feuer und nicht Luft, sondern eher Erde. Allerdings: Nichts begeistert den Wanderer so sehr, nichts macht uns so glücklich wie das Wasser. Egal ob an den Gestaden eines Meers, an einem See, Teich oder Weiher, egal ob Bach oder Wasserfall: Das Wasser ist der Glücksspender Nummer Eins in der Natur. Der Meeresbiologe Wallace Nichols schreibt: »Wasser ist unser Lebenselexier. Es bedeckt 70 Prozent des Planeten und unser Körper besteht zu fast 70 Prozent daraus. Diese tiefe biologische Verbindung löst in unserem Gehirn eine direkte Reaktion aus, sobald wir in der Nähe des Wassers sind.«

Blick auf den Schluchsee im Schwarzwald

An dieser Stelle möchte ich von den Glückswegen an den deutschen Seen erzählen. Zuerst müssen wir ein Knäuel der Begrifflichkeiten entwirren. Es gilt zwar das Bonmot »Wenn ich den See seh', brauch' ich kein Meer mehr.« Allerdings ist die Bedeutung von »See« und »Meer« in unterschiedlichen deutschen Regionen nicht einheitlich. Im Süden, Westen, in der Mitte und im Osten orientiert sich die Verwendung des Begriffs »Meer« am italienischen *mare*. Vielleicht ein Erbe des Römischen Reichs? Daher ist der Bodensee eben ein »See«, genauso wie der Schluchsee oder der Chiemsee. Im Norden dagegen spricht man von »See«, wenn man das »Meer« meint. Nordsee und nicht Nordmeer, Seefahrt und nicht Meerfahrt. Allerdings mit weiblichem Artikel, zur Unterscheidung. Urlaub an der See. Diese Begrifflichkeit leitet sich eindeutig vom englischen *sea* ab, welches sich vom *lake* unterscheidet. Kurioserweise nennt daher der Norddeutsche einen »See« ganz einfach: »Meer«. Das Steinhuder Meer in der Nähe von Hannover heißt nicht »Meer«, weil die Niedersachsen übergeschnappt sind, son-

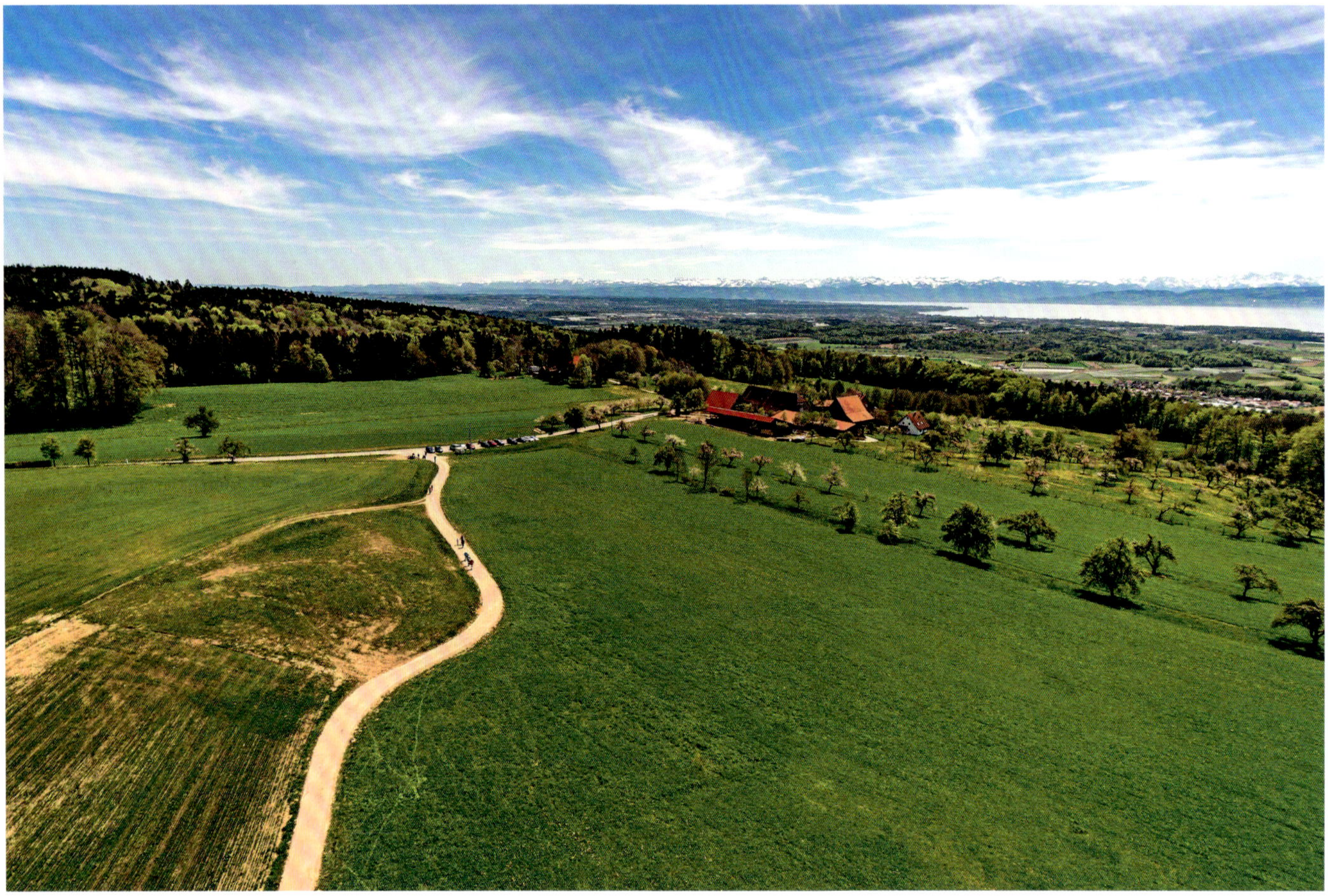

dern weil im Niederdeutschen ein »See« eben »Meer« heißt. Die Niederländer bezeichnen zum Beispiel den Bodensee als »Meer van Konstanz«.

Nachdem wir nun die Begrifflichkeiten geklärt haben, können wir uns jetzt den Wegen an deutschen Seen zuwenden. Beginnen möchte ich mit dem größten deutschen Binnensee, dem *Bodensee*. Die Wege direkt am Ufer sind für Wanderer nicht empfehlenswert, da sie zumeist asphaltiert sind – für Promenaden, Autostraßen und für den starken Fahrradverkehr. Daher ist es besser, ein wenig zurückzutreten, und sich die Bodensee-Hänge etwas genauer anzuschauen. In der Gegend von Gehrenberg und Markdorf gibt es die »Landgänge«, das sind wunderschöne Premiumwege im Hinterland. Auf dem Weg *GuckinsLand* haben wir spätestens auf dem Gehrenbergturm einen Blick zum Niederknien. Fast der gesamte Bodensee liegt uns zu Füßen, ein einmaliges Glückserlebnis. Für unser subjektives Wohlgefühl ist es sehr wichtig, dass dieser Ausblick wie das Gemälde eines alten Meisters mit begrenzenden Linien wie gerahmt wirkt. Denn von der deutschen Seite des Sees schaut man immer auf das prägende Massiv des schweizerischen Berggiganten Säntis – der See so nah, die Alpen auch.

Was für ein Glücks-Panorama auf dem GuckinsLand-Weg: grüne Landschaft, der Bodensee und im Hintergrund die schneebedeckten Alpengipfel

»Ich schenke ihnen eine Kindheit, deren Glück man aus ihren Augen abliest, immerzu kann ich schenken.« Das schreibt Hans Fallada in seinem autobiografischen Werk *Heute bei uns zu Haus* über seinen Anspruch an die Vaterrolle. Und kann man schöner den eigenen Kindern das Glück in die Augen zaubern als bei einem Wandertag an einem See? Okay, so manches moderne Kind stellt sich unter »Glück« etwas anderes vor, als stundenlang ohne Handy durch die Landschaft zu latschen. Aber gerade die eigenen Kinder muss man eben manchmal auch zu ihrem Glück zwingen, davon bin ich überzeugt. Eine schöne Gelegenheit für glücksstrahlende Kinderaugen bietet *Falladas Fridolinwanderung* im mecklenburgischen *Carwitz*. Gute zehn Kilometer, sehr flach, eine absolut kindgerechte Tour. Dieser Qualitätsweg bezieht sich auf das Kinderbuch von Hans Fallada: *Fridolin der freche Dachs*. Und eben diesen Frechdachs findet man auch auf den Markierungs-Schildern dieses Rundwegs. Neben den See-Passagen ist das Highlight die Passage über einen Holzbohlensteg an einem Moor, über den man den sogenannten Teufelsstein erreicht. Die Kratzspuren auf dem Felsbrocken sollen vom Satan persönlich stammen. Nicht nett.

Na, wo hat sich der Fridolin versteckt? Idylle am Carwitzsee

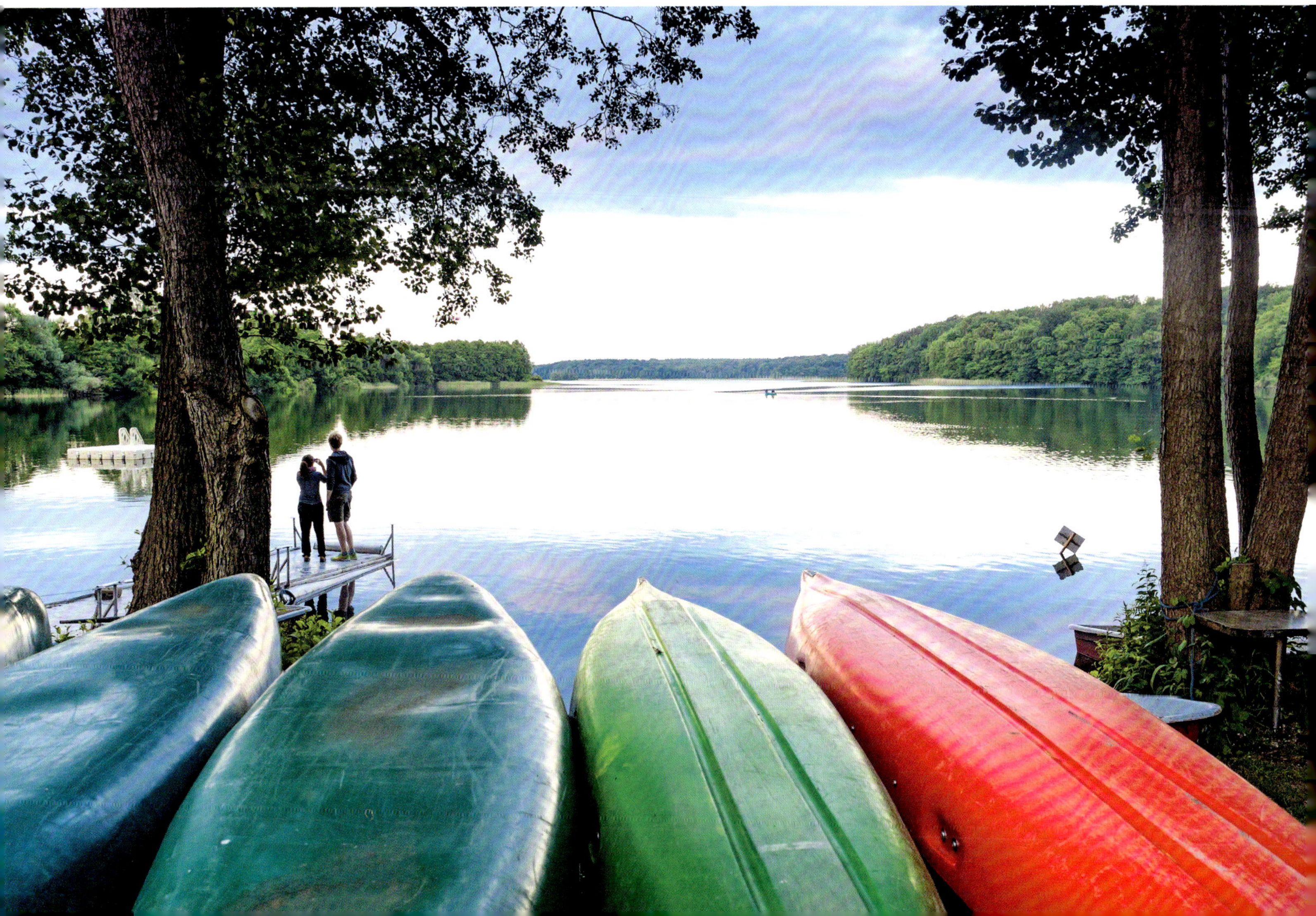

Ebenfalls in Mecklenburg-Vorpommern kann ich den *Rügener Bodden-Panoramaweg* empfehlen. Die Boddenlandschaft unterscheidet sich deutlich vom offenen Meer und hat - weil fast komplett von Land umschlossen - eher den Charakter eines Sees.

Wir reisen mit dem Zeigefinger über die deutsche Landkarte von den mecklenburgischen zu den niederrheinischen Seen nahe der holländischen Grenze. Im *Naturpark Schwalm-Nette* findet sich in der Nähe des Ortes Lobberich der Premiumweg *Zwei-Seen-Runde*. Das Deutsche Wanderinstitut hat das Zertifikat »Premiumweg« vor über 20 Jahren für die deutschen Mittelgebirge konzipiert. Die Wanderexperten waren höchst erstaunt, dass sich die Kriterien für einen herausragend schönen Wanderweg auch auf die extrem flache Landschaft des Niederrheins übertragen ließen. Und das liegt natürlich ganz wesentlich am Element Wasser. Nicht umsonst haben sich alle Premiumwege des Niederrheins unter der Dachmarke *Wasser.Wander.Welt.* versammelt. Wir wandern an Flüssen, Bächen, Kanälen, Wassergräben, Moorlandschaften, Teichen und unter anderem an den zwei Seen in der Nähe von Brüggen-Born. Auf allen neun Premiumwegen und sechs Premiumspazierwanderwegen der Wasser.Wander.Welt. kann man das Wasserwanderglück mit allen Sinnen erleben.

Wissenschaftler der Universität Exeter fanden in einer Studie heraus, dass die Menschen umso gesünder sind, je näher sie am Wasser wohnen. Man könnte sogar sagen (soweit es sich um Eigenheime handeln sollte) umso gesünder, wenn man nah am Wasser gebaut hat. Sozusagen. Schauen wir uns in diesem Zusammenhang etwas genauer den *66-Seen-Weg rund um Berlin* an. Man muss sich definitiv die Berliner, Potsdamer, Brandenburger als wahnsinnig gesundes Völkchen vorstellen. Und gesund macht glücklich, das ist doch eigentlich logisch.

Der Eisvogel, ein Stammgast an den Seen Deutschlands. Gerne fotografiert, selten gesehen, weil er eben so verdammt schnell ist (unten links).

Steg am Boddensee: ein See am Meer (unten rechts)

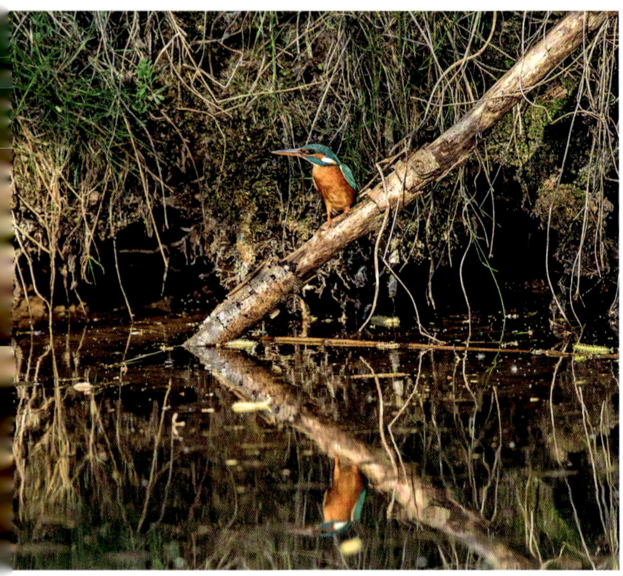

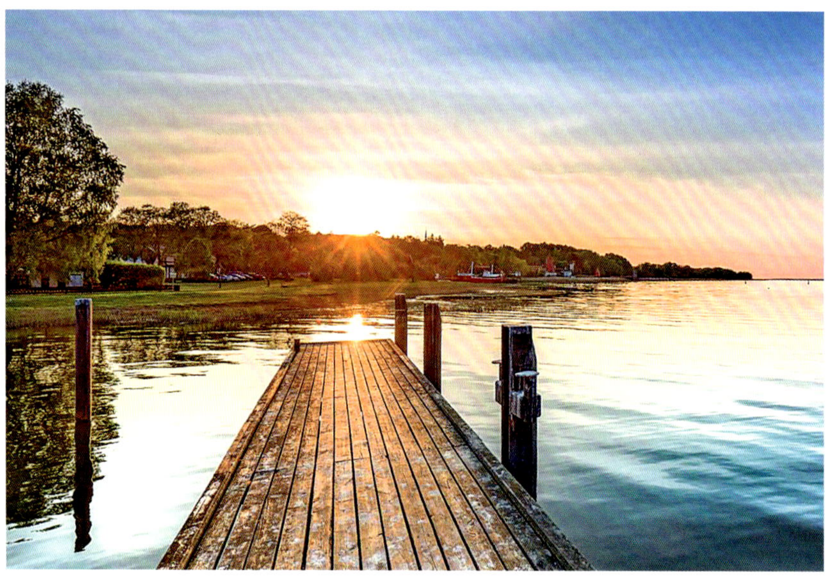

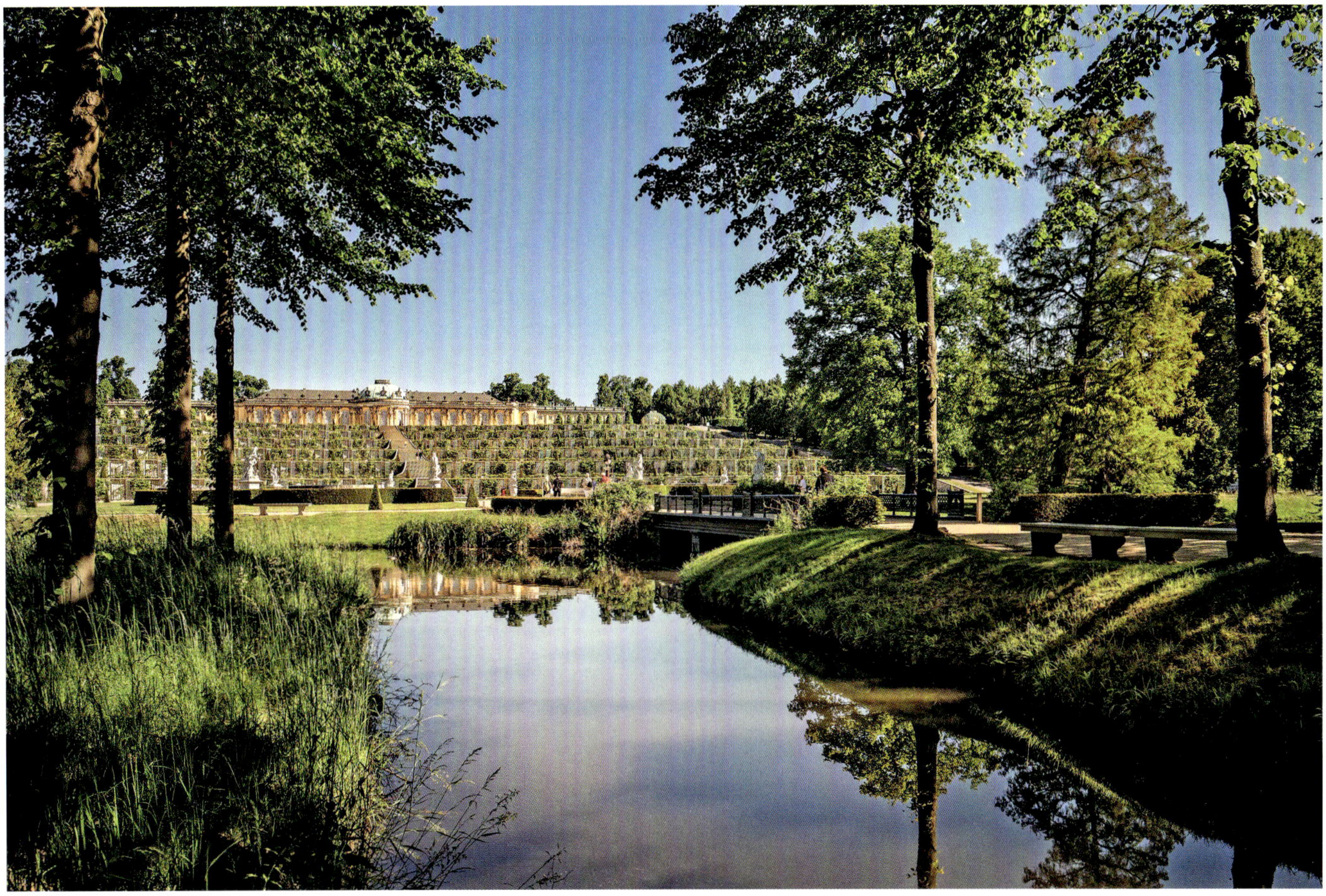

In der Nähe von Schloss Sanssouci verläuft der 66-Seen-Weg.

Der offizielle Startpunkt des 66-Seen-Wegs ist Potsdam. In diesem Städtchen ohne Sorgen gibt es ja nun schon mal reichlich Seen, die die Havel in die Landschaft gemalt hat. Wer möchte, kann nun über 400 Kilometer im weiten Bogen rund um Berlin in Angriff nehmen. Ganz schön weit, die gesamte Strecke am Stück (17 Etappen) macht ehrlich gesagt kaum ein Wanderer. Der Witz an dem Weg ist nämlich, dass jede Etappe hervorragend mit Bahn, Bus oder S-Bahn von Berlin aus erreichbar ist. Man muss also gar nicht nah am Wasser gebaut haben, um sich als Berliner die tägliche Glücksdosis an einem See in Brandenburg zu gönnen. Ein sehr schöner Seenweg ist der Premiumweg *Sloopsteener Seenrunde* im nördlichen Münsterland in der Nähe von Osnabrück. Die Sloopsteene sind mächtige Steine in der Nähe des Sees, die von keltischen Stämmen gesammelt und zu Hügelgräbern (Megalithgräbern) aufgeschichtet wurden. Der *Niedringhaussee* in der Nähe der »schlafenden« Steine ist ein wunderbares stilles Gewässer in einer flachen Landschaft. Die Gesamtstrecke von 6,8 Kilometern ist sehr gut für Familien auch mit kleineren Kindern (ab sieben Jahren) zu bewältigen. Und der See (und so) macht nicht nur Kinder, sondern auch Erwachsene froh. Denn das Wanderglück an Seen ist

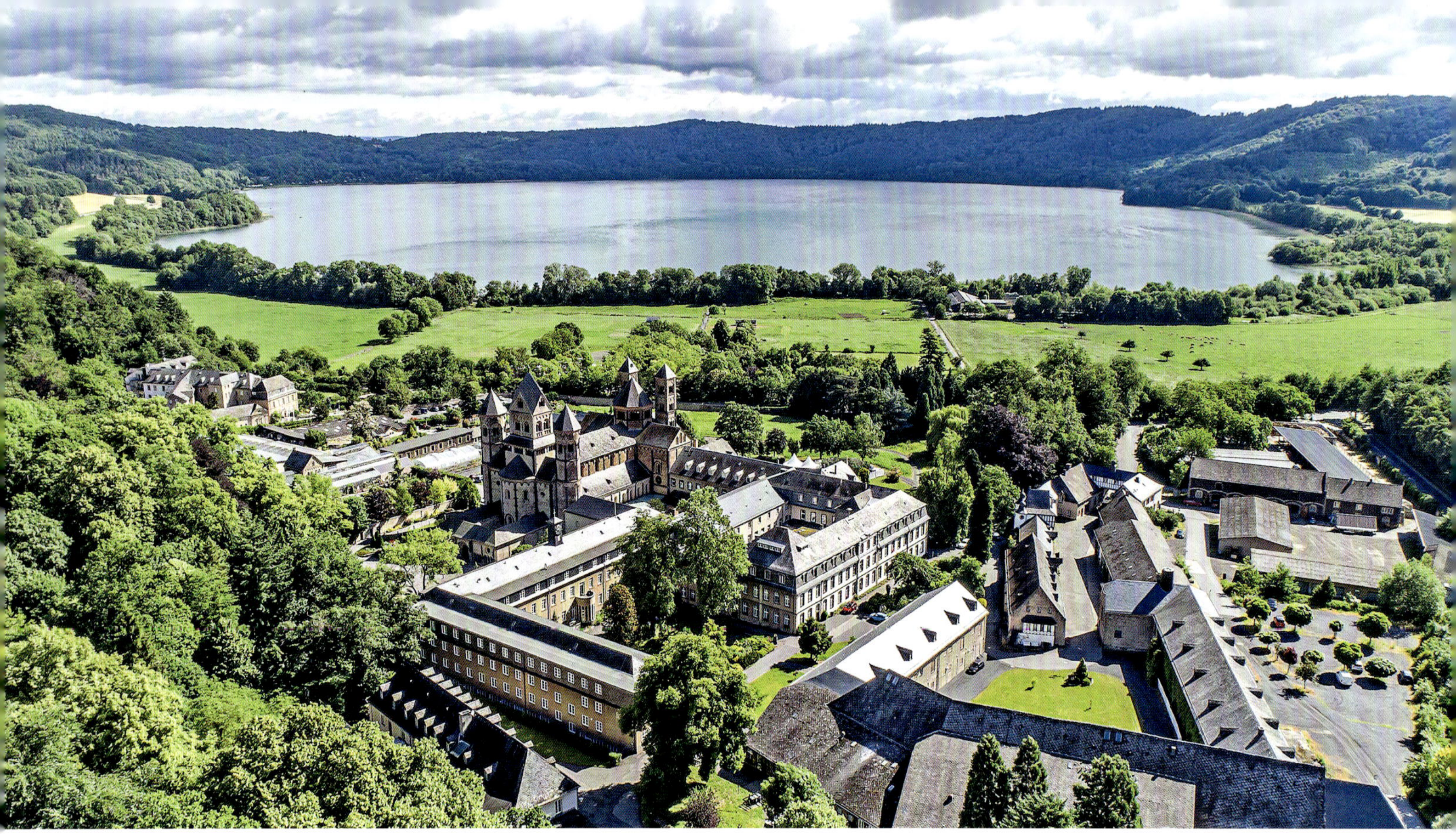

sehr vielfältig und beschränkt sich nicht nur auf das meditative Starren über die Wasseroberfläche.

Immer wieder locken schöne Sandbuchten am Niedringhaussee. Ob der Sand allerdings für den Bau von Burgen reicht, das kann ich nicht garantieren. Allerdings hat so eine Bucht immer etwas Maritimes, und man ist versucht, eine Picknickdecke (soweit vorhanden) auszubreiten und es sich auf dem weichen Sand bequem zu machen. Dann noch die Schuhe ausziehen und mit den Zehenspitzen die Wassertemperatur erfühlen – herrlich. Und auf dem Rückweg zu Socken und Schuhen muss man dann feststellen, dass der Sand ganz schön an den Füßen und zwischen den Zehen festklebt, sodass man häufig zu Hause noch ein unverhofftes Mitbringsel dabeihat – ein paar Sandkörnchen vom Niedringhaussee.

Ein sehr beliebter Spaß am See, nicht nur im nördlichen Münsterland, ist es, Steine über das Wasser hüpfen zu lassen. Voraussetzung sind kleine (aber nicht zu leichte) flache Steine und eine möglichst ruhige Wasseroberfläche. An einem See klappt das wunderbar, am Meer mit seinen Wellen ist das schon viel komplizierter. Und dann geht es los! Man kann schöne Wettbewerbe im Steinhüpfen austragen, es gewinnt, wer am meisten Hüpfer hinbekommt. Und wer weiß, vielleicht knackt ihr ja den Weltrekord – 88 Hüpfer. Das wäre doch gelacht!

Wem das zu viel Action ist, der kann natürlich auch einfach auf den See schauen und die oft zahlreichen Wasservögel beobachten. Enten, Schwäne, Gänse sind an vielen deutschen Seen heimisch. Natürlich verbietet es sich, die Tiere zu füttern, womöglich noch mit alten Brötchen. Das ist nicht nur eine tieri-

Im Vordergrund das Kloster Maria Laach, im Hintergrund der Laacher See – ein ziemlich großes »Auge« der Eifel

sche Sauerei, sondern auch nicht gut für die Mägen von Ente und Co.

Es gibt nicht nur Seen und Meere und Meere, die Seen heißen, es gibt auch Maare. Die Maare werden auch die (dunklen) Augen der Eifel genannt und sind vulkanischen Ursprungs. Erdgeschichtlich gesehen sind sie blutjung. Es gab schon menschliches Leben in der Osteifel, als dort vor ungefähr 15 000 Jahren die Erde ruckelte und bebte und aus unzähligen Vulkankegeln die Lava schoss. Gesteinsbrocken aus der Eifel wurden bis Südschweden nachgewiesen. Gegenüber diesem vulkanischen Spektakel nimmt sich der Ausbruch des Vesuvs wie ein kalter Furz aus. Die Maare nun bestehen aus vulkanischen Trichtern, die mit Wasser verfüllt sind. Das bedeutet, dass diese ganz besonderen Seen sehr tief sind und das Wasser schwarz ist wie die Hölle. Wenn man darin schwimmt und taucht, wird die Temperatur mit jedem Meter eisiger. Wir sollten daher am Maar wandern, nicht darin tauchen.

Der Premiumweg *Pellenzer Seepfad* liegt am *Laacher See* in der Nähe des Klosters Maria Laach. Auf den Wegabschnitten am See kann man ein außergewöhnliches optisches und olfaktorisches Phänomen wahrnehmen: An verschiedenen Stellen des Maars tritt CO_2 aus dem Wasser, so ein Maar ist eben kein stilles Wasser, sondern ein Sprudelwasser. Man nennt diese CO_2-Austrittstellen Mofetten, und dieser lustige Begriff leitet sich vom italienischen Wort *mofeta* ab, was so viel wie »schädliche Ausdünstung« bedeutet. Aber keine Angst, der leichte Geruch nach faulen Eiern ist weder gesundheitsschädlich noch beeinträchtigt er unser Wandervergnügen am Laacher Maar.

Ein mythischer deutscher See ist der *Starnberger See*. Mythisch in erster Linie nicht wegen der ungeheuren Millionärs-

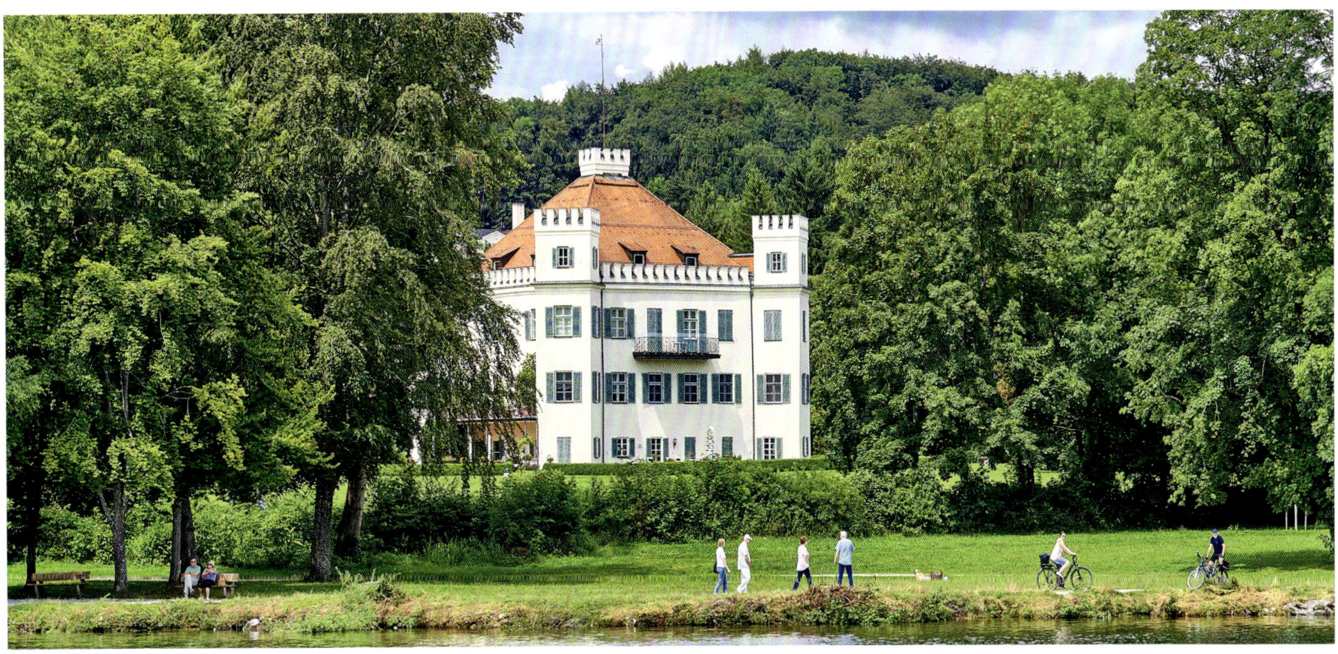

Schloss Possenhofen am Starnberger See – wäre Sisi mehr gewandert, hätte sie auch nicht so viel fasten müssen.

und Milliardärsdichte seiner Anwohner. Vor allem ist der bayerische See eng verbunden mit der Erinnerung an die legendäre Kaiserin Elisabeth von Österreich, genannt Sissi. Daher verwundert es auch nicht, dass man am Starnberger See auf dem *Kaiserin-Elisabeth-Weg* wandern kann. 8,8 Kilometer lang, viele befestigte Wege und jede Menge Erinnerungen an die Frau an der Seite von Kaiser Franz Joseph – eine Sisi-Statue (in ihrer Heimat wird die »Lisl« mit nur einem »S« geschrieben) am Hotel Kaiserin Elisabeth, das Kaiserin-Elisabeth-Museum im alten Bahnhof (!) von Possenhofen, und natürlich das Schloss Possenhofen, in dem sie aufwuchs, liegen an diesem Rundweg. Wir können auf dem Kaiserin-Elisabeth-Weg ein ganz besonderes See-Glück genießen: Nicht nur die Ausblicke auf das Wasser erfreuen die Psyche, sondern auch das

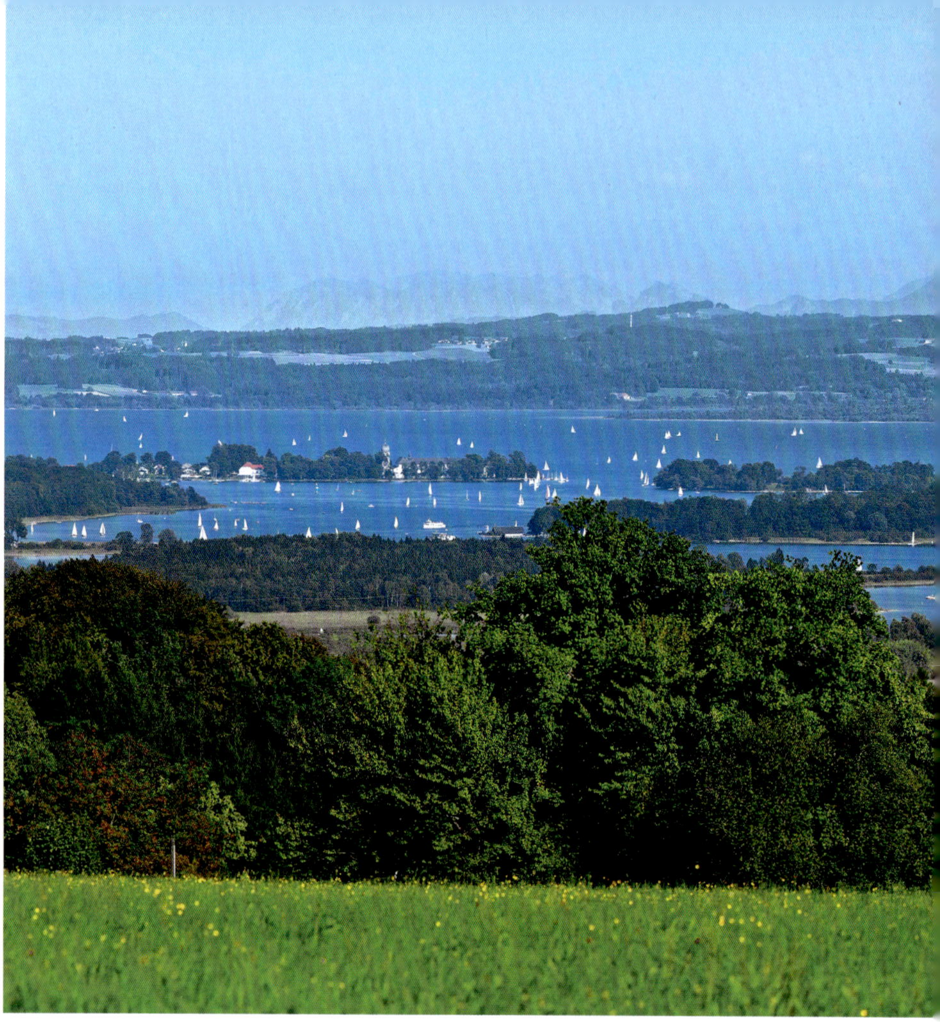

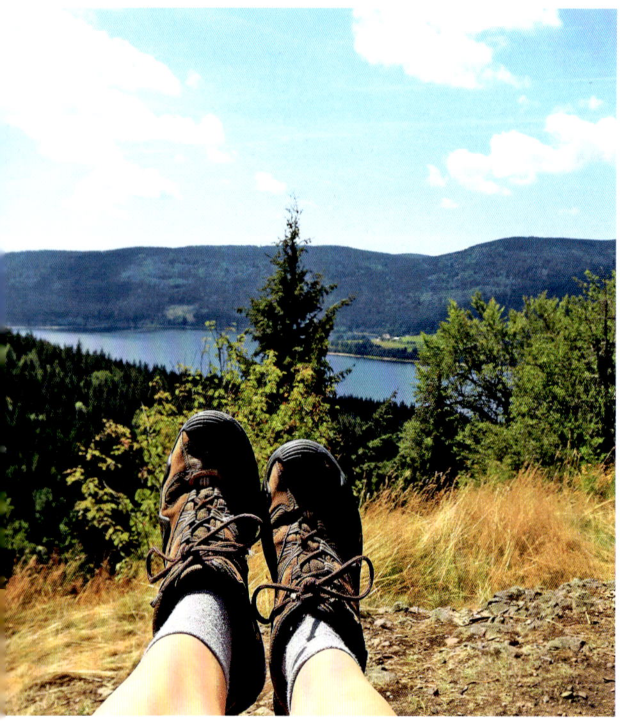

Eintauchen ins erfrischende Seewasser im Feldafinger Strandbad. Das 1927 eröffnete Bad – ganz schön historisch, aber nicht historisch genug, dass Sissi dort geplantscht haben könnte – lockt mit einer schönen Badevariante zum Wandertrott.

Ebenfalls in Bayern kann man sehr schön am *Chiemsee* wandern. Auf der Herreninsel hat man eine 360-Grad-Perspektive auf den See und immer wieder traumhafte Blicke auf die Chiemgauer Alpen. Man kommt an alten Kapellen vorbei, natürlich am Schloss von Ludwig II. und an romantischen Uferstellen. Wenn man sehr, sehr langsam wandert, kann man von Sonnenaufgang bis Sonnenuntergang auf dem Wanderweg ge-

Einfach mal auf dem Jägersteig die müden Füße hochlegen. Mit dem Blick auf den Schluchsee lässt es sich doch aushalten.

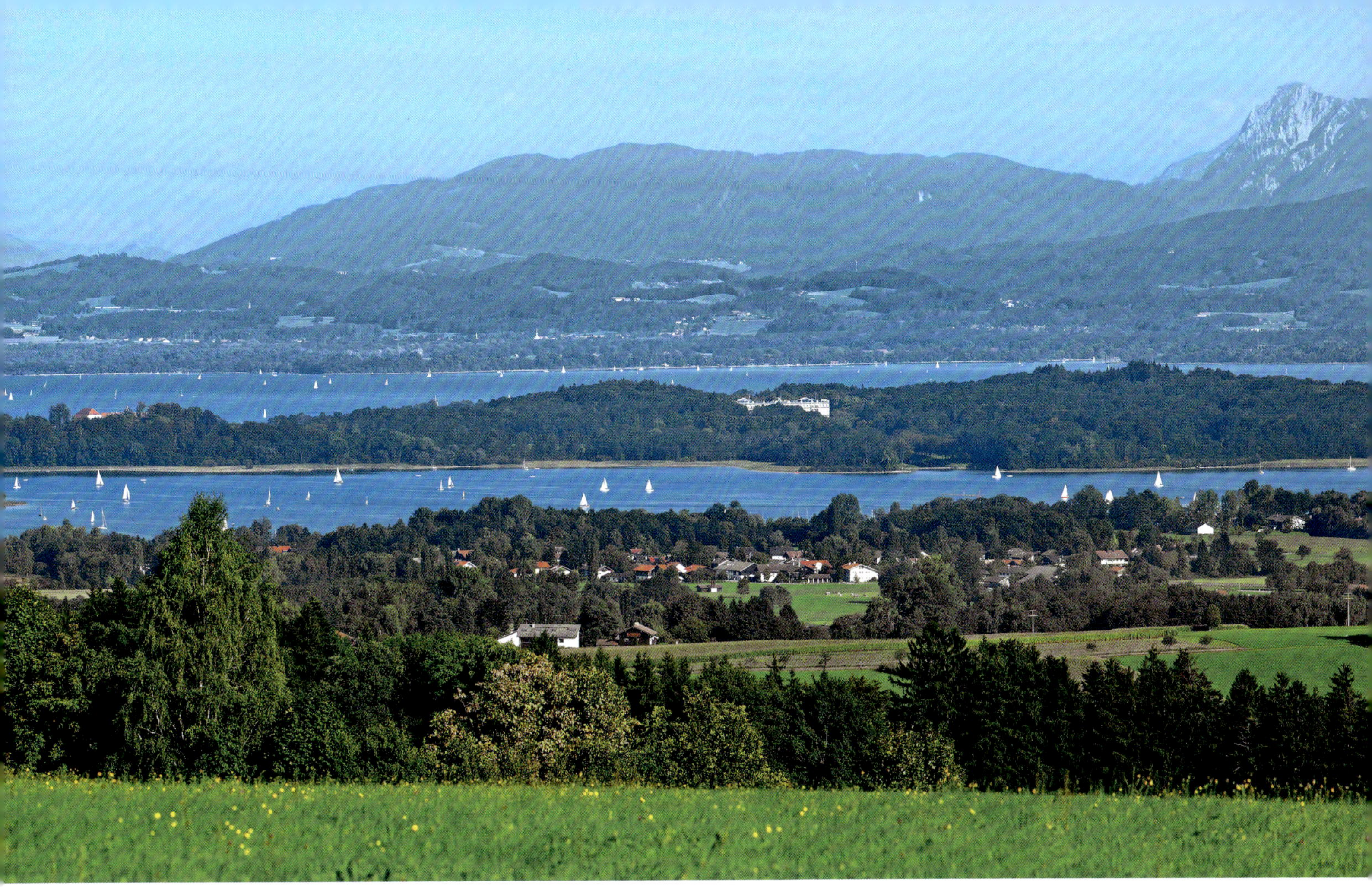

Der Chiemsee mit Frauen- und Herreninsel, dazwischen die Sterncheninsel

hen und mit dem eigenen Schatten wie eine lebende Sonnenuhr die Stunden anzeigen.

Ein weiterer legendärer See ist der *Schluchsee* im Schwarzwald. Mit 930 Höhenmetern ist er nicht nur einer der höchstgelegenen Seen Deutschlands, sondern mit einer Länge von mehr als sieben Kilometern auch der größte des Schwarzwalds. Der Schluchsee und der gleichnamige Ort werden wahrscheinlich für immer im kollektiven Gedächtnis der deutschen Fußballfans mit dem Trainingslager für die WM 1982 verbunden sein. Am sogenannten »Schlucksee« hatte Bundestrainer Jupp Derwall die Spieler nie im Griff, sodass dort so richtig die Post abging. Toni Schumacher hat dieses Trainingslager als Saufbumszock-Trainingslager bezeichnet. Ach herrje, wenn die Jungs doch mehr gewandert wären, wären sie bei der WM ja vielleicht sogar Weltmeister geworden.

Aktuell gibt es einen großartigen Premiumweg am Schluchsee, den *Jägersteig*. Dieser Rundweg ermöglicht es, den See in allen Facetten kennenzulernen. Zunächst wandern wir durch den Wald – der Weg heißt ja auch Jägersteig und nicht Fischersteig – und erreichen eine Felsengruppe. Auf den Felsen haben wir herrliche Blicke auf den See. Dann wandern wir bergab und können die letzten Kilometer auf wunderschönen Wegen und Pfaden direkt am Ufer gehen. Pures Wanderglück am Wasser!

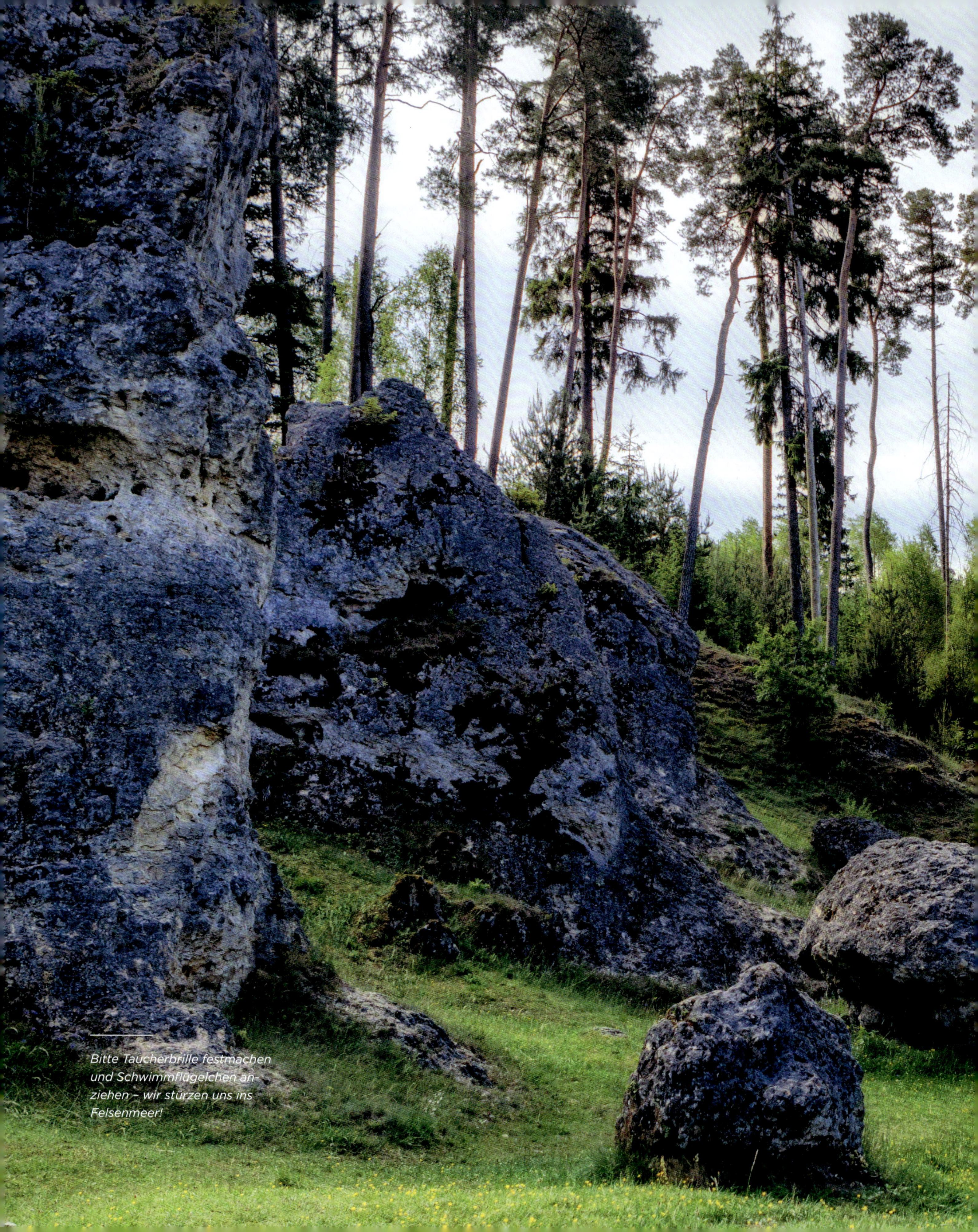

Bitte Taucherbrille festmachen und Schwimmflügelchen anziehen – wir stürzen uns ins Felsenmeer!

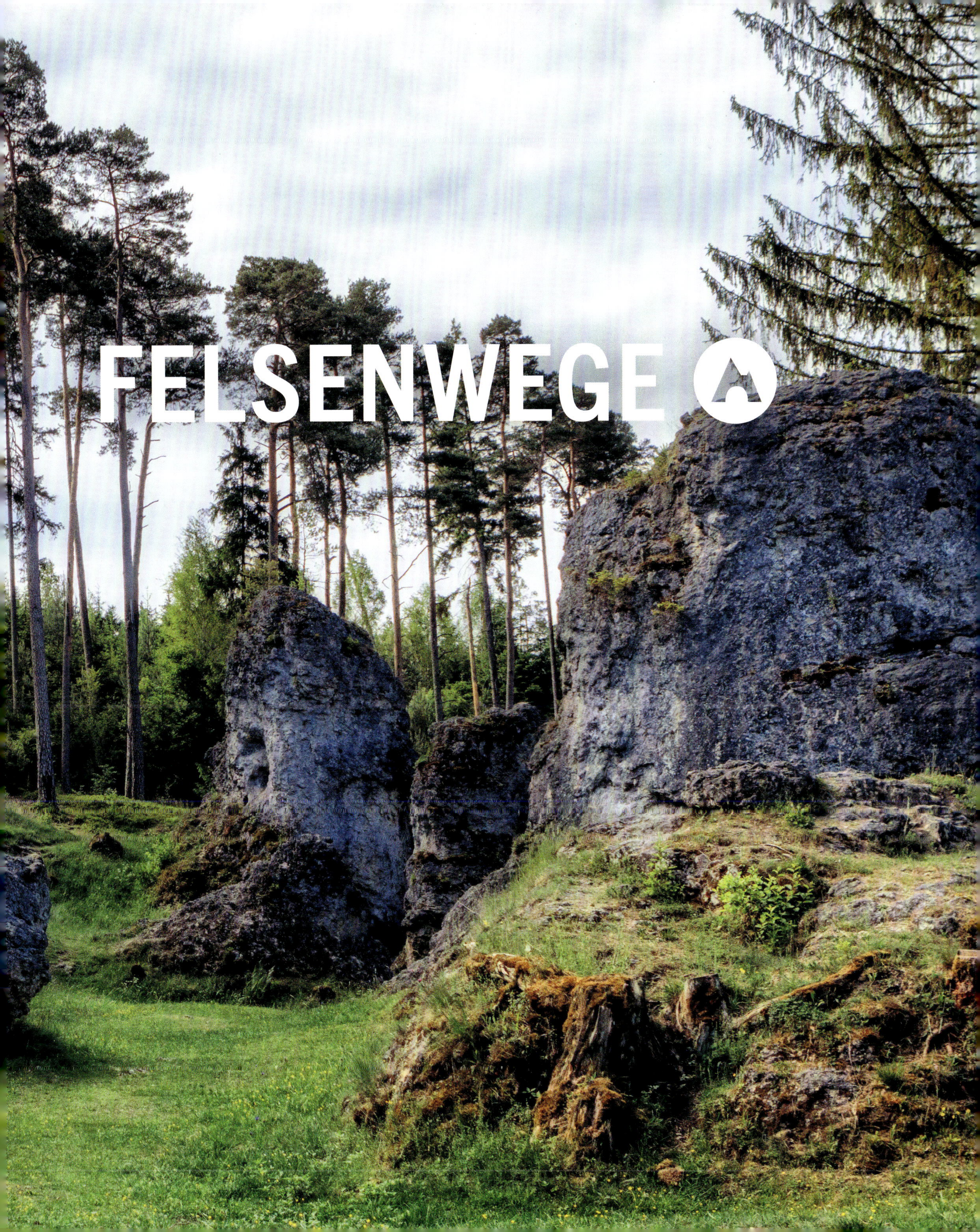
FELSENWEGE

Zehn Felsenwege

1 Malerweg, vierte Etappe, mit Schrammsteinen und Kuhstall (Sächsische Schweiz)
Start: Altendorf. 17,5 Kilometer, 785 Höhenmeter

2 Edmundsklamm-Rundwanderweg (Tschechien, Böhmische Schweiz)
Start: Hrensko. 10,6 Kilometer, 355 Höhenmeter

3 Dahner Felsenpfad (Pfalz)
Start: Dahn. 12,5 Kilometer, 402 Höhenmeter

4 Hermannsweg, erste Etappe (Teutoburger Wald)
Start: Velmerstot.
17,9 Kilometer, 870 Höhenmeter

5 Dreikaiserstuhl (Münsterland)
Start: Boketal.
3,6 Kilometer, 81 Höhenmeter

6 Panoramaweg Baden-Baden (Baden)
Start: Kurhaus Baden-Baden.
44 Kilometer, 1981 Höhenmeter
(in zwei Etappen aufteilen)

7 Baybachklammn (Hunsrück)
Start: Heyweiler.
10,5 Kilometer, 413 Höhenmeter

8 Felsenweg 3 (Luxemburg/Eifel)
Start: Berdorf/Luxemburg.
24,7 Kilometer, 530 Höhenmeter

9 Traufgang Felsenmeersteig (Schwäbische Alb)
Start: Albstadt-Laufen. 16,8 Kilometer, 723 Höhenmeter

10 Felsenweg (Saarland)
Start: Waldhölzbach. 13,7 Kilometer, 431 Höhenmeter

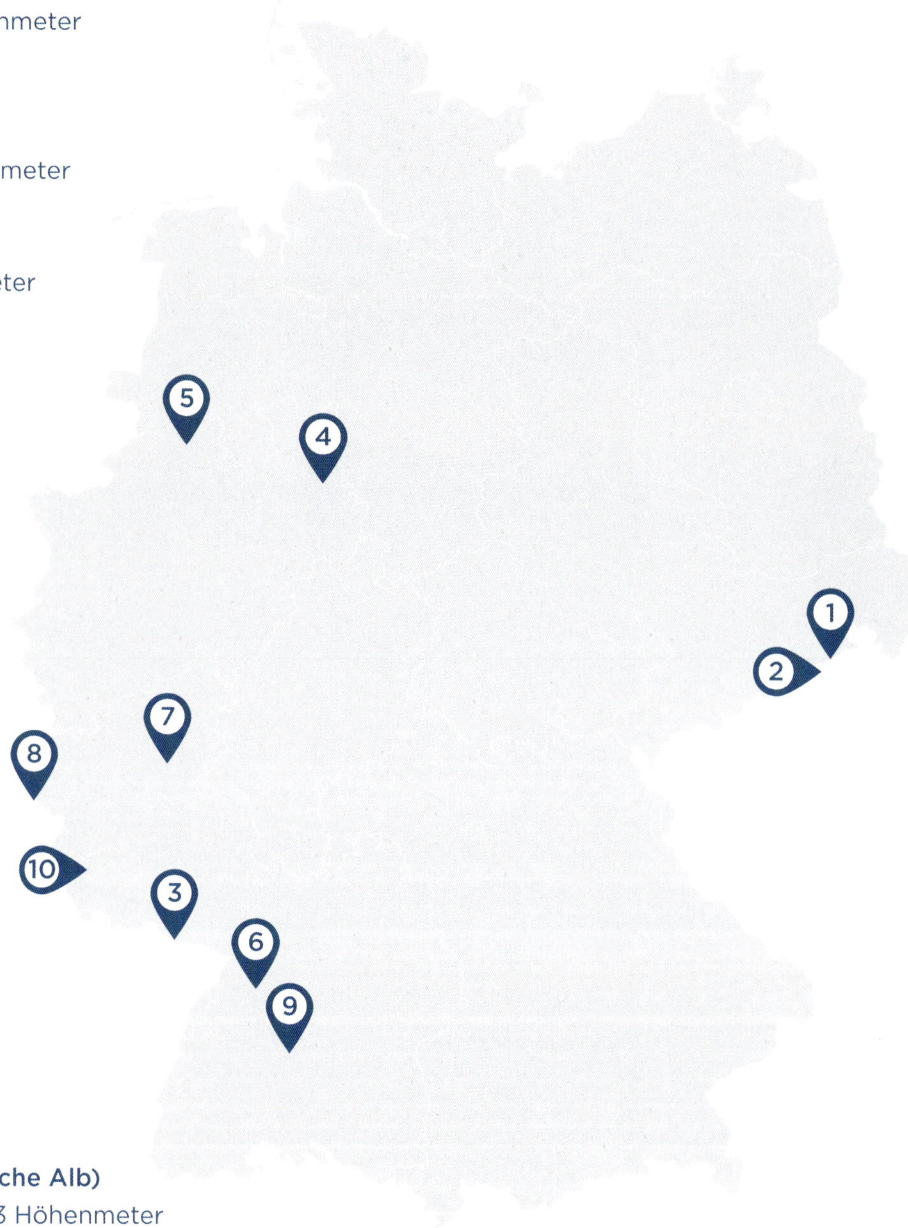

»Ein Felsenensemble mit schmalem Durchlass wurde auf den Namen ›Mandrack-Passage‹ getauft. Ich war gerührt, noch zu Lebzeiten Namenspate einer spektakulären Felsformation zu sein.«

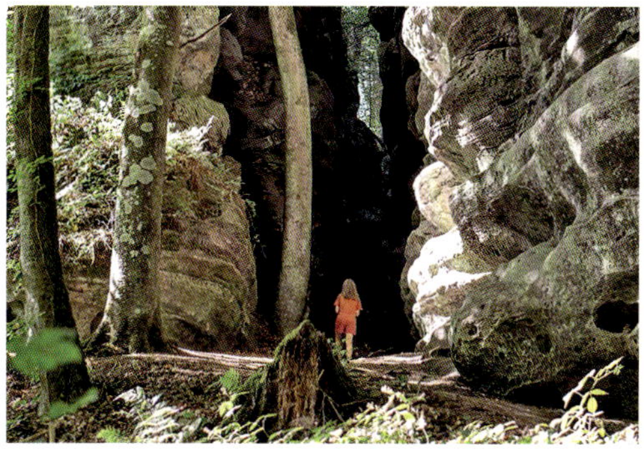

Es gibt Wanderglücksfaktoren, auf die konnten und können sich alle Menschen einigen, in allen Kulturen. Wasser in allen Erscheinungsformen macht glücklich, die Naturfarbe Grün tut uns gut. Untersuchungen zeigen, dass die Menschen mit einem Blick auf eine grüne Wiese oder einen Wald kreativer, produktiver, besser arbeiten. Krankenhauspatienten, die durchs Fenster ins Grüne schauen können, gesunden schneller als solche mit einem Blick auf Großstadtmauern.

Steinige Gebirge, große und kleine Felsen hatten dagegen früher einen miserablen Ruf. Anfang des 17. Jahrhunderts beschrieb ein Engländer, der die verrückte Idee hatte, durch die Alpen zu reisen, das Gebirge und die Felsen wie eine schlimme Erkrankung. Für Thomas Coryat waren diese steinernen Riesen »Warzen, Blasen, Abzesse, die Müllhalden der Welt, mit wenig Bedeutung und noch weniger Charme für Menschen, die die Alpen überquerten«. Reisende dieser Zeit fanden die Alpen derart uncharmant, dass sie sich während der Kutschfahrt die Augen verbinden ließen oder die Vorhänge zuzogen, um nicht diese abartige und schreckliche Natur anschauen zu müssen.

Doch mit dem Beginn des Alpinismus wuchs nicht nur das Interesse an grünen Almwiesen, auch der Blick auf Steine und Felsen änderte sich. Die vorher furchteinflößenden, mächtigen Felsenensembles bekamen ein positives Image und regten die Fantasie der Menschen an. Die Berge waren nicht mehr bedrohlich, die Wildheit der Felsen vielmehr aufregend. Vorbild für eine pittoreske Bergwelt wurde die Schweiz. Daher ist es auch kein Wunder, dass viele deutsche Landschaften mit mehr als drei mittelgroßen Felsbrocken den Zusatz »Schweiz« erhalten haben: die Fränkische Schweiz, die Elfringhauser Schweiz (in der Nähe von Wuppertal), die Bad Oeynhauser Schweiz (in der Nähe von Bielefeld) oder die Holsteinische Schweiz. Und natürlich die Sächsische Schweiz.

Ein Männlein steht im Felsen …

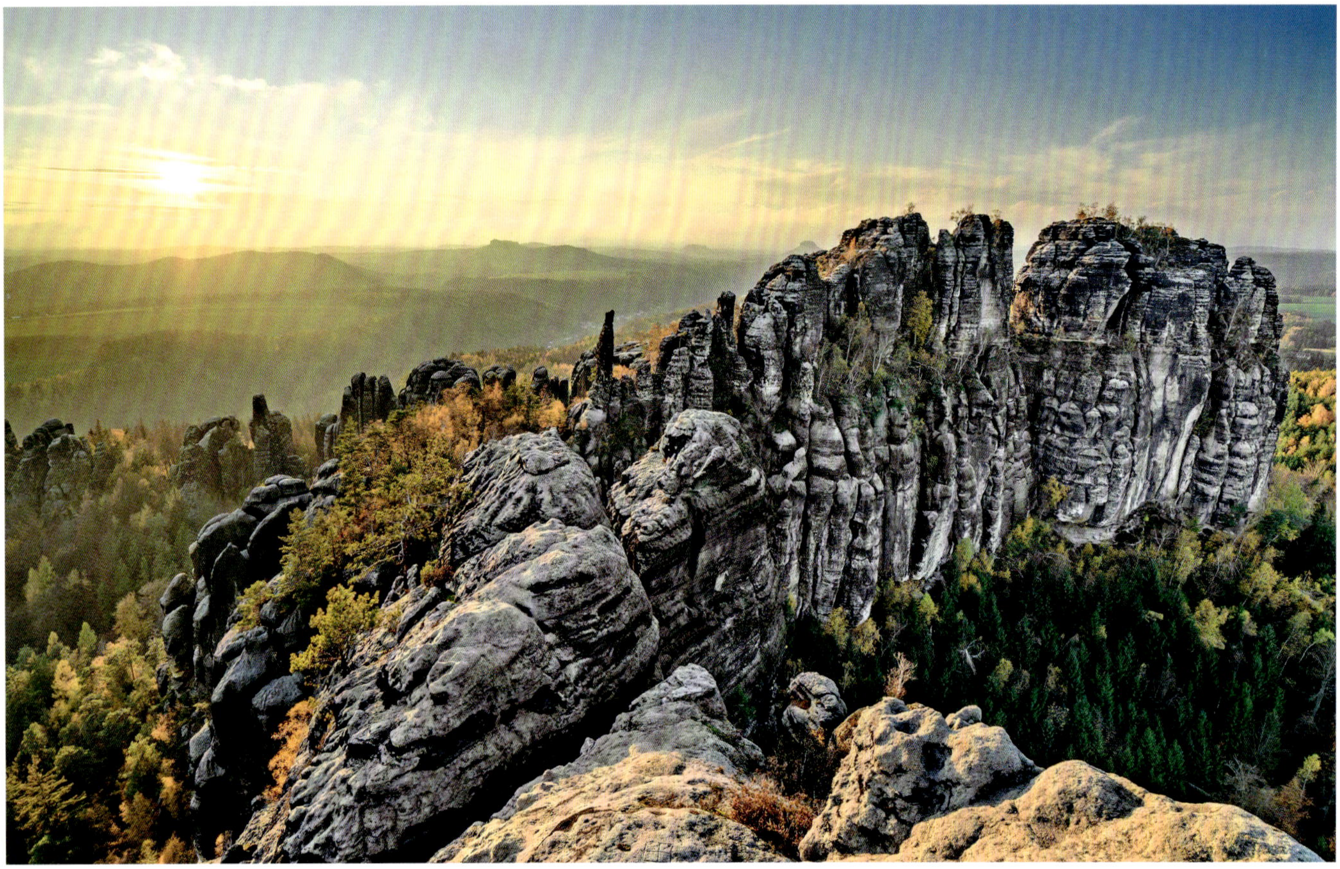

Wenn man Felsenglück pur erleben will, muss man auf dem *Malerweg* im Elbsandsteingebirge östlich von Dresden wandern. Geologisch gesehen verdankt sich das Wunder aus Steinen einer ursprünglich ungefähr 20 mal 20 Kilometer großen Sandsteinplatte. Da der helle Sandstein sehr weich ist, wurde er in den letzten Jahrtausenden immer mehr durch Regen ausgewaschen. Die bizarren Felsenfinger und steinernen Naturskulpturen sind also sozusagen standhafte Reste dieser massiven Platte. Diese Felsen haben die Fantasie der Menschen zu sprechenden Namen angeregt. Der Lilienstein hat eine liebliche Anmutung, der Pfaffenstein hingegen scheint einem unsympathischen Priester ähnlich zu sehen. Kurioserweise ist der Felsen nebendran der Papststein, alles sehr katholisch. Felsen erzählen auch Geschichte(n). Unter den Felsen des »Kuhstalls« suchten Mensch und Vieh während des Dreißigjährigen Kriegs Unterschlupf, und die spektakulären »Schwedenlöcher« tragen ihren Namen ebenfalls seit dieser schrecklichen Zeit.

Die fantastische Kulisse an der Elbe spielte auch eine Rolle in großen Filmproduktionen. *Inglourious Basterds, Cloud Atlas, Grand Budapest Hotel, Die Chroniken von Narnia* wurden teilweise in der sächsischen Schweiz gedreht. Felsenglück gibt es nicht nur auf Wanderwegen, sondern auch im Kinosessel.

Die beeindruckenden Schrammsteine. Unglaublich, dass man ohne Kletterkünste über den Grat wandern kann.

Auf dem Weg zu den Schrammsteinen. Gut erkennbar, dass der Weguntergrund – logisch in einem Sandsteingebirge – sandig ist (Seite gegenüber).

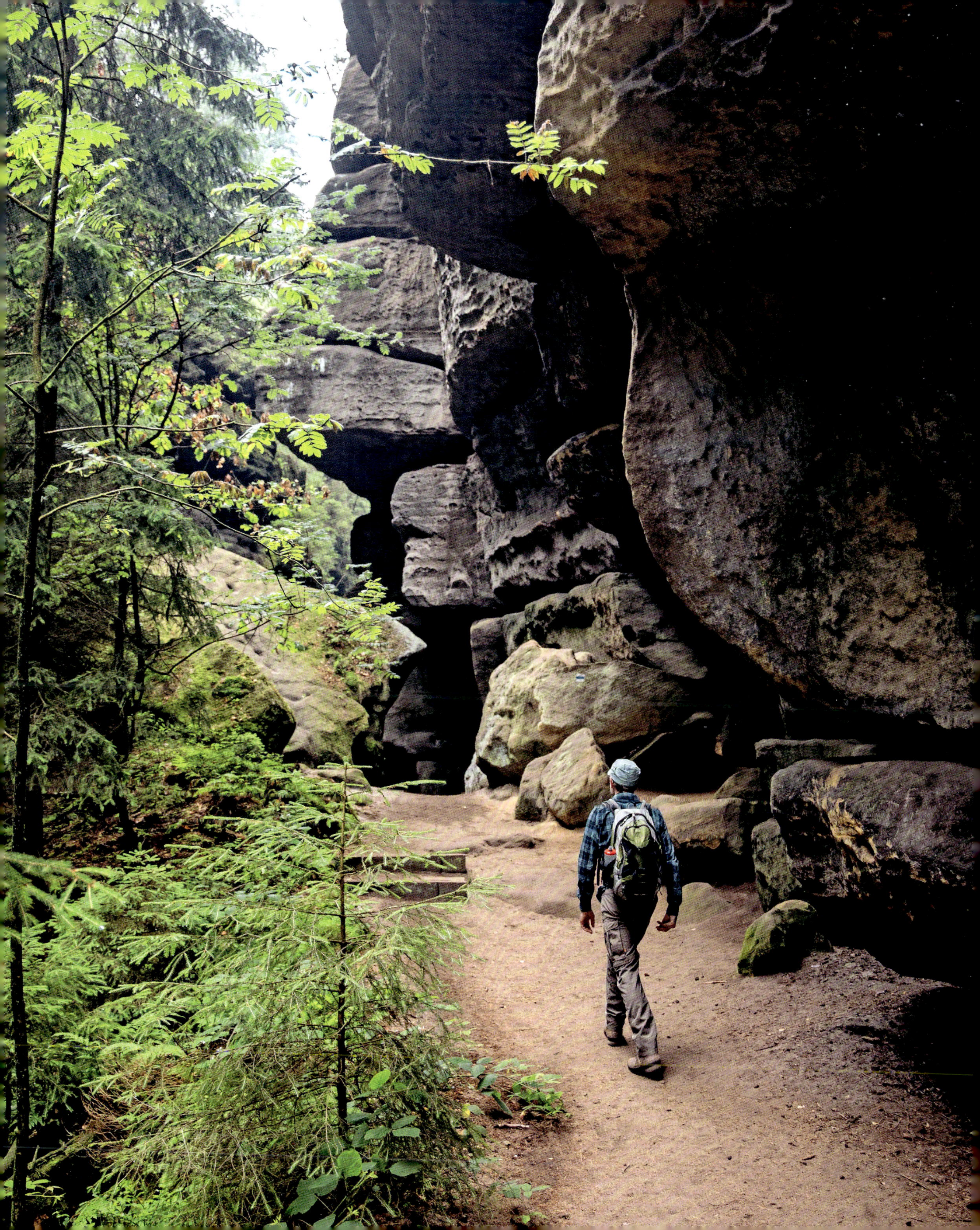

Im Zusammenhang mit dem Elbsandsteingebirge ein kurzer Abstecher in unser Nachbarland Tschechien: Jeder Felsenfan sollte mal in der *Edmundsklamm* wandern. Diese enge Schlucht liegt in der Böhmischen Schweiz, die Geologie kennt ja keine Grenzen. Die Edmundsklamm kann man nur passieren, indem man in ein Fährboot steigt. Ein gut gelaunter Bootsmann stakt die böhmische Gondel durch die Klamm und erklärt die Bedeutung der Felsformationen. Die Familiensteine bestehen aus Mutter, Vater, Großmutter, Großvater und daneben den Felsenkindern. Dann sieht man einen Teufelskopf, einen Affenkopf, ein Krokodil. Wenn man nicht genug Fantasie hat, um die Felsen lebendig werden zu lassen, sollte man auf Anraten des böhmischen Bootsmanns zwei Schnäpse trinken, dann käme sie schon, die Fantasie.

Zurück in Deutschland: Nicht so weltberühmt wie die Sächsische Schweiz ist die *Dahner Felsenwelt* in der südlichen Pfalz. Dabei ist der Felsenreichtum hier gigantisch. Auf vielen Wanderwegen kann man verrückte Steinformationen finden. Auf dem Napoleon-Steig einen Felsfinger, der – wenn man ihn aus der richtigen Perspektive betrachtet – die Silhouette des französischen Ex-Kaisers mitsamt quer sitzendem Hut zeigt.

Auf abenteuerlichen Stegen wandern wir an der Kamnitz entlang durch die Edmundsklamm, um später in den Kahn umzusteigen.

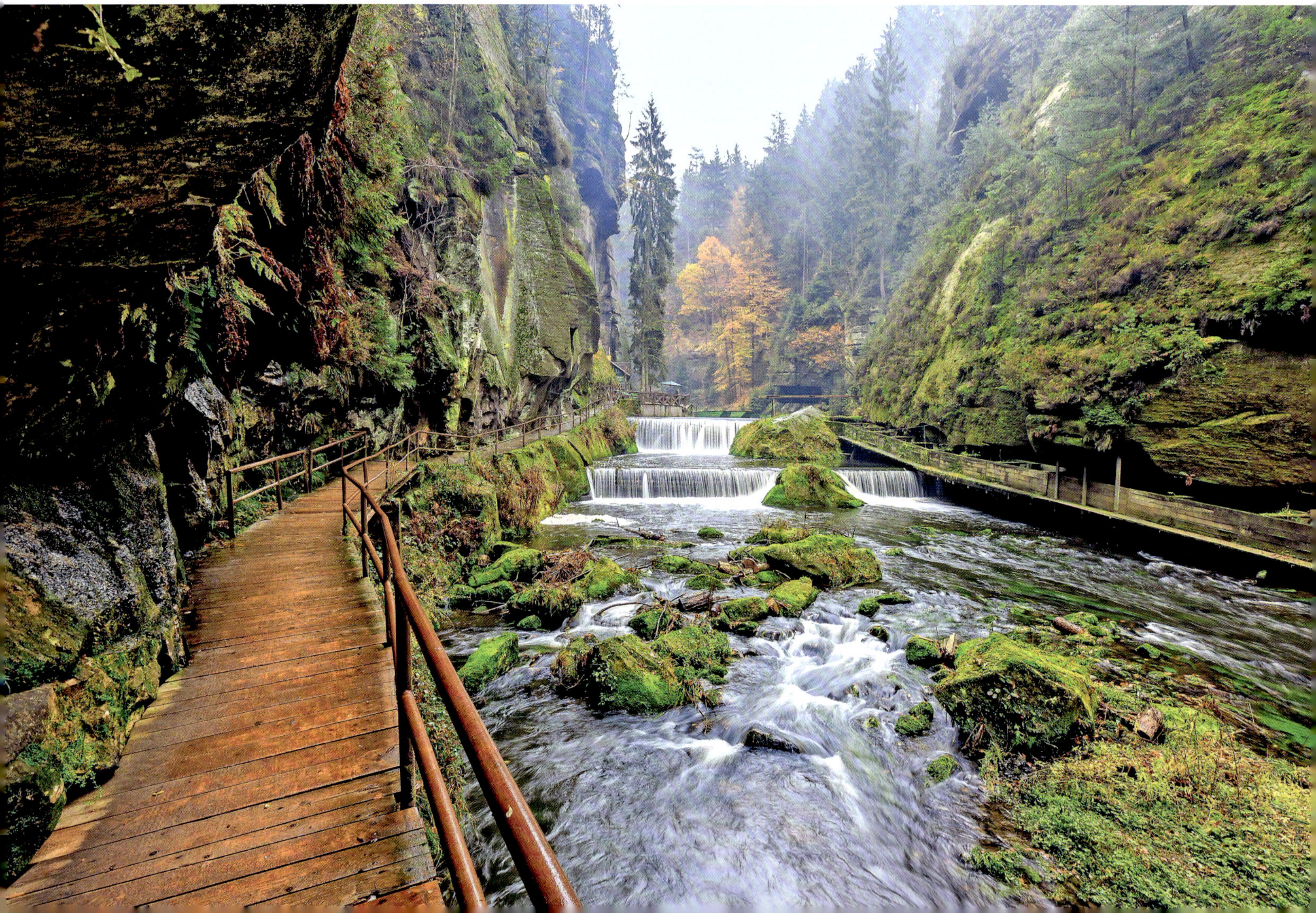

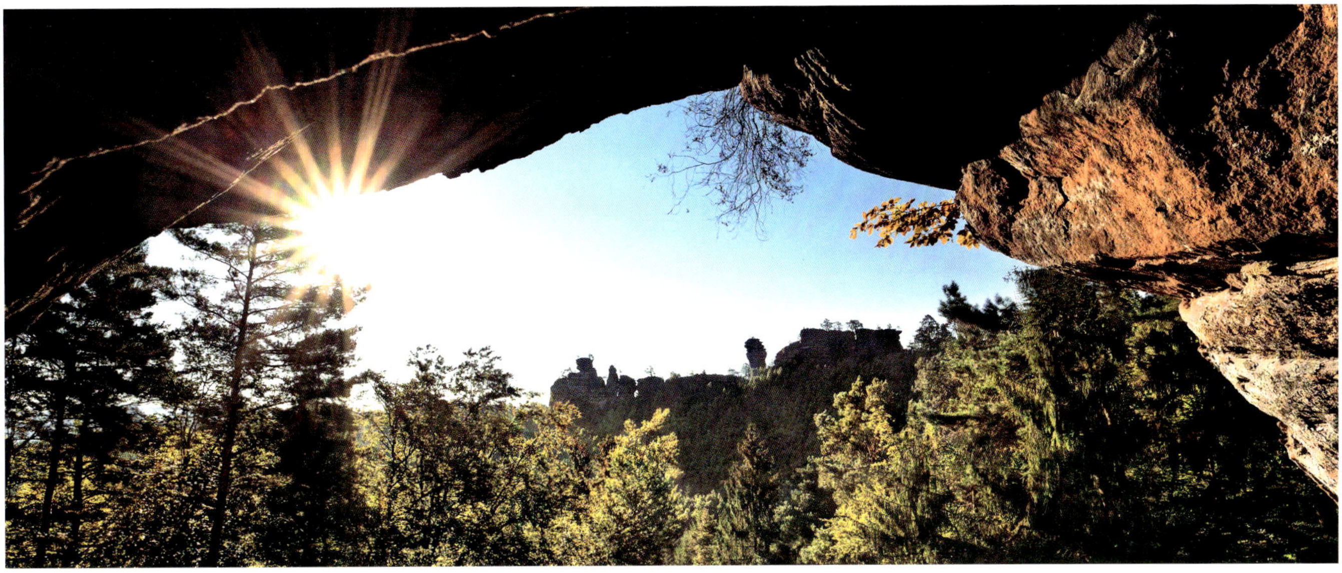

Interessante Aus- und Einblicke auf die Dahner Felsenwelt, im Hintergrund die Lämmerfelsen. Der Rest ist Schweigen.

Immerhin gehörte die Pfalz unter Napoleon zum französischen Reich. Der spektakulärste Felsenweg ist aber der *Dahner Felsenpfad*. Schillerfelsen, Ungeheuerfelsen, Lämmerfelsen sowie Braut und Bräutigam erzählen ihre jeweils eigene Geschichte. Spannend ist es für den Wanderer, über die baulichen Hilfsmittel den Felsen näherzukommen. Mithilfe von Stufen, die in den Stein gehauen wurden, von eisernen Leitern und Aussichtsplattformen kann man die Steinbrocken aus der Nähe und unterschiedlichen Perspektiven betrachten. Das Beste ist: Das Felsenglück kann man im Dahner Felsenland bequem erhaschen – ohne alpine Vorkenntnisse und ohne Schwindelanfälle.

Ich bin davon überzeugt, dass der Felsenspaß zu einem großen Teil vom Element der Überraschung lebt. Ich erinnere mich noch sehr gut, wie ich zum Beginn meiner Karriere als Wandersmann Ende der 1990er-Jahre die erste Etappe des *Hermannswegs* gegangen bin. Damals spielten Informationen durch das Internet noch keine große Rolle, ich wusste nicht, was mich auf dem Weg erwartete. Ich bin in Leopoldstal gestartet, dann hinauf zur höchsten Erhebung des Teutoburger Walds, dem Velmerstot, gestiegen. Verwunschene Gegend, kein Berggipfel im eigentlichen Sinne, eher eine Art Hochplateau. Ein paar Steinbrocken liegen da rum, dazwischen jede Menge Heidelandschaft. Dann ein zauberhaftes Tal, viel Wald, die Unterquerung einer vierspurigen Bundesstraße, ein langer Pfad in einer weiteren Heide, hinab durch den Wald und dann – Fanfare! Große Überwältigung, Vorhang auf für die Externsteine. So heißen sie, das ist kein geologischer Begriff. Filigran, schwarz, solitär ragen die Felsenfinger hoch in den Lippischen Himmel, daneben ein Teich, in dem sich die verrückten Felsen spiegeln. Mit einer geschwungenen Eisenbrücke sind die beiden markantesten Felsen verbunden. Auf Stiegen hinaufzuklettern kostet Eintritt. Das habe ich noch nie gemacht, der kostenfreie Blick vom Hermannsweg reicht, der ist Weltklasse.

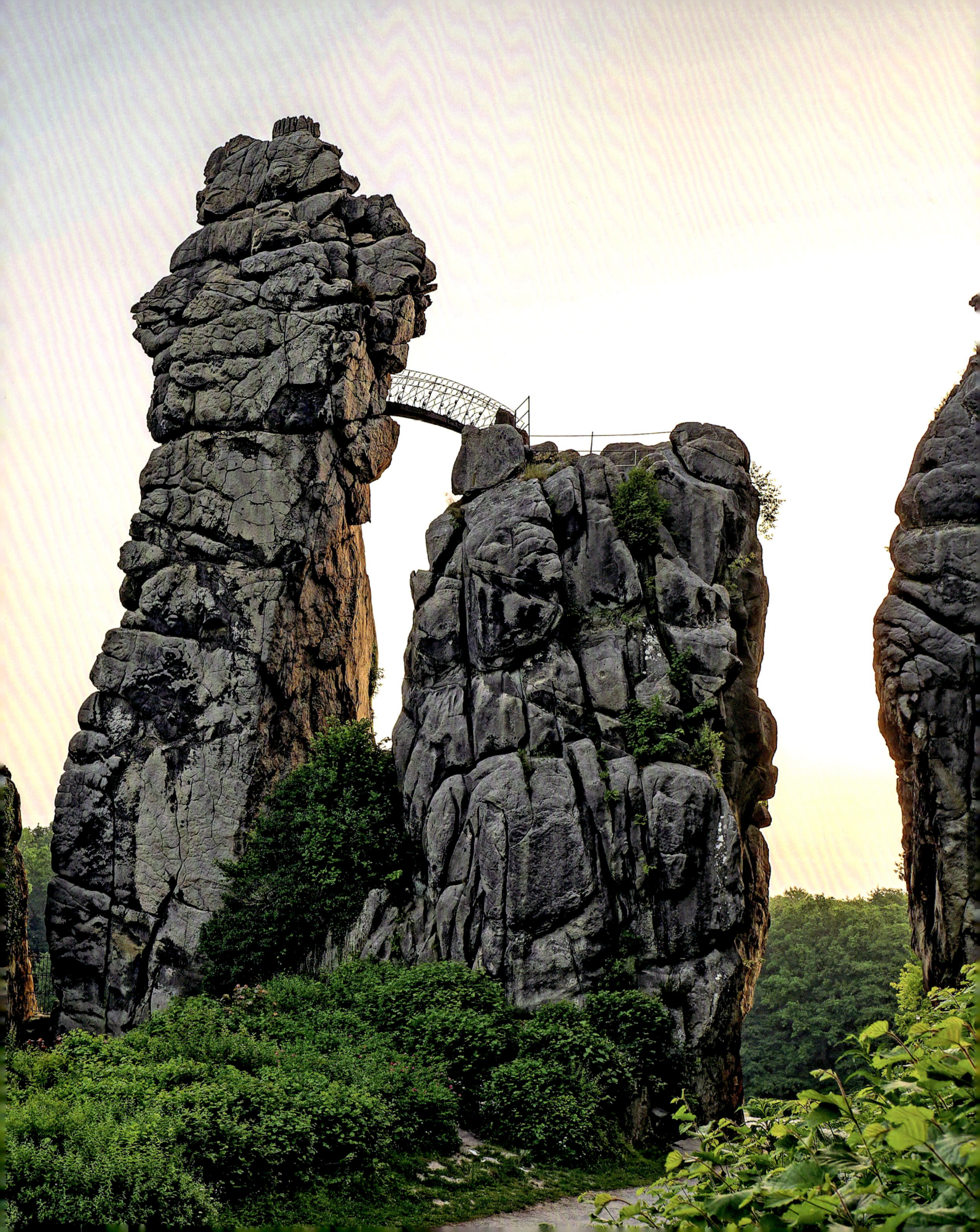

Auch von der Seeseite sind die Externsteine ansehnlich. Und man kann die Felsen sogar doppelt sehen (unten links).

Wo vorher dichter Dschungel war, kann man jetzt auf spannenden Pfaden den Bärenfelsen erkunden (unten rechts).

Die spektakulären Externsteine in der ansonsten recht unfelsigen Lippischen Landschaft (Seite gegenüber)

Nördliches Münsterland, die A1 Richtung Bremen und Hamburg ist nicht weit entfernt, spontan denkt man an eine flache, ebene Landschaft. Aber auf einer zarten Anhöhe des Teutoburger Walds (ziemlich genau 100 Kilometer von den Externsteinen entfernt) haben sich tolle Felsen versteckt. Auf dem Premiumspazierwanderweg *Dreikaiserstuhl* kann man das gleichnamige Felsmassiv und außerdem den Königstein bestaunen, eine Ansammlung von gekrönten Felsenensembles. Wandert man auf dem benachbarten Weg *Dörenther Klippen*, so bemerkt man, dass Dreikaiserstuhl und Königstein keine Einzelfelsen sind. Dieser Abschnitt des Teutoburger Walds in der Nähe von Tecklenburg ist steinreich. Die bekannteste Felsformation ist das Hockende Weib. Selbst einige Schnäpse in der benachbarten »Almhütte« (siehe Einkehrwege S. 130) konnten aber meiner Fantasie nicht auf die Sprünge helfen – ich sehe da niemanden hocken.

Ähnlich überraschend findet man oberhalb des Alten Schlosses auf dem *Panoramaweg Baden-Baden* den *Battert-Felsen*. An einem schönen Sonntag ist hier die Hölle los. Die meisten bisher erwähnten Felsformationen kann man vor allem von unten anschauen. Den Battert-Felsen erlebt man auf dem Panoramaweg von oben, sonst hätte man ja auch keine Panoramablicke. Interessant ist es, mit den vielen Kletterern ins Gespräch zu kommen. Kletterer sind eine ganz besondere Outdoor-Spezies. Viele von ihnen verachten die Wanderer, die sind in ihren Augen minderwertig, weil sie nicht das Felsenglück hautnah miterleben können. Ich habe das Klettern mal probiert und bin jämmerlich gescheitert. Immer wieder bin ich abgerutscht, und da ich eine kurze Hose trug (Anfängerfehler), hatte ich Schürfwunden am Knie wie ein Dreijähriger.

Vor allem Kinder erleben auf felsigem Grund große Wanderfreude. Felsen kann man ja nicht nur als Monumente oder Massive in der Landschaft optisch genießen, sondern auch als erlebnisreiche Wegbeschaffenheit. Normalerweise

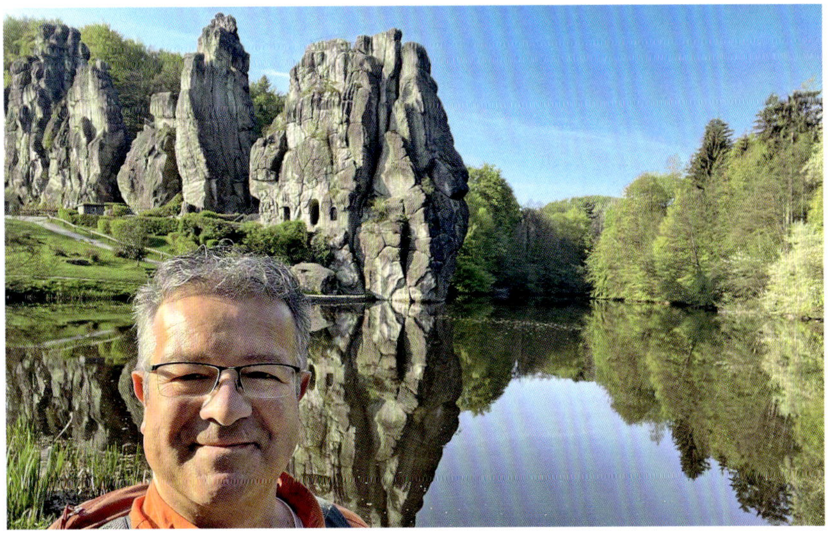

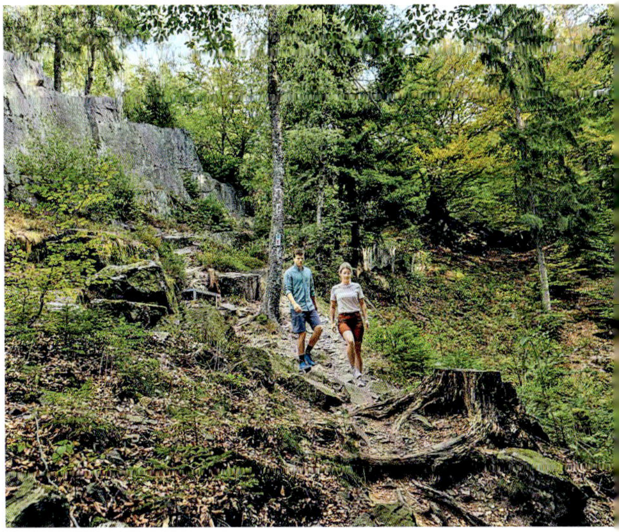

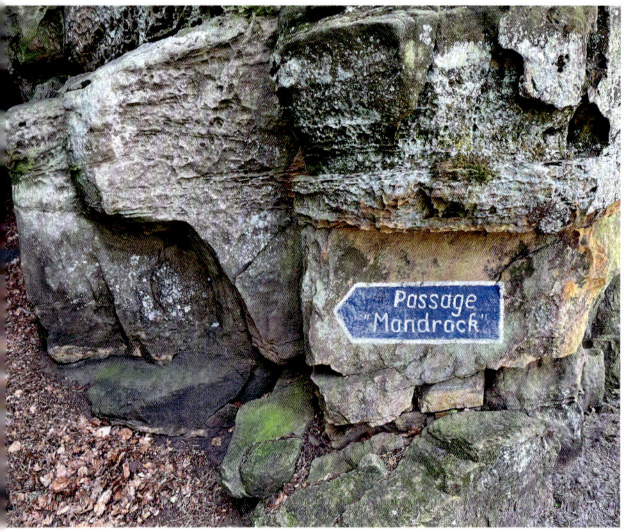

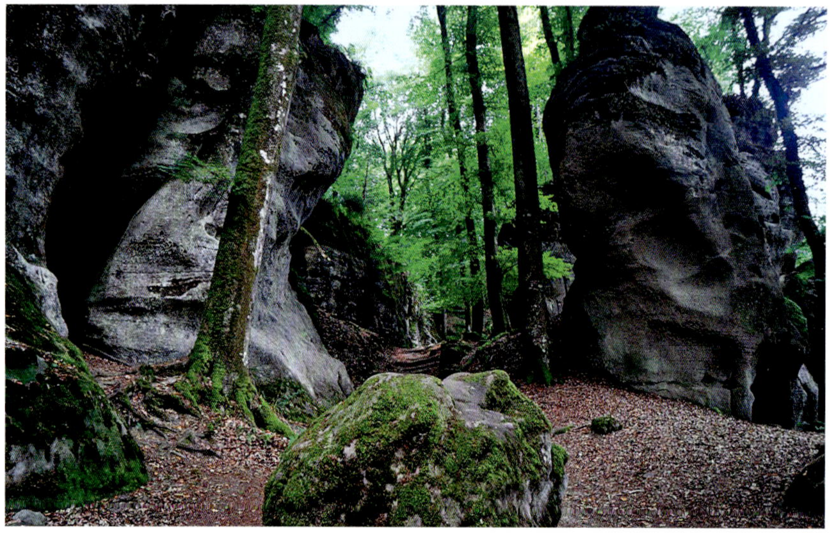

mögen es die meisten Wanderer weich und gehen am liebsten auf Waldpfaden oder Graswegen. Aber ein felsiger, fordernder Weguntergrund kann ebenfalls ein großer Spaß sein. Einer der vielen Wanderwege in den deutschen Mittelgebirgen, auf dem man das erleben kann, ist der Premiumweg *Baybachklamm*. Er windet sich am Bach entlang und ist teilweise in den Fels gehauen. Einen Klettergurt und Helm benötigt man nicht, aber man sollte die Sicherungsseile nutzen. Ein großer Wanderspaß, meine Kinder waren begeistert.

Wie beliebt Felsenwanderwege sind, sieht man an der Vielzahl von Premiumwegen, die diese Landschaftsform in ihrem Namen tragen. Insgesamt sind es 25 Felsen-Rundtouren. Auf der Schwäbischen Alb kann man auf dem Felsenmeersteig wandern, in der Pfalz im Felsenwald. Es gibt nicht nur den Donaufelsengarten, sondern auch im Naheland die Vitaltour Felsengarten. Die Felsengärten muss man wahrscheinlich gut wässern, dann werden sie irgendwann ein Felsenwald. Aber die Vielzahl an Felsenwegen zeigt, dass es längst keine Furcht mehr vor kleinen und großen Gesteinshäufungen gibt wie noch vor rund 200 Jahren.

In einigen Felsenregionen finden sich spektakuläre Gesteinsformationen, die noch keinen Namen haben. Der *Felsenweg 3* ist ein Zwei-Länder-Weg, wobei der luxemburgische Abschnitt im Müllerthal wesentlich erlebnisreicher ist als der deutsche. Man würde sich einen etwas fantasievolleren Namen wünschen, aber in dieser Region wurde einfach gnadenlos durchnummeriert – *Felsenweg 1* und *Felsenweg 6* sind auch sehr zu empfehlen. Aber zurück zu Nummer 3: Im Internet findet sich ein Warnhinweis: »Die ›Passage Mandrack‹, ein Durchlass durch eine Felsformation, ist an einer kurzen Engstelle am Einstieg im Schulterbereich unter 40 cm breit. Am besten Rucksack absetzen und seitlich durch das Nadelöhr schlüpfen.« In meinem zweiten Wanderbuch hatte ich ein Kapitel »Luxembourg 12 Points« genannt und über die Vorzüge

Eine große Ehre, noch vor dem eigenen Ableben so geehrt zu werden (oben links)

Impressionen vom Felsenweg (oben rechts)

der grenznahen Luxemburger Schweiz geschwärmt. Die Lobeshymne blieb in Luxemburg nicht unbemerkt, sodass ich mit dem »Mellerdeller Reesbengel«, dem Müllertaler Wanderstab ausgezeichnet wurde. Bei der anschließenden Wanderung wurde ein bislang unbenanntes Felsenensemble mit schmalem Durchlass auf den Namen »Mandrack-Passage« getauft. Ich war gerührt, noch zu Lebzeiten (siehe Schillerfelsen im Dahner Felsenland) Namenspate einer spektakulären Felsformation zu sein.

Auch im Saarland kann man auf einem *Felsenweg* wandern. Zumindest kann diese Rundtour für sich in Anspruch nehmen, lange vor den deutsch-luxemburgischen Felsenwegen 1–6 entstanden zu sein. Aber die schönsten Felsen taugen nichts, wenn man sie nicht sehen kann. Der Bärenfels auf dem saarländischen Felsenweg ist ein schönes Beispiel, wie man ein Felserlebnis inszenieren kann. Jahrzehntelang führte dieser Fels ein Mauerblümchen-Dasein, der alte Wanderweg ließ die arme Felsformation im wahrsten Sinne des Wortes links legen. Als dann Anfang der Nuller Jahre der Premiumweg konzipiert wurde, legte der Förster den hellen Stein frei, befreite ihn von Strauchwerk und Büschen. Nun kann man auf schmalen Pfaden den Bärenfels umrunden und aus allen Perspektiven erleben. Beim Abstieg muss man über kleinere Steine balancieren. So inszeniert man das perfekte Felsenglück.

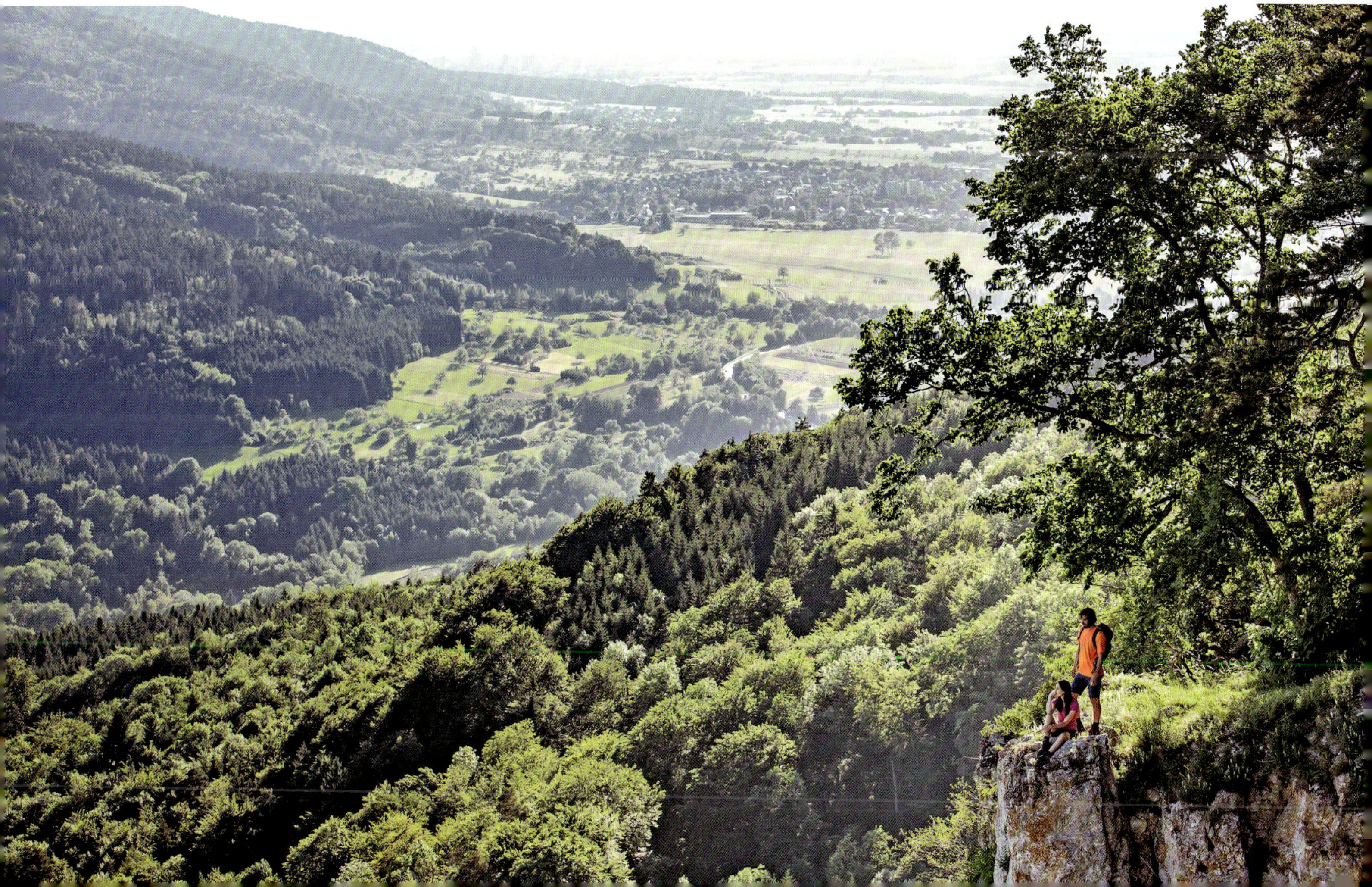

Am Rande des Traufgangs Felsenmeersteig eröffnen sich sensationelle Fernsichten. Felsenglück plus Ausblickglück gleich Schwabenglück.

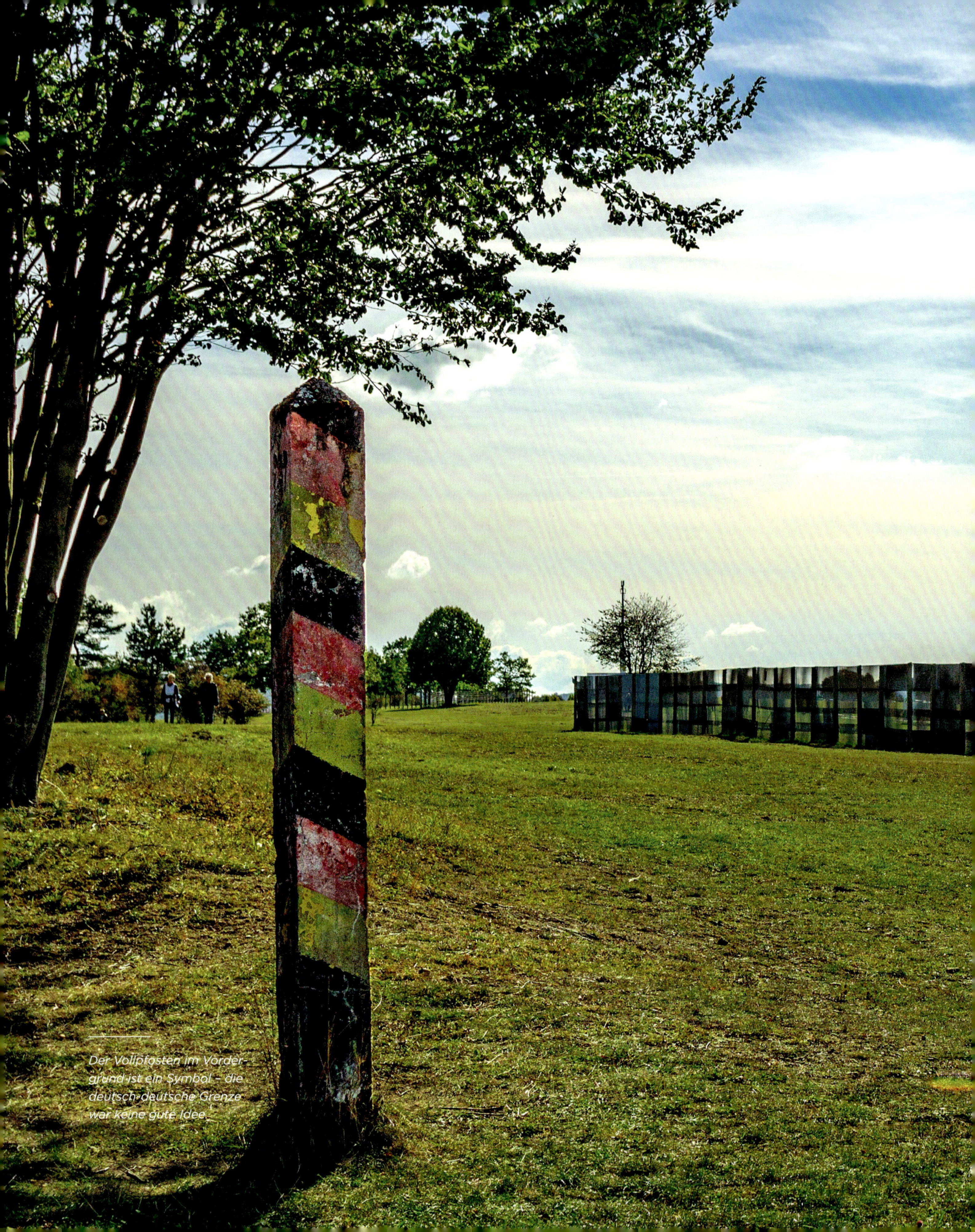

Der Vollpfosten im Vordergrund ist ein Symbol – die deutsch-deutsche Grenze war keine gute Idee.

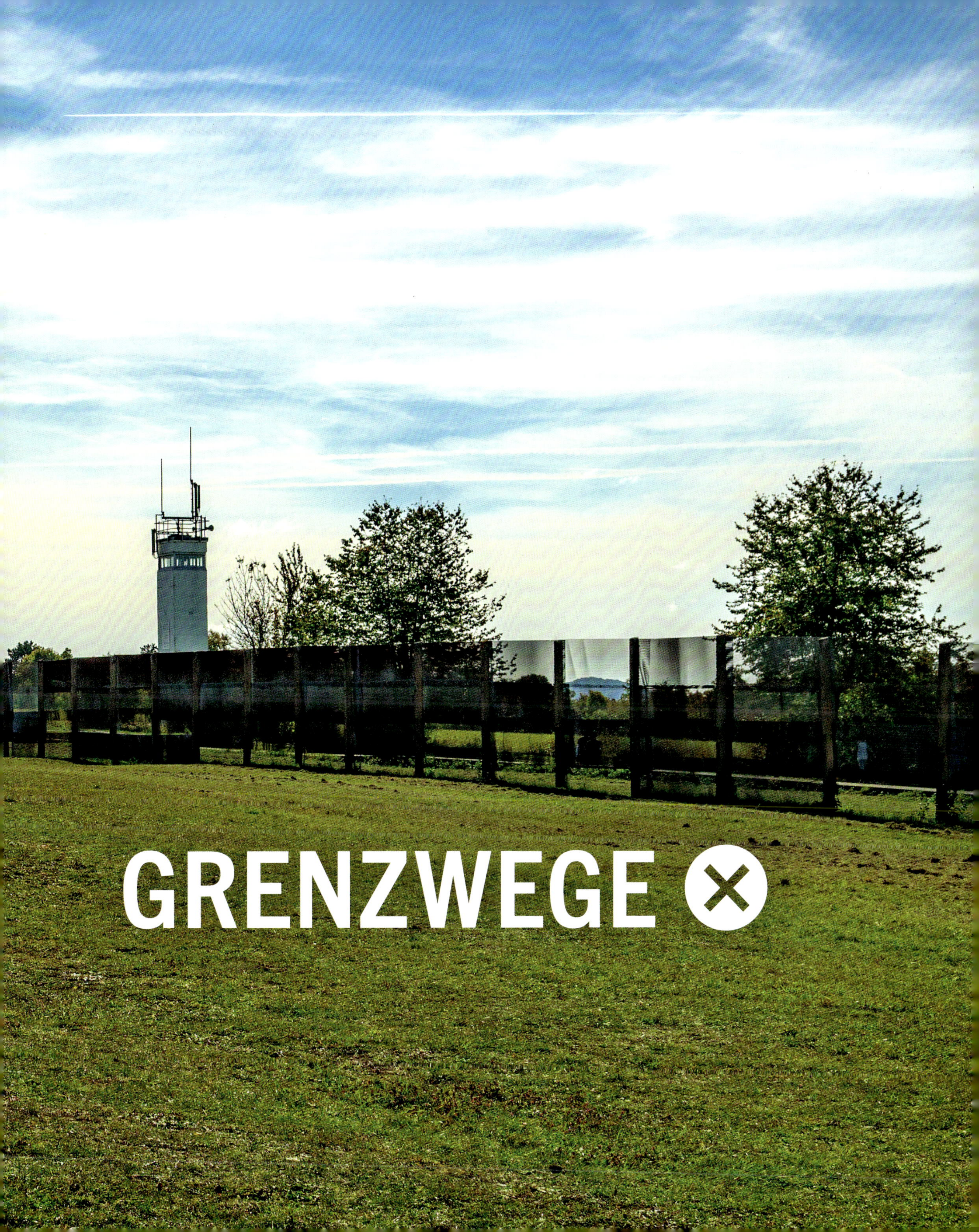
GRENZWEGE

Zehn Grenzwege

1 Gendarmenpfad (Flensburg)
Start: Flensburg.
84 Kilometer, sehr wenige Höhenmeter

2 Schwalmbruch (Niederrhein)
Start: Tackenbenden. 15,5 Kilometer, 39 Höhenmeter

3 Grenzweg (Pfälzerwald)
Start: Eppenbrunn.
11,5 Kilometer, 249 Höhenmeter

4 Panoramaweg Perl (Saarland)
Start: Perl. 8,4 Kilometer, 331 Höhenmeter

5 Oberlausitzer Bergweg, sechste Etappe (Zittauer Gebirge)
Start: Kurort Oybin.
15 Kilometer, 200 Höhenmeter

6 Point-Alpha-Weg (Thüringische Rhön)
Start: Geisa.
14,6 Kilometer, 299 Höhenmeter

7 Grenzsteinweg Schwarzenholz (Saarland)
Start: Schwarzenholz.
15,1 Kilometer, 171 Höhenmeter

8 Mittelweg, vierte Etappe (Schwarzwald)
Start: Freudenstadt-Zwieselberg.
22,3 Kilometer, 233 Höhenmeter

9 Felsenmeer (Schwäbische Alb)
Start: Murrhardt. 6,5 Kilometer, 176 Höhenmeter

10 hochgehgrenzt (Schwäbische Alb)
Start: Bichishausen. 6,1 Kilometer, 161 Höhenmeter

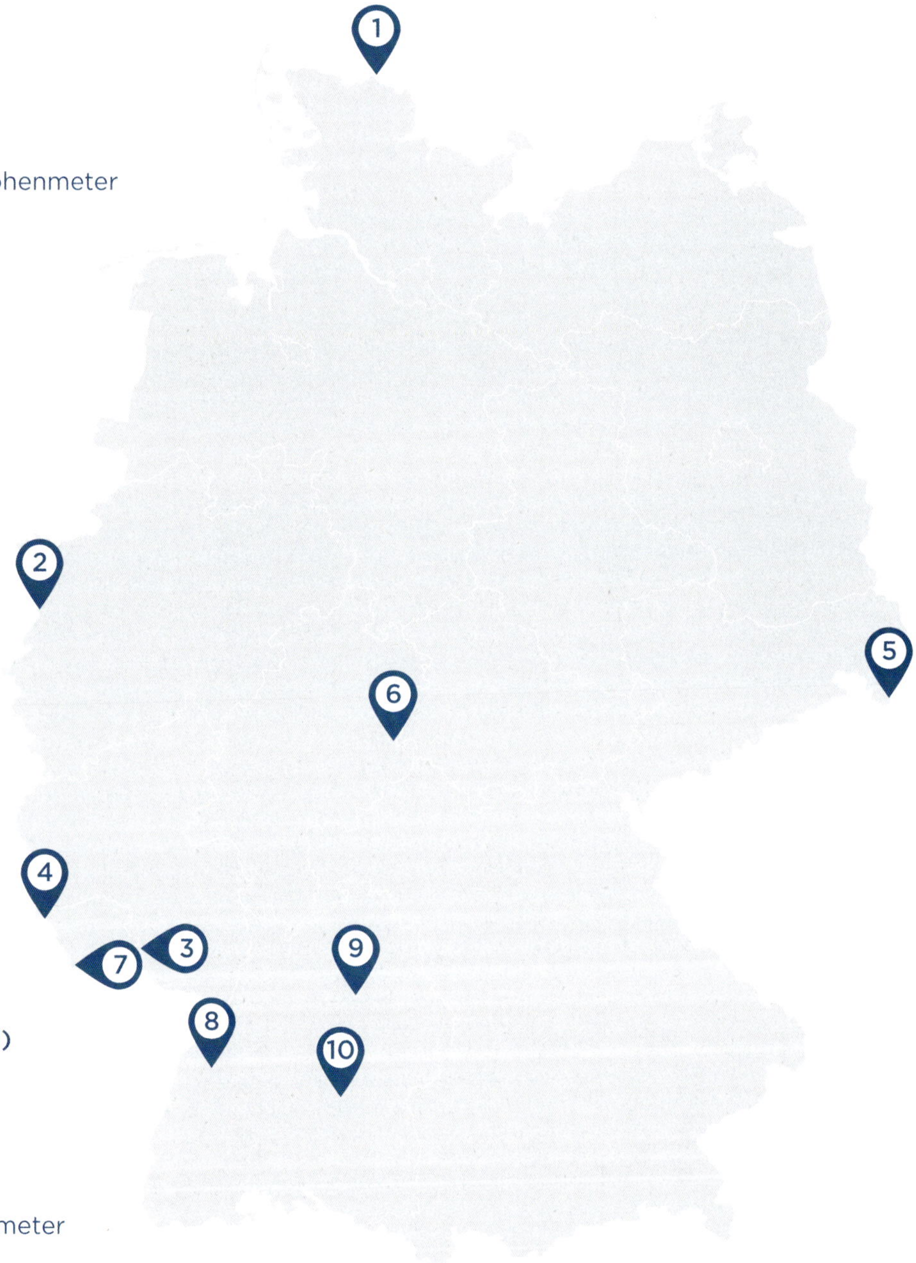

»Kein Grenzstein, kein Schlagbaum hat mich beim Grenzübertritt gestört. Das ist wahrlich grenzenloses Glückswandern.«

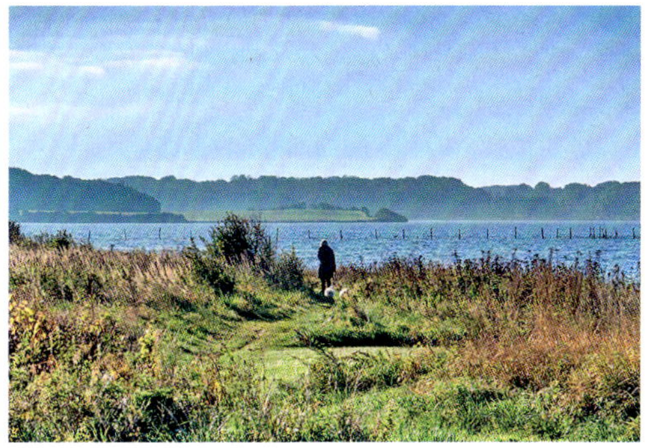

Auf dem Gendarmenpfad: Blick in die Flensburger Förde von Rendsbjerg aus

Hä? Hallo? Grenzwege sollen Wanderglück erlebbar machen? Aber »eingrenzen«, »ausgrenzen«, »grenzwertig«, das sind doch negativ konnotierte Begriffe. Richtig, aber eigentlich ist es logisch: Wenn man auf Grenzwegen wandern kann, dann sind da ja keine Grenzen mehr, keine Zöllner, kein Stacheldraht, keine Leibesvisitationen. Grenzwanderwege sind etwas Wunderbares, weil man eben Grenzen ohne Konsequenzen und Folgen überschreiten darf. Weil ehemalige Fürstentümer nicht mehr existieren, Ländergrenzen unbewacht bleiben, Todesstreifen Vergangenheit sind. Deshalb lässt das Wandern über Grenzen, das grenzenlose Zu-Fuß-Gehen unsere Gedanken und Gefühle jubilieren. Grenzwege symbolisieren ein wenig den universellen Gedanken von Gleichheit, Einigkeit und Brüderlichkeit der Menschen.

Beginnen wir mit unserer grenzenlosen Wanderreise im Norden, an der deutsch-dänischen Grenze. Der *Gendarmenpfad* verbindet die Ostsee (also die Flensburger Förde) mit der Nordsee. Über diesen Weg patrouillierten früher die dänischen Grenzsoldaten, die Gendarmen, um Schmugglern das Handwerk zu legen. Gerade nach dem Zweiten Weltkrieg waren die Dänen wesentlich wohlhabender als die Deutschen, und so entstand der Spruch »Gut geht's Dänen und denen, denen Dänen nahestehen«. Die dänisch-deutsche Grenze hat sich, wie so viele Grenzen zu unseren Nachbarstaaten, in den vergangenen Jahrhunderten ständig verschoben. Man muss sich mal vor Augen halten, dass ein heutiger Stadtteil von Hamburg dereinst auf dänischem Territorium lag. Und weil in dieser – damals selbstständigen dänischen Stadt – sehr viele Schiffszölle abgeschöpft wurden (von Schiffern, die eigentlich nach Hamburg wollten), schimpften die Hamburger, dieser blöde dänische Ort liege doch wirklich all zu nah. Im Hamburger Dialekt: All – to – nah. Deswegen heißt

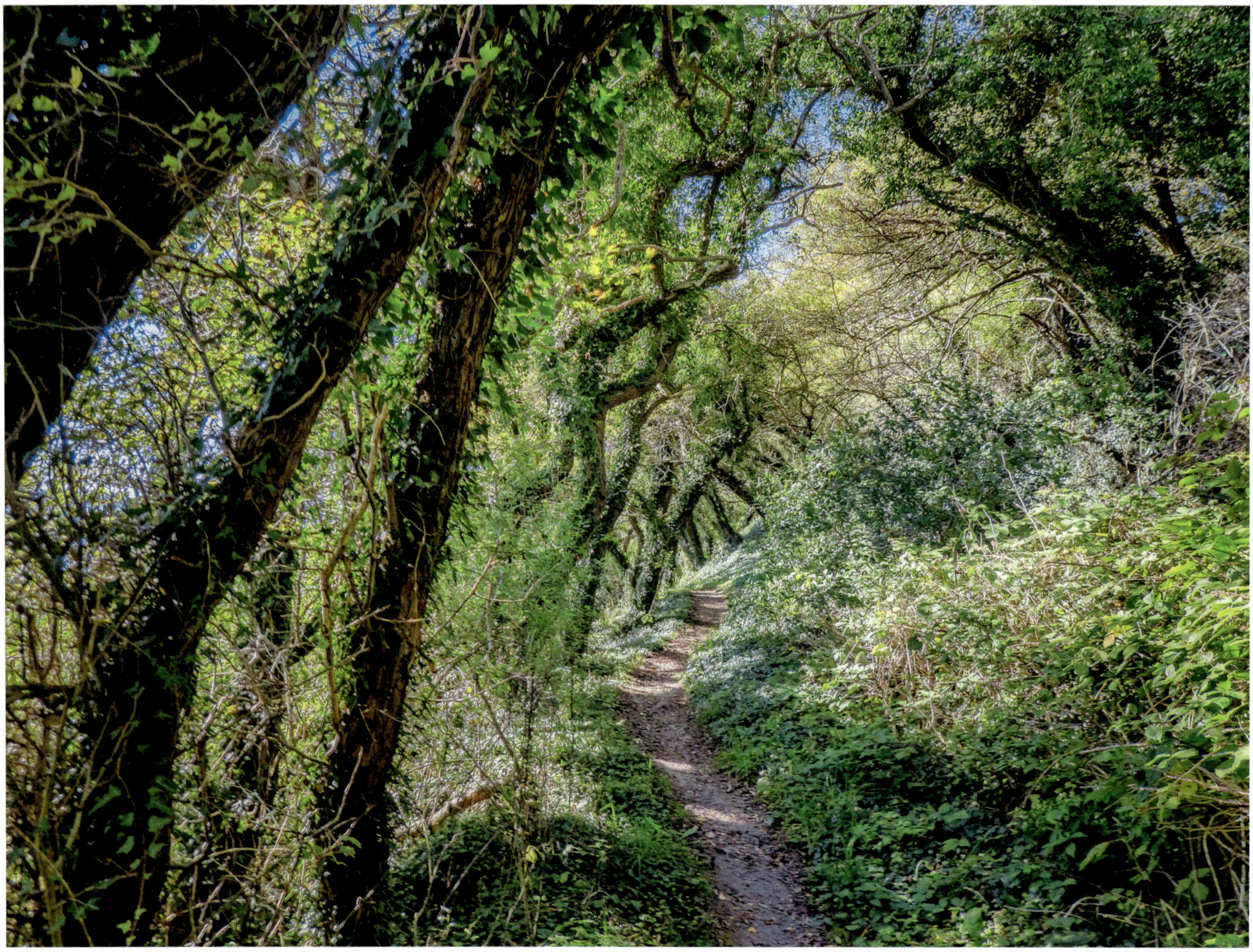

Altona Altona. Sehr passend ist es, dass der Gendarmenpfad ein besonderes Qualitätszeichen trägt: Leading Quality Trails – Best of Europe«, abgekürzt LQTBOE. Das sind besonders schöne Wege in ganz Europa. Einige andere LQTBOE-Wege sind auch Glückswege, die in diesem Buch erwähnt werden: Der Moselsteig zum Beispiel, aber auch der Lechweg.

Wer das weitgehend anstrengungsfreie Wandern in ebenen Landschaften liebt, wird auch vom Premiumweg *Schwalmbruch* an der deutsch-niederländischen Grenze begeistert sein. Die Strecke verläuft ungefähr zu gleichen Teilen in beiden Ländern, ein kurzes Stück gehen wir auch genau auf der Grenze. Am Faszinierendsten finde ich aber die landestypischen Unterschiede. Zunächst einmal die Wanderwegmarkierungen. Während auf der deutschen Seite die Markierungen zumeist an Bäumen angebracht sind, bevorzugen die Holländer (Holländer sagen, man dürfe sie als Holländer bezeichnen, nicht nur als Niederländer) ein Knotenpunktsystem. Es

Ein Grenzweg wie im Märchenland – ein Teilstück des deutsch-dänischen Gendarmenpfads

gibt keine durchgehenden Markierungen von bestimmten Wegen, man orientiert sich an Zahlen, um zum nächsten Knotenpunkt zu gelangen. So kann man sich individuell Touren zusammenstellen. Hört sich kompliziert an, kann man sich aber dran gewöhnen. Frappierend ist die unterschiedliche Flusslandschaft. Die Schwalm fließt auf der deutschen Seite in weitgehend geradem Flussbett, ordentlich deutsch. Exakt an der Grenze finden wir die Swalm im Naturzustand. Wild mäandernd, als hätte ein bekiffter Landschaftsdesigner das entworfen. Sie können entscheiden, ob die Schwalm oder die Swalm glücklicher macht.

In absoluter Randlage, dort, wo sich Fuchs und Hase Gute Nacht sagen, können wir den pfälzischen *Grenzweg*, einen Premiumweg an der deutsch-französischen Grenze entdecken. Spektakuläre Buntsandsteinfelsen säumen unsere Wanderung, dann windet sich ein schmaler Pfad durch den Wald, das ist die Grenze, früher und auch heute. Vom Pfad zweigen nach Süden Forstwege Richtung Frankreich ab. Es wird auf roten Schildern dreisprachig gewarnt. Auf Französisch (»Tir en cours/Danger de mort«), auf Englisch (»Danger/Shooting«) und auf Deutsch (»Achtung Lebensgefhar/Sharfschiessen«).

Wenn man wochentags auf dem Grenzweg unterwegs ist, kann man hören, dass die Warnschilder ihre Berechtigung haben: Auf französischer Seite liegt ein großer Truppenübungsplatz, und das französische Militär leidet anscheinend nicht wie die deutsche

Ein wunderschönes Biotop: der Schwalmbruch an der deutsch-niederländischen Grenze

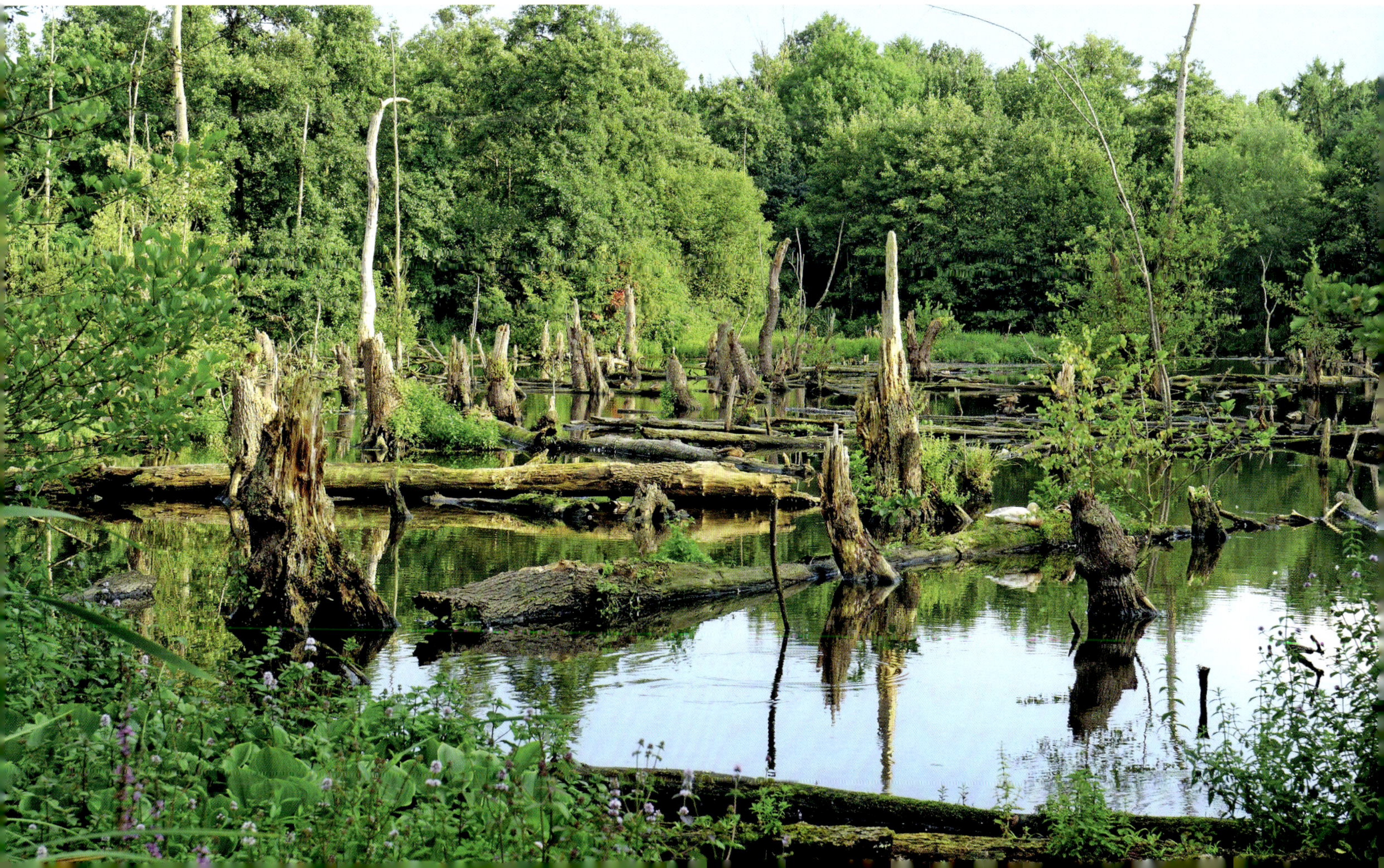

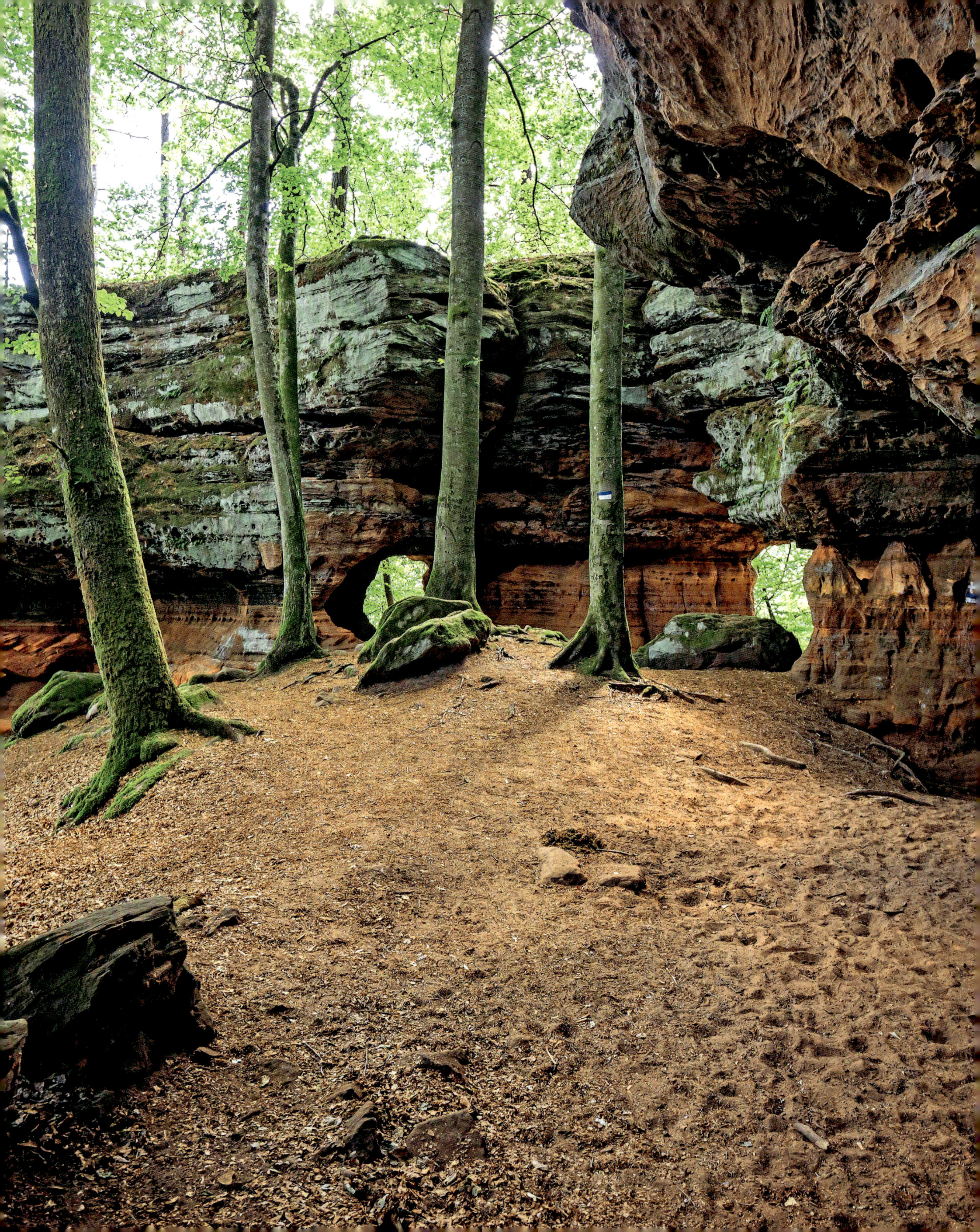

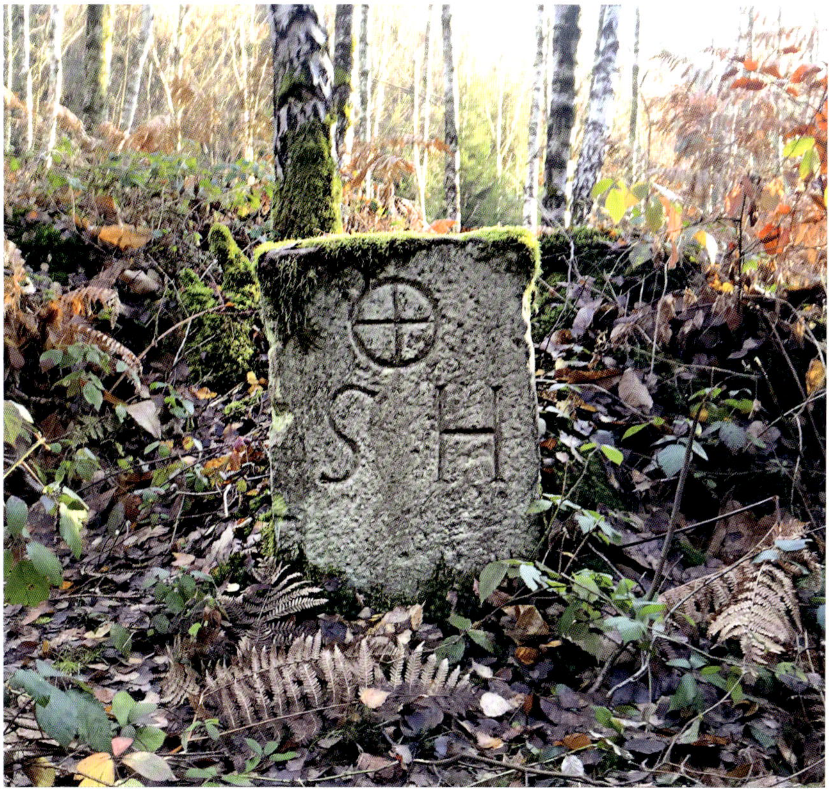

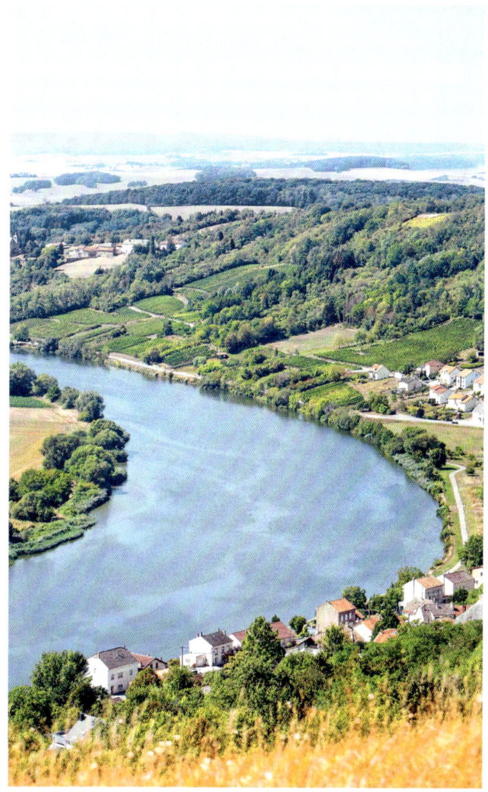

Dieser Stein markiert die Grenze zum weltberühmten reichsfreien und unabhängigen Ort Schwarzenholz (oben links).

Irgendwo in der Mitte der Obermosel ist ein Grenzstein verbuddelt. Dort stoßen Deutschland, Luxemburg und Frankreich aufeinander (oben rechts).

Die Altschlossfelsen im Pfälzerwald, unweit der Grenze zu Frankreich (Seite gegenüber)

Bundeswehr an Munitions- und Materialknappheit. Da wird in allen Tonlagen derart rumgeballert – musikalisch kommt da keine Stalinorgel mit. Sonst aber beglückt hier pure Wald-, Felsen- und auch Teichidylle, ein wirklich beeindruckendes Wandererlebnis.

Das Faszinierendste an dem Weg sind die historischen Grenzsteine. Auf einem mächtigen und prächtigen Grenzsteinquader lesen wir mühsam die eingemeißelte Jahreszahl 1605. Auf der französischen Seite findet sich ein »L« für Lothringen mit dem lothringischen Doppelkreuz. Einen Meter neben diesem Grenzstein aus dem 17. Jahrhundert ein anderer von 1826. Ein »F« auf der französischen Seite und auf der deutschen Seite sehen wir ein »B«. »B« für Beutschland? Nein, »B« für Bayern, denn bis zum Ende des Ersten Weltkriegs gehörte die Pfalz als exterritoriales Gebiet zum Königreich Bayern. Herrlich, so wird Grenz-Geschichte lebendig, ein schöner Wanderglücksmoment mitten im Pfälzerwald.

Auf dem saarländischen *Panoramaweg Perl* können wir eines der vielen deutschen Dreiländerecke erleben. Perl gehört seit 1957 zu Deutschland und liegt an der Obermosel. Auf der gegenüberliegenden Seite des Flusses können wir auf unserer Wanderung immer wieder auf die Weinberge von Schengen schauen. Schengen gehört zum Herzogtum Luxemburg und ist durch ein einfaches Abkommen weltberühmt geworden. Passenderweise kann man dort auf dem Premiumweg Schengen grenzen-

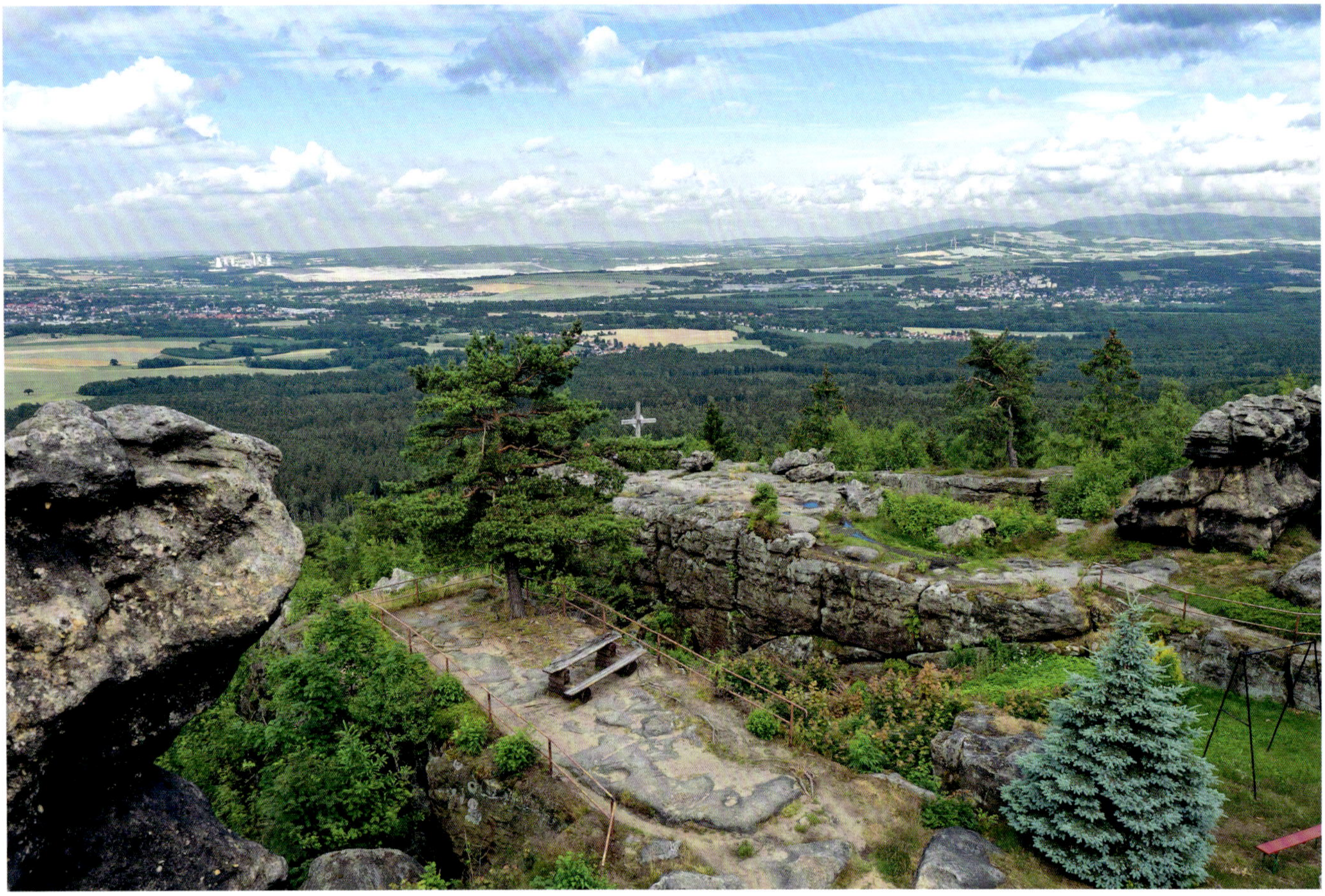

los wandern, aber dieser Weg gehört inhaltlich schon zum nächsten Buch – »Wanderglück Luxemburg«. Bleiben wir also auf unserem Panoramaweg und gehen auf schmalen Pfaden über wunderbaren Magerrasen mit Orchideen im Naturschutzgebiet Hammelsberg. Erst nach der Wanderung, beim Blick auf die Übersichtskarte habe ich kapiert, dass das Naturschutzgebiet in Frankreich liegt. Kein Grenzstein, kein Schlagbaum hat mich beim Grenzübertritt gestört. Das ist wahrlich grenzenloses Glückswandern.

»Hör auf mit Schengen. Bei euch kann man das machen, offene Grenzen und so. Aber doch nicht bei uns in Sachsen am deutsch-polnisch-tschechischen Grenzdreieck!« Vor einigen Jahren bin ich im Zittauer Gebirge, dem kleinsten Gebirge Deutschlands, nahe der tschechischen Grenze gewandert. In meiner Unterkunft entpuppte sich der Herbergsvater als Gegner der europäischen Reisefreiheit, ermöglicht durch das Schengener Abkommen. »Ich hatte viele Gäste, die sind mit dem Auto gekommen und mit dem Zug nach Hause gefahren – kriminelle Banden aus Tschechien haben deren Auto geklaut!« Wie dem auch sei, alle Wanderer profitieren auf dem *Oberlausitzer Bergweg* von der Reisefreiheit, die definitiv mehr Menschen glücklich

Blick von einem Felsen in der Nähe von Oybin nach Zittau. Wenn wir uns umdrehen könnten, würden wir Richtung Tschechische Republik schauen.

als unglücklich gemacht hat. Wir sehen den Grenzstein am östlichsten Dreiländereck Deutschlands und wandern mit einem Bein in Deutschland, mit dem anderen in Tschechien. Auf einem Gipfel stand vor der Wende noch eine Wanderhütte genau auf der Grenze. Wenn jemand in Deutschland gesucht wurde, setzte er sich, wenn die Zöllner kamen, auf die andere Seite des Tischs. Dann war er in einem anderen Land – und nicht mehr fassbar.

Das sind die fröhlichen Geschichten aus der Zeit vor der Wende, es gab aber auch viele tragische Geschehnisse an der innerdeutschen Grenze mit ihrem Todesstreifen. Das komplette grüne Band (1400 Kilometer) abzuwandern, empfiehlt sich nur für Abenteurer. Es existiert kein durchgehend markierter Wanderweg. Sinnvoller ist es, innerdeutsche Grenzgeschichte punktuell zu erleben, zum Beispiel auf dem *Point-Alpha-Weg* in Thüringen. Das ist erst einmal ein sehr abwechslungsreicher Wanderweg. Tolle Waldpassagen, freie Blicke über Felder, sich schlängelnde Pfade. Vor allem aber befindet sich am Wegrand das Point-Alpha-Museum, das an einen amerikanischen Beobachtungsposten am Todesstreifen erinnert. Zum Gelände des Museums gehören aber nicht nur die einst westliche Seite, sondern auch die Grenzanlagen der DDR. Und wir wandern in Freiheit auf dem ehemaligen Kolonnenweg, auf dem die NVA-Soldaten patrouillierten, um die Unfreiheit abzusichern. Zum Glück sind diese Zeiten vorbei.

Entlang der ehemaligen deutsch-deutschen Grenze am Point Alpha

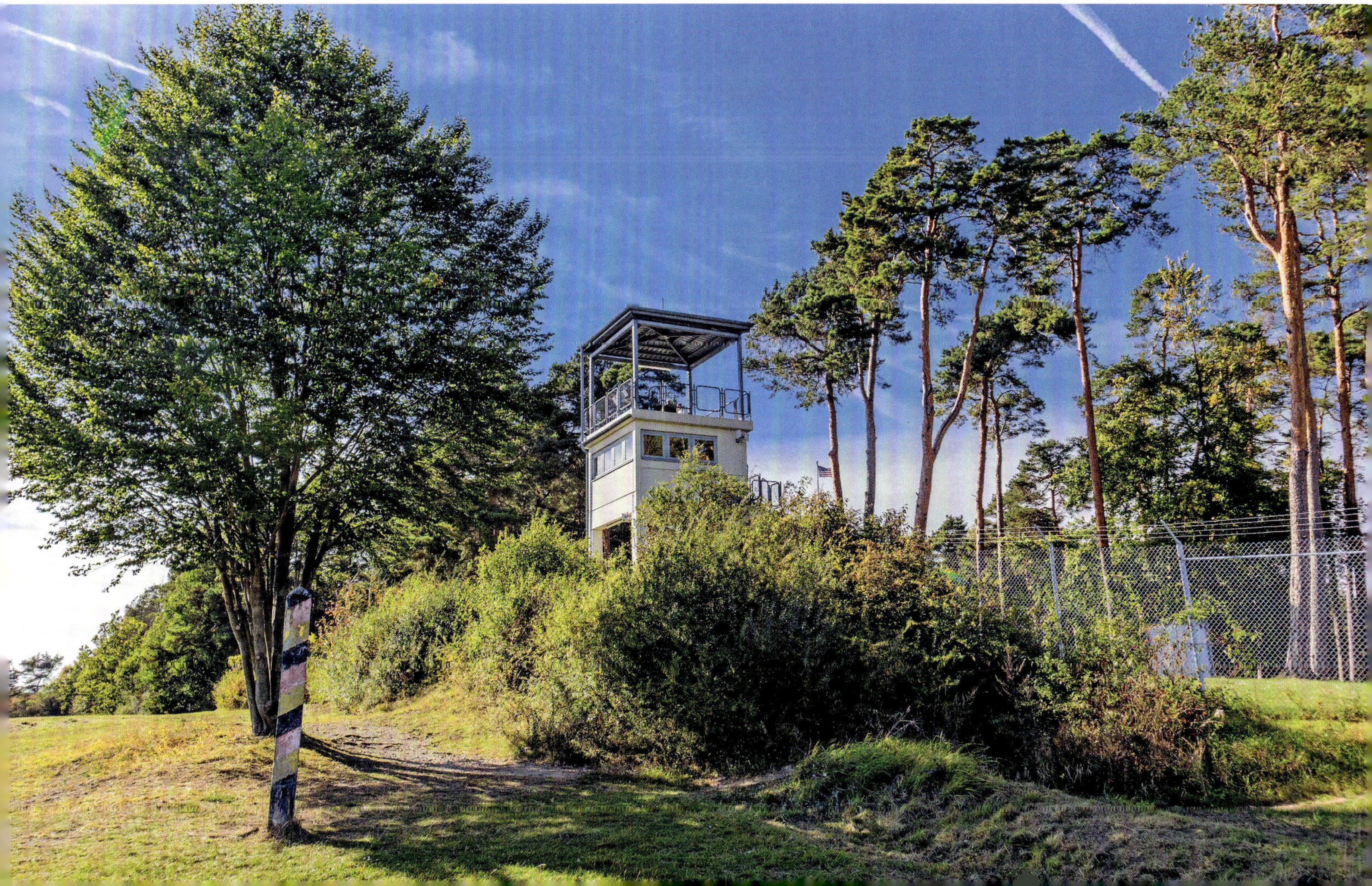

Von der berühmtesten innerdeutschen Grenze zu weiteren ehemaligen Grenzen in Deutschland, die an längst vergangene Territorien erinnern. Schauen wir uns mal einen Rundweg im Saarland an, den *Grenzsteinweg Schwarzenholz*. Schwarzenholz? Nie gehört. Heute ein Dorf mit 438 Einwohnern, vor 250 Jahren eher noch kleiner. Beeindruckend sind zuerst die erstaunlich gut und zahlreich erhaltenen Grenzsteine aus dem Jahr 1777. Auf östlicher Seite grenzte Schwarzenholz an das Herzogtum Saarbrücken-Nassau, ein weltliches Territorium. Im Westen erstreckte sich die Abtei Fraulautern, heutzutage gehört sie zu Saarlouis. Ein Augustinerinnen-Kloster, unabhängig von den umgebenden Territorialherren, regiert von Äbtissinen, aber zu unbedeutend, um auf dem Reichstag des Heiligen Römischen Reichs Deutscher Nation mitzuentscheiden. Aber der Clou ist: Der kleine Weiler Schwarzenholz gehörte auch zur Abtei, eine uralte Schenkung, und Schwarzenholz hatte den Status eines freien Reichsortes, vergleichbar mit Nürnberg, Rottweil, Köln, und war direkt dem Kaiser unterstellt. Schwarzenholz war also das Faustpfand für die Äbtissinnen, damit sie auf dem Reichstag abstimmen durften. Es hat also seinen Grund, warum im Jahr 1777 neue, prächtige Grenzsteine gesetzt wurden. Die Klosterfrauen signalisierten so ihr Mitspracherecht in Deutschland. Der Grenzsteinweg Schwarzenholz führt einem den Wahnsinn der einstigen deutschen Kleinstaaterei vor Augen.

Gar nicht so klein waren die beiden Königreiche Baden und Württemberg, die schon seit Jahrhunderten in inniger Feindschaft verbunden sind. Es muss ein besonderer Spaßvogel gewesen sein, der sich in der amerikanischen Besatzungszone ausgedacht hat, die Badener und die Schwaben zu einem Bundesland zusammenzulegen – da kann man ja direkt die Rheinländer mit den Westfalen vereinen. Auf dem *Mittelweg* des Schwarzwalds wandern wir

Wenn wir in Schiltach im Schwarzwald angekommen sind, haben wir den Grenzweg auf dem Berggrat schon lange verlassen (unten links).

Der Doppeladler in der Oberlausitz erinnert an eine Zeit mit preußisch-habsburgischer Grenze (unten rehts).

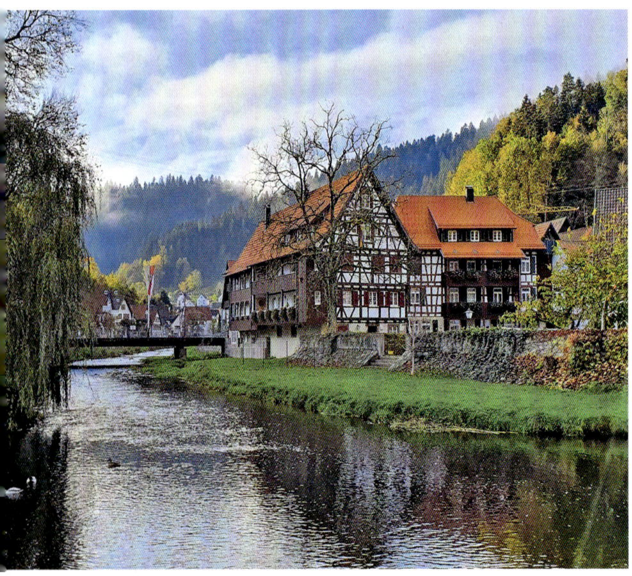

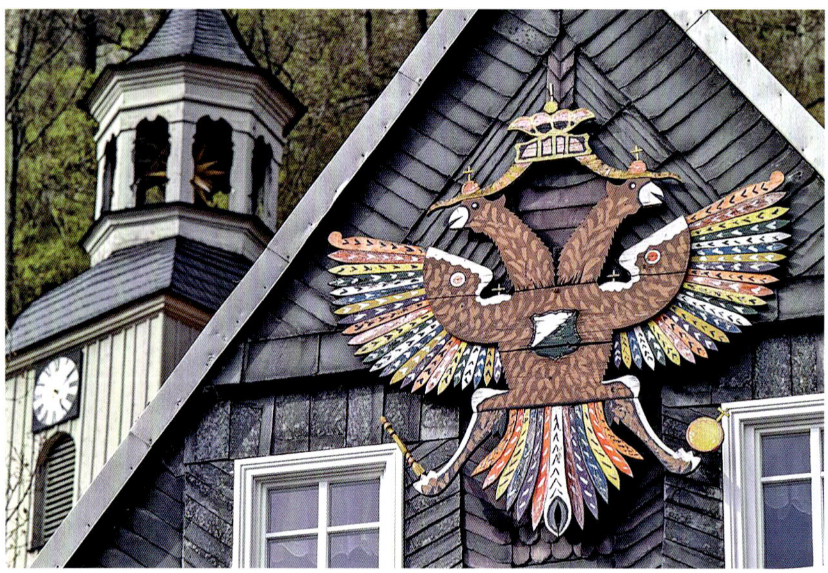

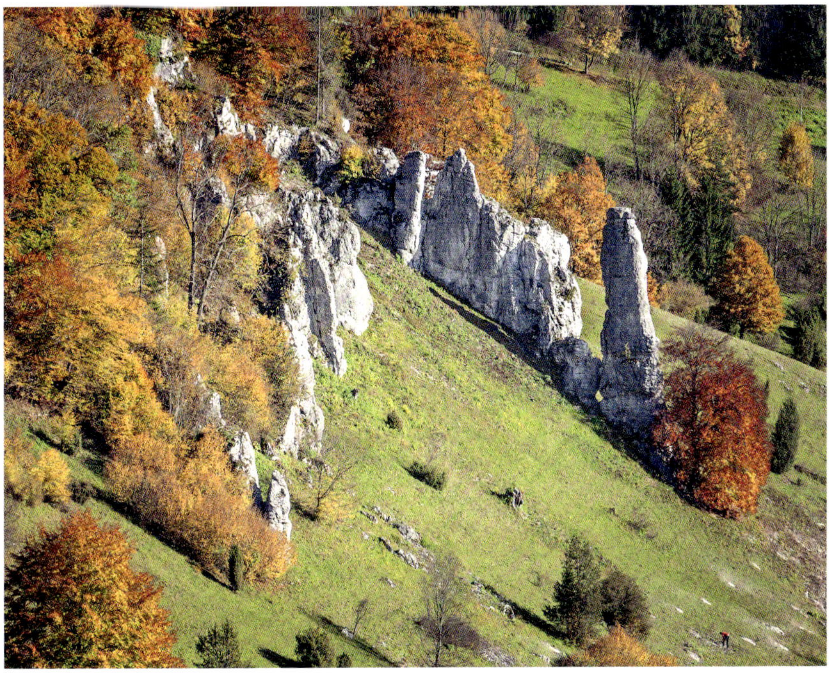

Karstlandschaft am Premiumweg *»hochgehgrenzt«*. Grenzen überwinden, Grenzen setzen, Grenzen erleben.

zwischen Freudenstadt – der höchstgelegenen Stadt Deutschlands – und Schiltach auf einem Berggrat genau auf der ehemaligen Grenze zwischen Baden und Württemberg. Der wurzelige Pfad ist abenteuerlich und wunderschön, in enger Taktung begleiten uns die alten Grenzsteine. Es ist typisch für einen Grenzweg, auf einem Bergrücken oder einem Berggrat zu verlaufen. So hatte man einen guten Überblick auf eventuell anrückende Feinde und konnte Alarm schlagen. Ebenso ist es übrigens auch auf dem Rothaarsteig, der immer wieder genau auf der Grenze von Westfalen und Hessen verläuft.

Die Grenzsteine auf dem kurzen Premiumspazierwanderweg *Felsenmeer* im Schwäbischen Wald markieren keine Grenzen zwischen großen oder kleinen Staaten, sondern zwischen dem Bauernwald und dem Murrhardter Stadtwald. Ordnung muss sein. Vor allem wenn man weiß, dass der deutsche Wald ungefähr zu gleichen Teilen staatlicher, kommunaler und privater Besitz ist. Wo kämen wir denn da hin, wenn jeder einen Baum fällt, der Lust dazu hat? Holz war zu jeder Zeit begehrt, daher ist der sogenannte Holzfrevel kein Kavaliersdelikt. Und um zu wissen, wo wessen Wald beginnt, muss man logischerweise Markierungen setzen, und so stolpern wir heute noch über diese alten Gemarkungssteine.

Auf den kurzen Premiumweg *hochgehgrenzt* auf der Schwäbischen Alb bin ich anlässlich der Recherche zu diesem Buch nicht wegen des Begriffs »Grenze« im doch reichlich gespreizten Namen dieses Wanderwegs gestoßen. Auch nicht, weil auf diesem Weg ein sehr alter Grenzstein aus dem 17. Jahrhundert zu bewundern ist. Nein, der werbliche Text für diesen Weg hat mich auf einen Gedanken gebracht.

Im Internet las ich, »hochgehgrenzt« sei »ein Weg nicht nur für Grenzgänger, auch wenn hier einige Grenzen überwunden werden müssen und dürfen. Wer gerne auch mal über seine Grenzen geht oder diese einfach erleben will, wird mit einer ursprünglichen Landschaft belohnt.« Wanderwege, vor allem die anstrengenden, sind immer Grenzwege, auch ohne Grenzsteine. Denn es gibt ja nicht nur die territorialen Grenzen, sondern auch die Grenzen, die wir uns selbst setzen oder die uns unsere Physis setzt. Aber wandernd diese Grenzen zu überwinden, eine lange Steigung, einen Gipfel zu bewältigen, das kann auch ein grenzenloser Glücksmoment sein.

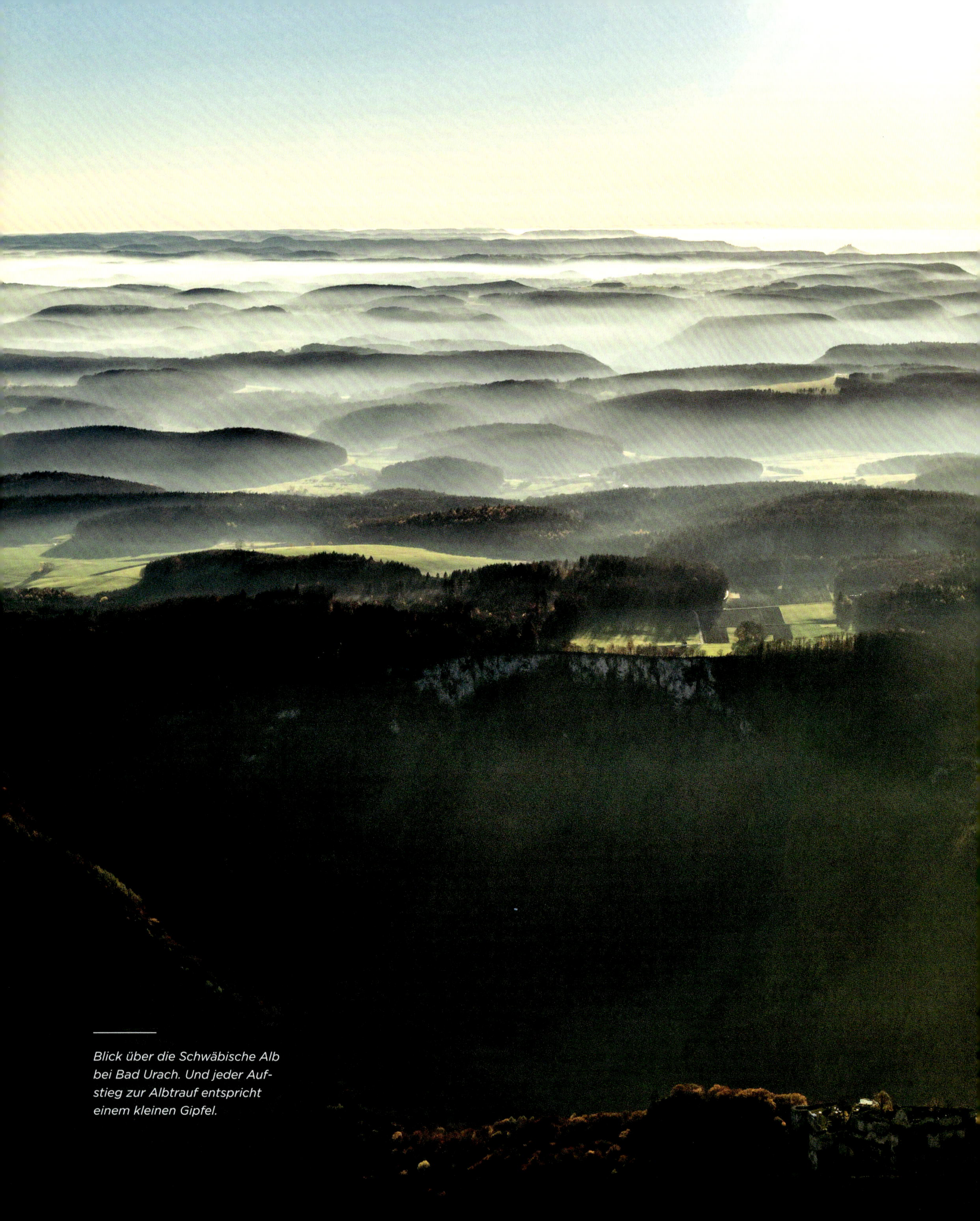

Blick über die Schwäbische Alb bei Bad Urach. Und jeder Aufstieg zur Albtrauf entspricht einem kleinen Gipfel.

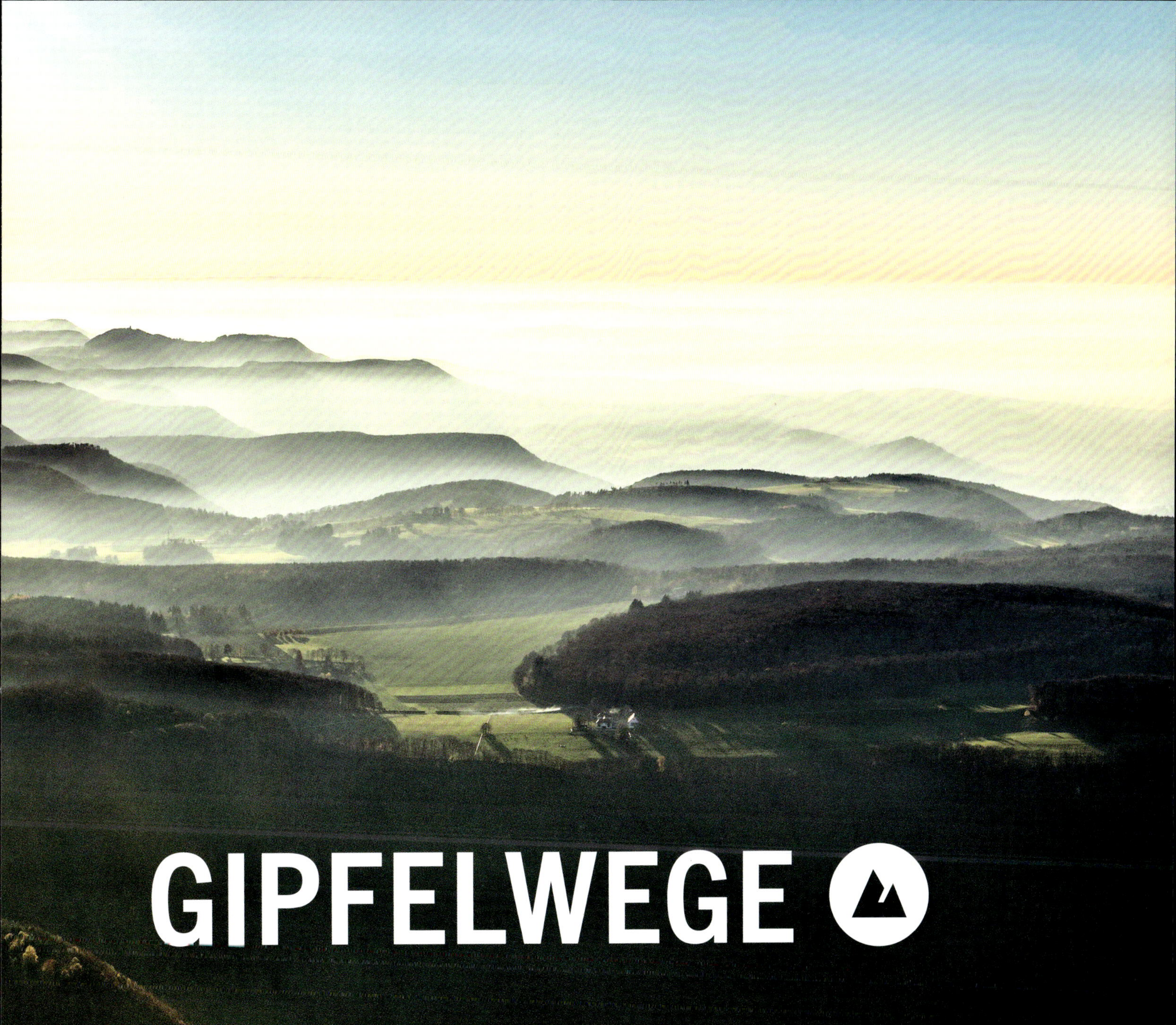
GIPFELWEGE

Zehn Gipfelwege

1 Belchensteig (Schwarzwald)
Start: Wiedener Eck.
14,3 Kilometer, 907 Höhenmeter

2 Feldbergsteig (Schwarzwald)
Start: Seebuck. 12,3 Kilometer, 464 Höhenmeter

3 Eifelleiter, dritte Etappe auf die Hohe Acht (Eifel)
Start: Kempenich. 22 Kilometer, 523 Höhenmeter

4 Rothaarsteig, vierte Etappe zum Kahlen Asten (Sauerland)
Start: Küstelberg.
14,5 Kilometer, 467 Höhenmeter

5 Dollbergschleife (Hunsrück)
Start: Neuhütten.
11,2 Kilometer, 265 Höhenmeter

6 Paderborner Höhenweg, zwei Etappen (Westfalen)
Start: Neuenbeken.
21,6 Kilometer, 657 Höhenmeter

7 P1 Hoher Meißner (Hessisches Bergland)
Start: Schwalbenthal.
13,7 Kilometer, 507 Höhenmeter

8 Hexenstieg, Etappe von Torfhaus über den Brocken nach Drei Annen Hohne (Harz)
Start: Torfhaus. 19,9 Kilometer, 1141 Höhenmeter

9 Goldsteig, 13. Etappe der Nordroute (Bayerischer Wald)
Start: Eck. 15,3 Kilometer, 1044 Höhenmeter

10 Watzmann-Ostwand (Berchtesgaden)
Start: Königssee. 18,5 Kilometer, 2000 Höhenmeter
Zum Nachwandern nicht zu empfehlen, zu gefährlich.
Als Ungeübter darf man nur mit Bergführer gehen, muss absolut schwindelfrei sein, sehr gute Kondition und Kletterübung haben.

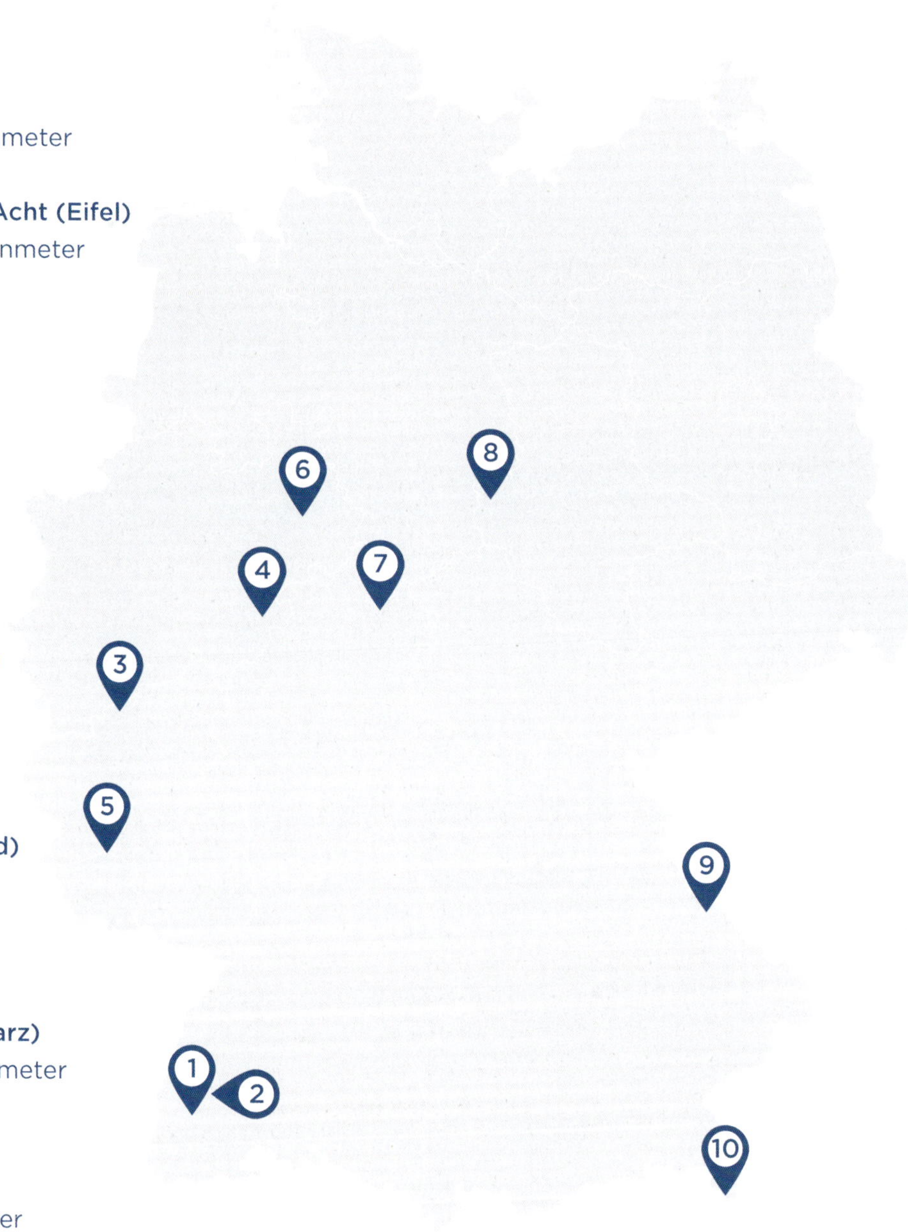

»Einen Berg zu bezwingen, ganz oben zu stehen, den höchsten Punkt anzuvisieren, das ist ein ganz starkes Ziel.«

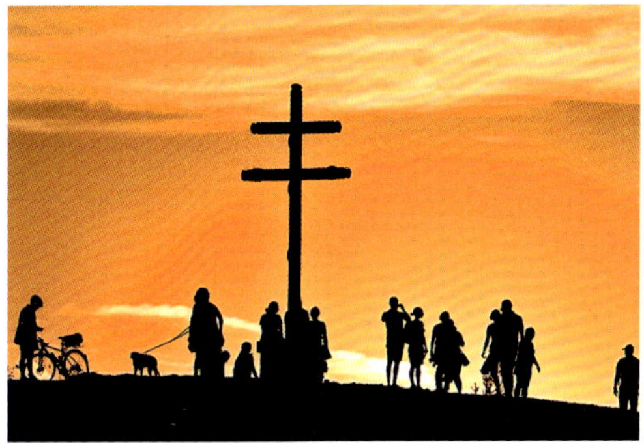

Gipfelleuchten in Oberfranken

Wenn man im Internet nach »Gipfelglück« sucht, ist der erste angezeigte Treffer: »Gipfelglück kaufen – amazon.de«. Liebe Algorithmen, so einfach ist es auch wieder nicht. Das Gipfelglück muss man sich verdienen. Glücksforscherin Sonja Lyubomirsky schreibt: »Umfragen sowie groß angelegte Experimente zeigen, dass Sport möglicherweise der wirkungsvollste Glücksbringer überhaupt ist«. Sportlich ist eine Wanderung auf jeden Fall gewesen, wenn man einen oder sogar mehrere Gipfel erreicht hat. Diese müssen nicht im Himalaya oder in den Alpen liegen, auch ein Gipfel im Mittelgebirge kann das sportliche Gipfelglück hervorrufen.

Wichtiger scheint mir aber das seelische Gipfelglück zu sein. Der Psychologe Jens-Uwe Martens meint: »Um Glück zu erleben, brauchen wir Ziele, auf die wir unser Tätigsein richten.« Und einen Berg zu bezwingen, ganz oben zu stehen, den höchsten Punkt anzuvisieren, das ist ein ganz starkes Ziel. Angeblich ist das vor allem ein Männerding. Männer scheinen eher als Frauen beim Wandern zielfixiert – die Kneipe mit dem Belohnungsbier, das Gipfelkreuz als Ziel. Viele Frauen hingegen – habe ich mal gelesen – neigten eher zur guten alten Weisheit: Der Weg ist das Ziel. In einer Zeitschrift über Naturpsychologie stand: »Auf ihrer Spitze bieten sie (die Gipfel) einen befreienden Ausblick über das Land. Hier lassen sich Gedanken ordnen, losgelöst und über den Alltag erhaben. Hinzu kommt bei einer Bergtour das Erfolgserlebnis des ›Oben-Angekommen-Seins‹, was ein regelrechtes Endorphinfeuerwerk auslösen kann.«

»Ein regelrechtes Endorphinfeuerwerk« löste bei mir der Gipfel des *Belchen* aus. Schon beim Aufstieg auf dem *Belchensteig* haben mich die Blicke Richtung Freiburg und Vogesen sowie die felsigen Bergpfade begeistert. Den Gipfel des Belchen muss man sich als ziemlich flaches Hochplateau vorstellen, in der

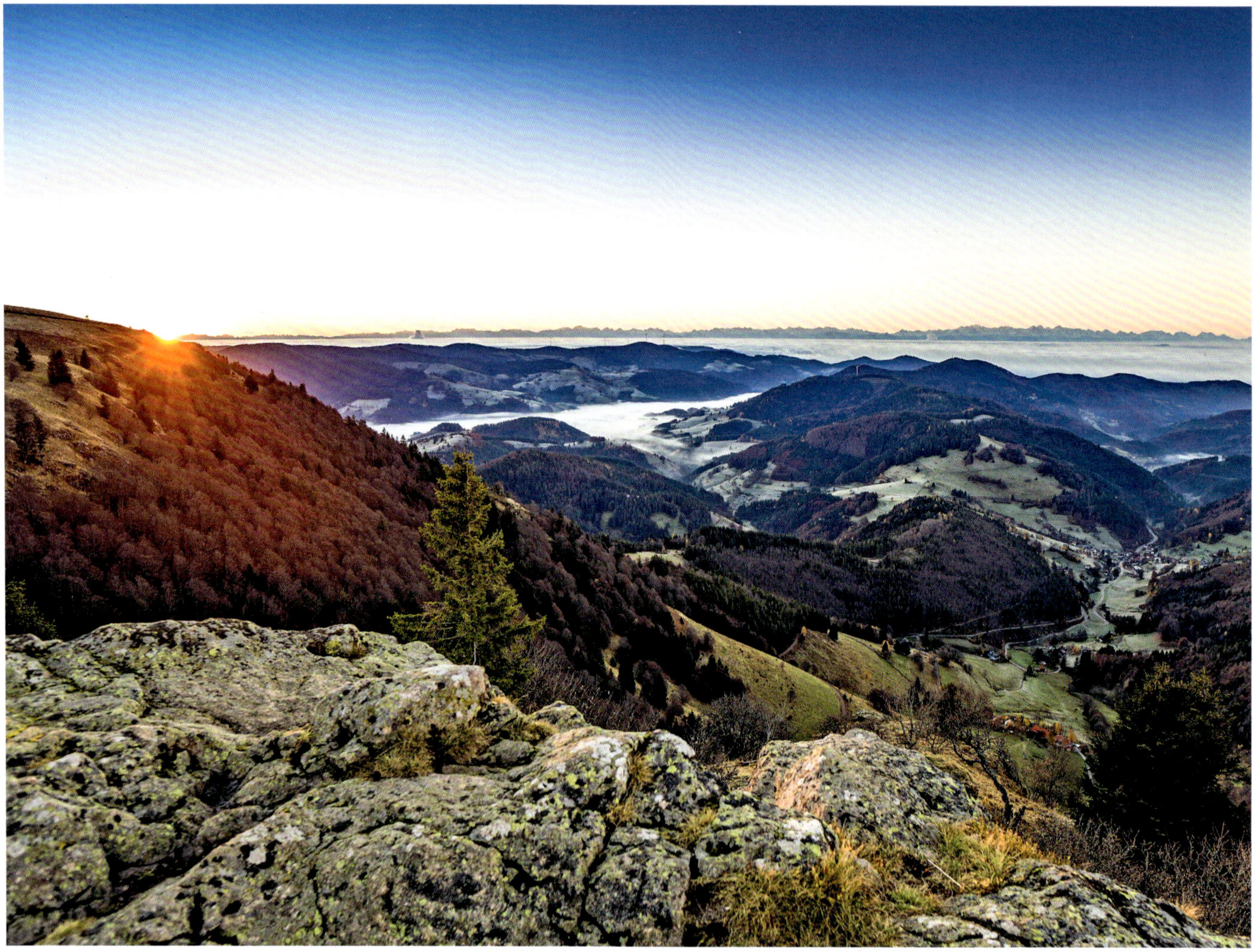

Mitte das obligatorische Gipfelkreuz. Erst wenn man oben steht, hat man ein 360-Grad-Panorama und sieht auf den Feldberggipfel und natürlich im Süden auf die Alpen. Wie bei anderen populären Gipfeln auch, muss man sich das Gipfelglück mit Touristen teilen, die mit Auto und Seilbahn hinaufgefahren sind. Man sieht es ihnen auch an der Ausrüstung und Kleidung an, aber vor allem am Gesichtsausdruck – den süßen Nektar des kompletten Gipfelglücks haben sie nicht genossen. Die Ausblicke, ja, die haben die wandernden Gipfelstürmer nicht exklusive. Aber sie genießen eben dazu noch die sportliche Komponente, das Gefühl, etwas geschafft und ihr Ziel erreicht zu haben.

Auf dem *Feldbergsteig*, der schon im Kapitel über Einkehrwege eine wichtige Rolle spielte (siehe S. 129), kann man den höchsten Gipfel des Schwarzwalds und damit Baden-Württembergs erwandern. Im Unterschied zum Belchen ist der Aufstieg nicht sehr anstrengend, weil der Start des Feldbergsteigs nicht unweit des Gipfels liegt. Eigentlich

Die Kelten haben diesen Berg »der Strahlende« genannt – Belchen. Wanderern zaubert der Gipfel ein strahlendes Lächeln ins Gesicht.

Blick vom Feldberg über den Feldsee Richtung Osten. Unten am Seeufer verläuft der Feldbergsteig (Seite gegenüber).

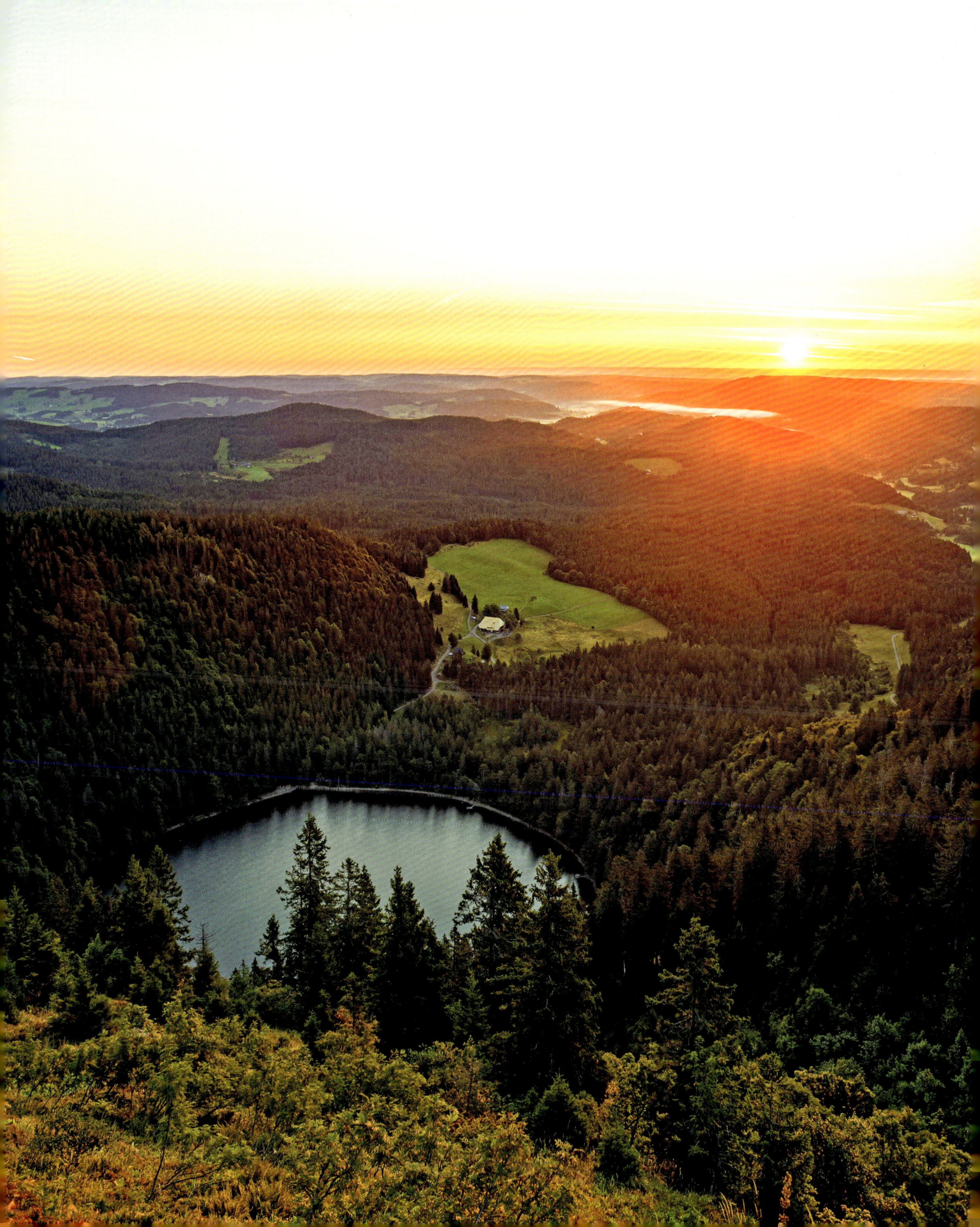

müsste man aber »Gipfel« in der Mehrzahl verwenden, denn wir gehen und sehen nicht nur den höchsten Gipfel, sondern auch Seebuck, Mittelbuck und Baldenweger Buck, wenn wir den kompletten Feldbergsteig laufen. Man verliert so ein wenig den Überblick, welche Erhöhung der buckligen Landschaft denn nun ein »richtiger« Gipfel ist.

Die höchste Erhebung der Eifel hingegen kann man nicht verfehlen. Die *Hohe Acht* auf 747 Metern ist ein Solitär in der Landschaft, ein auffälliger Basaltkegel. Wie gelangt man zu diesem Berg? Am besten über eine Leiter, die *Eifelleiter*. In drei Etappen kann man vom Rhein bis zum höchsten Punkt der Region hinauflaufen. Auf dem Gipfel der Hohen Acht sollte man den Kaiser-Wilhelm-Turm besteigen, ohne Leiter. Von dort oben kann man im Rückblick den Rhein sehen, bei gutem Wetter auch bis zum Kölner Dom. Angeblich. Anscheinend war immer, wenn ich dort oben dieses heimatliche Glück erleben wollte, das Wetter nicht gut genug für eine tolle Fernsicht.

Der höchste Gipfel von Nordrhein-Westfalen ist der Langenberg im Sauerland. Ziemlich öde, unauffällig. Keine Aussichten möglich, ohne Gipfelkreuz würde man gar nicht merken, dass das ein Gipfel sein soll. Der gefühlte Hauptgipfel des Sauerlands ist zweifelsfrei der

Was nutzt ein Gipfel, wenn man keine Aussicht hat? Da hilft ein Turm. Der Kaiser-Wilhelm-Turm auf der Hohen Acht.

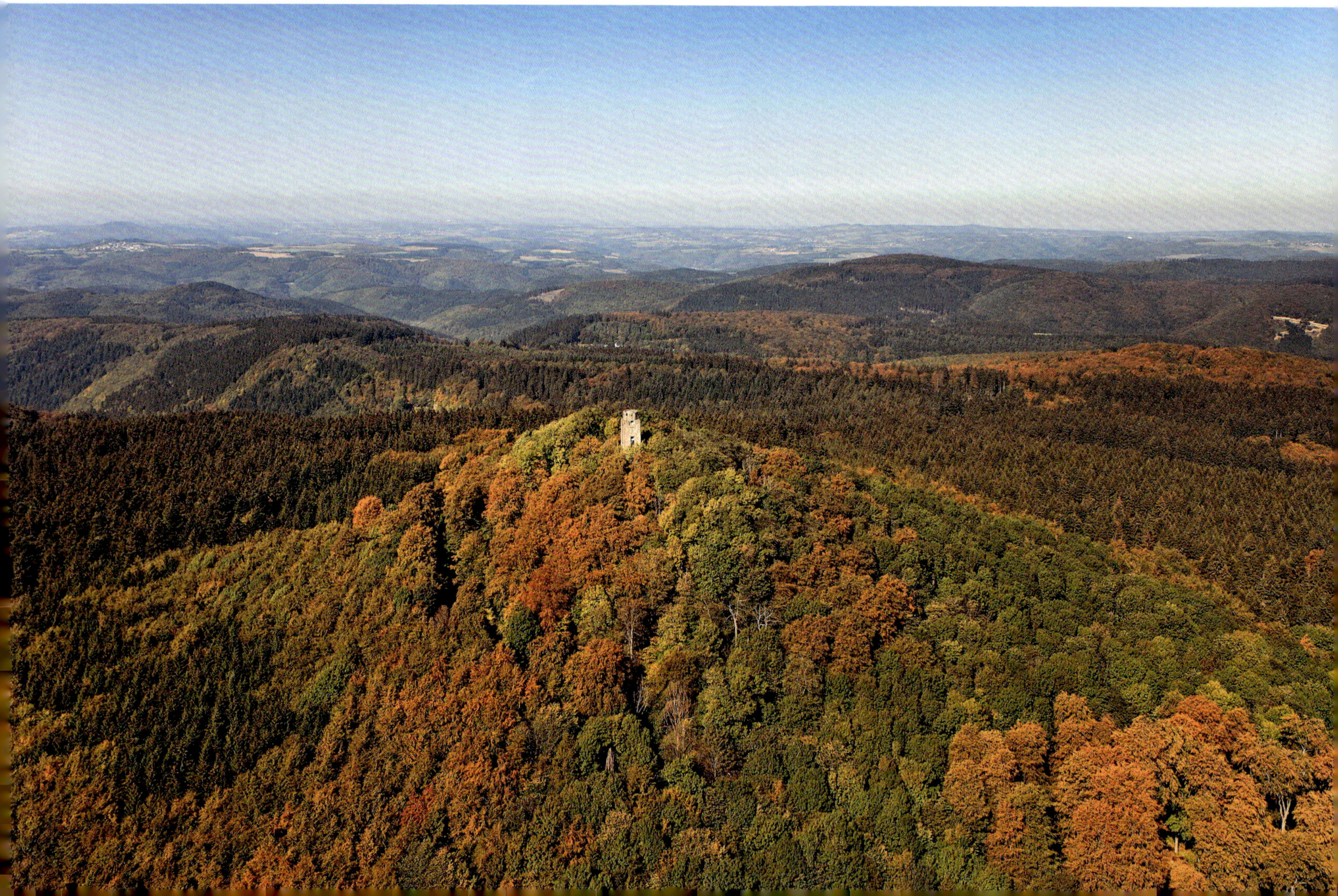

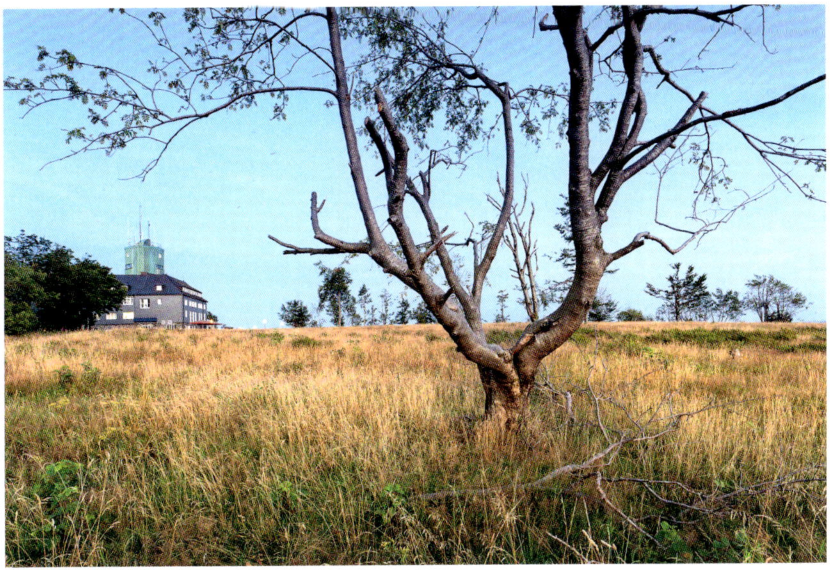

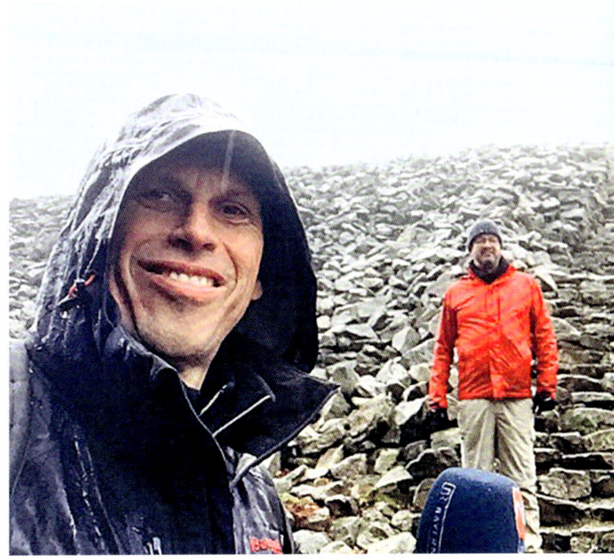

Astenturm auf dem Gipfel des Kahlen Asten. Im Vordergrund ziemlich kahle Äste (oben links).

Achim Bogdahn hat am Keltenwall kurz vor den Dollbergen noch gute Laune. Ich möchte weiter, aber die Rückkehr verzögerte sich noch um unbestimmte Zeit (oben rechts).

Kahle Asten. 1,64 Meter (Wikipedia hat nachgemessen) fehlen ihm zum Titel »Höchster Berg von NRW«. Kann man da nicht einfach nachhelfen und einen kleinen Erdhügel oder einen Felsbrocken auf den Gipfel stellen, damit der ein wenig höher wird? Der Kahle Asten hat alles das, was der Langenberg nicht hat: Einkehrmöglichkeit, Wetterwarte, Wintersportangebote. Entscheidend für das Gipfelglück sind in diesem Fall aber nicht die Fernsichten, sondern das Umfeld des Gipfels. Nicht umsonst lautet das beschreibende Adjektiv des Bergs »kahl«. Es ist wunderschön, durch die offene Landschaft der Hochheide zum Gipfelbier zu wandern. Vor allem im Winter, wenn alles zauberhaft weiß ist.

Rundfunkmoderator Achim Bogdahn hat ein Buch über die höchsten Gipfel beziehungsweise Erhebungen der 16 deutschen Bundesländer und Stadtstaaten geschrieben – *Unter den Wolken*. Mit Mehmet Scholl war er auf dem Feldberg im Schwarzwald, mit Felix Neureuther auf der Zugspitze und mit Judith Holofernes auf dem Großen Müggelberg in Berlin. Mit mir als Wahl-Saarländer hat er sich aufgemacht, die *Dollberge* kennenzulernen, die kaum wahrnehmbare höchste Erhebung des Saarlands. Dies ist der Untertitel seines Kapitels: »Die längste Wanderung der Welt im schlimmsten Regen der Welt am einsamsten See der Welt.« Tja, was soll ich sagen, recht hat er. Und schuld war allein ich. Ich hatte dem Herrn Bogdahn eine gemütliche Tour auf dem Premiumweg *Dollbergschleife* versprochen. Aber dann habe ich einen Linkspfeil übersehen und den Anfängerfehler gemacht, *nicht* bei jedem Zweifel zurück zur letzten Markierung zu gehen. Das Wetter war scheußlich, Schneeregen in der Waagerechten, ich wollte jeden unnötigen Meter vermeiden. Dafür sind wir dann einen Umweg von elf Kilometern gegangen, rund um den Nonnweiler Stausee mit seinen krakenartigen Fjorden, die sich endlos durch die Seitentäler erstrecken. Eine der schlimmsten

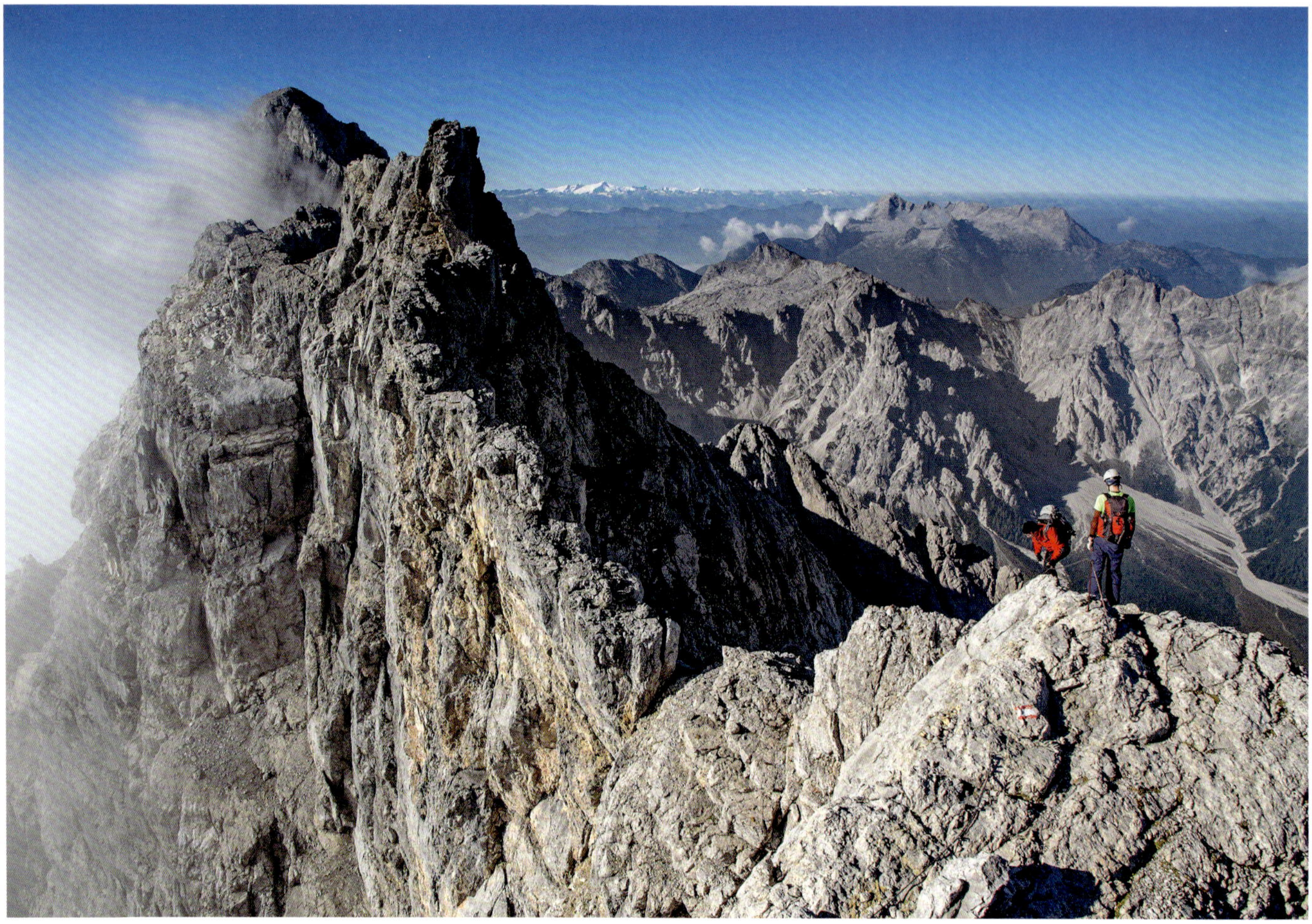

Wanderungen, und das auch noch mit einem Journalisten im Schlepptau, der dieses Desaster wortreich niedergeschrieben hat. Ich vermute, Herr Bogdahn hat in Zukunft keine Lust mehr, mit mir zu wandern.

Gipfelkreuz und Gipfelbuch gehören für viele Wanderer zum ultimativen Kick auf einem Berg. Das Kreuz macht sich gut auf Beweisfotos, den Gipfel wirklich bezwungen zu haben. Und im Buch kann man sich für immer (oder bis es vollgeschrieben ist) verewigen. Interessant ist natürlich auch, neugierig zu lesen, was andere Gipfelstürmer so geschrieben haben. Vielleicht schütteln sie einen Aphorismus aus dem Ärmel: »Gipfel und Abgrund sind eins« – Friedrich Nietzsche. Oder eine Weisheit von Hans Kammerlander (auf den komme ich im Zusammenhang mit der Watzmann-Ostwand gleich noch zu sprechen): »Der nächste Gipfel ist nur ein Umweg zu meiner Stammkneipe.« Auf dem *Paderborner Höhenweg* kann man die Umgebung rund um die Domstadt erkunden. In einem unscheinbaren Fichtenwald plötzlich ein mächtiges Holzkreuz. Oha, der höchste Punkt des Paderborner Lands, 347 Meter hoch. Respekt! Und ein Gipfelbuch finde ich auch. Ich lese

Eine Alternative zur Watzmann-Ostwand ist die Gratwanderung zum Gipfel. Sie gilt als „leicht". Na ja.

»Höhepunkt auf dem Höhepunkt, ein tolles Geburtstagsgeschenk« und überlege, ob dies die Beschreibung eines ganz speziellen Gipfelglücks ist.

Der Gipfel des *Hohen Meißner* im hessischen Grenzgebiet ist wegen der Geschichte und der Geschichten spannend, die man sich über diesen mythischen Berg erzählt. Zunächst soll er die Heimat von Frau Holle sein. Obwohl am *P1-Wanderweg* eine Skulptur der resoluten Frau steht, sind gesicherte Quellen (außer bei den Gebrüdern Grimm) über ihren Aufenthalt am Berg nicht aufzutreiben. Gesichert dagegen ist, dass sich die bündische Jugendbewegung (ohne die Wandervögel) 1913 auf dem Hohen Meißner, in der Mitte von Deutschland trafen. Wichtig war den bündischen Jugendlichen, einer Art früher grünen Jugend, in der sogenannten Meißner-Formel festzuhalten: »Alle gemeinsamen Veranstaltungen der Freideutschen Jugend sind alkohol- und nikotinfrei.« Das natürliche, gesunde Outdoor-Leben stand im Vordergrund. Die bündische Jugendbewegung wurde ab 1933 aufgelöst, in HJ und BDM integriert. Leider hatten viele Redner schon 20 Jahre zuvor auf dem Hohen Meißner den gedanklichen Grundstock für den völkischen Begriff von »Blut und Boden« des Nationalsozialismus gelegt.

Benno Schmidt wurde 90 Jahre alt, er war eine ostdeutsche Legende, eine Art Wanderstar im Harz. Er hat den Verdienstorden von Sachsen-Anhalt bekommen und das Bundesverdienstkreuz. Eigentlich hätte er auch die Gipfelstürmer-Medaille in Platin verdient

Vom Hohen Meißner aus kann man die Bundesländer Thüringen und Hessen überblicken.

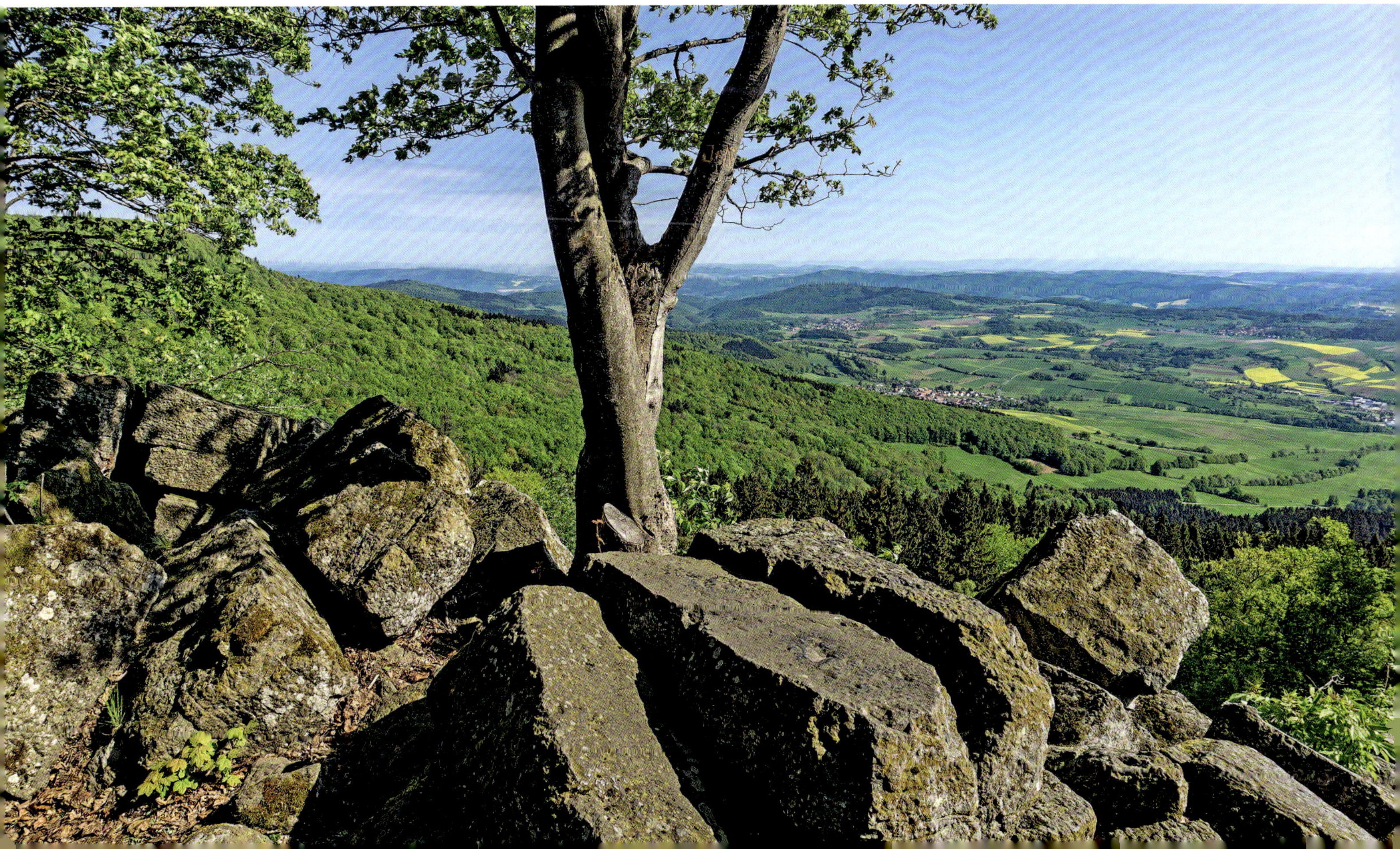

gehabt. Denn Benno Schmidt hat über 9000-mal einen Gipfel erwandert – und zwar immer denselben. In seinen besten Zeiten ist er täglich auf den Brocken gegangen, den Namen Brocken-Benno hatte er sich redlich verdient. Ich bin einmal auf dem *Hexenstieg* auf den *Brocken* gewandert – und hatte Glück. Denn ungefähr 300 Tage im Jahr liegt der gewaltige Berg, der mitsamt dem ganzen Harz wie ein mächtiges Ungeheuer aus der norddeutschen Tiefebene hervorragt, im Nebel beziehungsweise in den Wolken. Daher kommen wohl auch die vielen Sagen und Märchen rund um Walpurgisnächte und Hexen auf dem »Blocksberg«. Ich dagegen hatte Fernsicht bis hin nach Braunschweig und Erfurt, dank Sonnenschein. Trotzdem fand ich den Gipfel mit seinen zahlreichen Gebäuden außergewöhnlich hässlich. Gipfelglück wollte sich zumindest bei mir nicht einstellen.

Für viele Wanderer ist es ein Traum, einmal auf der Himalaya-Hochebene unterhalb der berühmten Achttausender unterwegs zu sein. Nichts für mich, zu teuer, zu gefährlich, zu anstrengend. Aber wenn man die acht Tausender auf mehrere Berge verteilt, habe ich nichts dagegen.

Der *Goldsteig* ist mit 660 Kilometern der längste Qualitätsweg des Deutschen Wanderverbands. Auf der 13. Etappe der Nordroute kann man die Gipfel von acht Bergen mit einer Höhe von über 1000 Meter erklimmen. Eine Etappe mit mehr als 1000 Höhenmetern, das ist ein Menge, das ist alpin. Es geht mit dem Mühlriegel (1080 m) los, der vorletzte Gipfel ist der Kleine Arber (1384 m), Finale ist am Großen Arber (1455 m). Tolle Ausblicke gibt es von jedem Gipfel, aber das Genialste ist, vom Großen Arber in der Rückschau auf alle Gipfel zurückzublicken, die man geschafft hat. Wie eine Glückssträhne beim Roulette liegen die Glücksgipfel des Bayerischen Walds aufgereiht in der untergehenden Sonne. Weltklasse!

Sicht: Geht so. Gipfelbauten: Zweckmäßig bis hässlich. Hexenquote: hoch. Der Brockengipfel (unten links).

Der Höhepunkt der acht Tausender, sozusagen der Mount Everest des Bayerischen Walds: der Gipfel des Großen Arber (unten rechts).

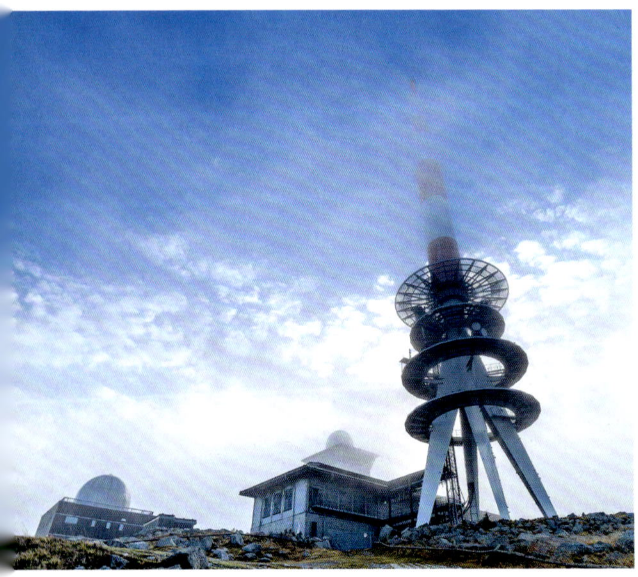

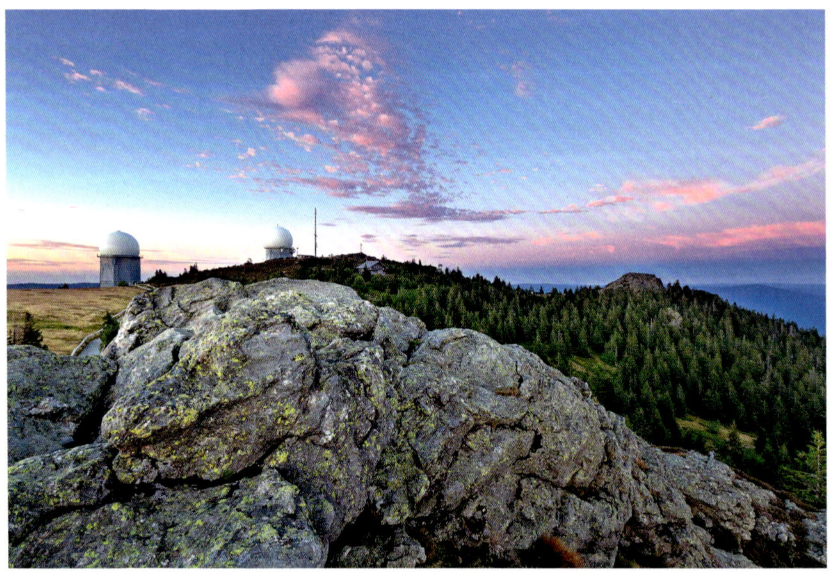

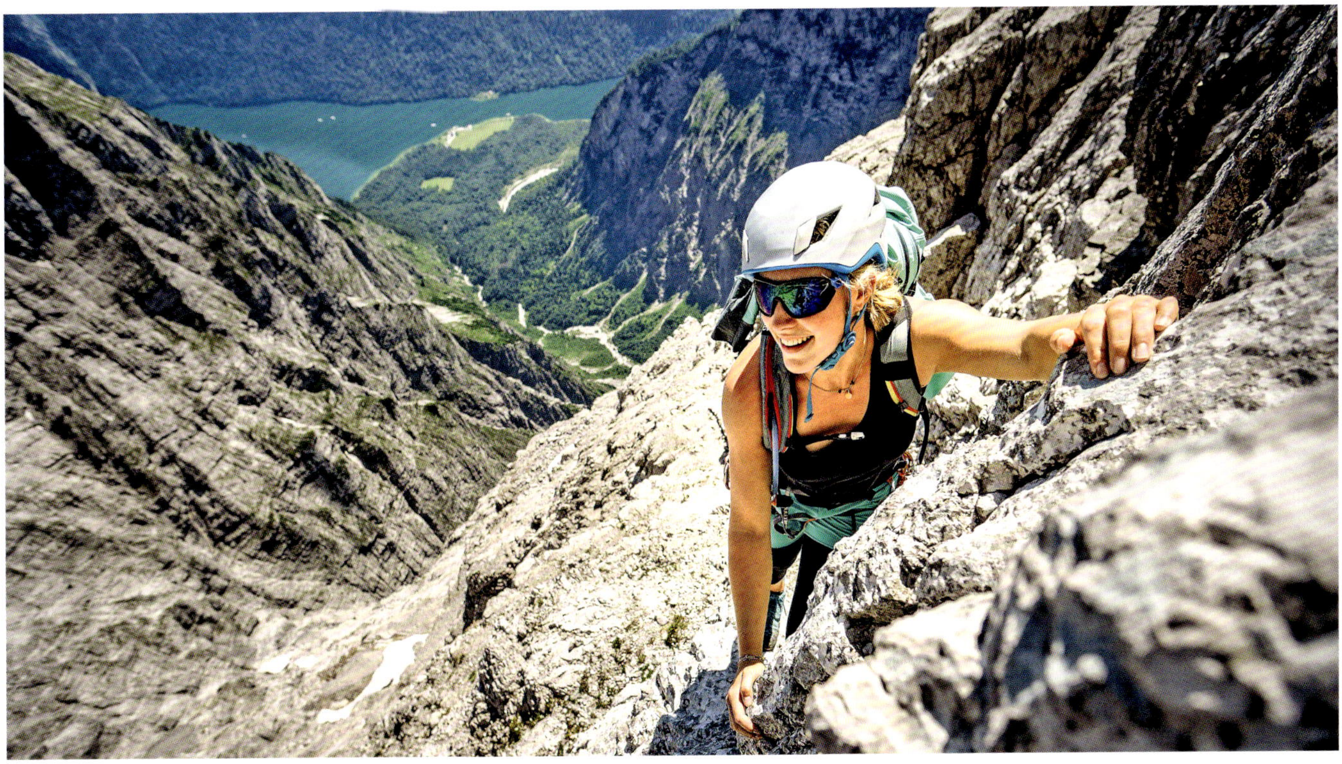

Aufstieg in der Watzmann-Ostwand, unten der Königssee. Na ja, die junge Kletterin hat anscheinend Humor, anderen vergeht in der Steilwand das Lachen.

Auf dem Gipfel des Watzmanns konnte ich mein Gipfelglück nur wenige Sekunden lang genießen. Wie war ich da überhaupt hinaufgekommen? Eindeutig bin ich nicht gewandert. Das war schon richtiges Klettern, Schwierigkeitsstufe 3, ab durch die *Watzmann-Ostwand*. Zehn Stunden hatte ich von meinem Basislager am Königssee gebraucht, um mit meinem Bergführer Heinz und dem Fotografen Heinz auf den Gipfel des höchsten deutschen Berges zu steigen. Lassen Sie sich nicht einreden, die Zugspitze sei der höchste Berg. Das ist der höchste *Gipfel* Deutschlands, der Berg Zugspitze liegt zum größten Teil auf österreichischem Territorium. Im Unterschied zum Watzmann, dem Schicksalsberg. Dann endlich der Gipfel, ich lächle in die Kamera des Fotografen Heinz, einen Arm um den Bergführer Heinz gelegt. Ja, ich bin in diesem Moment stolz, meiner Frau schreibe ich eine SMS: »Geschafft!« Dieses kurze Hochgefühl killt Bergführer Heinz mit einer düsteren Zukunftsprognose: »Jo mei, der Abstieg vom Watzmann, das ist der blöd'ste Abstieg der Alpen.« Ich erinnerte mich an die weisen Worte des bekannten Alpinisten Hans Kammerlander: »Der Gipfel gehört dir erst, wenn du wieder im Tal bist.« Fünf Stunden dauerte der Abstieg, ich rutschte aus, tat mir weh, hatte mit zitternden Gliedmaßen einen Nervenzusammenbruch. Fotograf Heinz nahm mich ans kurze Seil, um mir Sicherheit bei meinen Schritten zu geben. Gedemütigt wie ein Hund an der Leine ging ich auf gefährlich schmalen Pfaden bergab. Wenn ich an mein Abenteuer am Watzmann denke, denke ich nicht an Gipfelglück, sondern an Abstiegsfrust.

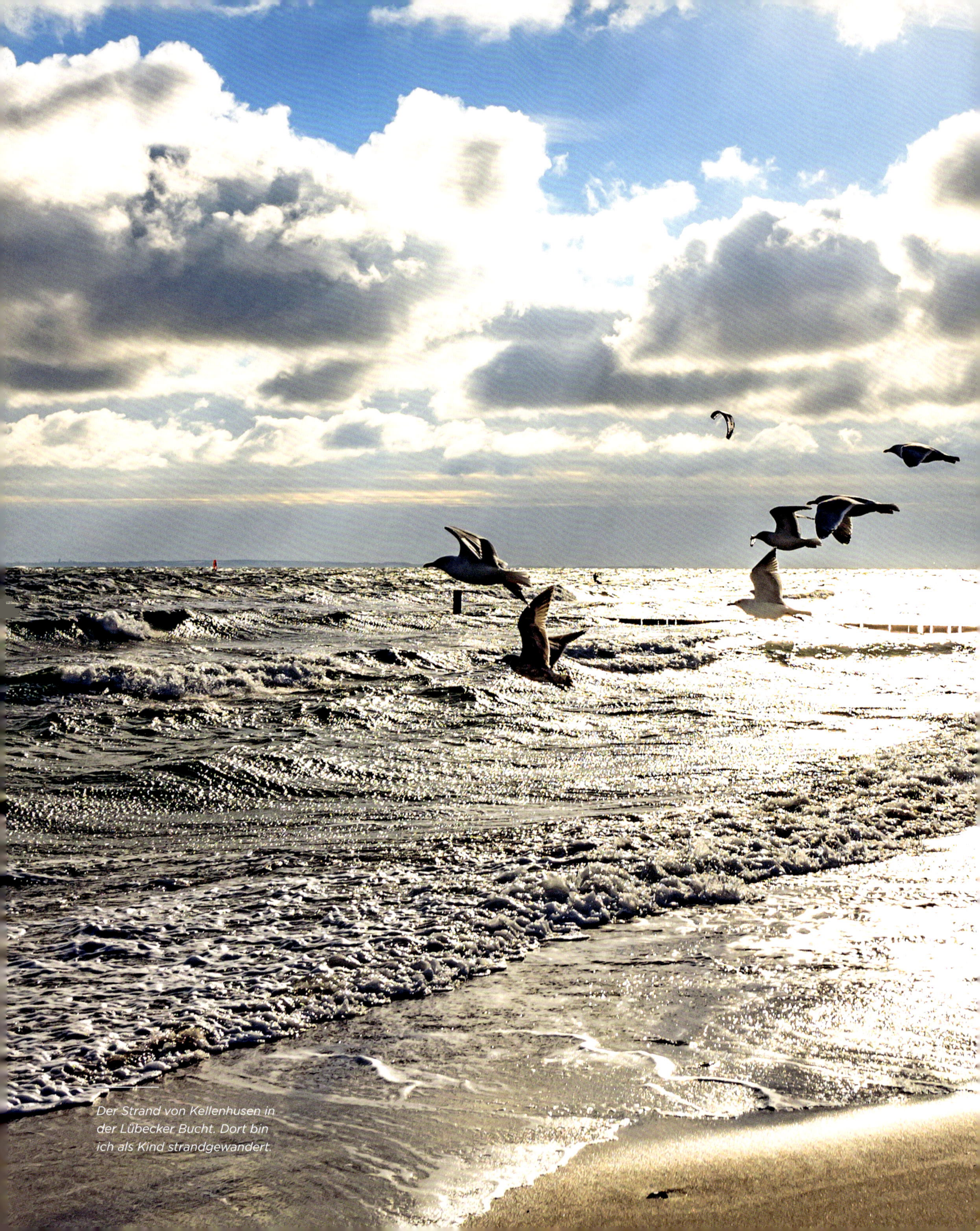

Der Strand von Kellenhusen in der Lübecker Bucht. Dort bin ich als Kind strandgewandert.

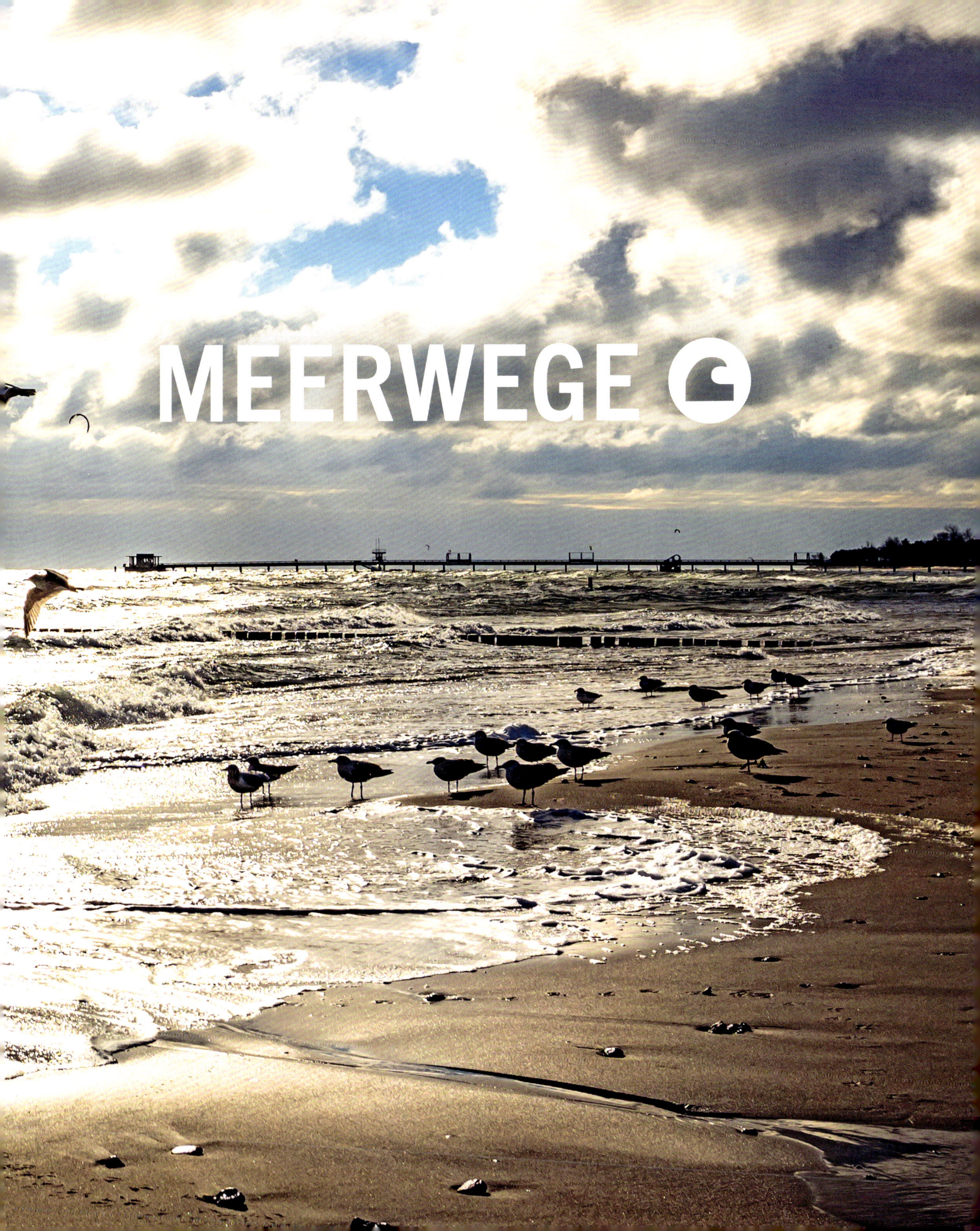
MEERWEGE

Zehn Meerwege

1 Hochuferweg von Sassnitz zum Königsstuhl (Rügen)
Start: Sassnitz. 12,5 Kilometer, 371 Höhenmeter

2 E9, Etappe von Warnemünde nach Heiligendamm (Ostsee)
Start: Bahnhof Warnemünde.
17,7 Kilometer, wenige Höhenmeter

3 E9, Etappe von Rerik nach Kühlungsborn (Ostsee)
Start: Rerik. 13,6 Kilometer, 30 Höhenmeter

4 E9, Etappe von Ahrenshoop nach Prerow (Darß)
Start: Ahrenshoop.
22,4 Kilometer, 40 Höhenmeter

5 Holnis-Rundweg (Flensburger Förde)
Start: Holnis-Spitze.
10 Kilometer, wenige Höhenmeter

6 Langwarder Groden, Fedderwardersiel (Wesermarsch)
Start: Butjadingen.
5,4 Kilometer, wenige Höhenmeter

7 Dünenspaziergang Spiekeroog (Ostfriesische Inseln)
Start: Nationalparkhaus Wittbülten.
4 Kilometer, wenige Höhenmeter

8 Naturpfad Osterhook Langeoog (Ostfriesische Inseln)
Start: Osterhook. 600 Meter zur Infohütte und 600 Meter zurück, wenige Höhenmeter

9 Naturpfad Flinthörn Langeoog (Ostfriesische Inseln)
Start: Flinthörndeich. 850 Meter zum Strand und 850 Meter zurück, wenige Höhenmeter

10 Wattwanderung Amrum-Föhr (Nordfriesische Inseln)
Start: Nordspitze Amrum. 7,5 Kilometer, keine Höhenmeter

»Das gesamte Wasserwanderglück liegt uns im wahrsten Sinne des Wortes am Meer zu Füßen.«

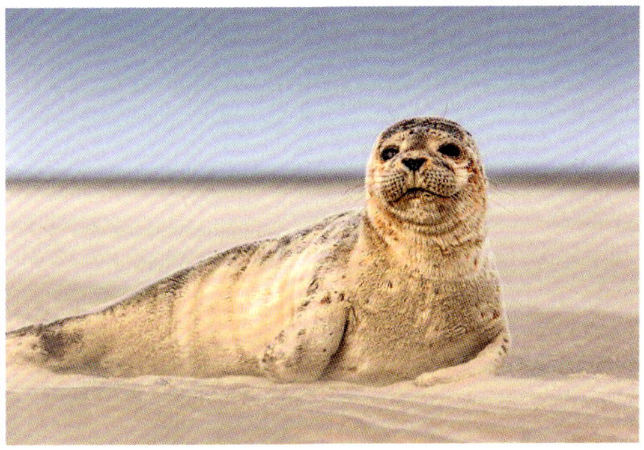

Süß! Robbe auf einer Sandbank vor Langeoog.

»Keine andere Landschaft übt eine größere Anziehungskraft aus als das Meer«, meint Simone Einzmann, Wissenschaftsjournalistin von *National Geographic*. Albert Kitzler legt sich in seinem Buch *Vom Glück des Wanderns* auf einen Glücks-Weltmeister fest: »Das Meer schlägt die anderen Landschaften.« Soweit die Glücks-Experten. Ich denke, jeder, der die Natur liebt, kann das bestätigen. Ein Strandspaziergang, eine Uferwanderung, das ist etwas Einmaliges. Das Meer ist ruhig – und bewegt. Das Meer erlaubt die Perspektive bis zum Horizont (wo kann man Sonnenaufgänge oder Sonnenuntergänge besser genießen?), hat aber auch in der Nahsicht einiges zu bieten: den Anblick von Wellen, den Sand, die Muscheln. Und dann das akustische Ambiente – das Meer ist noch nicht in Sicht, eine Düne, eine Baumgruppe steht dem im Wege, aber wir hören schon das Rauschen des Meeres. Das ist Vorfreude pur.

In diesem Buch bin ich nun nach dem Start mit den Quellwegen zum Meer gekommen, dorthin, wohin das Wasser aus den Gebirgen drängt. Gott sei Dank haben wir in Deutschland Ost- und Nordsee, einige Meerwanderwege sind also vorhanden. Hätte ich ein Buch über das Wanderglück in Österreich oder der Schweiz geschrieben, wäre das mit den Wegen am Meer etwas schwieriger geworden. Meines Erachtens ist der *Hochuferweg* von Sassnitz zum Königsstuhl auf Rügen der schönste Meerweg Deutschlands, dort ist das Wanderglück garantiert. Woran liegt das? Der Rügener Hochuferweg eröffnet eine Landschaft, die sehr speziell ist und eben mehr als »nur« Meer bietet. Zunächst wären natürlich die weißen Kreidefelsen zu nennen, die in der Sommersonne so grell strahlen, dass es fast in den Augen schmerzt.

Es ist ja kein Zufall, dass die berühmtesten Bilder von Caspar David Friedrich *Kreidefelsen auf Rügen* und *Wanderer über dem Nebelmeer* heißen. Das

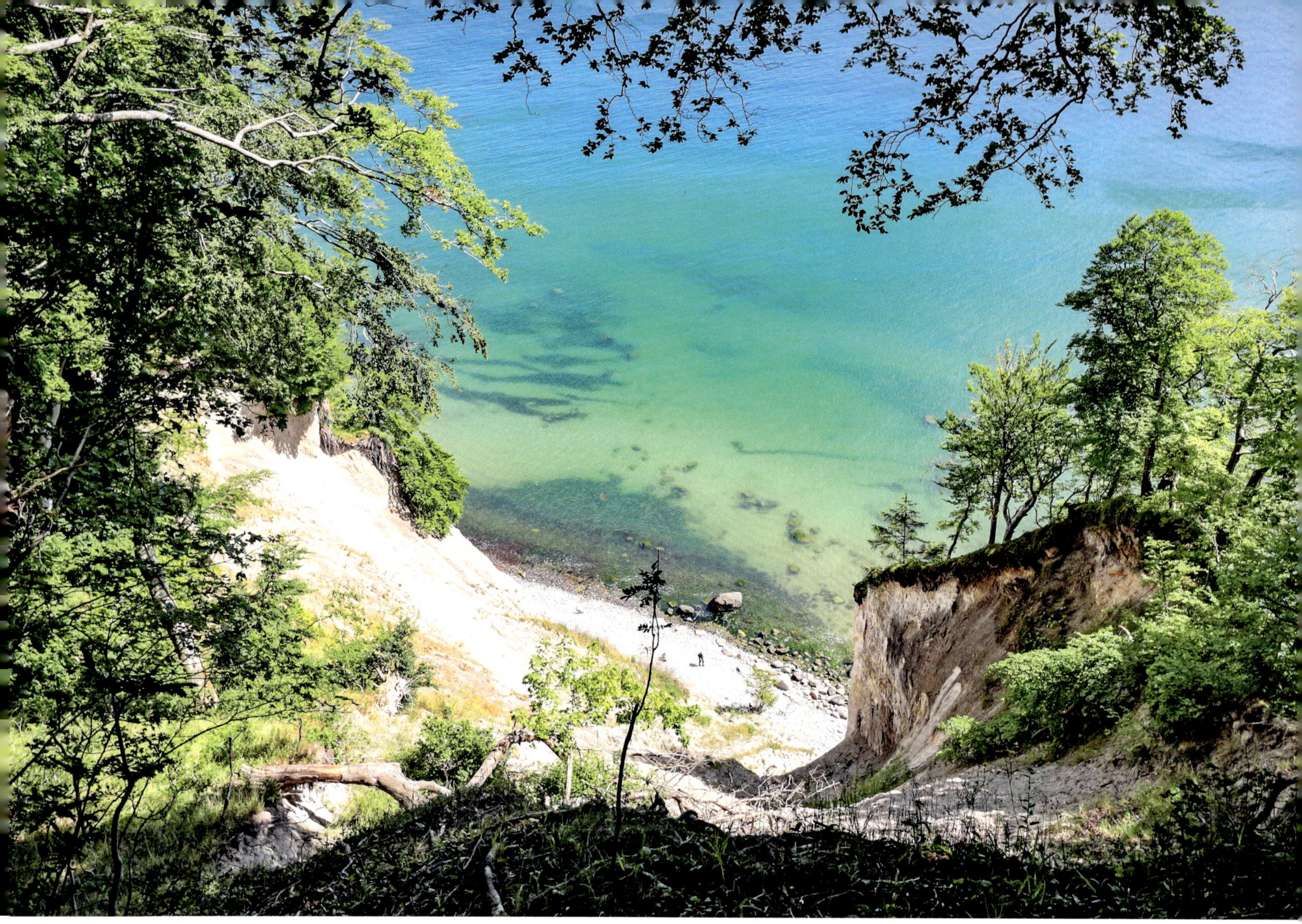

letztere Bild huldigt der bizarren Landschaft der Sächsischen Schweiz, das erste der Schönheit an den weißen Felsen. Auffällig, dass beide Gemälde keine reinen Naturdarstellungen sind. Die Natur spiegelt die Gefühlslage der Menschen wider. Und es braucht für das Glück in der Natur ein Publikum, das diese Freude an den spektakulären Freiluft-Phänomenen in sich aufsaugt. Über dem Nebelmeer ist es der Wanderer in blau-grüner Joppe, auf den Rügener Kreidefelsen bevölkert eine dreiköpfige Ausflugsgruppe das Bild. Der Mann rechts im Bild lehnt cool an einem Baumstamm und genießt die Aussicht aufs Meer, zwei weiße Segelboote fahren vorbei. Übrigens, als ich auf dem Hochuferweg auf Rügen gewandert bin, segelten unzählige weiße Boote auf der Ostsee. Den Kontrapunkt zum coolen Mann rechts im Bild bildet eine Frau im roten Kleid am linken Bildrand. Sie zeigt in den Abgrund unterhalb der Felsen, denn die mittlere Person scheint etwas verloren zu haben und liegt auf dem Boden, den Blick nach unten gerichtet. Hut und Stock hat der Mann auf der Erde abgelegt, man fragt sich, was er sucht? Den Ehering? Den Picknick-Korb? Sein Fernglas?

Die Mischung aus Felsen und Meer ist schon der Knaller, es kommt auf dem

Ein Motiv auf dem Hochuferweg von Rügen, das der große Meister Caspar David Friedrich leider übersehen hat.

Hochuferweg in Rügen aber ein weiterer Glücksaspekt dazu – die ausgedehnten alten Buchenwälder, die zum UNESCO-Weltnaturerbe gehören. Der Kathedralen-Wald an den Kreidefelsen ist immerhin der größte zusammenhängende Buchenwald in der baltischen Region. Zwischen Sassnitz und dem Königsstuhl fügt sich alles zu einem harmonischen Dreiklang: Buchenwald, Kreidefelsen und – das Meer.

Der *E9* ist der *Internationale Küstenweg*. Startet in Portugal, dann geht es an der spanischen und französischen Atlantikküste zu den Gestaden von Belgien, Holland und Deutschland. Deutsches Sahnestück des Fernwegs ist der Ostseewanderweg. In 14 Etappen von Travemünde in der Lübecker Bucht bis zur polnischen Grenze auf Usedom. Wer dann noch nicht genug meergewandert ist, kann bis nach Estland weitergehen. Das Problem ist, dass dieser E9-Weg nicht durchgehend verlässlich markiert ist, man sollte also analoges oder digitales Kartenmaterial mitnehmen.

Nicht verfehlen jedoch kann man die Etappe von *Rostock-Warnemünde nach Heiligendamm*. Wir flanieren an den Fischerbooten am Alten Kanal in Warnemünde vorbei und gehen schon bald am Meer entlang. Für Abwechslung sorgen eine schöne Steilküste und der sogenannte Gespensterwald mit hohen Buchen und Eichen. Zwar sehen wir auf unserer Wanderung viele Radfahrer, aber abgetrennte, sandige Wege sorgen für echtes Wanderfeeling. Mit der Ostsee zur Rechten geht es weiter. Ich muss bei diesen weiten Blicken daran denken, dass die mecklenburgische Ostsee lange Jahre eine Glücksverheißung für alle war, die die DDR verlassen wollten. Es gab tragische Todesfälle bei Fluchtversuchen, aber vielen ist es auch gelungen, sich auf dem Boot der sozialistischen Diktatur zu entziehen. Insofern wandern wir auch auf einem ehemaligen Grenzweg, auf dem bis 1989 Grenzsoldaten der DDR patrouillierten.

Ziel der Ostsee-Etappe ist Heiligendamm. Direkt am Wanderweg E9 fand im Grand Hotel von Heiligendamm 2007

Eher reizvoll als gruselig: der Gespensterwald zwischen Warnemünde und Heiligendamm (unten links)

Dünenlandschaft und Strand bei Kühlungsborn. Schön, wenn der Weg am Meer durch Dünen geht und nicht asphaltiert ist (unten rechts).

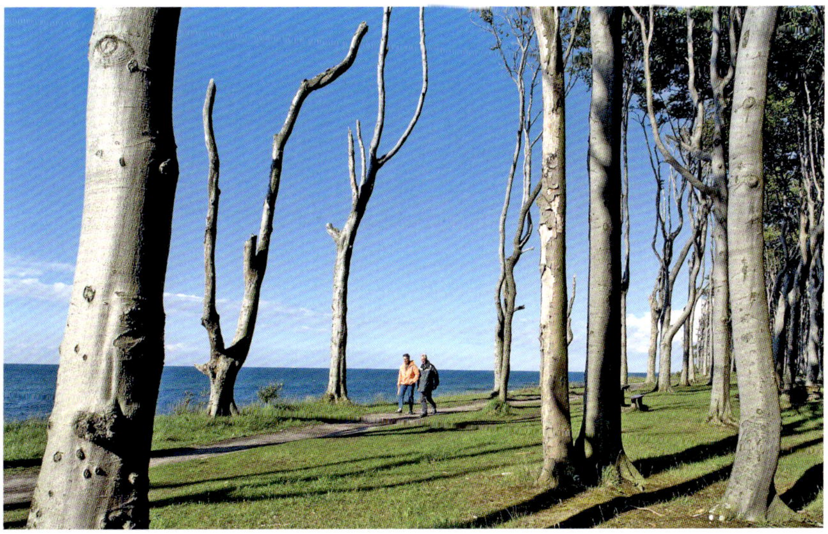

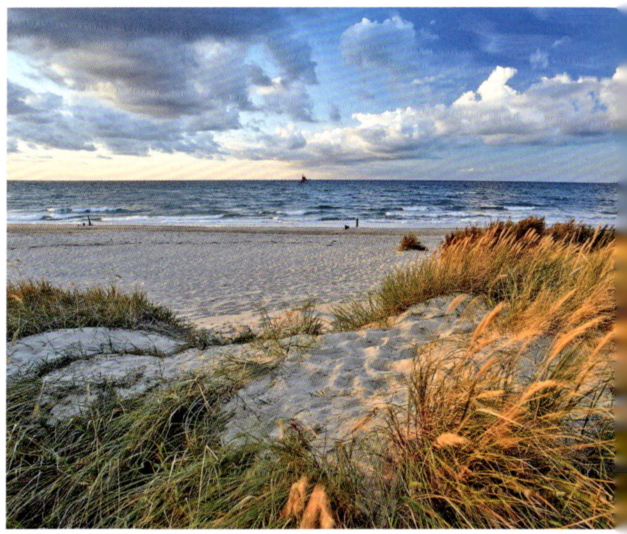

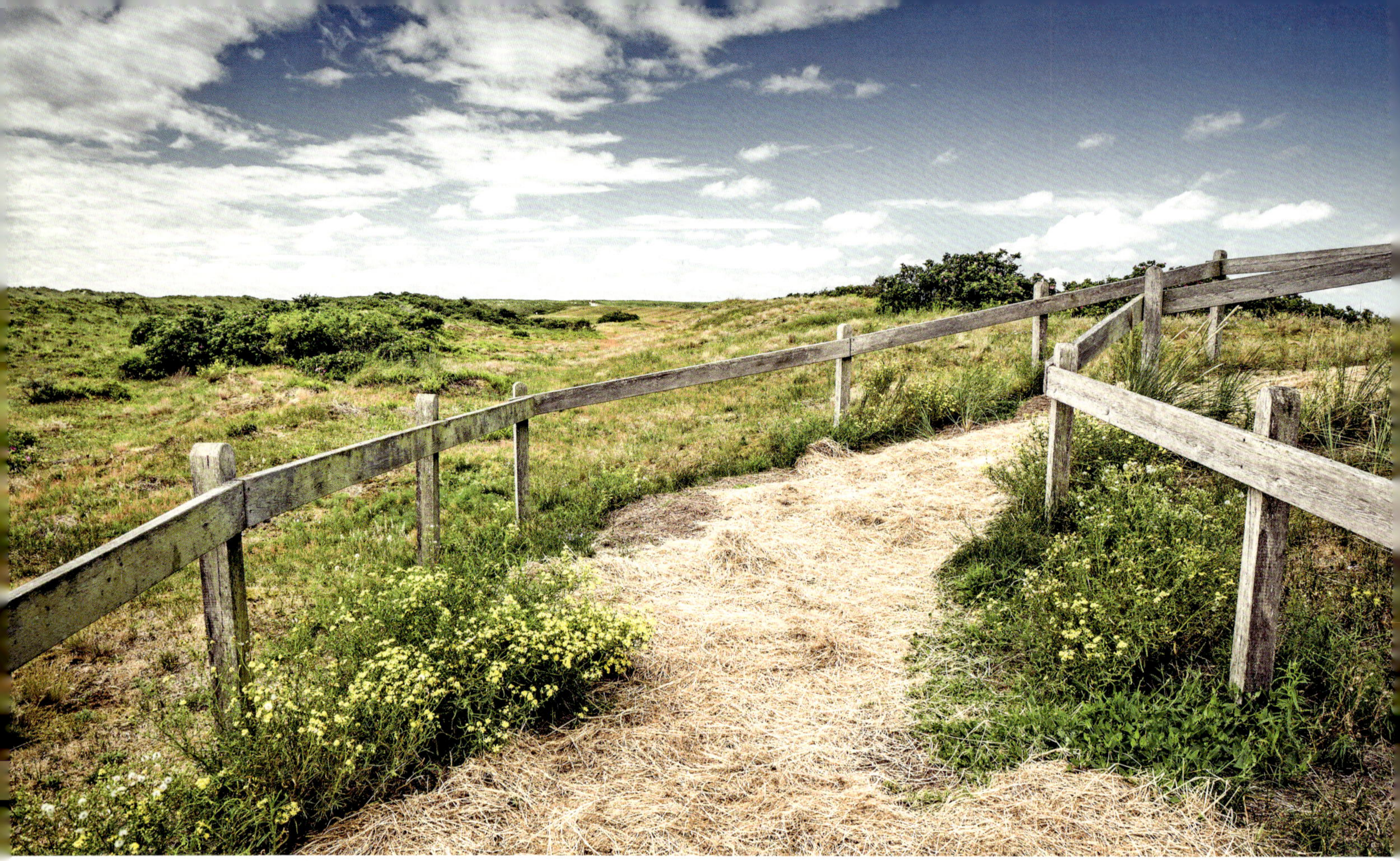

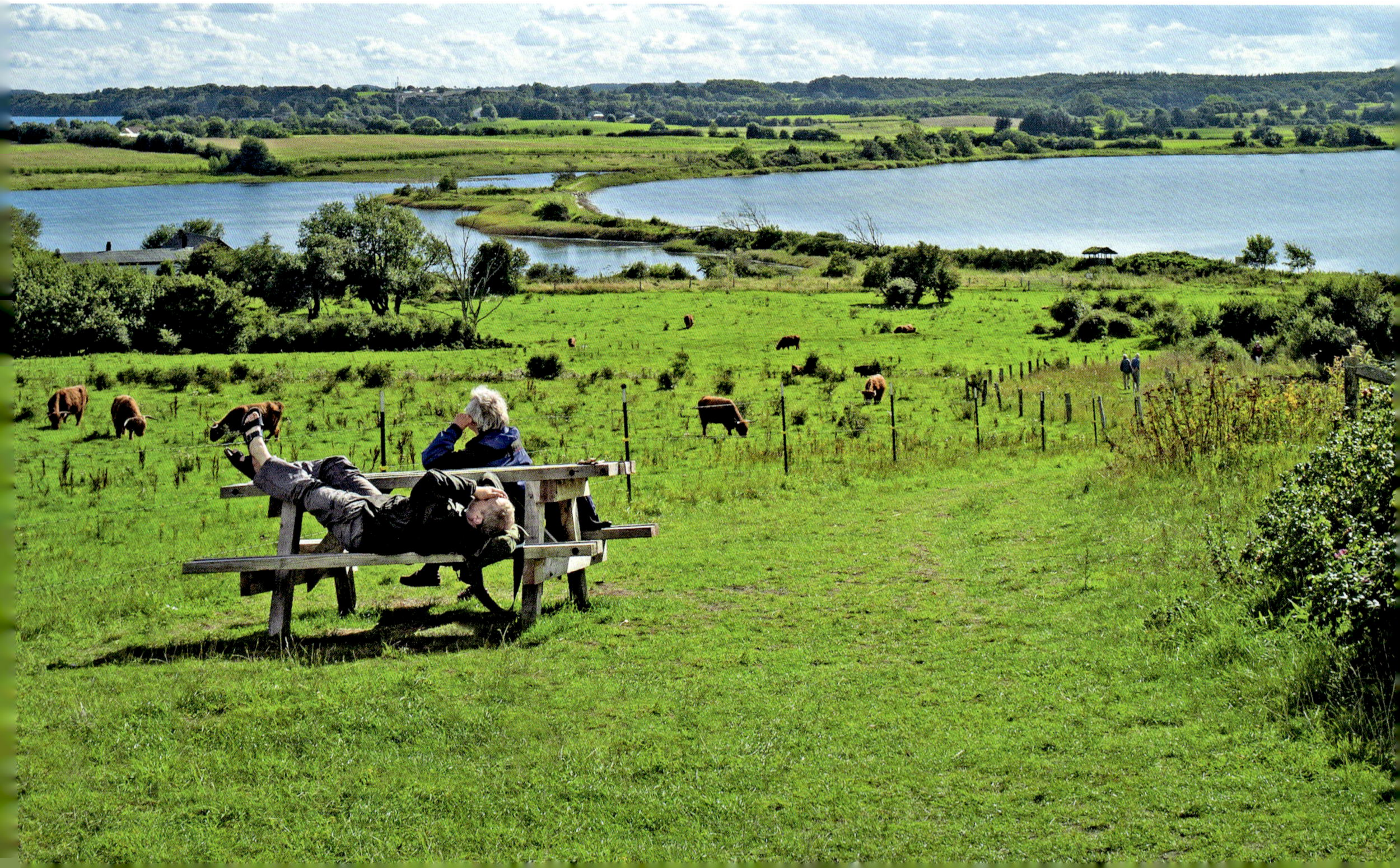

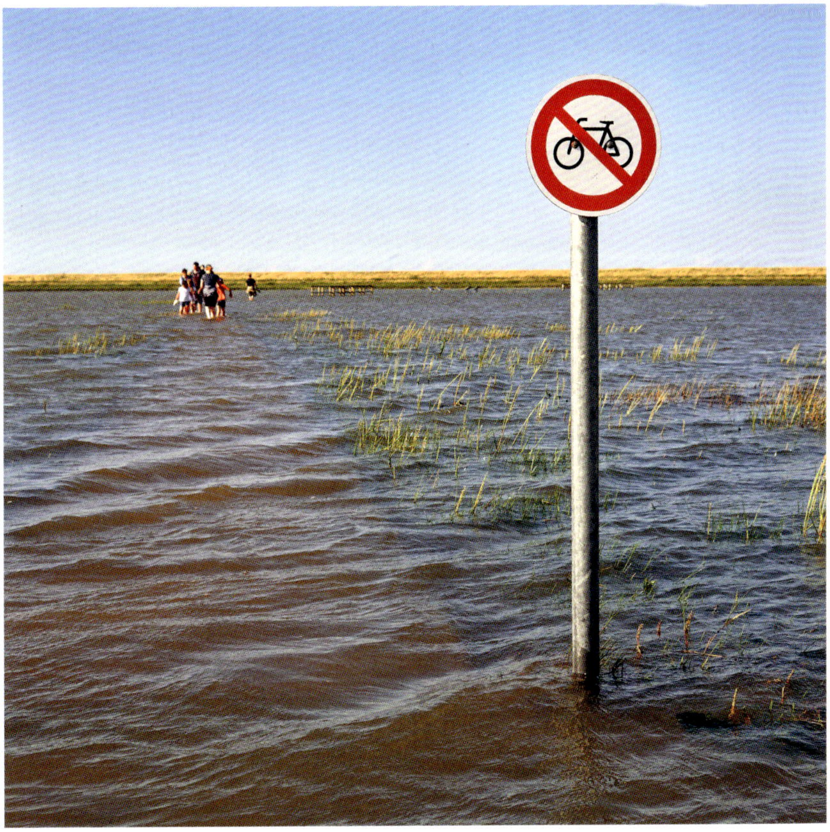

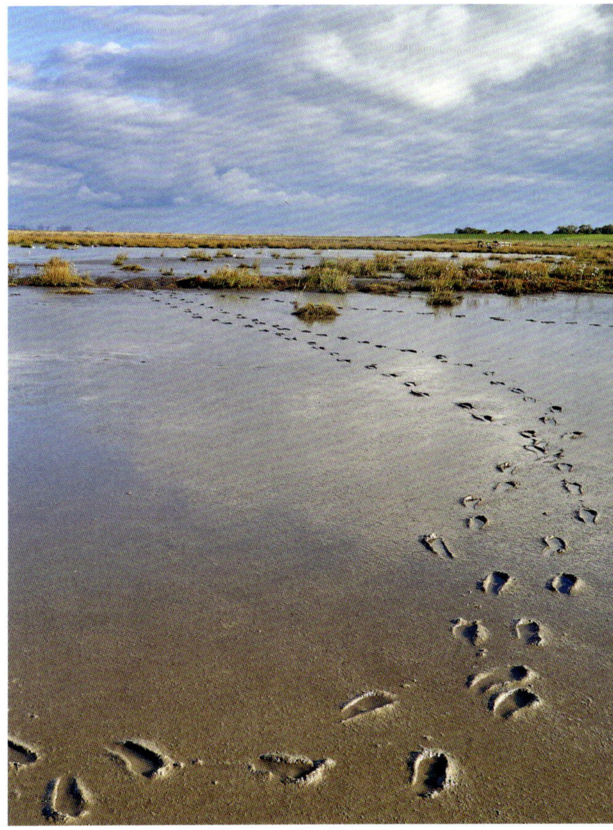

Ein wunderschöner Meerweg auf Spiekeroog. Man muss nicht immer das Wasser sehen, um glücklich zu sein. Man kann es in den Dünen riechen, spüren, hören (Seite gegenüber oben).

Rastbank auf der Halbinsel Holnis. Wegen der irrsinnigen Höhenmeter sollte man regelmäßige Pausen einplanen und sich auch mal lang hinlegen (Seite gegenüber unten).

Fantastisches Naturerlebnis auf dem Langwarder Groden. Radfahren: Nein. Wanderglück: Ja! (oben links)

Auch am Langwarder Groden: Fährtenlesen für Anfänger (oben rechts)

das G8-Treffen statt. Vielleicht erinnern Sie sich noch an den XXXL-Strandkorb, in den sich unsere mecklenburgische Kanzlerin unter anderem neben Tony Blair, George W. Bush, Romano Prodi und Nicolas Sarkozy quetschte. Ach ja, ein gewisser Herr Putin war damals auch mit von der Partie.

Ebenfalls sehr empfehlenswert sind die E9-Etappen von *Rerik nach Kühlungsborn* (Strände, Dünenwege, Steilküste, Promenaden, Möwen, Kormorane und immer wieder herrliche Meerblicke) sowie die Etappe von *Ahrenshoop nach Prerow* (karibische Strände mit weißem Sand, Waldwege, Seebrücken). Auf dem E9 kann man die reizvollen und abwechslungsreichen Landschaften an der Ostsee intensiv erleben.

Von Deutschlands Osten zurück nach Westen, inklusive Blick nach Dänemark: Auf einer weitgehend unter Naturschutz stehenden Halbinsel in der Flensburger Förde kann der Meerwanderer auf dem *Holnis Rundweg* einiges erleben. Start an Holnis-Spitze, dann Seemannsgrab, Salzwiesen (Seevögel-Beobachtung!), Holnis-Kliff, der Leuchtturm, Hundestrand, Badestrand, FKK-Strand, Surfstrand. FKK-Strand und Surfstrand liegen nah beieinander – ob es eine Schnittmenge gibt, ist fraglich.

Qualitätswege und Premiumwanderwege sind am Meer (noch) rar, obwohl das landschaftliche Potenzial absolut vorhanden wäre. Vielleicht tut sich diesbezüglich in den nächsten Jahren

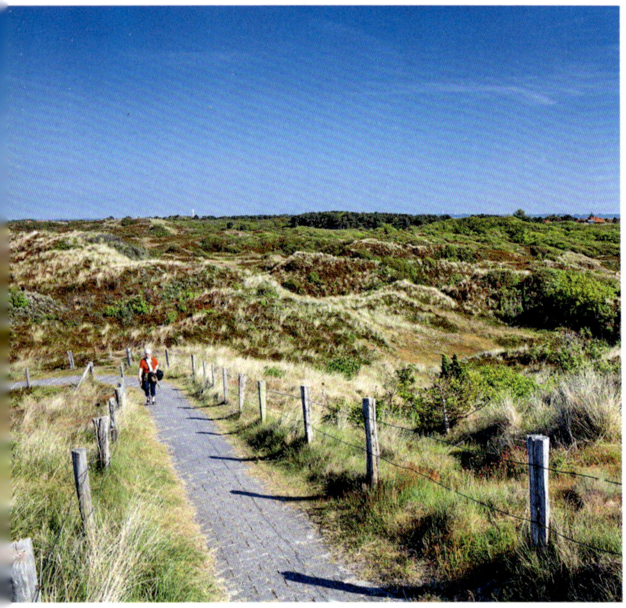

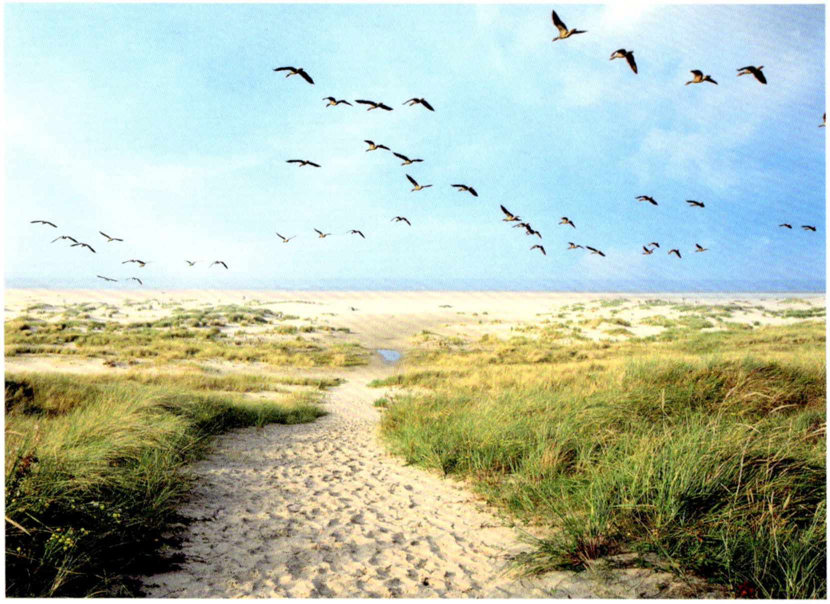

noch etwas. Eine rühmliche Ausnahme ist der Qualitätsweg *Langwarder Groden* in Fedderwardersiel, zwischen Wilhelmshaven und Bremerhaven. Holzbohlenwege haben immer ihren besonderen Charme, zum Beispiel in den Hochmoor-Arealen der Mittelgebirge. Auf einem Holzsteg quasi über Wasser gehen zu können, ist umso mehr ein besonderes Gefühl. Auf dem Langwarder Groden kann man die ganze Vielfalt des UNESCO-Weltnaturerbes Wattenmeer erleben – Priele, Salzwiesen, Watt. Die Nordsee lebt.

Auf den Ostfriesischen Inseln hat sich für Wanderer bereits einiges getan. Auf dem *Dünenspaziergang Spiekeroog* führt die Strandkrabbe Meertinus (der Name ist *nicht* von Touristikern ausgedacht, die schon einige Küstennebel getrunken hatten, Namenspate ist tatsächlich ein Professor Meertinus) durch die wilden Dünen der Insel. Bei einem so kurzen Weg stellt sich die prinzipielle Frage: Ist das noch wandern? Gegenfrage: Ist es nicht völlig egal, wie wir das nennen? Die Grenzen zwischen Spaziergang und Wanderung sind fließend, daher gibt es ja auch die Premiumspazierwanderwege. Der Trend zu kurzen Fußwegen in der Natur, ein niederschwelliges Angebot für alle Outdoorfans, ist sehr zu begrüßen. Ich finde es toll, dass auf den Nordseeinseln neben den klassischen Angeboten Baden und Radfahren nun auch Wandern ins Portfolio aufgenommen wurde. Wenn man noch vor wenigen Jahren auf den Wattenmeer-Inseln zu Fuß gehen wollte, musste man sich asphaltierte oder gepflasterte Wege mit den Radfahrern teilen. Aktuell entstehen immer mehr Wege, die nur den Wanderern (oder Spaziergehern) vorbehalten sind. So wie die Naturpfade *Osterhook* und *Flinthörn* auf Langeoog. Schmale, sandige Pfade durch die Dünen, tiptop markiert. Und von der Aussichtsplattform am Naturpfad Osterhook auch noch Gratisblicke

Ein Wanderweg in den Dünen von Spiekeroog (oben links)

Dünenweg auf Langeoog. Man sollte es nicht unterschätzen – Sandwandern kann ganz schön anstrengend sein (oben rechts).

auf Seehundbänke. Wunderbar, bitte »meer« davon!

Pftsch, Pftsch, das Geräusch ist großartig, das Gefühl noch mehr. Die nackten Füße versinken im Watt, feuchter Sandmatsch quillt durch die Zehen. Manchmal piekt es ein wenig unter der Fußsohle, wenn wir auf kleine Muscheln treten. Der Nationalpark Wattenmeer an der deutschen Nordseeküste ist – bis auf einige Wälder des Nationalparks Bayerischer Wald – der einzige Ort unserer Republik, an dem man ursprüngliche Natur erleben kann. Alles, was wir gemeinhin unter Natur verstehen, ist eher gezähmt, kultiviert. Die Bäume des Waldes wurden gepflanzt, die Bäche und Flüsse renaturiert, die Weiden, Wiesen und Felder von Landwirten angelegt.

Im Watt ist das anders. Dort ist alles naturbelassen, nur den Gesetzen von Ebbe und Flut unterworfen. Wie auch unsere *Wattwanderung zwischen Föhr und Amrum*. Jede Wattwanderung hat ihre Gesetze.

§1 Eine Wattwanderung findet nie zur selben Zeit statt. Logisch, denn die Tidezeiten verschieben sich ständig, und es ist nicht so klug loszulaufen, wenn gerade das Wasser steigt und die Flut kommt.

Dünenlandschaft auf Amrum

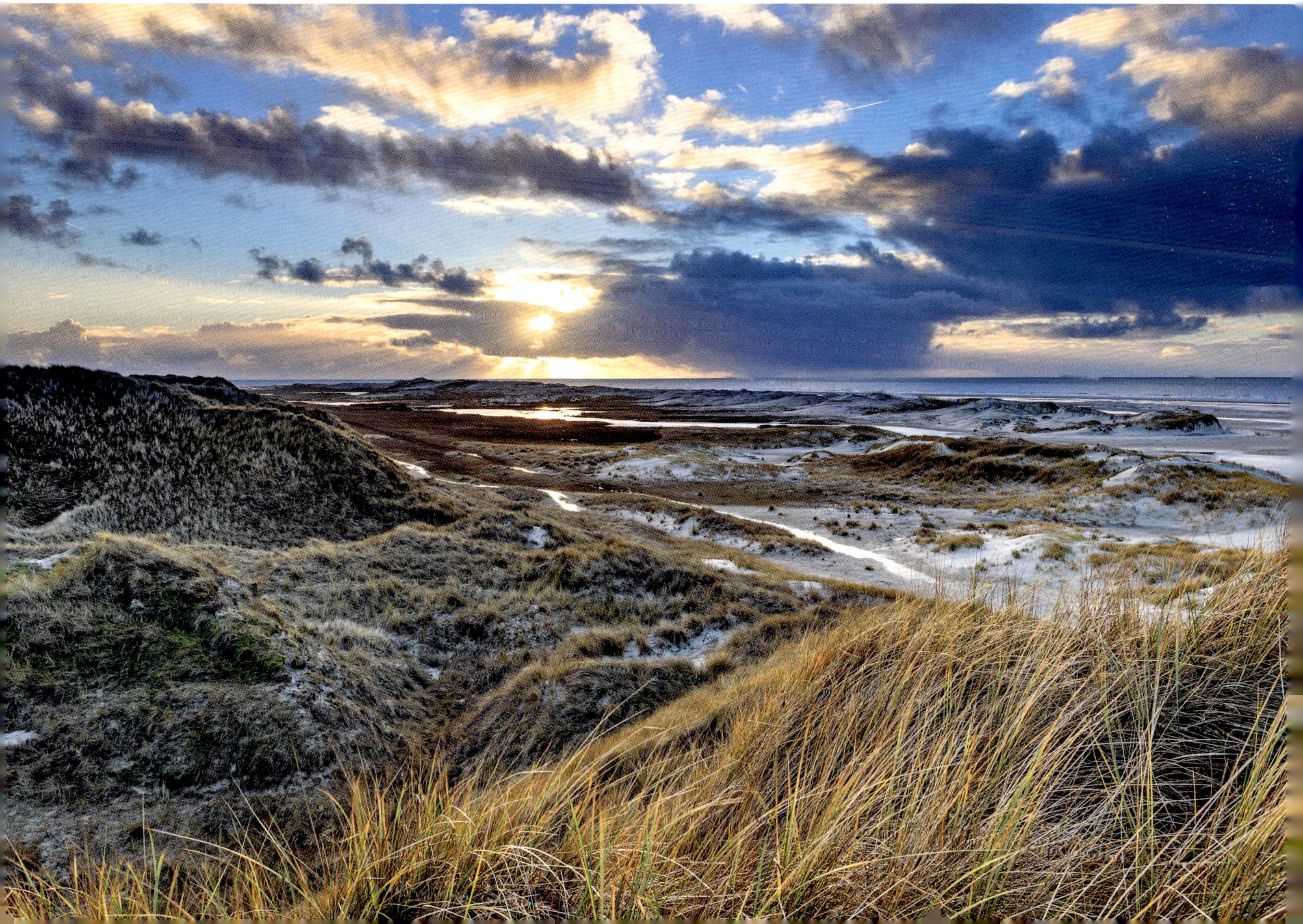

§2 Ohne staatlich geprüften Wattführer geht gar nichts. Der Job des Wanderführers stirbt im Mittelgebirge langsam aus, auf Qualitäts- und Premiumwegen kann man sich nicht verlaufen. Im Watt ist das anders, die Orientierung fällt einem Laien nicht so leicht, man muss wissen, an welcher Stelle die Priele durchwatet werden können. Wegweiser sind im Wattenmeer unbekannt.

§3 Hunde sind nicht erlaubt.

§4 Kinder unter acht Jahren sind auch nicht zugelassen. Kinderfeindlich? Nein, trotzige Bälger, die sich im Schlick schreiend herumwälzen, weil sie »nicht mehr können«, sind im Watt nicht hilfreich. Und es stimmt ja auch, eine gewisse Kondition sollte man schon mitbringen. Jeder Schritt im Watt ist fordernder als bei einer Wanderung auf weichen Waldwegen.

§5 Kurze Hosen sind Pflicht, eine Badehose im Gepäck wird empfohlen. Aber Achtung, eine längere Strandpause ist nicht vorgesehen.

Wir laufen durch das größte Priel, das Mittelloch. Das Wasser reicht bis zu den Knien, dann gehen wir weiter durch den Schlick. Unser Wattführer zeigt uns einen winzigen Wattwurm, die zahlreichen Wurmhaufen sind uns schon vorher aufgefallen. Das Wanderglück im Watt ergibt sich nicht aus tollen Ausblicken, auch Burgen und Einkehrmöglichkeiten sind hier relativ selten. Pathetisch formuliert haben wir bei einer Wattwanderung das Gefühl, eins mit dem Meer zu werden, sich in der Natur zu verlieren.

Und so sind wir zum Ende unserer Wander-Reise gekommen. Das Wasser aus den Quellgebieten der deutschen Mittelgebirge floss über Bäche und Wasserfälle in die Nebenflüsse und Ströme. Rhein, Elbe, Weser münden in die Nordsee. Das gesamte Wasserwanderglück der Nation liegt uns im wahrsten Sinne des Wortes zu Füßen. Ein nicht nur haptisch großartiges Gefühl. Pftsch, Pftsch.

Wattwandern bitte nie ohne Wattführer! Das ist sicherer, spannender, lehrreicher (unten links).

»Watt is' datt denn?«, denkt sich die Wattkrabbe. Zehn rote Muscheln (unten rechts)?

Meerglück – ohne Kommentar (Seite gegenüber)

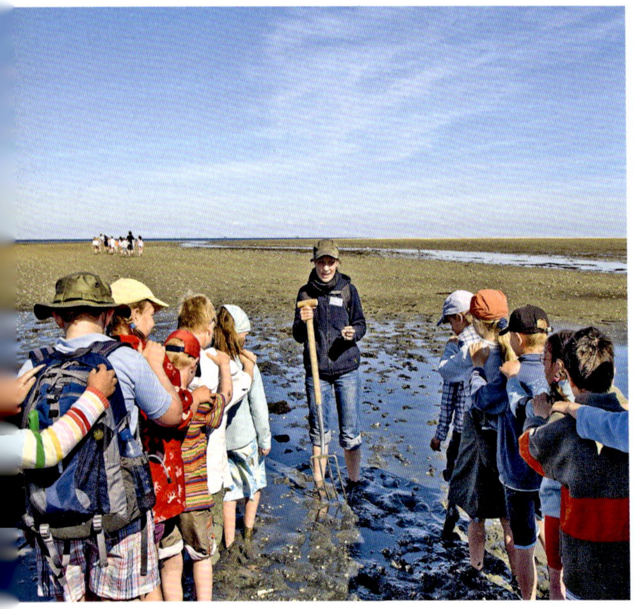

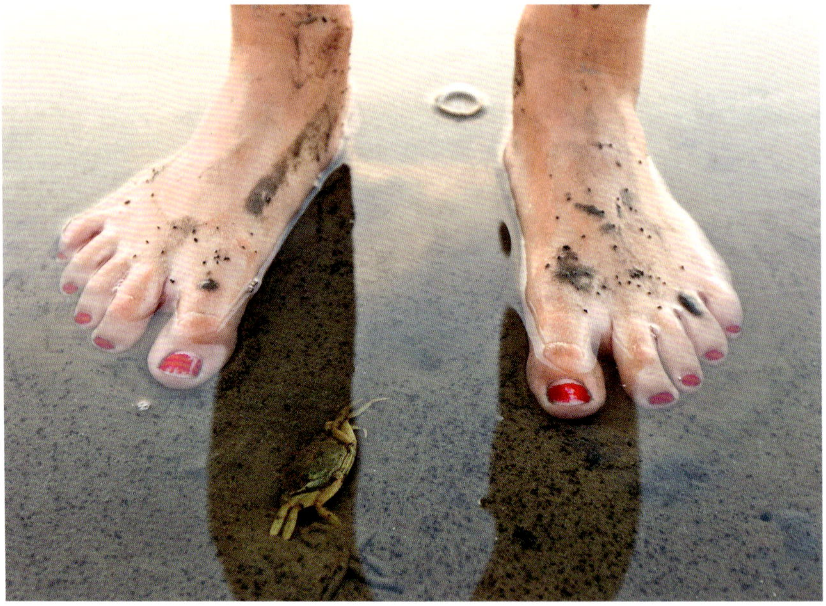

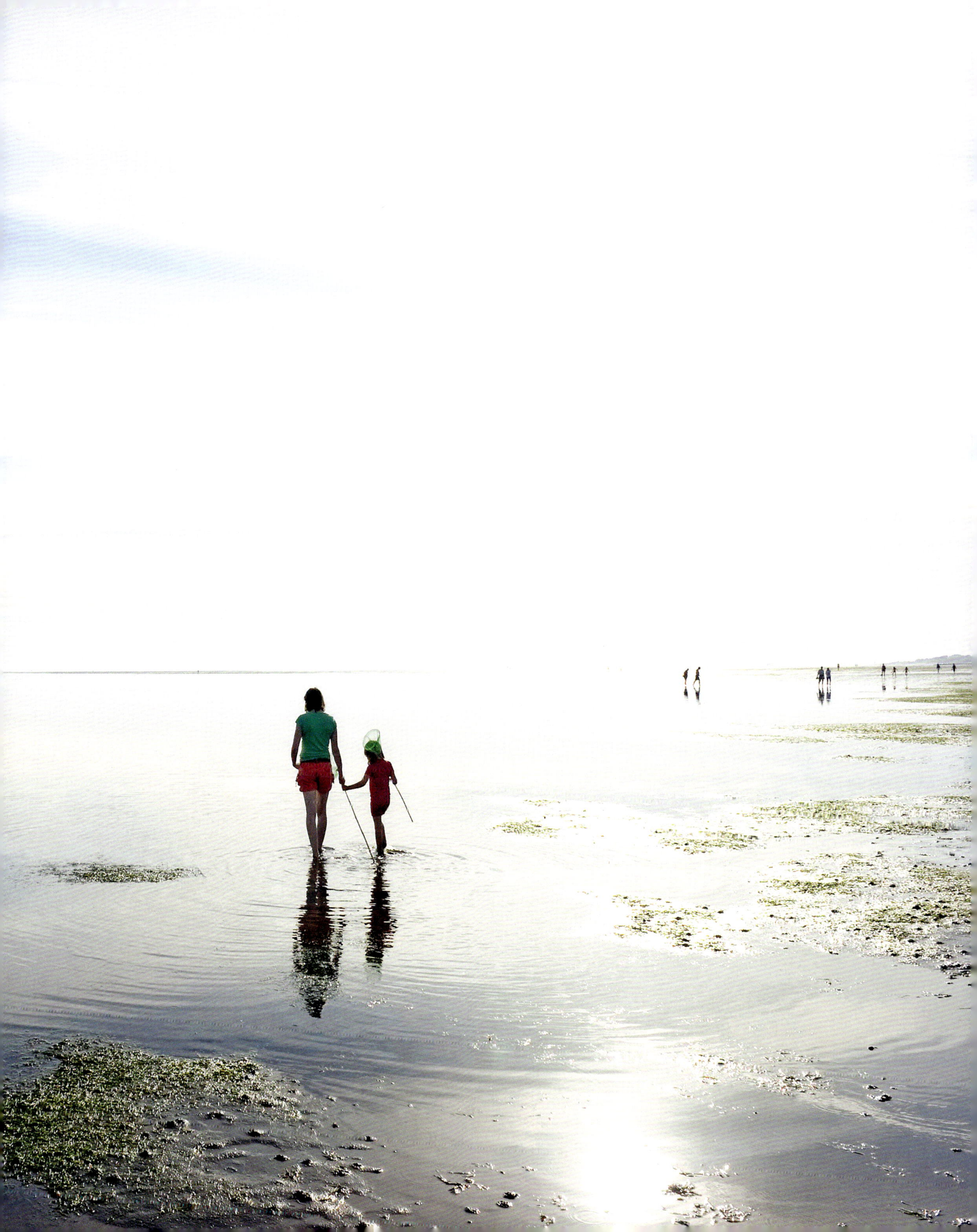

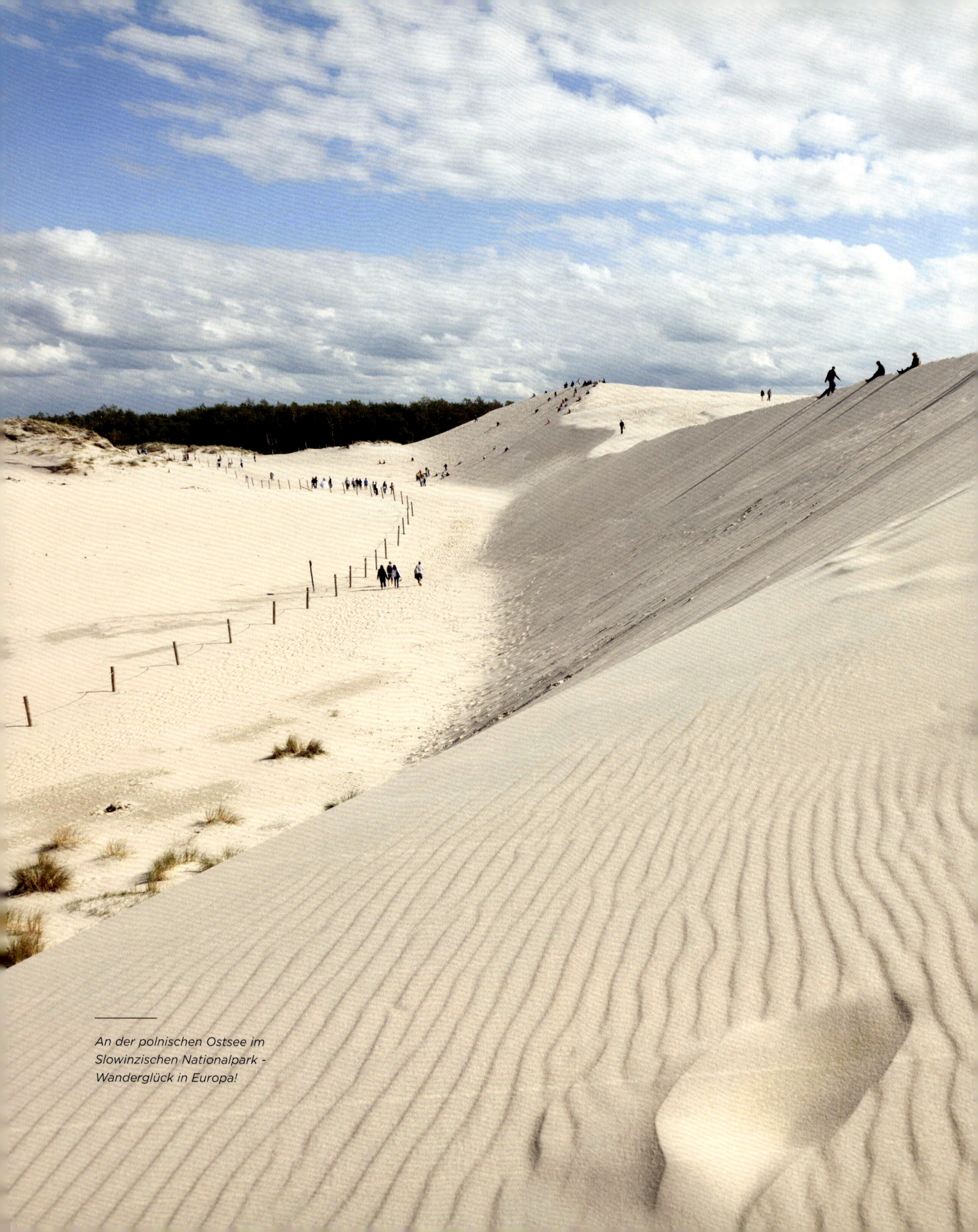

An der polnischen Ostsee im Slowinzischen Nationalpark – Wanderglück in Europa!

BILDNACHWEIS

Umschlagvorderseite: Picture alliance/Image Broker (li.), Shutterstock/ecstk22 (o. M.), bopicture (o. r.), Picture Alliance/Image Broker (u. re.) und unten Mitte: Look/Derbis (li.), Look/Neumann M. (re.)

Umschlagrückseite: Mauritius/Alamy/Schoening (li. o.), Oliver Vogel (o. M.), Hannah Ziegler (M. u. li.), Albstadt Tourismus / Maximilian Prechtl (M. u. re.); Shutterstock/Hlavaty O. (re.)

Manuel Andrack: S. 22, 33, 35, 49 li. und re., 72, 73 o.l., 96, 101, 114, 128 li., 131 re., 167 li., 168 li., 177 li., 208, 209.

Manuel Andrack bedankt sich für die freundliche Überlassung von Bildmotiven für diesen Band bei Fotografen und touristischen Leihgebern:
S. 6 bopicture, S. 38/39 (T. Ermecke); S. 41 (H. Britz), S. 43 (Klaus-Peter Kappest), S. 44 (Oliver Vogel), S. 47 (loudy), S. 61 o. li. Reit im Winkl Tourist Information / Markus Schmuck, 78 und 83 (Albstadt Tourismus/ Maximilian Prechtl), S. 81 re. (Holger Hage), S. 103 (F. Vollmer), S. 126 (H. Diehl), S. 132 li. (Felix Keilen), S. 132 re. (Katja Fandel), S. 133 (Benny Dutka), S. 138 li. und re. und S. 139 (Hannah Ziegler), S. 167 re. (M. Simaitis), S. 175 (J. Baier), S. 181 (Angela Hammer), S. 189 re. (Achim Bogdahn).

Der Verlag bedankt sich für die freundliche Zusammenarbeit mit folgenden Bildagenturen:
Huber-Images, Mittenwald: S. 74/75 (R. Schmidt)

Look Photos: Age Fotostock (S. 61 re.); C. Bäck (144); F. Blomstedt (S. 194/195); G. Bayerl (S. 134/135, 145 (2), 153); M. Draeger (S. 193); H. G. Eiben (S. 108, 115); A. Ellerhorst (S. 200 o.); U. Eisenmann (S. 146/147); W. Feder (S. 204 re.); Th. Grundner (S. 107; 146/147); R. Gantzhorn (S. 190); R. Harding (S. 121); W. Jungk (S. 102); C. Körte (S. 177 re.); N. Kriwy (S. 200 u.); B. Limberger (93 li.); S. Lubenow (S. 152 re., 204 li.); S. Pollex (S. 206); O. Protze (97, 119 (2)); R. Martini (S. 92); B. Merz (S. 105 re., 143); D. Schoenen (73 re., 94 re., 149, 176, 186, 187, 205); M. Siering (S. 152 li.); B. Stockhauser (46 u.); A. Strauß (S. 31, 45 li., 50/51, 53, 57 (2), 60, 65, 162, 192 li.); F. Werner (S. 156/157); H. Wohner (S. 20, 57 li., 71, 90, 94 li., 104 o., 106 li., 165, 189, 192); K. Wothe (S. 202 li.).

Mauritius: F. Bach (S. 173); Busse&Yankushev (S. 24 li.u.); S. Ettmer (S. 120); Flashover (S. 29); C. Grabowski (S. 1); G. Gräfenhain (S. 127 li.); M. Immendörfer (S. 182/183); Imagebroker (S. 188, 199 li.); J. Langley (S. 9); P. Kunkel (S. 18); R. Linke S. 21); A. Ludwig (S. 120 re.); M. Apelt (S. 25); K. Schlierbach (S. 26/27); Rodrun (S. 30); A. Vitting (S. 116); S. Vitting (S. 110/111); M. Pedrotti (S. 150); Rdonar (S. 2/3); R. Sußbauer (S. 4/5); Schoening (S. 14/15).

Picture Alliance: N. Armer (S. 122/123, 185), K.D. Gabbert (S. 113); U. Grabowski (S. 91); Goldmann (S. 140); Gohring/Euroluftbild (S. 80); R. Hackenberg (S. 141 li.), K. Maoritz (S. 125); Marczok/Dumont (S. 81 li.); S. Pollex (S. 151); H.J. Rech (S. 23 re. u.); R. Röder (S. 23 li. u.); M. Siepmann (S. 128 re.).

Shutterstock: S. 8, 70 re. (Ina Meer Sommer); S. 17 (BBA Photography); S. 19 (A. Ostanina), S. 24 (Kuzmalo, re./ by-studio, li.), S. 32, 66 (Wirestock Creators); S. 34 (S. Mueller, li./ mindscapephotos, re.); S. 36 (Iulius Agency); S. 42 (M. Plechaty); S. 45 re. (J. Otte); S. 46 o. (EMOZION); S. 48 (mutan); S. 54 (M. Glodek); S. 55, 109 re.: bluecrayola; S. 56 (M. Volk); S. 57 re. (J. Engbers); S. 58 (pisces2386); S. 59 (marako85); S. 62/33 (J. Almosen); S. 67 (Mona_AT); S. 68 (M. Frauendorf); S. 69 li., 166 (teddiviscious); S. 112 (theapflueger); S. 70 li. (hecke61); S. 77 (zlikovec); S. 79 (M. N. Zastsenski); S. 82 (A. Reinholds, li. /EWY Media, re.); S. 84 (D. Doerfler); S. 85 li. (juerginho), S. 93 re. (U. J. Alexander); S. 95 (fritschk); S. 98/99 (marako85); S. 104 u.(S. Ettmer Photography); 105 li. (MaTiFo); 106 re. (Rulan); S. 109 li. (mitifoto); S. 118 (Nyokki); S. 127 re. (B. Juergens); S. 129 (Animaflora PicsStock); S. 130 (A. Zerndl); S. 131 li., 201 li. u. re. (H. Pinkall); S. 134/135 (panoglobe); S. 137 (T. Stark); 141 re. (V. Rauch); S. 142 (R. Christiaans); S. 154 (CL-Medien); S. 155 (Rocktrail-film); S. 158/159, 168 re. (real Denis Feldmann); S. 161 (N. Zonneveld); S. 163 (S. Wille); S. 134 (rphstock); S. 174 (F. Bach); S. 178 (K. Henkeova); S. 179 (Oliver Hlavaty Photo); S. 180 (H. Eisele, li./Gaschwald, re.); S. 191 (Lightboxx); S. 197 (NaturePicsFilm); S. 198 (S. Reuter); S. 202 re. (D. Oberfrank-List); S. 203 (O. Unger).

IMPRESSUM

Verantwortlich: Joachim Hellmuth
Umschlaggestaltung: Ina Zimmermann, Mathias Frisch
Art Direction: Peter Feierabend
Layout und Satz: Frank Behrendt
Lektorat: Juliane Braun
Korrektorat: Gesa Wendhack
Kartografie: Huber Kartografie, Unterschleißheim
Technische Produktion: LUDWIG:media
Herstellung: Bettina Schippel
Printed in Elma Basin, Turkey

Textnachweis:
Alle Texte des Bandes verfasste Manuel Andrack.

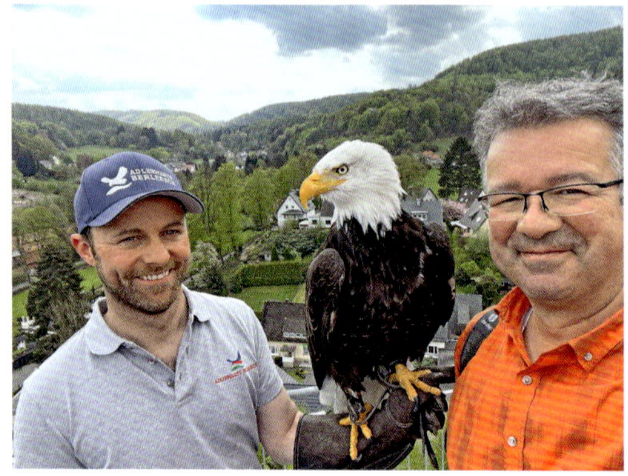

Manuel Andrack ist vielen aus der Harald-Schmidt-Show bekannt. Heute ist er u.a. als Moderator, Redner und Autor tätig. Fernab der Bühne ist er meist auf den Wanderwegen der Republik zu finden. Das Wandern ist seit Langem eine seiner großen Leidenschaften, über die er bereits zahlreiche Bücher geschrieben hat, und durch die er die deutschen Mittelgebirge mittlerweile wie die eigene Westentasche kennt.

★★★★★

Sind Sie mit diesem Titel zufrieden? Dann würden wir uns über Ihre Weiterempfehlung freuen. Erzählen Sie es im Freundeskreis, berichten Sie Ihrem Buchhändler, oder bewerten Sie bei Onlinekauf. Und wenn Sie Kritik, Korrekturen, Aktualisierungen haben, freuen wir uns über Ihre Nachricht an National Geographic Buchverlag GmbH, Postfach 40 02 09, D-80702 München oder per E-Mail an lektorat@verlagshaus.de.

Unser komplettes Programm finden Sie unter

www.nationalgeographic-buch.de

Alle Angaben dieses Werkes wurden von den Autoren sorgfältig recherchiert und auf den neuesten Stand gebracht sowie vom Verlag geprüft. Für die Richtigkeit der Angaben kann jedoch keine Haftung übernommen werden, weshalb die Nutzung auf eigene Gefahr erfolgt. Insbesondere bei GPS-Daten können Abweichungen nicht ausgeschlossen werden. Sollte dieses Werk Links auf Webseiten Dritter enthalten, so machen wir uns die Inhalte nicht zu eigen und übernehmen für die Inhalte keine Haftung.

In diesem Buch wird aus Gründen der Lesbarkeit das generische Maskulinum verwendet. Weibliche und andere Geschlechtsidentitäten werden dabei ausdrücklich mitgemeint, soweit es für die Aussage erforderlich ist. ((stimmt das?))

Die Deutsche Nationalbibliothek verzeichnet diese Publikation in der Deutschen Nationalbibliografie; detaillierte bibliografische Daten sind im Internet über http://dnb.d-nb.de abrufbar.

ISBN: 978-3-98701-033-0